"十二五"国家重点图书出版规划项目

俄罗斯汉学文库
БИБЛИОТЕКА РУССКОГО КИТАЕВЕДЕНИЯ

主编：李明滨 孙玉华

国图藏俄罗斯汉学著作目录

陈蕊 编著

北京大学出版社
PEKING UNIVERSITY PRESS

图书在版编目(CIP)数据

国图藏俄罗斯汉学著作目录/陈蕊编著.—北京：北京大学出版社,2013.6
(俄罗斯汉学文库)
ISBN 978-7-301-19526-0

Ⅰ.①国… Ⅱ.①陈… Ⅲ.①汉学－图书目录－俄罗斯
Ⅳ.①Z88:K207.8

中国版本图书馆 CIP 数据核字(2011)第 190298 号

本书获大连外国语大学资助出版

书　　　　名：	国图藏俄罗斯汉学著作目录
著作责任者：	陈　蕊　编著
组稿编辑：	张　冰
责任编辑：	李　哲
标准书号：	ISBN 978-7-301-19526-0/K·0809
出版发行：	北京大学出版社
地　　　　址：	北京市海淀区成府路 205 号　100871
网　　　　址：	http://www.pup.cn　新浪官方微博:@北京大学出版社
电子信箱：	zbing@pup.pku.edu.cn
电　　　　话：	邮购部 62752015　发行部 62750672
	编辑部 62759634　出版部 62754962
印刷者：	三河市北燕印装有限公司
经销者：	新华书店
	650 毫米×980 毫米　16 开本　18.25 印张　300 千字
	2013 年 6 月第 1 版　2013 年 6 月第 1 次印刷
定　　　　价：	49.00 元

未经许可，不得以任何方式复制或抄袭本书之部分或全部内容。
版权所有，侵权必究
举报电话：010-62752024　电子信箱：fd@pup.pku.edu.cn

俄罗斯汉学文库编纂说明

本书是"俄罗斯汉学文库"之一种,作为资料工具书先期出版,以供查索史料之用。

拟议中的"俄罗斯汉学文库"计30种,内含三类。

一、汉学家论文选集。以人为卷,选入俄罗斯科学院院士、通讯院士和大学教授16人,其中:

院士、通讯院士7人

1. В. М. 阿列克谢耶夫论集《论诗品与中国文学研究》
2. В. П. 瓦西里耶夫论集《儒释道与古典文学》
3. В. С. 米亚斯尼科夫论集《俄中关系的文化因素》
4. Б. Л. 李福清论集《小说与中国民间文学》
5. М. Л. 季塔连科论集《中国哲学与精神文化传统》
6. С. Л. 齐赫文斯基论集《中国现代革命史论》
7. Н. Т. 费德林论集《中国文学与文学史分期》

教授9人

8. А. А. 龙果夫论集《现代汉语语法研究》
9. И. С. 李谢维奇论集《中国古典文论》
10. Л. С. 佩列洛莫夫论集《孔子与儒学古今》
11. Л. Д. 波兹涅耶娃论集《中国文学史——古典与现代》
12. В. И. 谢曼诺夫论集《鲁迅与章回小说》
13. Е. А. 谢列布里亚科夫论集《曹靖华评传与诗词论》
14. В. Ф. 索罗金论集《元曲与传统戏剧》
15. 谭傲霜论集《汉语隐性语法》
16. С. Е. 雅洪托夫论集《汉语史论集》

二、作品研究论集。内容包括作品俄译版本和译者介绍、译本评析、俄国论者观点摘编。以作品为中心,按每部名著一卷,计10卷。有:

1. 《论语》在俄罗斯的传播
2. 《孟子》在俄罗斯的传播
3. 《道德经》在俄罗斯的传播
4. 《孙子兵法》在俄罗斯的传播
5. 《庄子》在俄罗斯的传播
6. 《易经》在俄罗斯的传播

7.《西游记》在俄罗斯的传播

8.《水浒传》在俄罗斯的传播

9.《三国演义》在俄罗斯的传播

10.《红楼梦》在俄罗斯的传播

三、资料工具书。设若干专题。有：

1. 国图藏俄罗斯汉学著作目录

2. 东正教驻京使团遗存文献书目

3. 俄国对西域的探险考察及所获文物的收藏整理

4. 汉文古籍流传俄国分类书目

5. 俄罗斯汉学家词典

"文库"已筹划有年，早在1999年9月编者就会同出版社编辑进行了一次"俄国之旅"，到朔方去搜寻文宝，同相关汉学家商讨编选的书目。此后，又与国内同行学者反复商议，确定选题，始成规模。

以俄罗斯一国之汉学编立文库，属国内首成，意义重大。唯文库内容既丰，预计费用亦巨，须待筹足资金保障出版，力求稳妥，故迟迟未予启动。

如今，承大连外国语大学校长孙玉华教授慨然答应，由该校资助先期出版本书，以带动后继。鉴于文库之学术价值，有长远意义，孙教授并允诺将文库出版事宜作为该校国际汉学推广基地的一项工作纳入计划，继续筹措经费，支持出版。

故此，一俟条件成熟，文库将尽快编定付梓，以飨读者，预计从"十二五"规划期间开始，将随经费到位程度，分期分批出版。

在此，谨对大连外国语大学和孙玉华教授预致谢忱！

李明滨

于北京大学六院

2013年3月20日

凡　　例

本《目录》以中国国家图书馆(以下简称"国图")的俄文藏书为基础，以俄罗斯从事汉学研究的著名学者为线索，将国图收藏的俄罗斯汉学著作目录做了细致的分类编排、整理。

编排上，为方便读者使用，仅以 20 世纪为界分为前、后两部分。前一部分：馆藏中的俄罗斯早期汉学研究文献没有设分科，而是将馆藏按学者收集，并对作者及其作品做了简单的介绍。重点强调的是其在俄罗斯汉学史上的影响及价值。

20 世纪以后的作品，则按学者的研究方向，分成文、史、哲、经、政、艺等学科。在学科的编排上，没有只关注馆藏，而是按学者的研究方向及其作品分类。如：

В. И. 安东诺夫主要翻译有《中华人民共和国新法规》(1994)、《澳门特别行政区的组成》(1993) 和编撰《台湾(商务手册)》(1993) 等。虽然馆中只收藏有他翻译的《简明俄中中俄字典》，但在编排上仍按他的研究方向，将他归入"政治类"。

另外，在中俄关系史上有影响的人物，如 Е. П. 科瓦列夫斯基(Ковалевский, Егор Петрович, 1811—1868)，是近代中俄关系史上的重要人物。虽然不能将他列入汉学家的行列，但他撰写过极有影响力的作品，所以本《目录》也将他收进来。

(1) 各学科内著者，按学者姓名的俄文首字母顺序依次排列。作品的排列，按出版年代由近及远排列。即：最新出版的作品排在前面，之后按出版年依次往前推。俄文的论著、译著在前；国内出版的中文译著、论著排在俄文原著之后。

(2) 学者传略的编写参考了：俄文版《俄罗斯东方学家辞典》(2008)；俄罗斯近年出版的相关书著；《苏联百科词典》(1986)；俄罗斯相关网站。其中有些部分主要依据李明滨《俄罗斯汉学史》(2008) 一书的"俄罗斯汉学家简介"，以及俄文杂志《东方》、《远东问题》等。

(3) 馆内收藏的同一作品，不做重复录入，只保留馆藏索书号：意为一种 2 册、一种 3 册。

(4) 为保证对学者研究方向的全面了解，馆藏中著名汉学家的非中国学研究的著作也收在其中。如：著名俄国汉学家 В. М. 阿列克谢耶夫院士的《Современная Турция》(1961) 等。

（5）整体编排上，由四部分构成：

a. 学者简介：出生年；出生地；毕业的院校；从事研究的经历；主要研究方向；重要作品等。

b. 原著：俄罗斯学者的论著、译著。

c. 翻译成中文的作品，以及中国学者对其的研究论著。

d. 国家图书馆馆藏索书号。

由于篇幅的限制，本《目录》：

（1）仅收录了256位俄罗斯汉学家及其2000余部作品。编辑原则：一是馆藏作品数量较多的学者；二是知名度较高，在学科研究领域具有代表性的作品。

（2）仅以俄罗斯汉学家为线索，收录的是有学者署名的原文论著、译作。而俄罗斯众多专门的汉学研究机构编辑、出版的作品不在本《目录》编辑的范围。

书目的编辑：

（1）原文、译文书目包括：书名、作者（编者）、出版社、出版地、出版时间、页码；国图索书号；

（2）中文论著以译成中文的作品为主，兼收国内学者的研究论著；

（3）编辑的论著、译著，以第一编辑者、译者为主；多位编者的作品，均列在第一编者名下；

（4）为方便使用者，在《目录》正文后，附有"人名俄汉对照索引"（后面简称"索引"）。"索引"后的数字序号：Ⅰ、Ⅱ、Ⅲ、Ⅳ、Ⅴ、Ⅵ、Ⅶ，分别代表20世纪后所划分的七个学科类别：

Ⅰ —— 文学；

Ⅱ —— 语言；

Ⅲ —— 历史；

Ⅳ —— 哲学；

Ⅴ —— 经济；

Ⅵ —— 政治；

Ⅶ —— 艺术；

使用者可以通过"索引"后面的数字序号，在目录中找到著者在《目录》中的位置。（没有标注数字序号的，为20世纪前的著者。）

（5）本《书目》中的【索书号：　】均为国图馆藏索书号。

现代俄罗斯汉学和汉学家的著译

（代序）

李明滨

  从 20 世纪初阿列克谢耶夫院士荣获北京图书馆"通讯员"称号之后，阿氏本人和门生后辈长期以来不断寄来译作和论著，加上中俄双方文化交流和我方向对方采购，多条渠道所获，国家图书馆已拥有丰富的俄国汉学藏书，计为 256 位俄国汉学家的 2000 余部著作，足以称为我们对俄罗斯汉学展开调研和考察的资料基地。

  为了解和使用国图馆藏汉学图籍，需要就俄罗斯汉学作简要的概览。

一、20 世纪上半叶汉学全面开拓时期

  俄罗斯汉学从 18 世纪初萌芽（从 1715 年东正教使团来京常驻起），初期发展缓慢，大体经过一百年左右才日臻成熟。从 19 世纪上半叶到 20 世纪初在俄国汉学史上先后出现三位划时代的人物：比丘林、瓦西里耶夫和阿列克谢耶夫。前两位分别代表 19 世纪上半叶和 19 世纪下半叶两个时期。后一位代表 20 世纪上半叶，为现代汉学时期。

  曾被郭沫若先生尊称为"阿翰林"和"苏联首屈一指的汉学家"的瓦·阿列克谢耶夫(1881—1951)，于 1929 当选为苏联科学院院士。同年，他接到北京图书馆的前身北平图书馆副馆长袁同礼（馆长为蔡元培）签署的公函，正式特聘为北京图书馆"通讯员"（这是给外籍学者英、德、法、俄、美、日各一名的荣誉职衔，阿氏为该馆同期聘任的六位外籍学者之一）。这表明，阿氏的成就同时得到俄中两国的承认。如今北京国家图书馆还珍藏有阿氏的成名作——1916 年出版的专著《中国论诗人的长诗·司空图〈诗品〉》，已属中国国内唯一的该书俄文原著初版本。

（一）阿列克谢耶夫的重大贡献

1. 中西比较诗学研究的先驱

  阿氏潜心研究唐诗十年，尤其是古代诗学。他完成的巨著（大开本 790 页）《中国论诗人的长诗·司空图〈诗品〉》(1916)，不但用花品、茶品、鱼品、书品、画品来对照，藉以阐明《诗品》的成就和价值，还确定了它在中国文学上的地位，而且从诗学的高度来与欧洲的诗论作对比，包括古罗马诗人贺拉斯、法国诗人布瓦洛等等，从而确认"司空图的长诗在世界文学上应当占有一个极其荣耀的地位"，进而反对"东方就是东方，西方就是西方"，二者无可对比的观点，开了中西比较诗学的先河。

2. 拥有古典文学、文化和文学研究多方面成果

阿氏编选和翻译古典诗歌,并写成注释与论析,译介《聊斋志异》,搜集和研究民间年画,就中国古典文学、现代文学以及俄文译作写了一系列文章,在生前和身后陆续发表。先后成文集的有:《聊斋志异》(译作,1937)、《中国文学》(1978)、《中国民间年画——民间绘画中所反映的旧中国的精神生活》(1966)和《东方学》(1982),几部文集反映了他在汉学各个领域的拓展:语文学、民族学、史学、诗学、民间文学、美文学以及翻译理论和实践。

3. 毕生从事汉学教学

阿列克谢耶夫一生从事教育工作。1908 年起即在中东铁路学院工作,1910—1951 年在彼得堡—列宁格勒大学任教达 40 年,先后在地理学院和俄国艺术史学院(1919—1924)、东西方语言和文学比较学院(1924—1927)、列宁格勒东方学院(1928—1938)、列宁格勒历史语言研究所(后更名为列宁格勒文史哲研究所,1930—1938)、莫斯科东方学院(1937—1941)任教。其间,1933—1951 年还担任亚洲博物馆(后为苏联科学院东方学研究所)中国部主任。除在中东铁路学院教授俄语外,在其他各院所均从事汉学教学。在 40 多年的教学生涯中,他提出和推行一系列全新的汉语教学法,造就了一大批汉学家。

4. 造就俄国汉学学派

阿列克谢耶夫对俄国汉学的特殊贡献,在于对汉学学科提出了系统的理论,孜孜不倦地建设汉学学科和认真严格地培养汉学人才,形成了"阿列克谢耶夫学派"。

在阿列克谢耶夫身后,齐赫文院士(1918—)成了这个学派的主导人物,据他的界定,该学派的主要成员有:研究哲学的休茨基、阿·彼得罗夫,研究文学的鲍·瓦西里耶夫(王希礼)、什图金、费德林、艾德林、费什曼、齐别罗维奇、克立夫佐夫、瓦·彼得罗夫、孟列夫、谢列布里亚科夫,研究语言的龙果夫、鄂山荫、施普林钦、雅洪托夫,研究汉字的鲁多夫,中、日兼研的聂历山、康拉德、孟泽勒,研究图书资料的费卢格、布纳科夫,研究艺术的卡津、拉祖莫夫斯基,研究经济的施泰因,研究历史文化的杜曼、齐赫文、维尔古斯、李福清。①

这份名单实际上还应该包括推动 20 世纪下半叶汉学走向繁荣的一批骨干,他们已不是阿列克谢耶夫的嫡传,而是再传弟子了。例如,曾是

---

① 齐赫文斯基:《瓦西里·米哈依洛维奇·阿列克谢耶夫》,"序:科研和教学活动简介",莫斯科:科学出版社,1991;中译文见李明滨:《俄国汉学史提纲》,载阎纯德主编《汉学研究》第四集,中华书局,2000,第 63 页。

齐赫文的学生,目前任职科学院东方学研究所所长的史学家米亚斯尼科夫院士(1931——　),和现任远东所所长的季塔连科院士(1934——　)。

(二) 俄罗斯汉学的多方面开拓

在苏俄立国的初期,有两代学者参与新汉学的创建工作。老一代的汉学家以瓦·米·阿列克谢耶夫、谢·费·鄂登堡(1863—1934)、尼·瓦·屈纳(1877—1955)以及曾任海参崴东方学院第二任院长的德·马·波兹涅耶夫(1865—1942)为代表。

新一代的汉学家彼时也异军突起,在创建苏联新汉学中显示了异常的活力。早期有以着重研究中国人民的革命斗争,宣传中国民族民主解放运动的意义著称的康·安·哈尔恩斯基(1884—1943)、阿·伊文(笔名①,1885—1942)、弗·维连斯基—西比里雅科夫和阿·叶·霍多罗夫(1886—1949)等。像霍多罗夫就以在中国工作的亲身经历,加深了对中国的研究,在20年代发表一系列论述世界无产阶级革命时代的中国解放斗争的文章,如《世界帝国主义与中国》(1922)、《同世界帝国主义斗争的中国与摩洛哥》(1925)、《中国革命的初期阶段》(1927)、《中国的民族资本与外国资本》(1927)。同样,伊文则写出《中国解放斗争的第一阶段》(1926)、《红缨枪(中国农民运动)》(1927)、《1927—1930年中国游击队活动概况》(1930)、《苏维埃中国》(1931)等著作一百多种。

新一代的汉学家不但以马克思主义的观点阐述中国革命,而且有不少人亲身经历了中国的革命斗争:或参加我国的北伐战争,担任来华的苏联军事顾问团的翻译,或担任孙中山领导的国民政府的顾问,或在苏俄政府派来驻华的外交机构工作,或当共产国际驻中国的代表。他们在协助孙中山执行联俄联共扶助农工三大政策、改组国民党以及北伐战争中都发挥了重要作用。像当年闻名中国的巴·亚·米夫(1901—1939)曾于1927年到达广州、上海、武汉等地,并列席中共第五次全国代表大会,1928年在莫斯科参加中共第六次代表大会的筹备工作。米夫虽然曾在1930年到达上海支持过王明错误路线,但在长期担任(莫斯科)中国劳动者共产主义大学副、正校长(1926—1929)、中国学研究所所长(1929年起)、共产国际东方部书记处副书记(1928—1935)的工作中对于宣传和支持中国革命斗争、培训中国革命人才无疑起过很好的作用,他本人也以研究中国新民主主义革命史而闻名于世,先后发表过著作50余种。

这些从事过与中国革命直接相关工作的人物,后来在汉学研究中都比较有成就。像担任过共产国际执委会远东部主任的格·纳·沃伊京斯

---

① 原名为阿历克谢·阿历克谢耶维奇·伊万诺夫,主要研究中国近代史,曾于1917—1927年在北京大学任教,有著作100余种。

基(1893—1953),曾在革命时期被派到驻中国的外交机构(1926—1928)接着又担任共产国际东方部书记处副主任(1929—1934)的柳·伊·马季亚尔(旧译马扎尔或马加尔,1891—1940),都成了研究中国革命运动和封建社会问题的学者。

在这个时期,中国古典文学和书籍的翻译工作也大有进展。曾于后来完成《诗经》全本俄译工作的阿·阿·什图金(1904—1964)就是在这时开始崭露头角的。其他著名文学翻译家还有尤·康·休茨基(1897—1941)和王希礼等。同时,还出现了一批语文学家,如研究甲骨文的尤·弗·布纳科夫(1908—1942),研究西夏文的尼·亚·涅夫斯基(涅历山,1892—1945)和卢多夫。早已闻名我国的汉学家龙果夫(亚·亚·德拉古诺夫,1900—1955)则开辟了研究现代汉语语法的新领域,并同亚·格·施普林钦(1907—1974)等苏联汉学家一起探索汉字拉丁化的问题。在他们之前已有叶·德·波利瓦诺夫(1891—1938)进行了汉语语音语法研究的实践。符·谢·科洛科洛夫(1896—1979)编成了新的《汉俄辞典》(1927,1935)。而康·康·弗卢格(1893—1942)甚至已从事中国图书版本学的研究,写出中国印刷史。彼·叶·斯卡奇科夫(1892—1964)别出心裁,花了大量劳动编成《中国书目》(1932)一书,把1730年至1930年俄国和苏联所搜集到的有关中国的书籍、论文及资料(已发表的)尽数编列出来,为研究汉学史提供了线索。当然,有多方面成效的还是阿列克谢耶夫,他对汉字、汉语语音和词汇,中国的文学、美学、民间文学和戏剧等都有进一步的研究,其成果是苏联汉学新发展的标志。

据不完全统计,在1917年到1949年短短的30多年里,苏联出版的汉学成果就有约100部书,大大超过19世纪俄国的汉学成果。① 在下个阶段,情况还要好得多。

苏联汉学成果则有以下三个方面。

1. 对当代中国的研究占有日益显著的地位。研究新中国经济问题的有曾任莫斯科国际关系学院副院长,1957—1958年来北京国际关系学院任教的维·亚·马斯连尼科夫(1894—1968),他发表《中国政治经济概况》(1946)、《中华人民共和国的社会主义改造》(1956)、《中华人民共和国的经济制度》(1958)等著作100多种。还有多次来华,1945—1948年长时间在中国东北工作,曾任苏联驻华商务代表的米·约·斯拉德科夫斯基(1906—1985),他发表《中国对外经济关系发展概论》(1953)、《苏中经济关系概述》(1957)、《苏中经济合作》(1959)等著述60余种。还有1951—

---

① 据彼·斯卡奇科夫《中国书目》1960年版统计。

1954年曾在苏联驻华使馆工作过的叶·亚·科诺瓦洛夫(1928—　)则侧重研究中国现代经济,主要的文著有《中国的农业合作化问题》(1956)、《中华人民共和国人口问题的社会经济方面》(1970)、《现代中国的社会经济问题》(1974)。

　　以研究中国社会政治问题知名的有维·格·格利布拉斯(1930—　)和利·沙·屈沙强(1932—　)。前者着重注意中国的国民收入、劳动和工资等问题,著有《中华人民共和国的社会政治结构(50—60年代)》(1980)等。后者曾任《真理报》驻华记者(1962—1965),著有《中华人民共和国的思想运动(1949—1966)》(1970)等。而曾任苏联外交部副部长的贾丕才(又译米·斯·卡皮察,1921—1995)则侧重对外政策,著有《苏中关系》等书。此外,还有奥·鲍利索夫的著作。

　　有一批学者继续研讨中国革命和中国共产党的历史,如米·符·尤里耶夫(1918—1990)、弗·伊·格卢宁(1924—　)、列·彼·杰柳辛(1923—　)、叶·符·卡瓦廖夫和尼·帕·维诺格拉多夫(1923—1967)。他们有的曾任苏联报刊的驻华记者,有的来华进修过,都分别写出数量可观的历史著作。有的学者则在帝国主义侵华史的问题上下功夫,如根·瓦·阿斯塔菲耶夫(1908—1991)和鲍·格·萨波斯尼科夫(1907—1986)。

　　2. 史学领域的成绩更为突出。中国悠久的历史、丰富的史料以及纷繁复杂的历史现象、亟待解决的学术问题吸引了大批苏联汉学家的兴趣,他们在这个方面下的功夫最多。在史学领域的汉学家,研究的范围相当广泛,既有通史,也有断代史(古代、中古、近现代),还有类别史(社会史、思想史、文化史,甚至史学史)。如阿·瓦·梅利克谢托夫(1930—2006)和格·德·苏哈尔丘克(1927—　)主要研究中国近代史和现代史。米·瓦·克留科夫(1932—　),卢·费·伊茨(1928—1990)、拉·伊·杜曼(1907—1979)、列·谢·佩列洛莫夫(1928—　)、列·谢·瓦西里耶夫(1930—　)重点研究中国古代史,包括中国文明、种族和民族的起源,民族社会和阶级社会的产生与发展等。研究中世纪史的尼·伊·康拉德(1891—1970)、埃·巴·斯图仁娜(1931—1974)、格·雅·斯莫林(1930—　)和拉·瓦·西蒙诺夫斯卡娅(1902—1972)也做出很大的成绩。特别突出的是康拉德院士,其涉猎范围已不限于史学,而是扩大到语文学以及东方学的其他领域,主要论文汇集成《康拉德选集·历史》(1974)和《康拉德选集·中国学》(1977),一向为苏联的汉学家们所推崇。而出生于哈尔滨的西蒙诺夫斯卡娅则对中国的农民起义有着深刻的研究,她的《中国伟大的农民战争(1628—1645)》(1958)和《17世纪中国农民的反封建斗争》(1966)颇有影响。此外还有研究中国古代外交史的维·莫·施泰因(1890—1964)、研究西夏史的叶·伊·克恰诺夫

(1932—)和研究女真族历史的米·瓦·沃罗比约夫(1922—1995)。

在近现代史方面也有几个著名的学者,如格·瓦·叶非莫夫(1906—1980)发表过《中国近现代史纲要》(出过不止一版)等著作100余种。还有瓦·巴·伊柳舍奇金(1915—1996)和罗·米·布罗茨基(1907—1992)等。出生于中国浙江省农民家庭的郭绍棠(阿·加·克雷莫夫,1905—1988)成就突出,他多次会见瞿秋白,有生动的回忆资料。齐赫文(谢·列·齐赫文斯基)院士尤为著名。他1935年就读于列宁格勒大学,1941年毕业于莫斯科东方学院,曾于1939—1940、1946—1949、1949—1950年数次来华,先后担任驻乌鲁木齐副领事、驻北京总领事和驻华使馆参赞,著有《孙中山——苏联人民的朋友》(1966)、《19世纪末中国的维新运动》(1953)等作品约200种。齐赫文于1964年起任东方学研究所所长,1968年当选科学院通讯院士,后为院士,苏中友协副主席。

尼·策·蒙库耶夫(1922—1985)在翻译中国历史文献、考证和发现历史资料上有突出的贡献。他翻译的《蒙鞑备录》(1975)、《13世纪蒙古历史的若干重要的中国文献资料》(1962),以及《耶律楚材墓志铭》(1965)都为苏联汉学界所重视。

此外,研究中国哲学史的有出生于浙江宁波的杨兴顺(1904—1989)和尼·格·谢宁(1936—)。研究中国社会思想史的有郭绍棠(克雷莫夫)等。从事史料学工作的有阿·阿·别辽兹内(1915—)、弗·尼·尼基福罗夫(1920—1990)和彼·叶·斯卡奇科夫(1892—1964)。

3.语文学是汉学家最集中的领域之一,成果显著。从龙果夫开始就注意对汉语的研究,他发表《方块字文献和古代官话》(1930)、《汉语词类》(1937)、《古藏语音系特点》(1939)、《现代汉语语法研究·词类》(1952)、《现代汉语口语语法体系》(1962)等约50种。汉学界还进一步以汉语材料为依据论述普通语言学问题。瓦·米·宋采夫(1928—2000)、尼·尼·科罗特科夫(1908—1993)、尤·弗·罗日杰斯特文斯基(1926—1999)、谢·叶·雅洪托夫(1926—)对汉语结构问题很有研究。雅洪托夫研究汉语史的成果得到我国汉语学家的好评①。米·库·鲁缅采夫(1922—)、弗·伊·戈列洛夫(1911—1994)、尼·瓦·索恩采娃(1926—)、塔·芭·扎多延科(1924—)、安·费·科托娃(1927—)、纳·伊·佳普金娜(1928—)、叶·伊·舒托娃(1927—)、西·苞·杨基苇尔(1925—)等对汉语语音学、词法学和句法学很有研究。米·维·索罗诺夫(1929—)、伊·季·佐格拉芙(1931—)和伊·谢·古列维奇等则探讨中世纪的汉语结构,包括西夏语的研究等。索弗罗诺夫和佐格拉芙就分别写出分析《水浒》和《今本

---

① 雅洪托夫:《汉语史论集》,唐作藩、胡双宝选编,北京大学出版社,1986,第1—7页。

通俗小说》的语言现象的论著。1962年毕业于北京大学的刘克甫(米·瓦·克留科夫,1932—)则在殷文的研究上取得进展,有许多论析殷代铭文和殷代文明的文著(1960、1962、1964、1967、1970、1973、1974等)。尤·弗·诺夫戈罗茨基(1928—1977)和索科洛夫在汉语方言研究上颇为突出。亚·格·施普林钦在汉语的社会语言学,雅洪托夫在古汉语语法,阿·阿·兹沃诺夫和弗·伊·热列宾在汉字的机器翻译问题上大有进展。同时在工具书方面,鄂山荫(伊·米·奥山宁,1900—1982)主编的《华俄辞典》从1952年问世以来,曾一版再版,颇具权威性。鲍·斯·伊萨延科(1914—1965)的《汉俄发音词典(试编)》(1957)也很有影响。总之,苏联语言学家在中国语法、语音学、音韵学、社会语言学、语言地理学,包括古代和现代汉语等方面的研究都有成就。此外,他们在汉学的某些特殊的领域如敦煌变文方面也有研究,出现了知名的敦煌学专家孟列夫(又译缅希科夫)和1960年毕业于北大中文系、现已知名的佛教经典"宝卷"的专家吉·谢·斯图洛娃(1934—1993)。后者翻译的《普明宝卷》已于1979年出版。

在文学领域工作的汉学家为数更多,须要辟专文加以介绍。岂止文学,即使艺术也有不少人涉猎。如专门研究历史的埃·巴·斯图任娜也兼及中国的民族艺术。而曾于60年代来北大进修,从宗白华先生治中国书画史,后来一直从事中国古典艺术研究的哲学博士叶·符·查瓦茨卡娅(1930—)已写出《米芾》、《齐白石》等论著8部,其主要论著《中国古代绘画美学问题》也已出了中译本①。

(三) 为20世纪后半世纪培养了一代文学名家

在这个时期中费德林(1912—2002)、艾德林(1909—1985)、索罗金(1927—)、波兹涅耶娃(1908—1974)发表了文学史著作,康拉德(1891—1970)在比较研究,费什曼(1919—1986)、谢曼诺夫(1933—)、沃斯克列辛斯基(1926—)在古典小说,艾德林、谢列布里亚科夫(1928—2013)在古典诗歌,李福清(1932—2012)、斯别施涅夫(1931—2011)在民间文学和俗文学,李谢维奇(1932—2000)、戈雷金娜(1935—2009)在古代文艺思想和文论,孟列夫(1926—)、索罗金在古典戏剧,切尔卡斯基(1925—1998)、彼得罗夫(1929—1986)、施奈德(1921—1981)、苏霍鲁科夫(1929—)、热洛霍夫采夫(1933—)、谢曼诺夫在现代文学,盖达(1926—)、谢罗娃(1933—)在戏剧领域都有研究成果。帕纳秀克(1924—1990)、罗加乔夫(1900—1981)、科洛科洛夫(1896—1979)、什图金(1904—1964)等则在翻译文学名著方面有突出成绩。在这30多

---

① 查瓦茨卡娅:《中国古代绘画美学问题》,陈训明译,湖南美术出版社,1987。

年里,俄国有大批的中国古典文学和现代文学译作出版。

二、20世纪下半叶俄罗斯汉学趋向繁荣时期

50年代以来苏联汉学大发展,20世纪后期研究机构数量剧增,以科学院系统的三大研究所——莫斯科的远东研究所(ИДВ РАН)、东方学研究所(СИВ РАН)和圣彼得堡的东方文献研究所(СПб ИВР РАН),以及莫斯大学亚非学院(ИСАА МГУ)、圣彼得堡大学东方系(ВФ СПб ГУ)"五强"为主,新增乌拉尔、新西伯利亚和海参崴的远东大学(ДВГУ)等高校,也已各自建成汉学中心。

其中以海参崴远东大学东方学院汉学系为中心,聚合海参崴工大东方学院、经济大学东方学院、哈巴罗夫斯克(伯力)师大东方系、布拉戈维申斯克(海兰泡)师院东语系,以及科学院远东分院东方历史民族学研究所的相关人员,形成了远东的一大汉学重镇。

汉学队伍改变了20世纪前期仅有一位院士阿翰林为整个汉学界领袖的局面,阿氏的门生、后辈已有四人当选为院士,分别成为汉学各分支学科的奠基人,即文、史、哲学科的领军人物。史学为齐赫文和米亚斯尼科夫,哲学为季塔连科,文学为李福清。

还有几位通讯院士和大批具有博士、副博士以上高级学衔的汉学家。其数量据统计,至2008年已有612人,比90年代初的505人,增加了100多位。至于中级学衔以下和大批刚毕业的汉学专业学生,那是更大的一个数字了。

其中,50年代以后出生的一批汉学家开始崭露头角,如著有《中国古典哲学方法论》的科勃泽夫,《孔子传》的作者马良文,《高僧传》的译者叶尔马科夫,研究佛教文化的托尔琴诺夫,《中国文化史》的作者克拉芙佐娃,写成专著《王维创作中的禅佛思想》的达革丹诺夫,研究冯友兰《中国哲学史》的洛曼诺夫,东方文献所所长波波娃,以及莫斯科大学的卡尔波夫、刘华夏,圣彼得堡大学的罗季昂诺夫,远东大学的列别捷娃副教授、赤塔的科罗文娜副教授,以及汉学书籍出版家阿里莫夫等,均已在80、90年代成名。他们给俄国汉学带来了新成果,新气象。

80年初,中苏恢复了停止20年的交往之后,引起汉学家们重新勃发的热情,他们经历了50年代高昂的交流热潮,60、70年代的相对沉寂之后,竭力要找回逝去的20年代时光。这一时期顺着50年代的潮流,以更大的热情推进,竟致80、90年代兴起了"中国传统文化热",直到21世纪初。

(一)文史哲研究四杰

哲学家季塔连科(1934—)

汉学家们尤其重视考察传统文化思想在当代中国的运用。他们在

80年代跟踪探索中国的改革开放的成就、困难和问题,着眼于中国经验能否为俄国的改革提供借鉴。

季塔连科的成就特别引人瞩目,他自从1985年接掌远东所,便主动开展国际文化交流活动,几乎每年都应邀来华参加学术会议或讲学。他是北大教授冯友兰先生唯一的外国弟子,非常重视两国之间的情谊,充当了中俄文化交流的桥梁,知名度高,广受中国学界欢迎。

季塔连科1957年在莫斯科大学毕业,随即来华进修,于1957—1959年和1959—1961年先后在北京大学和复旦大学学习。他在北大期间受业于冯友兰教授,不但学哲学史,而且有跟随冯师深入农村经历与农民同吃同住同劳动的生活实践,对中国社会与农民有了更为深切的了解。他在清华大学纪念冯友兰100周年诞辰会议的报告中提到,那段经历使他终生难忘、永久受益,从此更深刻了解了冯友兰的哲学思想。他早期以论文《古代中国的墨家及其学说》获副博士学位,又于1979年晋升博士。该文于1985年以《古代中国哲学家墨子及其学派与学说》出书后,曾被译成日文在东京出版。此后,他主编《中国哲学史》(1989)、《中国哲学百科辞典》,均有较大的影响。

近年来,季氏在中国政治和现实问题上陆续推出几部著作:《中国:文明与改革》、《中国的现代化与改革》(1999)和《中国社会政治与政治文化的传统》(1994,与佩列洛莫夫合著)。同时,他在研究俄国与亚太国家包括中国的关系上,则有下列著作:《亚太和远东地区的和平、安全与合作问题》(1989)、《俄罗斯和东亚:国际与文明之间的关系问题》(1994)、《俄罗斯面向亚洲》(1998)、《俄罗斯:通过合作求安全·东亚的向量》(2003)以及主编论文集《中国在现代化和改革的征途上(1949—1999)》。他主编的五卷本大型的《中国精神文化大典》自2006年起陆续出版。

季塔连科正是由于在学术研究上广泛涉及哲学、现实政治和俄中及亚太国家关系,广有建树,同时在对外交流的实践上成效卓著,影响广泛,颇孚众望,而于1997年当选俄国科学院通讯院士,2003年晋升为院士,并被推选担任俄中友协主席等多项重要职务。

史学家齐赫文斯基和米亚斯尼科夫

谢尔盖·列昂尼德维奇·齐赫文斯基,中文名齐赫文,史学博士(1953)、教授(1959)、通讯院士(1968)和院士(1981)。曾任苏联科学院中国学研究所所长,现为俄罗斯科学院主席团顾问,长期在外交部任职,领特命全权大使衔(1966年起)。

他主要研究中国近、现代史并以此成名。当他在40—50年代先后以副博士论文《孙中山的民族主义原则及其对外政策》(1945)和博士论文《19世纪末中国的维新运动》(1953)走进学术界时,立刻在苏联史学界显得卓尔不群,也引起中国的史学同行之注意,尤其在两文修订成专著出版之后(《19世纪末中国维新运动与康有为》(1959)①和《孙中山的外交政策观点与实践》(1964))。

它们与后来发表的专著《周恩来与中国的独立和统一》②构成齐赫文中国近现代史研究成果的"三部曲"。同时,他还围绕着康有为、孙中山、周恩来这三位重要历史人物编辑出版了一系列历史资料和人物传记资料,包括专著,极为珍贵。如《孙中山选集》、《1898—1949年中国的统一与独立之路(据周恩来的传记资料)》(1996)。

齐赫文对中国社会有亲身的体验,有亲自参与或见证重大事变的经历,见证了新中国诞生这样的历史大事。在参加开国大典之后,他立即将周恩来总理兼外长的快函传递莫斯科,促成了苏联政府在次日,即10月2日发表声明公开承认并与中华人民共和国建交。他随即被任命为大使馆临时代办,成为首任驻新中国的使节。他的名字已经和两国关系史联在一起了,这是他外交生涯中最为荣耀的经历。更为详细的,还有齐赫文本人描述他在中国的经历和友谊的两本著作:《我的一生与中国(20世纪30—90年代)》(1992)③和《回到天安门》(2002)④。

我国《人民日报》(海外版)2001年9月7日头版以"世界著名汉学家聚会在北京研讨汉学"为题的报导特别指出:"从马可·波罗、利玛窦、雷慕沙、费正清、李约瑟,到齐赫文斯基等,这一连串名字,连接成'西学东渐'和'东学西渐'的桥梁",给予齐赫文院士极高的评价。

史学家米亚斯尼科夫(1931—)主要研究中国近代史和中俄关系史,1955年毕业于外交部莫斯科国际关系学院,1964年曾来人民大学进修,1964和1978年先后获副博士和博士学位,1990年即当选为科学院通讯院士,1997年晋升院士。他长期在远东所任职,曾任副所长,至2003年调东方学研究所,为科学院顾问。现为俄国汉学家协会主席。

米氏长期致力于历史档案的挖掘与整理,主持编辑组连续出版了以《17—20世纪俄中关系(文献与资料)》为题的文集,计已出有17世纪两卷,18世纪两卷,19世纪两卷,20世纪五卷(其中有些卷册系与齐赫文院士或立多夫斯基联合主编的),还有关于两国人员来往、边界问题等类文件汇编。此项工作为进行研究提供很好的基础。

---

① Движение за реформы в Китае в конце XIX века и Кан Ю-вэй. М. 1959. 419с.
② 见中译本,中央文献出版社,2000,第604页。
③ Китай в моей жизни (30—60 годы). М. 1992. 159с.
④ Возвращение к Воротам Небесного Спокойствия. М. 2002. 387с.

同时,米氏发表了研究清代两国关系的力作《17世纪的清帝国和俄国》(1980)。此外,他还整理完成了斯卡奇科夫编著的《俄国汉学史纲要》(所叙史事迄于1917年),实现了俄国汉学同人的夙愿。

文学家李福清(1932—2012)

2008年5月29日晋升院士的李福清,早在2003年12月22日便接受了我国政府教育部授予的"中国语言文化友谊奖"。这是我国授予国外最为杰出的汉语教育工作者和汉语语言文化研究者的专门奖项。李福清是俄罗斯第一位获此殊荣的人。

李福清从民间文学开始,逐步扩展研究领域至俗文学、古典文学,进而中国传统文化。他发表过一系列文著,其中主要的著作《万里长城的传说与中国民间文学的体裁问题》、《中国的讲史演义与民间文学传统——论三国故事的口头和书面异体》、《从神话到章回小说》,也已全译或部分译成中文。还有直接出版的中文著作《中国神话故事论集》、《李福清论中国古典小说》、《关公传说与三国演义》、《从神话到鬼话——台湾原住民神话故事比较研究》(社会科学出版社的增订本改题为《神话与鬼话》)。

在专著以外,当然还有数量巨大的文章。近期出版的中文本《古典小说与传说(李福清汉学论集)》(中华书局,2003年)则是从他的文章和著作选编出来的篇目并经作者亲自审定,可说是他的著作代表。

李福清主要的贡献可以概括为四个方面:

其一,研究涉及中国文学的各个领域,从古典文学到现当代文学,乃至整个中国文学的研究,都广有建树。

其二,中国民间文学和俗文学,始终是他研究的一个重点,为不断探索和阐明的对象,其成就尤显突出。

其三,对台湾原住民文化的研究,把它同大陆各族文化作比较分析。

其四,中国民间艺术研究。其所编《苏联藏中国民间年画珍品集》①汇集了从5000多幅旧年画中挑选出来的200幅在我国已失传的珍品,最能说明他在年画研究上的功力。

(二) 两次翻译文学热潮(50年代和80年代)

1. 50年代译介中国文学的洪流

在这10年里出版了什图金的《诗经》首次全译本(1957)。还有郭沫若、费德林主编的四卷本《中国诗歌集》(1957—1958),所选诗歌上起古代下迄中世纪50年代。第一卷收入《诗经》的"风"、"雅"、"颂"(选),《楚辞》,曹操、曹丕、曹植五言诗,陶渊明诗和汉乐府。第二卷为唐诗,有李

---

① 李福清、王树村、刘玉山编选:《苏联藏中国民间年画珍品集》,人民美术出版社,1990。

白、杜甫、白居易、元稹、王维、孟浩然、韩愈等名诗人之作品。第三卷包括宋、明、清三个朝代，有苏东坡、欧阳修、柳永、陆游、李清照、辛弃疾直至近代林则徐、黄遵宪的名诗。第四卷为 1949—1957 年的新诗，入选的有郭沫若、萧三、田间、臧克家等众多诗人的诗作。这部由两国学者合作编选的集子，第一次向苏联读者展示了中国诗歌全貌，其选择之精和全，迄今仍为中国国外所仅见，也是后来苏联汉学家编辑中国诗选和选择单个重要诗人作研究对象或出单行本的依据。它的出版是苏联汉学界乃至文学界在 50 年代的一大盛事。其他的诗集还有一些著名诗人的单行本，如艾德林译的《白居易诗集》(1958)，奇托维奇译的《杜甫诗集》(1955)、《李白抒情诗集》(1956)和《王维诗集》(1959)，阿列克谢耶夫等译的《屈原诗集》(1954)等。同时，中国几部重要的古典小说也都有了俄译本：帕纳秀克译的《三国演义》(1954)和《红楼梦》(1958)，罗加乔夫译的《水浒传》(1955)以及他同科洛科洛夫合译的《西游记》(1959)，沃斯克列辛斯基（华克生）译的《儒林外史》(1959)，还有费什曼等译的《镜花缘》(1959)。有些甚至在西方都不大译介的清末章回小说也出了俄译本，如谢曼诺夫译的《老残游记》(1958)和《孽海花》(1960)等。至于现代作家的作品，不但一些著名的大作家如鲁迅、郭沫若、巴金、茅盾、老舍、叶圣陶、丁玲等的作品都有了俄译本，如四卷本的《鲁迅选集》(1954—1955)、两卷本的《老舍选集》(1957)、一卷本的《郭沫若选集》(1955)、三卷本的《茅盾选集》(1956)以及丁玲的《太阳照在桑干河上》(1949)等，而且一些在西方还很少介绍的作家如马烽、李准、周立波、杨朔、艾芜、陈登科、秦兆阳、冯德英等在苏联也都得到译介。像苏联如此规模宏大、时间集中的中国文学译介工作，在世界汉学史上怕是少有的。诚如一位汉学家所说，"这证明苏联学者和全体人民对中国命运的深刻关注以及他们同中国人民扩大文化交流的强烈愿望"①。

反过来，中国这块友好的土地也给汉学家们以慷慨的滋养。如果说当年费德林有机会来华被视为"特别幸运"的话，那么如今这种幸运已降临一代汉学家身上。今日活跃在苏联汉学界的中年以上的学者，大部分人都时间或长或短地在中国生活过。他们在资料和指导上都深深得益。即以我们所知的到过北大进修的人为例，先不说师从的导师都是一流的，如契尔卡斯基接受王瑶、施奈德接受曹靖华、查瓦茨卡娅接受宗白华的指导，单说资料就有取之不竭的源泉，例如李福清至今还很怀念 1965 年在北大进修时每天到北大图书馆查资料、每周一两次进城逛书店和到天桥

---

① 沃斯克列辛斯基：《苏联对中国文学的翻译和研究》，《远东问题》1981 年第 4 期，第 174 页。

听说书的日子。况且,提供资料方便的何止北大。李福清说过他开始研究孟姜女的故事。那是50年代中期,他缺乏资料,就给中国各省的文联写信,请代为搜集。不多久,几乎每个省都给他寄去了有关孟姜女的资料:民歌、传说、地方戏、宝卷直至古迹的照片。当1958年郑振铎访苏时,看到李拥有这么多资料(包括有刻本、抄本),很是吃惊,说即使他以文化部副部长的名义向各省文联要,他们也不一定寄。因为李是苏联的学者,他们就很热心。时隔30多年,李福清还由衷地说:"中国朋友的关心和帮助,使我非常感动,永生难忘。"

苏联汉学家也拿出了相应的成果,特别是一批研究性的论著。综合性的文学史书有费德林的《中国当代文学概观》(1953)、《中国文学·中国文学史纲要》(1956)、艾德林的《论今日中国文学》(1955)。作家专论有波兹涅耶娃的《鲁迅》(1957)和《鲁迅的生平与创作(1881—1936)》(1959),索罗金的《鲁迅世界观的形成·早期的政论作品和〈呐喊〉》(1958),谢列布里亚科夫的《杜甫评传》(1958),费什曼的《李白的生平和创作》(1958),彼得罗夫的《艾青评传》(1954)。

2. 60—70年代扩大翻译的范围

进入60年代中期以后,由于中苏关系变冷淡,两国的文化交流大受影响,其主要表现之一是汉学人才的培养上数量锐减,缺乏年轻的后备力量。

不过,由于有一代中年以上的汉学家的努力,从60年代初到80年代初,中国文学的翻译和研究工作仍有了长足的进展。

在翻译方面,这20多年中逐步扩展到各种体裁的作品,可以说是在50年代的基础上做了"填平补齐"的工作。古典诗词仍然是翻译的重点。陆续出版的大诗人作品有:《白居易抒情诗集》(1965)和《白居易诗集》(1978),《陶渊明抒情诗集》(1964)和《陶渊明诗集》(1975,以上均艾德林译),曹植《七哀诗集》(1973,切尔卡斯基译),《陆游诗集》(1960)和《苏东坡诗词集》(1975,均戈鲁别夫译),李清照《漱玉词》(1974)和《辛弃疾诗词集》(1961,均巴斯马诺夫译)。也有多人合集的诗选,如《中国古典诗歌集》(1975,艾德林译)和《梅花开(中国历代词选)》(1979,巴斯马诺夫译)。在"世界文学丛书"中的《古代东方诗歌小说集》(1973)和《印中朝越日古典诗歌集》(1977)这两卷里收入的中国诗人最多,计有曹植、阮籍、嵇康、汤显祖、陈子昂等78人。同时,一些不常被人注意的近代诗人之作也有人翻译,如苏曼殊的《断鸿零雁记》(1971,谢曼诺夫译)。由此可见翻译工作涉及范围之广。值得注意的是有一些诗人参加了翻译,使译诗增色不少。例如50年代有著名女诗人阿赫马托娃译屈原的《离骚》(1956),如今有诗人吉托维奇译《杜甫抒情诗集》(1967),巴德尔金译谢灵运、鲍照的诗等。

在翻译小说方面,既有(古文小说)旧小说和笔记,如六朝小说干宝的

《搜神记》(1977,吉什科夫译),《紫玉》(中国1—6世纪小说集)》(1980,李福清等译),《唐代传奇》(1960,费什曼、吉什科夫译)和《浪子与术士》(又名《枕中记》,1970,紫科洛娃译);沈复的《浮生六记》(1979)、瞿佑的《剪灯新话》(1979,均戈雷金娜译)和纪昀的《阅微草堂笔记》(1974,费什曼译);也有通俗小说(白话小说),如钱采的《说岳全传》(1963)和石玉昆的《三侠五义》(1974,均帕纳秀克译),《今古奇观》(1962,维尔古斯、齐别罗维奇译),《十五贯(中国中世纪短篇小说集)》(1962,左格拉芙译)和《碾玉观音》(1972,罗加乔夫译),罗贯中、冯梦龙的《平妖传》(1983,帕纳秀克译)。此外,《金瓶梅》(马努辛译)已在1977年出了经删节的俄译本。有趣的是在苏联也同在我国一样,为了在少年儿童中推广文学名著,在70、80年代出版了《水浒传》(1978)、《西游记》(1982)和《三国演义》(1984)的节译本或缩写本(在50年代已有全译本的基础上缩改)。

同时,还有不少散文作品翻译出版,如《山海经》(1977,杨希娜译),司马迁《史记》(1972、1975,维亚特金、塔斯金译),《韩愈柳宗元文选》(1979,索科洛娃译),陆游《入蜀记》(1968,谢列布里亚科夫译)等。有一部《中国古代诗歌与散文集》译本(1979),除收入诗经、楚辞、古诗十九首、汉乐府的选译外,还有司马迁、伶玄、贾谊、赵晔等人的散文作品。

在翻译戏曲和民间文学创作方面,重要的有王实甫的《西厢记》(1960,孟列夫译);《元曲》(1966,彼得罗夫编,由斯别斯涅夫、马里诺夫斯卡娅、谢列布里亚科夫、孟列夫、费什曼等人翻译)计收入关汉卿的《窦娥冤》、《望江亭》和《单刀会》,白朴的《墙头马上》和《梧桐雨》,康进之的《李逵负荆》,马致远的《汉宫秋》,李好古的《张生煮海》,郑光祖的《倩女离魂》,张国宾的《合汗衫》,石君宝的《秋胡戏妻》等。在"世界文学丛书"的《东方古典戏剧》卷(1976,索罗金、雅罗斯拉夫采夫、戈鲁别夫等译)中则收入关汉卿的《窦娥冤》,洪昇的《长生殿》(片断),孔尚任的《桃花扇》(片断),汤显祖的《牡丹亭》(片断),郑廷玉的《忍字记》,作者不详的《劝狗杀夫》。民间文学方面有李福清辑译的《中国民间故事》(1972)和《东干民间故事与传说》(1977)。而袁珂《中国古代神话》的译本(1965,鲁波—列斯尼琴科、普济斯基译)和李福清为《世界各民族的神话》(1980)编写的200余则中国神话则使苏联读者有可能了解中国神话的全貌。

还有一种通俗文学的形式,即变文,吸引了汉学家的注意。孟列夫就列宁格勒珍藏的敦煌文献资料,作细心的整理和研究,从60年代起陆续出版其整理译注的"变文"成果:《维摩诘经变文·十吉祥变文(敦煌写本)》(1963,译注),《影印敦煌赞文附宣讲》(1963,整理、作序),《双恩记变文(敦煌写本)》(1972,译注),《妙法莲花经变文》(1984,译注)。此外,还有"宝卷"的译本,继《普明宝卷》(两卷本,1979,斯图洛娃译)之后,又出了《百喻经》(1985,古列维奇译)。

现当代文学作品的翻译要比古典文学少得多,但在某些方面也有突出的进展。由于切尔卡斯基持续不断的劳作,他编译出版的几本诗集恰好组成了一个介绍近70年中国诗歌的完整系列:《雨巷(20—30年代中国抒情诗)》(1969)、《五更天(30—40年代中国抒情诗)》(1975)、《40位诗人(20—40年代的中国抒情诗)》(1978)和《蜀道难(50—80年代的中国诗歌)(1987)。入选的诗人有100多人,规模相当可观。新译的小说也不少,有茅盾的《幻灭》(1972,伊万科译),老舍的《猫城记》(1969)和《赵子曰》(1979,均谢曼诺夫译),张天翼的《鬼土日记》(1972,切尔卡斯基译),赵树理的《李有才板话》和《小二黑结婚》(1974,罗果夫、克里夫佐夫译),钱钟书的《围城》(1980,索罗金译),以及几本短篇小说集(分别选入鲁迅、茅盾、巴金、叶圣陶、丁玲、王鲁彦、王统照、谢冰心、吴祖湘、许地山、老舍等人的小说)。此外,还有《瞿秋白选集》(1975,施奈德译)和邓拓的《燕山夜话》(1974,热洛霍夫采夫译)。

70多年来苏联翻译的中国文学作品已为数不少,目前已将俄译本系列化,于20世纪80年代出版了规模宏大的40卷本"中国文学丛书"。

3. 60—70年代出现一批研究成果

60、70年代的研究已扩大范围,并有向纵深发展之势。阿历克谢耶夫和康拉德的论文集可算是研究中外文学关系包括比较研究的得意之作。前者有《中国文学·论文选》(1978)和《中国民间绘画》(1966),后者有《西方和东方》(1966)及《康拉德论文选·中国学》(1977)。

文学史书有:索罗金和艾德林合著的《中国文学》(史略,1962)和波兹涅耶娃主编的大学教材《东方文学史》(四卷五本,1971—1977),其中有中国文学史部分占700多页。《世界文学史》(九卷本,苏联科学院世界文学研究所编)也有大量篇幅写中国文学史。

一批从20世纪50年代崭露头角的汉学家,在60、70年代纷纷发表专著。属于论述各类体裁的有李福清的《万里长城的传说与中国民间文学的体裁问题》(1961)、《中国的讲史演义与民间文学传统》(1970)和《从神话到章回小说》(1979),热洛霍夫采夫的《话本——中国中世纪的市民小说》(1969),费什曼的《中国长篇讽刺小说(启蒙时期)》(1966),谢曼诺夫的《中国章回小说的演变》(1970),谢列布里亚科夫的《中国10—11世纪的诗词》(1979),索罗金的《中国13—14世纪的古典戏曲》(1979),戈雷金娜的《中国中世纪的短篇小说:题材渊源及其演化》(1980)和《中国中世纪前的散文》(1983)。

属于文学理论和美学问题的有戈雷金娜的《中国的美文学理论》(1971)和李谢维奇的《中国古代与中古之交的文学思想》(1979)。还有论述文学和美学思想的几部论著虽系编译,但其序言及译注也值得一提,如:《中国古代的无神论者、唯物论者、辩证法家——杨朱、列子、庄子》(1967,波兹涅耶娃编译注)、《晚期道家论自然、社会和艺术》(1979,波梅兰采娃编注)、《圣贤文选·中国古代散文》(1987,李谢维奇编注)。

如若谈到综合性的研究论著,当然首先应当提到费德林的三部著作:《中国文学研究问题》(1974)、《中国古典文学名著》(1978)和《中国文学遗产与现时代》(1981)。此外,还有施奈德的《俄国古典作品在中国》(1979)以及几部集体撰写的论文集,重要的如《中国古典文学论文集》(1969)、《中国和朝鲜的文学体裁与风格》(1969)、《中国文学与文化》(1972,纪念阿列克谢耶夫九十周年诞辰文集)、《苏联对中国文学的研究》(1973,庆祝费德林七十寿辰文集)等。散见于各汉学刊物、其他报刊和文集中的论文则不计其数,无法一一列举。

研究单个作家的专著数量相当可观。古典文学方面重要的有:艾德林的《陶渊明及其诗歌》(1969),切尔卡斯基的《曹植的诗》(1963),谢列布里亚科夫的《陆游传论》(1973),马里亚温的《阮籍》(1978),别任(列·叶·巴迪尔金)的《谢灵运》(1980),费什曼的《中国17—18世纪的3位小说作家:蒲松龄、纪昀、袁枚》(1980)。

现代文学方面有施奈德的《瞿秋白的创作道路(1899—1935)》(1964),索罗金的《茅盾的创作道路》(1962),谢曼诺夫的《鲁迅和他的前驱》(1967),安季波夫斯基的《老舍的早期创作:主题、人物、形象》(1967),马特科夫的《殷夫——中国革命的歌手》(1962),阿直马穆多娃的《郁达夫和"创造社"》(1971),苏霍鲁科夫的《闻一多的生平与创作》(1968),齐宾娜的《1937—1945年抗日战争时期郭沫若的剧作》(1961),鲍洛金娜的《老舍在战争年代(1937—1949)的创作》(1983),尼古利斯卡娅的《巴金创作概论》(1976)等。

4. 80年代的中国当代文学热

从70年代末起苏联各报刊就陆续译载反映我国改革开放的作品,80年代逐渐形成热潮。

一是翻译作品数量越来越多。仅以汇编的成书为例,已出版中国的中短篇小说集有7部,收入小说近60篇,诗集1部,收入22位诗人的30余首诗(这些小说和诗在收入选集以前有不少已在报刊发表过)。其中1982、1983、1984年各出版1部,1985、1986年各出版2部,1987年是小说和诗集各1部。还有中、长篇小说3部。

小说集有:热洛霍夫采夫、索罗金编选短篇小说集《人妖之间》,1982年版,收入王蒙的《夜的眼》、刘心武的《班主任》和《我爱每一片绿叶》、王亚平的《神圣的使命》、李陀的《愿你听到这支歌》、韩少功的《月兰》、韶华的《舌头》和《上书》、刘宾雁的《人妖之间》、李准的《芒果》等① 10 篇。

热洛霍夫采夫编选中篇小说集《一个人和他的影子》,1983 年出版,收入刘宾雁的《一个人和他的影子》、刘心武的《如意》、王蒙的《蝴蝶》、陈淼的《稀有作家庄重别传》等 4 篇。

索罗金编选的《当代中国小说·王蒙、谌容、冯骥才》,1984 年出版,收入王蒙的《春之声》和《海的梦》、谌容的《人到中年》、冯骥才的《高女人和她的矮丈夫》等 5 篇。

索罗金编选的短篇小说集《纪念》,1985 年出版,收入王蒙的《春之声》、李准的《芒果》、冯骥才的《高女人和她的矮丈夫》、高晓声的《陈奂生上城》、蒋子龙的《一个工厂秘书的日记》、刘绍棠的《蛾眉》等② 6 篇。

李福清编选中短篇小说集《人到中年》,1985 年出版,收入冯骥才的《啊!》、王蒙的《杂色》、张一弓的《犯人李铜钟的故事》、鲁彦周的《天云山传奇》、谌容的《人到中年》、刘心武的《立体交叉桥》、蒋子龙的《乔厂长上任记》等 7 篇。

李福清编选《冯骥才中短篇小说集》,1986 年出版,收入《啊!》、《铺花的歧路》、《感谢生活》、《神鞭》、《高女人和她的矮丈夫》、《三十七度正常》、《意大利小提琴》、《匈牙利脚踏车》、《在两个问号之间》、《在早春的日子里》、《老夫老妻》等 11 篇。

热洛霍夫采夫编选短篇小说集《相会在兰州》,1987 年出版,收入韩少功的《西望茅草地》、秦兆阳的《觉醒》、张弦的《被爱情遗忘的角落》、周克芹的《勿忘草》、张贤亮的《苦泉》、温小钰的《我的小太阳》、张抗抗的《夏天》、冯骥才的《酒的魔力》、陆文夫的《临街的窗》、刘心武的《相会在兰州》等 13 篇。

同时,还有中、长篇小说的单行本如古华的《芙蓉镇》等多部作品,以及发表在杂志上的小说如张抗抗的《北极光》(《外国文学》1985 年第 6 期)和谌容的《太子村的秘密》(《莫斯科》1987 年第 8 期)等。

诗歌有切尔卡斯基编选的《蜀道难》诗选,1987 年出版,其中在"70 年代末至 80 年代初的诗"一编中选入艾青、公刘、浪波、李发模、骆耕野、刘祖慈、吕剑、寥寥、苏叔阳、吴力军、方冰、方殷、方敬、傅天琳、韩瀚、胡笳、黄永玉、赵恺、朱健等 22 位诗人近年写的 30 首诗。

二是加强作品的评介工作。所有选集和单行本都有前言或后记,同时报刊还发表书评,有的书评文章还不止一篇,像长篇小说《芙蓉镇》俄译本 1986 年出版 1 年多之后,已经有 4 篇书评。这些评介文字几乎都一致肯定我国新时期文学的成就,索罗金认为"当代中国文学中的现实主义和人道主

---

① 尚有王蒙的《组织部来了个年轻人》、陈翔鹤的《陶渊明唱挽歌》等非新时期的创作 2 篇。
② 尚有钱钟书的《纪念》等非新时期的创作 6 篇。

义传统到70年代末开始恢复"①,李福清肯定"自1979年当代中国文学开始了一个新的阶段"②。他们还进一步概括出当代文学的特点,热洛霍夫采夫指出:"当代中国文学生活的中心,是所谓的'暴露文学'流派……它的批判力量大大超过以前的同类作品。"③李福清则指出了另一个特点,说"乔厂长"的成功,证明"蒋子龙准确地抓住了时代的要求:现在中国正需要这种熟悉业务而不是空喊口号、精力充沛、行动果断的人来领导经济工作和工业"。④索罗金指出了再一个特点,说张抗抗的《北极光》"是一位艺术家的诚实和激动的叙述……描写了新人和新的思想感情"⑤。此外,书评几乎都一致肯定我国当代文学反映当前的改革和朝着艺术形式及艺术风格多样化发展这两大特色。

汉学家们对当代倾注了极大的精力,把工作重点移到当代也是一股潮流。即便以前不是重点研究当代的人,也开始注重当代。莫斯科大学教授谢曼诺夫对我说,他的主要工作就是继续培养青年汉学家和翻译中国当代的小说,他认为"这是当前最主要的事(由于这类小说非常多)",因而几年来他一本接一本地翻译出版。除了《芙蓉镇》(1986)、谌容的中篇小说《太子村的秘密》(1987)、路遥的长篇小说《人生》(1988),还有1989年出版的他所译张洁的长篇小说《沉重的翅膀》及其另外一部中篇小说。谢曼诺夫还译有蒋子龙的中篇小说《赤橙黄绿青蓝紫》和谌容的中篇小说《结婚进行曲》。同时,汉学家沃斯克列辛斯基也译有王蒙的长篇小说《活动变人形》。

不过,此番热潮已于上世纪末衰减,新译寥寥,乃经济条件严峻使然。至新千年始,有热洛霍采夫译的蔡骏两部长篇《病毒》(2002)和《诅咒》(2002),均出版于2006年。阿格耶夫译姜戎的《狼图腾》(2008),叶戈罗夫译苏童《我的帝王生涯》(2008)。此外,库德里亚切娃从英译本转译卫慧的《上海宝贝》和《我的禅》,均出版于2006年。日丹诺娃也从英译本转译棉棉的《糖》(2005)。长篇小说之外,短篇小说集则以扎哈罗娃和谢曼诺夫合编并翻译的《孔雀开屏》(1995年,收入陆文夫等13人各1篇小说)为著名。其他尚有短篇集或诗集若干种,属于罕见之列。

李明滨
2010年3月6日
于北京大学六院

---

① 《纪念》小说集的"前言"。
② 《中国当代文学中的传统成份》,《文艺报》,1986年11月29日。
③ 小说集《人妖之间》"前言",莫斯科,1982。
④ 《论当代中国中篇小说及其作者》,中译文见《文学自由谈》,1986。
⑤ 《北极光》"前言",见苏联《外国文学》,1985年第6期。

编者的话

2009年,中国国家图书馆(以下简称"国图")新馆北区馆舍落成,并正式开馆接待读者。馆舍面积增至25万平方米,跃居世界国家图书馆第三位。

截止到2010年国图馆藏文献总量达2880万册(件),数字资源总量达450TB,形成"传统文献与数字资源有机结合的馆藏体系"。丰富的馆藏使它当之无愧地成为了全球中文文献中心,全国外文文献中心。这里有诸多有别于其他图书馆的特色馆藏,海外汉学(中国学)文献即是其中之一。而俄罗斯汉学文献作为国图海外汉学(中国学)的一部分,在其中占有很重要的位置。在这里既能找到1771年俄罗斯学者对中国问题的研究专著《谈谈中国的花园》(1771),也可以查到最新版的俄编《中国精神文化大典》(2010)。国图是海外汉学(中国学)的史料基地,文献中心。

到2010年底,国图的外文文献(西文、俄文、日文等)全部完成了机读数据的编目、馆藏文献挂接等项工作。这些工作的完成,标志着国图馆藏中的外文文献目录全部实现了数字化。读者可以在世界的任何一个角落、任何一台终端机上检索国图外文文献的馆藏目录,当然也包括馆藏俄罗斯汉学文献目录。但我仍然坚持把收集了十几年的馆藏俄罗斯汉学文献的书目推出,想法有三:一、有资料统计,截止到2008年国图馆藏俄文文献已达62万余种(册),约占全馆外文藏书总量的1/5,其学科涉及到《中图法》中的22个大类的所有类别,而俄罗斯汉学文献只是其中的一小部分,且分布在各个类别当中。读者想从中找到自己所需要的文献,无疑是大海捞针。如果再加上,读者对馆藏文献检索点的不熟悉,其结果往往会事倍功半。二、现代图书馆的馆员,应该是信息时代的领航员,知识海洋中的导航员。人们习惯将图书馆比喻为书山、书海,那么图书馆的馆藏目录实际上就是进山的指路牌、下海的导航标,目录的编制者就是路牌、航标的制作者。熟悉馆藏的图书馆馆员担当起路标的制作人,是其职责所然。三、本《书目》的编辑,起初是编者为探究国内俄罗斯汉学文献的收藏而做的学习笔记,收集的多了,其资料的价值突显出来,于是产生了将其结书出版,让更多的人分享的念头。其中凝聚着编者多年来对俄罗斯汉学探究的心得和体会。还有,就是作为国家图书馆,每年国家都要斥巨资为其购买外文文献增加馆藏。而将馆藏中已有的文献进行挖掘、整理,使其物尽其用,应是国图人的职责与使命。只有清楚自己有什么,才知道自己缺什么,才能将有限的购书经费用在"刀刃"上。

俄罗斯汉学源于中俄两国特殊的交往历史。清政府的怀远政策,让被俘的哥萨克人在京安家落户。1715年,俄国派出的第一个宗教使团到达北京,使得北京成为了俄国汉学在国外的发源地。

如果从1741年3月23日,俄国首位汉学家罗索欣进入科学院的那天算起,俄罗斯汉学已经有了近300年的历史。在这漫漫历史长河中,俄罗斯汉学作为一门学科研究从未停止过。它在世界汉学中占有很重要的位置。几百年来,一代又一代学者们不停地耕耘,使这一学科研究结出了丰硕的果实。这些果实散落在浩瀚的历史长河中,成为了长河中闪烁着耀眼光辉的瑰宝。中国国家图书馆是国内收藏这些"瑰宝"较多的场所,但其利用率却不是很高。究其原因,馆藏揭示得不够应是主要原因。为此,本《书目》尝试着从一个侧面,将散落在不同时期、不同阶段的"瑰宝"收集、整理、归类,旨在揭示馆藏,以让更多的人知道馆藏、了解馆藏、使用馆藏,实现馆藏文献为科研服务之目的。

在李明滨先生的"代序言"中,对俄罗斯汉学的发展史做了概述,在其中列举了多位卓有成就的俄罗斯学者。本《书目》收录的文献,就是以学者——汉学家为线索,从两个方面对馆藏文献做收集、整理:一是,俄罗斯学者对中国问题的研究书著;二是,后人对其的研究成果,以及国内学者对其的译介、论述。即本《书目》关注的是俄罗斯学者个人的研究成果,而对集体成果(诸多俄罗斯汉学研究机构、研究中心等编辑、出版的文献)并未做专门的收集,故这本小书并非全部国图馆藏俄罗斯汉学文献目录。

书目的收集起于俄罗斯汉学鼻祖——比丘林,止于2010年年底入藏较多的、俄罗斯汉学领域有影响的学者,时间跨度有几百年。在俄罗斯汉学悠久的历史长河中,有众多学者为之奋斗不息。有的学者已经故去,但为后人留下了极其宝贵的研究成果,成为延续学科研究、传播人类文明的珍贵的史料文献。而更多的人依旧耕耘在汉学研究沃土之上,新的、令人振奋的研究成果不断推出。汉学,这个古老而又崭新的世界性课题,令无数学者为之着迷,一部部研究书著的面世增补着历史长河中瑰宝的数量。同时也酿造着一个又一个的传奇,流传着一个又一个动人的故事。

本《书目》,共收集有256位俄罗斯汉学家的2000余部作品的馆藏目录(馆藏文献的收集截止到2010年年底)。作品涉及到《中图法》中社会科学部分的所有学科,以及中医学、环境科学、建筑学等。笔者相信,到本书出版时,馆藏文献会大大超出这两个数字。因为:一是,俄罗斯汉学在不断地发展,新人辈出,新的研究成果在源源不断地推出;二是,国图专门收集这类文献的部门——海外中国学文献中心阅览室,每个月都有新书上架①。馆中 Aleph 系统里的文献数量,时时都在更新。尽管如此,本《书目》路标的功能依然不会丧失(如果真能如此,也不枉编者穷十余年之力编纂此《书目》的苦心)。

一个学科的形成由诸多因素促成。要有大的学术环境;要有专门从事这一学科研究的人——学者;要有组织协调学科研究的部门——机构;还要有时间的积累:对学科领域的深入探究的积累,对文献研究、领会的沉淀,以及研究成果得到社会的认可都需要时间。而对文献的收集整理,实际上是在整理研究成果的同时,梳理学科研究史。这是项费时费力的工作,但其在学科研究中的重要性是不可小觑的。本《书目》只是从一个侧面揭示了馆藏,在富宏的国图藏书中,这 2000 余部图书的目录只是冰山一角,而且就是这"一角"也还需要再做进一步的挖掘、整理、探究。

本《书目》概括了中国国家图书馆收藏的俄罗斯汉学文献的全貌。除前言和后记外,全书分为两部分(11 个小节)。第一部分是"馆藏中,20 世纪前的俄罗斯汉学文献";第二部分是"20 世纪以后,馆藏俄罗斯汉学文献的综合介绍与分类"。20 世纪之前为俄罗斯汉学的酝酿、产生、形成期。由于时间的久远,历史原貌显得神秘而高深。时间让人、事、物都落满了厚厚的尘埃,各种大事小情绞在一起,时隐时现,令人由此产生无限的遐想与期望。清理文献,梳理历史,让文献说话,是本《书目》编制的目的之一。将 20 世纪前的俄罗斯汉学文献目录单独剥离出来,是想通过划分时间段,能让使用者更方便地利用本《书目》,更容易地找到自己所需要的资料。而且,这样划分也与国内学界俄罗斯汉学研究的分期相吻合。

20 世纪以后,俄罗斯汉学发生了很大的变化。首先是称谓上的变化,1917 年十月革命的胜利,建立了世界上第一个社会主义国家,俄国汉学逐渐易名为苏联汉学。1991 年苏联解体,分裂成了 15 个各自独立的国家,苏联汉学更名为俄罗斯汉学。其次,还出现了四个很明显的变化:

1. **人员的变化**

20 世纪以后,经历了比丘林时期(19 世纪上半叶)和瓦西里耶夫时期(19 世纪下半叶)的俄国汉学,进入了阿翰林时期②。此时,从事汉学研究的人员已与以往有所不同。其不同之处表现在:一、不再只局限于僧侣范围内,从事研究的世俗人员的数量增多;二、都受过专门的高等教育培养,精通语言,具备从事学科研究的基本素质;三、一批师从阿翰林的学子和与其一起工作过的人,赞同他的观点,形成了著名的"阿列克谢耶夫学派"。这个学派的人士在各个不同的研究领域里做出了突出的贡献,引领

---

① 见中国国家图书馆《海外中国学文献中心(文献资讯)》(月刊)。
② 见李明滨:《俄罗斯汉学史》,大象出版社,2008,第 79—107 页。

着学科研究不断地向前推进。如研究中国哲学的休茨基、阿·彼得罗夫,研究中国文学的鲍·瓦西里耶夫、什图金、费德林、艾德林、费什曼,研究汉语的龙果夫、鄂山荫、雅洪托夫,研究历史和文化史的杜曼、齐赫文、李福清,以及一大批活跃在当代俄罗斯汉学领域的学者。

2. 学科的细化

20世纪以后,俄苏对汉学的研究趋于学科化。特别是阿列克谢耶夫院士总结了俄苏汉学的经验,为汉学提出了一系列新的见解。他认为,汉学是"以中文原文(资料)为依据的各门学科,特别是社会科学、人文科学(包括史学、文艺学、考古学、词汇学、语文学、古文手稿字体学、史料学、社会学等等)的总和"①。在他的倡导下,汉学的研究范畴扩大了,人们的视野开阔了,摈弃了之前仅把研究中国文学和语文学视为汉学的狭隘概念,将目光投向更广阔的学科领域。

随着研究的深入,俄国汉学出现了明显的文、史、哲、经、政、艺的分科。从事研究汉学的人不再是"通才"(即传统意义上的"中国通"),而是对学科有深入研究的、专门从事学科研究的专家。俄国汉学界涌现出了多位学科领军人物,如研究中国近现代史和俄中、苏中关系及日本近代史的齐赫文院士,研究中国哲学的季塔连科院士,主要研究中国文学的费德林通讯院士,研究中国经济的斯拉德科夫斯基通讯院士,主要研究汉语的宋采夫通讯院士和以研究中国文学、俄中文化关系见长的李福清院士等。

3. 学科研究的机构化

20世纪以后,在苏联境内出现了众多汉学的专门研究机构。如以研究中国为主的苏联科学院中国学研究所(Институт Китаеведения академии наук СССР),经过多次改组,成为了今日极具影响力的研究机构——俄罗斯科学院远东研究所(Институт Дальнего Востока Российсской академии наук)。在莫斯科、圣彼得堡两地的汉学研究机构的"五强"②,以及散落在喀山、西伯利亚、赤塔、乌兰乌德、海参崴等地的汉语教学与研究的机构,在俄罗斯形成了巨大的汉学网络。

4. 方向的变化

20世纪以后,俄罗斯汉学除继续关注古典文献的研究外,更多的是对近现代中国的研究。特别是新中国成立后,日新月异的社会主义建设成就,成为俄罗斯汉学关注的焦点。许多以研究中国古典文献为主的人,也将目光聚焦在当代,如沃斯克列辛斯基、谢曼诺夫、李福清等。

书后的"附录"中,有三篇编者的小文,是编者近年来对俄罗斯汉学探

---

① 《苏联大百科全书》第1版,第51卷,莫斯科,1945,第174—175页。
② 见李明滨:《俄罗斯汉学史》,大象出版社,2008,第79—107页。

究的心得。有的已经发表过,如《北平图书馆特聘通讯员"阿翰林"》一文,收在《文津论坛(国家图书馆第十届科学讨论会论文集)》中,其余2篇至今还从未出版过,现放在书后,算是对《书目》正文理解的一个补充。

本《书目》以学者的研究方向和已出版的文献为依据,按文(文学、语言)、史、哲(哲学、宗教)、经、政、艺归类。文,即文学(中国古典文学、现代文学、当代文学,以及小说、诗歌、神话故事、俗文学等的翻译、研究,文学史也归在其中)、语言(汉语教学、字词典的编辑、语法书的编撰、口语、文选等教科书的编辑);史,所有有关历史研究方面的著作(包括断代史、学科史等);经,经济(包括年鉴、经济研究、经济法等的教科书,以及各种参考书等);政,政治(包括中俄外交、国际关系、历史名人传记等)的论著;艺,艺术(绘画艺术、舞台艺术等)。将文献按学科归类,目的是便于使用者有针对性的查找,同时也方便使用者全面了解当代俄罗斯汉学的分科特点。

书目的编辑是项很枯燥的工作,又是对编辑者要求较高的工作。而由于本《书目》编者的水平有限,对俄罗斯汉学的探究有限,所以,此《书目》必定会有挂一漏万的现象,敬请诸位学者见谅。但只要本《书目》能起到抛砖引玉的作用,唤起更多的有识之士加入到揭示馆藏的行列之中来,编者就倍感欣慰了。

目　录

俄罗斯汉学文库编纂说明 ……………………………………………………（1）
凡例 ……………………………………………………………………………（1）
现代俄罗斯汉学和汉学家的著译（代序）……………………… 李明滨（1）
编者的话 ………………………………………………………………………（1）

一、馆藏中 20 世纪前的俄罗斯汉学文献 ……………………………（1）
  1. 原著 ………………………………………………………………………（1）
  2. 后辈学者的研究作品 …………………………………………………（2）
（一）馆藏俄国汉学奠基人比丘林的作品 ………………………………（4）
（二）俄国第一位汉学家院士瓦西里耶夫的作品 ………………………（8）
（三）19 世纪俄国汉学家巴拉第的作品 …………………………………（10）
（四）馆藏中俄国早期汉学家的作品 ……………………………………（12）

二、20 世纪以后馆藏俄罗斯汉学文献的综合介绍与分类 ……………（19）
（一）文学 ……………………………………………………………………（20）
  1. 文学类藏书概览 ………………………………………………………（20）
  2. 文学类藏书书目导引 …………………………………………………（21）
    1) 阿直马穆多娃 В. С.（Аджимамудова, В. С., 1936— ）………（21）
    2) 阿列克谢耶夫 В. М.（Алексеев, В. М., 1881—1951）…………（22）
    3) 阿里莫夫 И. А.（Алимов, И. А., 1964— ）……………………（23）
    4) 巴斯曼诺夫 М. И.（Басманов, М. И., 1918— ）………………（24）
    5) 鲍洛金娜（罗金兰）О. П.（Болотина, О. П., 1945— ）………（25）
    6) 瓦赫金 Б. Б.（Вахтин, Б. Б., 1930—1981）……………………（26）
    7) 沃斯克列辛斯基（华克生）Д. Н.（Воскресенский, Д. Н., 1926— ）…（26）
    8) 吉托维奇 А.（Гитович, А., 1909—1966）………………………（27）
    9) 戈雷金娜（郭黎贞）К. И.（Голыгина, К. И., 1935— ）………（28）
    10) 扎罗夫 П.（Жаров, П.）…………………………………………（28）
    11) 热洛霍夫采夫 А. Н.（Желоховцев, А. Н., 1933— ）…………（29）
    12) 扎哈罗娃 Н. В.（Захарова, Н. В., 1950— ）…………………（29）
    13) 齐宁 С. В.（Зинин, С. В., 1957— ）……………………………（29）

14) 伊凡尼科 С. С.（Иванько, С. С.）……………………………（30）
15) 克特林斯卡娅 В. К.（Кетлинская, В. К.）…………………（30）
16) 克拉芙佐娃 М. Е.（Кравцова, М. Е., 1953— ）……………（31）
17) 克里夫佐夫（克立朝）В. Н.（Кривцов, В. Н., 1921—1985）…（31）
18) 列别捷娃 Н. А.（Лебедева, Н. А., 1954— ）………………（32）
19) 李谢维奇 И. С.（Лисевич, И. С., 1932—2000）……………（32）
20) 马努辛 В. С.（Манухин, В. С., 1926—1974）………………（34）
21) 马尔科娃 С. Д.（Маркова, С. Д., 1923—2001）……………（34）
22) 马丁蒂诺夫 А. С.（Мартынов, А. С., 1933— ）……………（35）
23) 马特科夫 Н. Ф.（Матков, Н. Ф., 1924— ）…………………（35）
24) 缅希科夫（孟列夫）Л. Н.（Меньшиков, Л. Н., 1926—2005）…（36）
25) 尼科里斯卡娅 Л. А.（Никольская, Л. А., 1925— ）………（39）
26) 潘英（Пан Ин, 1928— ）………………………………………（40）
27) 帕纳秀克 В. А.（Панасюк, В. А., 1924—1990）……………（40）
28) 帕霍莫夫 Н.（Пахомов, Н.）…………………………………（41）
29) 彼得罗夫 В. В.（Петров, В. В., 1929—1987）………………（42）
30) 波兹涅耶娃 Л. Д.（Позднеева, Л. Д., 1908—1974）………（42）
31) 李福清 Б. Л.（Рифтин, Б. Л., 1932—2012）…………………（43）
32) 罗加乔夫（罗高寿）А. П.（Рогачёв, А. П., 1900—1981）…（46）
33) 谢曼诺夫 В. И.（Семанов, В. И., 1933—2010）……………（47）
34) 谢列布里亚科夫 Е. А.（Серебряков, Е. А., 1928—2013）…（48）
35) 索罗金 В. Ф.（Сорокин, В. Ф., 1927— ）……………………（49）
36) 苏霍鲁科夫 В. Т.（Сухоруков, В. Т., 1929— ）……………（50）
37) 特卡琴科 Г. А.（Ткаченко, Г. А., 1947—2000）……………（50）
38) 乌斯京 П. М.（Устин, П. М., 1925— ）………………………（51）
39) 费多连科（费德林）Н. Т.（Фёдоренко, Н. Т., 1912—2000）…（51）
40) 费什曼 О. Л.（Фишман, О. Л., 1919—1986）………………（53）
41) 哈茨克维奇 Ю. Г.（Хацкевич, Ю. Г.）………………………（54）
42) 切尔卡斯基 Л. Е.（Черкасский, Л. Е., 1925—1998）………（54）
43) 艾德林 Л. З.（Эйдлин, Л. З., 1909—1985）…………………（56）

（二）语言 ……………………………………………………………（58）
 1. 俄罗斯的汉语研究及研究论著在国图的收藏 ………………（58）
 2. 语言类藏书书目导引 ……………………………………………（61）
   1) 阿尼西莫娃 С. А.（Анисимова, С. А.）……………………（61）
   2) 布纳科夫 Ю. В.（Бунаков, Ю. В., 1908—1942）…………（61）
   3) 古列维奇 И. С.（Гуревич, И. С., 1932— ）………………（61）

目　录

4) 娇米娜 Н. А.（Дёмина, Н. А., 1925— ）…………（62）
5) 德拉古诺夫（龙果夫）А. А.（Драгунов А. А., 1900—1955）……（63）
6) 扎多延科 Т. П.（Задоенко, Т. П., 1924—1993）…………（63）
7) 佐格拉夫 И. Т.（Зограф, И. Т., 1931— ）…………（64）
8) 伊凡诺夫（伊凤阁）А. И.（Иванов, А. И., 1878—1937）…（65）
9) 伊萨延科 Б. С.（Исаенко, Б. С. 1914—1965）………（66）
10) 科洛科洛夫 В. С.（Колоколов, В. С., 1896—1979）……（66）
11) 康德拉舍夫斯基 А. Ф.（Кондрашевский, А. Ф., 1951— ）…（67）
12) 科托夫 А. В.（Котов, А. В., 1920—2003）………（68）
13) 拉林 А. Г.（Ларин, А. Г., 1932— ）……………（69）
14) 奥沙宁（鄂山荫）И. М.（Ошанин, И. М., 1900—1982）…（69）
15) 普里亚多欣 М. Г.（Прядохин, М. Г., 1925— ）………（70）
16) 罗日杰斯特文斯基 Ю. В.（Рождественский, Ю. В., 1926—1999）……（71）
17) 谢尔金娜 А. А.（Серкина, А. А., 1915— ）…………（72）
18) 宋采夫 В. М.（Солнцев, В. М., 1928—2000）………（72）
19) 斯别什涅夫（司格林）Н. А.（Спешнев, Н. А., 1931—2011）……（73）
20) 谭傲霜（Тань Аошуан, 1931— ）……………（74）
21) 佳普金娜 Н. И.（Тяпкина, Н. И., 1928— ）…………（75）
22) 增季纳 А. Д.（Цендина, А. Д., 1954— ）…………（75）
23) 雅洪托夫 С. Е.（Яхонтов, С. Е., 1926— ）…………（75）

（三）历史…………（77）
1. 历史类藏书综述…………（77）
2. 历史类藏书书目导引…………（78）
   1) 阿勃拉热依 Н. Н.（Аблажей, Н. Н., 1969— ）………（78）
   2) 阿列克桑德罗娃 Н. В（Александрова, Н. В., 1957— ）…（78）
   3) 阿赫麦特申 Н. Х.（Ахметшин, Н. Х., 1953—2008）……（79）
   4) 别洛夫 Е. А.（Белов, Е. А., 1929—2004）…………（80）
   5) 别洛戈拉佐夫 Г. П.（Белоглазов, Г. П., 1949— ）……（80）
   6) 勃柳姆亨 С. И.（Блюмхен, С. И., 1956— ）………（81）
   7) 瓦西里耶夫 Л. С.（Васильев, Л. С., 1930— ）………（81）
   8) 维诺格拉多夫 А. В.（Виноградов, А. В., 1962— ）……（83）
   9) 维诺格罗德斯基 Б. Б.（Виногродский, Б. Б., 1957— ）…（84）
   10) 沃斯特里科夫 А. И.（Востриков, А. И., 1904—1937）……（84）
   11) 维亚特金 Р. В.（Вяткин, Р. В., 1910—1995）………（85）
   12) 甘申 В. Г.（Ганшин, В. Г., 1951—2011）…………（85）
   13) 格卢宁 В. И.（Глунин, В. И., 1924—2004）………（86）

14）格里戈里耶夫（高黎明）А. М.（Григорьев, А. М., 1933—   ）…（86）
15）格里查克 Е. Н.（Грицак, Е. Н.）……………………………（87）
16）古米廖夫 Л. Н.（Гумилёв, Л. Н., 1912—1992）…………（87）
17）达策申 В. Г.（Дацышен, В. Г., 1964—   ）………………（88）
18）杰维亚托夫 А. П.（Девятов, А. П., 1952—   ）…………（89）
19）杜曼 Л. И.（Думан, Л. И., 1907—1979）…………………（89）
20）叶尔玛舍夫 И. И.（Ермашев, И. И., 1903—1963）………（90）
21）叶菲莫夫 Г. В.（Ефимов, Г. В., 1906—1980）……………（91）
22）伊万诺夫（伊文）А. А.（Иванов, А. А. 1885—1942）…（92）
23）伊柳舍奇金 В. П（Илюшечкин, В. П., 1915—1996）……（92）
24）伊茨 Р. Ф.（Итс, Р. Ф., 1928—1990）………………………（93）
25）卡柳日娜娅 Н. М.（Калюжная, Н. М., 1924—   ）………（94）
26）康拉德 Н. И.（Конрад, Н. И., 1891—1970）………………（95）
27）克罗尔 Ю. Л.（Кролъ, Ю. Л., 1931—   ）………………（96）
28）克雷莫夫（郭绍棠）А. Г.（Крымов, А. Г., 1905—1988）…（97）
29）克留科夫（刘克甫）М. В.（Крюков, М. В., 1932—   ）…（97）
30）库利科夫 В. С.（Куликов, В. С., 1933—2005）……………（98）
31）克恰诺夫 Е. И.（Кычанов, Е. И., 1932—   ）……………（99）
32）拉普捷夫 С. В.（Лаптев, С. В.）……………………………（101）
33）拉林 В. Л.（Ларин, В. Л., 1952—   ）……………………（102）
34）拉里切夫 В. Е.（Ларичев, В. Е., 1932—   ）……………（102）
35）卢博—列斯尼钦科 Е. И.（Лубо-Лесниченко, Е. И., 1929—2001）…（104）
36）麦里霍夫 Г. В.（Мелихов, Г. В., 1930—   ）……………（105）
37）麦尔纳尔克斯尼斯 А. И.（Мелналкснис, А. И., 1905—1990）…（105）
38）米连纽克 А. О.（Милянюк, А. О., 1962—   ）……………（106）
39）莫罗德佐娃 Е. Н.（Молодцова, Е. Н., 1944—   ）………（106）
40）莫斯卡列夫 А. А.（Москалев, А. А., 1930—   ）…………（107）
41）米亚斯尼科夫 В. С.（Мясников, В. С., 1931—   ）………（107）
42）尼基福罗夫 В. Н.（Никифоров, В. Н., 1920—1990）……（108）
43）巴甫洛夫斯卡娅 Л. К.（Павловская, Л. К., 1926—2002）…（110）
44）潘佐夫 А. В.（Панцов, А. В., 1955—   ）…………………（111）
45）佩列洛莫夫（稽辽拉）Л. С.（Переломов, Л. С., 1928—   ）…（111）
46）波兹尼亚科夫 И. А.（Поздняков, И. А., 1971—   ）……（112）
47）拉赫马宁（罗满宁）О. Б.（Рахманин, О. Б., 1924—2010）…（113）
48）鲁宾 В. А.（Рубин, В. А., 1923—1981）……………………（113）
49）西蒙诺夫斯卡娅 Л. В.（Симоновская, Л. В., 1902—1972）……（113）

50) 斯卡奇科夫 П. Е.（Скачков, П. Е., 1892—1964）·············(114)
51) 斯莫林 Г. Я.（Смолин, Г. Я., 1930—2011）················(115)
52) 苏哈尔丘克 Г. Д.（Сухарчук, Г. Д., 1927—2006）·········(115)
53) 塔斯金 В. С.（Таскин, В. С., 1917—1995）················(116)
54) 齐赫文斯基（齐赫文）С. Л.（Тихвинский, С. Л., 1918— ）···(117)
55) 弗卢格 К. К.（Флуг, К. К., 1893—1942）··················(121)
56) 希萨穆特季诺夫 А. А.（Хисамутдинов, А. А. 1952— ）···(121)
57) 查廖娃 Г. И.（Царёва, Г. И.）····························(122)
58) 丘多杰耶夫 Ю. В.（Чудодеев, Ю. В., 1931— ）·········(122)
59) 尤里耶夫 М. Ф.（Юрьев, М. Ф., 1918—1990）············(123)

（四）哲学 ··(125)
　1. 哲学类藏书综述 ···(125)
　2. 哲学类藏书书目导引 ······································(126)
　　1) 阿尼西莫夫 О. С.（Анисимов, О. С., 1943— ）·······(126)
　　2) 鲍罗赫 Л. Н.（Борох, Л. Н., 1933—2011）·············(126)
　　3) 布罗夫 В. Г.（Буров, В. Г., 1931— ）···············(127)
　　4) 戈尔布诺娃 С. А.（Горбунова, С. А., 1949— ）······(127)
　　5) 叶尔马科夫 М. Е.（Ермаков, М. Е., 1947—2005）·····(128)
　　6) 伊凡诺夫 П. М.（Иванов, П. М., 1956— ）···········(128)
　　7) 科勃泽夫 А. И.（Кобзев, А. И., 1953— ）············(129)
　　8) 库兹涅佐夫 В. С.（Кузнецов, В. С. 1932— ）·········(130)
　　9) 洛曼诺夫 А. В.（Ломанов, А. В., 1968— ）···········(131)
　　10) 卢基扬诺夫 А. Е.（Лукьянов, А. Е., 1948— ）······(131)
　　11) 马良文 В. В.（Малявин, В. В., 1950— ）············(132)
　　12) 马斯洛夫 А. А.（Маслов, А. А., 1964— ）···········(134)
　　13) 波梅兰采娃 Л. Е.（Померанцева, Л. Е., 1938— ）···(135)
　　14) 谢缅年科（西门诺科）И. И.（Семененко, И. И., 1947— ）······(135)
　　15) 谢宁 Н. Г.（Сенин, Н. Г., 1918—2001）···············(136)
　　16) 索洛宁 К. Ю.（Солонин, К. Ю., 1969— ）············(137)
　　17) 斯皮林 В. С.（Спирин, В. С., 1929—2002）···········(137)
　　18) 季塔连科（基达连克）М. Л.（Титаренко, М. Л., 1934— ）······(137)
　　19) 托尔琴诺夫 Е. А.（Торчинов, Е. А., 1956—2003）····(143)
　　20) 费奥克蒂斯托夫 В. Ф.（Феоктистов, В. Ф., 1930—2005）······(144)
　　21) 什罗夫 А. П.（Шилов, А. П.）·························(145)
　　22) 休茨基 Ю. К.（Щуцкий, Ю. К., 1897—1938）··········(145)
　　23) 杨兴顺（Ян Хин-шун, 1904—1989）······················(146)

(五) 经济 ·· (147)
  1. 经济类藏书综述 ··· (147)
  2. 经济类藏书书目导引 ··· (149)
    1) 阿博尔京 В. Я.〔Аболтин（Аварин）, В. Я., 1899—1978〕····· (149)
    2) 阿列克桑德罗娃 М. В.（Александрова, М. В.）············ (150)
    3) 阿斯塔菲耶夫 Г. В.（Астафьев, Г. В., 1908—1991）········ (150)
    4) 阿什穆巴耶夫 М. С.（Ашимбаев, М. С.）······················ (151)
    5) 巴热诺娃 Е. С.（Баженова, Е. С., 1949— ）··············· (152)
    6) 别尔格尔 Я. М.（Бергер, Я. М., 1929— ）··············· (152)
    7) 沃伊京斯基 Г. Н.（吴廷康）（Войтинский, Г. Н., 1893—1953）··· (154)
    8) 杰伊奇 Т. Л.（Дейч, Т. Л., 1936— ）····················· (154)
    9) 科任 П. М.（Кожин, П. М., 1934— ）····················· (155)
    10) 康德拉绍娃 Л. И.（Кондрашова, Л. И., 1933— ）········ (156)
    11) 科尔库诺夫 И. Н.（Коркунов, И. Н, 1924— ）············ (156)
    12) 库利平 Э. С.（Кульпин, Э. С., 1939— ）··············· (157)
    13) 马斯连尼科夫 В. А.（Масленников, В. А., 1894—1968）···· (157)
    14) 米赫耶夫 В. В.（Михеев, В. В., 1954— ）··············· (159)
    15) 穆罗姆采娃 З. А.（Муромцева, З. А., 1934— ）········ (159)
    16) 纳乌莫夫 И. Н.（Наумов, И. Н., 1924—2010）············ (159)
    17) 涅波姆宁 О. Е.（Непомнин, О. Е., 1935— ）············ (160)
    18) 尼基福罗夫 Л. В.（Никифоров, Л. В.）······················ (160)
    19) 皮沃瓦罗娃 Э. П.（Пивоварова, Э. П., 1937— ）········ (161)
    20) 波尔佳科夫 В. Я.（Портяков, В. Я., 1947— ）············ (162)
    21) 萨利茨基 А. И.（Салицкий, А. И., 1955— ）············ (163)
    22) 斯拉德科夫斯基 М. И.（Сладковский, М. И., 1906—1985）··· (163)
    23) 乌沙科夫 И. В.（Ушаков, И. В. 1951— ）··············· (165)
    24) 丘弗林 Г. И.（Чуфрин, Г. И., 1935— ）····················· (166)
    25) 施泰因 В. М.（Штейн, В. М., 1890—1964）················ (167)

(六) 政治 ·· (168)
  1. 政治类藏书综述 ··· (168)
  2. 政治类藏书书目导引 ··· (169)
    1) 安东诺夫 В. И.（Антонов, В. И., 1923— ）············ (169)
    2) 阿尔诺里朵夫 Л. В.（Арнольдов, Л. В., 1894—1946）···· (169)
    3) 阿斯拉诺夫 Р. М.（Асланов, Р. М., 1937— ）············ (170)
    4) 巴扎诺夫 Е. П.（Бажанов, Е. П., 1946— ）············ (171)
    5) 巴雷什尼科夫 В. Н.（Барышников, В. Н., 1929— ）······ (172)

目　　录

6) 别斯普洛兹瓦内赫 Е. Л. (Беспрозванных, Е. Л.) ·············· (173)
7) 鲍克尚宁 А. А. (Бокщанин, А. А., 1935—) ·············· (173)
8) 鲍罗季奇 В. Ф. (Бородич, В. Ф., 1948—) ·············· (174)
9) 布尔拉茨基 Ф. М. (Бурлацкий, Ф. М., 1927—) ·············· (174)
10) 沃斯克列先斯基 А. Д. (Воскресенский, А. Д., 1960—) ······ (176)
11) 加列诺维奇 Ю. М. (Галенович, Ю. М., 1932—) ·············· (177)
12) 格利布拉斯 В. Г. (Гельбрас В. Г., 1930—) ·············· (180)
13) 金斯 Г. К. (Гинс, Г. К., 1887—1971) ·············· (181)
14) 格拉祖诺夫 О. Н. (Глазунов, О. Н.) ·············· (181)
15) 冈恰罗夫 С. Н. (Гончаров, С. Н., 1955—) ·············· (182)
16) 古陀什尼科夫 Л. М. (Гудошников, Л. М., 1927—) ·············· (182)
17) 杰柳辛 Л. П. (Делюсин, Л. П., 1923—) ·············· (184)
18) 季卡廖夫 А. Д. (Дикарёв, А. Д., 1958—) ·············· (185)
19) 杜宾斯基 А. М. (Дубинский, А. М., 1906—1982) ·············· (186)
20) 杜勃罗夫斯卡娅 Д. В. (Дубровская, Д. В., 1961—) ·············· (187)
21) 扎勃罗夫斯卡娅 Л. В. (Забровская, Л. В., 1951—) ·············· (187)
22) 卡缅诺夫 П. Б. (Каменнов, П. Б.) ·············· (188)
23) 卡皮察 М. С. (贾丕才) (Капица, М. С., 1921—1995) ·············· (188)
24) 卡尔涅耶夫 А. Н. (Карнеев, А. Н., 1964—) ·············· (190)
25) 卡特科娃 З. Д. (Каткова, З. Д., 1932—) ·············· (190)
26) 科卡列夫 К. А. (Кокарев, К. А., 1948—) ·············· (191)
27) 库兹涅佐夫 А. В. (Кузнецов, А. В.) ·············· (191)
28) 库兹克 Б. Н. (Кузык, Б. Н., 1958—) ·············· (191)
29) 库里克 Б. Т. (Кулик, Б. Т., 1928—2007) ·············· (192)
30) 屈沙强 Л. С. (Кюзаджян, Л. С., 1932—) ·············· (192)
31) 列多夫斯基 А. М. (Ледовский, А. М., 1914—2007) ·············· (193)
32) 列伊特涅尔 М. (Лейтнер, М.) ·············· (194)
33) 卢齐亚宁 С. Г. (Лузянин, С. Г., 1956—) ·············· (194)
34) 卢金 А. В. (Лукин, А. В., 1961—) ·············· (195)
35) 玛加拉姆 Э. Е. (Магарам, Э. Е.) ·············· (195)
36) 马列维奇 И. А. (Малевич, И. А.) ·············· (195)
37) 玛玛耶娃 Н. Л. (Мамаева, Н. Л., 1945—) ·············· (196)
38) 米夫 П. А. (Миф, П. А., 1901—1938) ·············· (196)
39) 莫伊谢耶夫 В. А. (Моисеев, В. А., 1948—2007) ·············· (197)
40) 奥斯特洛夫斯基 А. В. (Островский, А. В., 1949—) ·············· (198)
41) 罗加乔夫 И. А. (Рогачёв, И. А., 1932—2012) ·············· (200)

42) 鲁缅采夫 Е. Н.（Румянцев, Е. Н.）……………………（200）
43) 萨波日尼科夫 Б. Г.（Сапожников, Б. Г., 1907—1986）…（201）
44) 谢明 А. В.（Семин, А. В., 1936— ）………………（202）
45) 西季赫麦诺夫 В. Я.（Сидихменов, В. Я., 1912— ）…（202）
46) 西莫尼亚 Н. А.（Симония, Н. А., 1932— ）………（203）
47) 斯米尔诺夫 Д. А.（Смирнов, Д. А., 1952— ）………（204）
48) 斯捷潘诺夫 Е. Д.（Степанов, Е. Д., 1931—2008）……（205）
49) 瑟罗耶日金 К. Л.（Сыроежкин, К. Л., 1956— ）……（206）
50) 图日林 А. В.（Тужилин, А. В.）……………………（206）
51) 乌索夫 В. Н.（Усов, В. Н., 1943— ）………………（206）
52) 霍多罗夫 А. Е.（Ходоров, А. Е., 1886—1949）………（207）
53) 沙巴林 В. И.（Шабалин, В. И., 1931— ）……………（207）
54) 爱伦堡 Г. Б.（Эренбург, Г. Б., 1902—1967）…………（208）

（七）艺术 ………………………………………………………（209）
　1. 艺术类藏书综述 ……………………………………………（209）
　2. 艺术类藏书书目导引 ………………………………………（210）
　　1) 维诺格拉多娃 Н. А.（Виноградова, Н. А., 1923— ）…（210）
　　2) 扎瓦茨卡娅 Е. В.（Завадская, Е. В., 1930—2002）……（211）
　　3) 马卡罗夫 С. М.（Макаров, С. М.）……………………（211）
　　4) 萨莫秀克 К. Ф.（Самосюк, К. Ф., 1938— ）…………（212）
　　5) 谢罗娃 С. А.（Серова, С. А., 1933— ）………………（212）
　　6) 思乔夫 Л. П.（Сычёв, Л. П., 1911— ）………………（213）
　　7) 托洛普采夫 С. А.（Торопцев, С. А., 1940— ）………（213）
　　8) 齐宾娜 Е. А.（Цыбина, Е. А., 1928— ）………………（214）

附录1：馆藏俄国东正教在华宗教使团出版物目录 ……………（215）
附录2：中国国家图书馆馆藏俄罗斯汉学文献概览 ……………（220）
附录3：国图藏俄国东正教宗教使团印制的出版物及其著者 …（230）
附录4：北平图书馆特聘通讯员"阿翰林" ………………………（238）
附录5：波兹涅耶娃教授的鲁迅研究 ……………………………（243）
附录6：人名俄汉对照索引 ………………………………………（247）
参考文献 ……………………………………………………………（251）
后记 …………………………………………………………………（253）

一、馆藏中20世纪前的
俄罗斯汉学文献

在俄罗斯早期汉学研究(19世纪前)活动中,研究中国问题的专家多为俄国东正教驻北京宗教使团成员、学员。有史可查的,俄国东正教驻北京宗教使团在华活动近250年(1715—1956)。在这期间,共有20届,200余位俄国东正教神职人员和留学生成为这个宗教使团的成员。其中,后来成为研究中国问题专家的有俄国东正教驻北京宗教使团的第2届学员、俄国首位汉学家罗索欣(Россохин И. К., 1717—1761),有东正教驻北京宗教使团第3届学员、汉学家列昂季耶夫(Леонтьев А. Л., 1716—1786),有曾任俄国东正教驻北京宗教使团第10届修士大司祭、汉学家西维洛夫(Сивиллов Д. П., 1798—1871),有俄国东正教驻北京宗教使团第10届的随团医生、后任喀山大学汉语教研室主任的沃伊采霍夫斯基(Войцеховский О. П., 1793—1850),以及俄国第一位汉学家院士瓦西里耶夫(Василий П. В., 1818—1900),也曾是这个团第12届的学员等。在李明滨先生的《俄罗斯汉学史》上介绍的169位俄罗斯汉学家中,有9位曾在东正教驻北京宗教使团有过任职的经历。俄国东正教驻北京的宗教使团,被称为俄罗斯汉学的发源地。

在中国国家图书馆的馆藏中,收藏有大量俄罗斯早期汉学家的作品,这些作品是俄罗斯学者对中国问题的研究成果,更是后人研究俄罗斯早期汉学的宝贵文献资源。馆藏的这类文献,可分为两大类:一是原著;二是后人对原著的研究文献,以及国内学者对俄罗斯早期汉学著作的翻译、研究。

1. 原著

即指俄罗斯学者撰写的有关中国问题的研究论著、专著和译著,以及研究资料(教材、字词典)等,均是用俄文撰写的书著。馆藏中的这类文献有:俄国汉学和东方学奠基人、俄国东正教驻北京第9届宗教使团领班、修士大司祭、俄国科学院通讯院士尼·雅·比丘林的作品;俄国第一位汉学家院士、东正教驻北京第12届宗教使团学员瓦·瓦西里耶夫的著作;修士大司祭、俄国东正教驻北京宗教使团第13届、15届领班巴拉第的作品,以及俄国东正教驻北京宗教使团第13届学员斯卡奇科夫、在北京担任过总领事的波·西·波波夫、曾作为俄政府特使来华的斯帕法里等名家的著作等。

馆藏中除原著外,还收藏有大量后人对原著的研究文献,以及国内学者对其的研究文献(论著、译著、专著、论文等)。这部分文献,同样也是研究俄罗斯早期汉学的重要资料,亦是人类的文化瑰宝。

2. 后辈学者的研究作品

早期俄罗斯汉学家的著作奠定了俄罗斯汉学的基础,而后人对前辈及其著作的研究延续、推动了俄罗斯汉学的发展。馆藏中的这两大部分文献(原著与后人对原著及其作者的研究作品)构成了完整的研究俄罗斯汉学的文献资源。所以,在研究早期俄罗斯汉学、汉学家时,后一部分的文献也是不容忽视的。这部分文献由俄罗斯学者对前辈的研究作品,以及国内学者对其的反研究作品组成。

(1) 俄罗斯学者的研究作品

比丘林、瓦西里耶夫和巴拉第并称为"俄罗斯汉学界三大巨匠",在俄罗斯有大量对这三位的研究专著、论著、文集。馆藏的有:

《俄国汉学史纲要》(Очерки истории русского китаеведения,莫斯科,1977),П. Е. 斯卡奇科夫,(1892—1964)著。书中,作者对"三位巨匠"等学者的生平、研究成果做了详细的考察和梳理。本书自出版之日起,就成为了俄罗斯国内外从事俄罗斯汉学研究的必读书目。作者在书中的第89页至123页,也就是第三章中,从"比丘林与第十届东正教使团"、"在圣彼得堡(1822—1840)"、"比丘林与恰克图的中文"、"比丘林科研活动的最后时期"等方面对比丘林的学术生涯做了详细的研究。在第四章中则有诸多对卡法罗夫的描述。第五章,专门讲述了 В. П. 瓦西里耶夫的汉学教学历程与汉学研究成果,该书的馆藏索书号为:3\K093\C426。

此外还有,В. Г. 罗季奥诺娃编辑、整理的《为了永恒的纪念》(Ради вечной памяти)(馆藏索书号:3-94\I512.142\Б675)、Л. Н. 古米廖夫和 М. Ф. 赫万编辑的《东方和中亚历史地理资料汇编》(Собрание сведений по исторической географии Восточной и Срединной Азии)(馆藏索书号:Д60-3/23)和 М. Е. 叶尔玛科夫的专著《中国的佛学界》(Мир китайского буддизма,1994)、В. М. 阿列克谢耶夫的《东方学(文章与文件)》(Наука о Востоке:Статьи и документы,1982)等。

特别要指出的是,俄罗斯汉学界一直在致力于研究三位巨匠对俄罗斯汉学的贡献。相关的研究专著不断面世,如,1974年出版的《中国的历史和文化》(瓦西里耶夫纪念文集);1977年出版的《雅金甫·比丘林及其在俄罗斯东方学上的贡献》(比丘林逝世200周年纪念文献,两卷本);1979年出版的《П. И. 卡法罗夫和他在祖国东方学领域的贡献》等。

再版前辈的作品,也是俄罗斯汉学界对俄罗斯早期汉学研究的方法之一。2002年,莫斯科东方书屋出版的《中华帝国志》,是俄罗斯"祖国和境外东方学研究经典"系列丛书之一。2008年,莫斯科的 Алгфитм 出版社,以《蒙古人史》为书名,将比丘林的《成吉思汗家系前四汗史》编入其中重新出版。

(2) 国内学者对早期俄罗斯汉学的研究

中俄两国正式的文化交流始于18世纪的中俄《恰克图条约》之后,主要的中介就是俄国驻中国的宗教使团。与俄国对中国的研究相比,国内对俄罗斯汉学的研究起步较晚。但国人对其探究的步伐从未停止过。清代,有图理琛的《异域录》(1715)(馆藏索书号:Z121.6\4\:3279);近代有瞿秋白的《饿乡纪程》(馆藏索书号:2000\I266.4\2)、《赤都心史》(馆藏索书号:2004\I266\35)等。20世纪80年代起,国内海外汉学研究正式提升到学术研究的地位。专事俄罗斯早期汉学研究的作品不断面世,为后人研究俄罗斯汉学奠定了很好的基础。

1980年,辽宁人民出版社出版了黄心川的《沙俄利用宗教侵华简史》(馆藏索书号:\K25\37),这是国内较早介绍 В. П. 瓦西里耶夫作品的著作。1990年花城出版社出版了李明滨先生的《中国文学在俄苏》,书中第一章第二节,讲述的是俄国汉学的奠基人比丘林和他的后继者;第三节,专门论述了瓦西里耶夫和他的中国文学史。1994年,广东人民出版社出版了蔡鸿生的《俄罗斯馆纪事》(馆藏索书号:95\D829.512\7),书中专门对"王西里及其学派"做了进一步的研究,不但介绍了瓦西里耶夫的生平、成就、学派,而且还着重强调了他在俄国汉学发展史上所占据的重要地位,以及他所创造学派的研究特色。

2004年,中华书局出版了曹天生主编、张琨等译的《19世纪中叶俄罗斯驻北京布道团人员关于中国问题的论著》("世界汉学论丛"之一)。这本译著翻译的是巴拉第等人的作品,共有24篇,几乎是《俄罗斯东正教驻北京布道团成员著作集》1—4辑的全部作品①,该书的馆藏索书号:2004\Z451.2\1。

2007年,学苑出版社出版了"列国汉学史书系"丛书系列。陈开科的《巴拉第的汉学研究》(馆藏索书号:2008\K207\3)、赵春梅的《瓦西里耶夫与中国》(馆藏索书号:2007\K207\41)、李伟丽的《尼·雅·比丘林及其汉学研究》(馆藏索书号:2009\K207\lwl)都得以在这批书中出版。可以说,这是国内首批俄国汉学家研究的系列专著,也是目前国内唯一成系列专门研究俄国汉学家个人的专著。之后,2008年上海书店出版社出版

---

① 《俄罗斯东正教驻北京布道团成员著作集》第1—4辑,共收有10位汉学家的28篇作品。

了陈开科的《巴拉第与晚清中俄关系》(馆藏索书号:2008\K835.12\16)等。

(一) 馆藏俄国汉学奠基人比丘林的作品

比丘林 Н. Я. (Никита Яковлевич Бичурин, 1777—1853)

又译俾丘林,法号亚金甫(Иакинф,又译夏真特、雅撒特、亚金夫)。

俄国汉学和东方学奠基人,俄国东正教驻北京第9届宗教使团领班,修士大司祭,俄国科学院通讯院士。1777年出生于喀山省齐维利斯克县阿库列沃村楚瓦什族的一个神父家庭。1799年毕业于喀山神学院,以修道士身份留校任教,教授法语,取法号亚金甫。1801年任喀山约阿诺夫斯基修道院院长。1802年升任修士大司祭,在伊尔库茨克主升天修道院传教士学校任住持。1807年任俄国东正教驻北京第9届宗教使团领班,1808年1月抵京。在京居留14年,习汉、满、蒙、藏语,先后编纂多部双语和多语辞典、汉语语法书,编译大量经籍文献。1821年回国后,因未能完成宗教使命等原因受东正教事务管理总局法庭审判。1823年9月4日至1826年11月1日,被关押于瓦拉姆修道院,获释后,任俄国外交部亚洲司译员。1828年12月,当选为俄国科学院东方文学和古文物通讯院士。1829年,任圣彼得堡公共图书馆名誉馆员,负责汉、满文图书分类编目工作。1830年,随科学考察队赴俄中贸易中心喀尔喀蒙古区搜集资料,1831年被选为巴黎亚洲协会会员。同年1月应商人们的要求,在恰克图开办第一所汉语学校(1831—1861)。其间曾返圣彼得堡,但很快于1835年再次前往恰克图任教,并全身心地拟定教学计划,编写教材,为俄国汉语教学方法学奠定了很好的基础。1838年返回圣彼得堡后,主要从事介绍中国历史、文学和哲学的著述活动。主要著有《中国——其居民、风俗、习惯与教育》(1840)、《中华帝国统计概要》(1842)、《中国的民情和风尚》等,翻译《成吉思汗家系前四汗史》(1829)、《三字经》(1829)等。

有史料记载,比丘林在京期间,搜集了大量中国的文化典籍。1821年回国时,带走了12箱汉文、满文书籍,一箱手稿,一箱染料等。后据此撰写了几十部有关中国历史、民族、宗教、地理民俗等方面的著作。

其主要作品有《西藏志》、《北京志》、《准噶尔和东土耳其斯坦志》、《公元前2282至公元1227年西藏和青海史》、《中国及其居民、风俗习惯与教育》等,其中《15世纪至今卫拉特人,即加尔梅克人评述》、《汉文启蒙·汉语语法》、《中华帝国详志》、《中国的民情与风尚》及《古代中亚各民族历史资料》先后五次获杰米多夫奖①。

比丘林编撰了俄罗斯第一部汉语词典《汉文启蒙·汉语语法》,出版了两本有关中国的书,一本介绍古代中国的宫廷制度——《中华帝国详志》,另一本介绍中国的平民生活——《中国的民情与风尚》,都对后来的俄罗斯东方学和汉学研究产生了很大影响。

比丘林一生共撰写了近 200 种关于中国古代文化史、中国边疆史地、清代政治制度等的论著和译著。他用笔著书立说,在俄国报刊上撰写文章介绍中国,并在各种类型的文化名人聚集的沙龙上赞美中国。正是由于他不间断地介绍,才引起了他的同时代人——普希金等人对中国的关注。国图收藏有他的作品 10 部 18 本。这些作品上有用比丘林署名的,也有用其法号亚金夫的,有时会两个名字同时署上,如:《Ради вечной памяти》Н. Я. Бичурин (Иакинф)。馆藏中的这些作品分别是:

《汉文启蒙。汉语语法》
比丘林著

1.《中华帝国详志》(Статистическое описание Китайской империи) 莫斯科,东方书屋,2002 年,第 463 页(馆藏索书号:3C-2006/K209/1)。此书是俄罗斯"祖国和境外东方学研究经典"系列丛书中收录的比丘林的第一部著作。馆里还收藏有这部书的第二个版本②,即 1910 年由俄国驻北京宗教使团印书馆印制的两卷本(馆藏索书号:3/K92/Б675)。书中记述了有关中国的情况,是一本以介绍中国古代宫廷制度为主的文集。全书分为"中国政府统计概要"和"满洲、蒙古、东土耳其斯坦和西藏"两部分,详细介绍了这些地区的边境、自然环境、物产、人口、民族、宗教、教育、军事、工业、贸易、度量衡、货币、交通、财政、国家制度、政党、刑法等诸多方面的问题。

2.《中国的民情和风尚》(Китай в гражданском и нравственном состоянии),莫斯科,东方书屋,2002 年,第 432 页(馆藏索书号:3C-2006/K249/2)。此书是俄罗斯"祖国和境外东方学研究经典"系列中收录的比丘林的第二部著作。作者在书中详细描述了 19 世纪上半叶中国的国家体制、刑法、中国帝王在教育体系和经济活动中的权力、皇宫礼仪以及平民百姓的日常生活与道德观等。

全书共分为四部分。第一部分,国家管理概况;第二部分,刑法,或称

---

① 杰米多夫奖,是 1832—1865 年间圣彼得堡科学院设立的科学奖,专门用来奖励科学、技术和艺术领域里的优秀作品。

② 第一版是 1848 年圣彼得堡版。

刑事权法概述；第三部分，教育，公众食品标准；第四部分，中国人的公共生活与私人生活。2002年版《中国的民情和风尚》，应是该书的第三版。第一版，1848年圣彼得堡出版第一部分（馆藏索书号：П64-3/24），第三部分（馆藏索书号：F14-4/18）。新版《中国的民情和风尚》后附有比丘林的著作清单，是研究比丘林、研究俄罗斯早期汉学宝贵的参考资料。1911—1912年间，在北京还出版过此书的两卷本，可惜笔者在馆藏中没有找见。

3.《蒙古人史》（История Монголов），莫斯科，Алгоритм 出版社，2008年，第336页（馆藏索书号：3C-2009/K247/2）。此书由两部著作构成。第一部著作是比丘林的译作《成吉思汗家系前四汗史》（第一次出版的时间为1829年）。第二部著作是意大利人 Плано Карпини（Ⅻ—Ⅷ世纪）撰写的《蒙古人史》，这是至今为止在俄罗斯收藏的最早的一部欧洲人的手稿。

4.《古代中亚各民族资料汇编》（Собрание сведений о народах, обитавших в средней Азии в древние времена），此书最早的版本，是1851年的圣彼得堡版。馆藏的这套书是1950—1953年间，苏联科学院在莫斯科、列宁格勒两地同时出版的三卷本。

5.《三字经》（Сань-цзы-цзинь или троесловие с китайским текстом）（馆藏索书号：3/Н194.1/С189/2），这是比丘林在瓦拉姆监狱里坐牢时，翻译的诸多中国典籍中的一部。这部译本最早于1829年在圣彼得堡出版，馆藏的这部是1908年在北京宗教使团印制的再版本。1829年出版的俄中①对照的《三字经》，使18世纪的俄国真正认识了《三字经》的精髓。从这点来说，比丘林应是将《三字经》介绍给俄国社会的第一人。《三字经》全文并不长，只有千余字，但却包含了厚重的中国儒家文化，"将其内容译成外文并不困难，然而严格遵守三言诗的形式却非易事"。比丘林不但按照三言诗的形式全文翻译了，而且还对其中的历史背景、文化典故做了详细的注解。比丘林在该书的译文后，共编有附注103条，作为对正文的补充、注释。由此可以看出生活在19世纪的比丘林对《三字经》的解读，对中国文化的理解。该译本出版后，先后被喀山大学和圣彼得堡大学选做汉语教材。

馆藏比丘林的作品详目：
1. 原文论著
1) История монголов: [История первых четырех ханов из дома Чингисова/Н. Я. Бичурин (о. Иакинф). История монголов/Джованни дель Плано Карпини]. Москва: Алгоритм, 2008.. 333, [1] с.【索书号：3C-2009\K247/2】

---

① 为方便俄国人阅读，书中以俄文在前，中文在后的排版形式出版。

2) Статистическое описание Китайской империи: В 2-х ч. /Н. Я. Бичурин. М. : Вост. Дом, 2002. . 463 с. 【索书号：3С-2006\K209\1】

3) Китай в гражданском и нравственном состоянии/Н. Я. Бичурин. М. : Вост. Дом, 2002. . 423 с. 【索书号：3С-2006\K249\2】

4) Ради вечной памяти: Поэзия. Ст. , очерки, заметки. Письма/Н. Я. Бичурин (Иакинф); [Сост. , предисл. и коммент. В. Г. Родионова]. Чебоксары: Чуваш. кн. изд-во, 1991. . 350, [2] с. 【索书号：3-94\I512.142\Б675】

5) Собрание сведений о народах, обитавших в Средней Азии в древние времена. Т. 3, Приложения /Н. Я. Бичурин. М. ; Л. : Акад. наук СССР, 1953. . 325 с. 【索书号：И5-1\49】

6) Собрание сведений о народах, обитавших в Средней Азии в древние времена / Н. Я. Бичурин. М. ; Л. : Акад. наук СССР, 1950. . 3 т. 【索书号：\9(3)\Б67】

7) Собрание сведений о народах, обитавших в Средней Азии в древние времена. Т. 1 /Н. Я. Бичурин (Иакинф); Ред. тексат, вступ. ст. , коммент. А. Н. Бернштама и Н. В. Кюнера. М. ; Л. : Изд-во Акад. наук СССР, 1950. . 379 с. 【索书号：9\3\Б67\:1】

8) Собрание сведений о народах, обитавших в Средней Азии в древние времена. Т. 2 /Н. Я. Бичурин (Иакинф); Ред. тексат, вступ. ст. , коммент. А. Н. Бернштама и Н. В. Кюнера. М. ; Л. : Изд-во Акад. наук СССР, 1950. . 332 с. 【索书号：9\3\Б67\:2】

9) Собрание сведений о народах, обитавших в Средней Азии в древние времена. Т. 3. Приложения /Н. Я. Бичурин (Иакинф); Ред. тексат, вступ. ст. , коммент. А. Н. Бернштама и Н. В. Кюнера. М. ; Л. : Изд-во Акад. наук СССР, 1953. . 325 с. 【索书号：9\3\Б67\:3】

10) Собрание сведсний о народах, обитавших в Средней Азии в древние времена. Т. 1/Н. Я. Бичурин, (Иакинф). М. ; Л. : Акад. Наук СССР, 1950—1953. . 3 т. 【索书号：\9(5)\Б67\:1】

11) Статистическое описание Китайской Империи: В 2-х ч. /Н. Я. Бичурин, (Иакинф). Пекин: Изд. Пекинской духовной миссии, 1910. . 311 с. 【索书号：3\K92\Б675】

12) Китайская грамматика/Н. Я. Бичурин. Пекин: Тип. Успенского Монастыря при Русской Духовной Миссии, 1908. . 118, 30 с. 【索书号：3\H195\Б675】

13) Сань-цзы-цзин или троесловие с китайским текстом: Пер. с китайского. Пекин: Тип. Пекинской духовной миссии, 1908. 87 с. 【索书号：3\H194.1\C189\2】

14) Собрание сведений о народах, обитавших в Средней Азии в древние времена: В 3-х ч. /Н. Я. Бичурин. Спб. : Тип. военно-учебных заведений, 1851. . 484 с. . 【索书号：3\K308\Б675\:1(2)】

15）Китай в гражданском и нравственном состоянии: в 4 ч. /Ч. 3, [Просвещение]/Иакинф. СПб. : Базунов, 1848. . 152, 3 с. 【索书号：A14-4\18】

7

16) Китай в гражданском и нравственном состоянии: в 4 ч. Ч. 1/Иакинф. СПб.：[Базунов], 1848..7, 128, 10 с.．【索书号：П64-3\24】

17) История Тибета и Хухунора：С 2282 года до Р. Х. До 1227 года по Р. Х.：С картою на разные периоды сей истории/Пер. С китайского И Бичуриным. —Спб.：При Императорской АН，1833—258 с.．【索书号：3-96\K297.5\И907\:1】

18) Записки а Монголи/Иакинф，Монах. т.1—Спб.，Тип. Крайя，1928 【索书号：64-7669\D841.8】

2．国内学者的研究论著

1) 尼·雅·比丘林及其汉学研究［专著］/ 李伟丽著.—北京：学苑出版社，2007.—16，179 页【馆藏索书号：2009\K207\lwl】

2) 尼·雅·比丘林及其中国研究［博士论文］/ 李伟丽著；徐万民指导.—175 页【馆藏索书号：2007\K207.8\2】

（二）俄国第一位汉学家院士瓦西里耶夫的作品

瓦西里耶夫 В. П.（Василий Павлович Васильев,1818—1900）

俄国科学院院士，俄国第一位汉学家院士。通晓汉、满、蒙、藏、梵、朝、日文。1818 年出生于俄罗斯的下诺夫哥罗德。1834 年入喀山大学语文系东方班，1837 年毕业留校。1837 年以《佛经》为题撰写的论文，获候补博士学位，1839 年以《论佛教的哲学原理》论文获硕士学位。同年被派往东正教驻北京第 12 届宗教使团做学员。1840 年到京，在北京居住了十年，1850 年回国。1851 年任喀山大学教授，1855 年为圣彼得堡大学东方系教授、汉语教研室主任，是担任满语和中国史地与文学等课程的教授。1866 年瓦西里耶夫被选为俄国科学院通讯院士，1886 年为院士。在 50 年的教学生涯中培养出了大批俄国汉学家。主要著作有《佛教教义、历史、文献》(1857—1860)、《10 至 13 世纪中亚东部的历史与古迹》(1857)、《东方宗教：儒、释、道》(1873)、《中国文学史纲要》(1880)等。

在他的一生中有诸多个第一，证明着他对俄国汉学的贡献。他是最早在俄国大学中讲授汉学的教授之一(1851)；是全俄第一位将中国历史课程引入大学课堂的人(1851)；是全欧洲第一位在大学开设中国文学史和满语文学史的教授(1853)；是俄国汉学界第一篇汉学博士论文的著者(1864 年答辩)；是世界上第一部由外籍专家撰写的中国文学通史的作者(1880)；俄国第一位汉学家院士(1886)。其主要著作有《佛教教义、历史与文献》(1857—1860)、《10 至 13 世纪中亚东部的历史与古迹》(1857)、《东方宗教：儒、释、道》(1873)、《中国文学史纲要》(1880)等。

瓦西里耶夫终身专注于中国宗教（佛教、伊斯兰教、道教）和中国史研究，是杰出的佛教研究者。有学者认为，他在佛教研究方面取得的成就应是他对俄国汉学做出的最大贡献。在中俄关系史上的重要事件——清政府将举世闻名的佛教经典《甘珠尔》《丹珠尔》经书赠予俄国的事件中，他是主要参与人物。他为俄国汉籍的收藏立下了汗马功劳。然而，他大量的佛教研究成果得以出版的却寥寥无几。在中国国家图书馆里，收藏有他的著作多部：

1.《佛教教义、历史与文献. 第一部分：总论》(Буддизм, его догматы, история и литература. ч.1 Общее обозрение)，1857 年，圣彼得堡出版。这部书的出版奠定了瓦西里耶夫佛教研究的基础，从此他的佛教研究逐渐获得了学术界的肯定。此书一出版就被翻译成德文，并获得欧洲同行的普遍认可，被视为当时佛教研究领域的最高成就（馆藏索书号：3/B94/B191/:1）。

2.《中国文学史资料》(Материалы по истории китайской литературы)，出版年、出版地不详。全书纸页发黄，前后都没有"前言"、"后记"、版权页等现代印刷品的标志，封面上有"圣彼得堡皇家大学编内教授 В. П. 瓦西里耶夫的讲义"字样，显然是瓦西里耶夫开设的中国文学史讲座的讲稿。封面上注有：瓦西里耶夫教授口述，В. 洛维亚林 (В. Ловялин) 记录整理，文字编辑伊科尼柯娃 (Иконникова) 和勒巴茨克 (П. Рыбацк)。书为16 开，共 679 页。全书分为两部分，第一部分是正文"中国文学史纲要"，有 292 页；第二部分是附注，有 387 页，是对正文的"注释"（显然"注释"多于"正文"的内容）。书中主要介绍的是中国古代哲学、宗教方面的典籍，分为"中国哲学资料"、"道教资料"、"佛教资料"三项内容（馆藏索书号：3\K203\B191-2）。

3.《中国文选第一册注释》(Примечание к первому выпуску китайской хрестоматии) 1896 年，圣彼得堡出版。16 开，共 143 页。此书很接近现代的出版方式：有规范的"书名页"、"目次页"、"前言"。全书分为六部分。书中随处可见瓦西里耶夫院士对中国文字研究的深度与细腻。如，第一部分：中国谚语，共有 273 句谚语，都是逐句译成俄文，逐字注释的。（馆藏索书号：3\I211\B191）

4.《满洲志》(Описание Маньчжурии)，抽取本①，没有出版年和出版地的标志。馆藏目录上，出版年一栏标注的是[18—]，即当年的编目人员认为这本书有可能抽取自 1857 年出版的《俄国皇家地理学会丛刊》第

---

① 原文收在书或刊中的文章，因需要而单独抽出来再订成小册子，称为抽印本。这是一种在俄苏时期普遍使用的印刷书籍的方法。

十二卷,只是没有找到可以证实的资料,所以用方括号[ ]标注。如果编目员的推测是准确的,那馆藏的这本《满洲志》就有可能是最早的版本,由此可见其的珍贵。

该书由两部分构成:《满洲志》是瓦西里耶夫根据清代阿桂等人纂修的《盛京通志》选译的,最早发表在 1857 年出版的《俄国皇家地理学会丛刊》第十二卷上。第二部分是《宁古塔纪略》,是瓦西里耶夫翻译的清代学者吴振臣的作品,同样最初发表在《俄国皇家地理学会丛刊》第十二卷上。后者是作为前者的附录一起出版的(馆藏索书号:3/K293/B191)。

馆里收藏的 В. П. 瓦西里耶夫的书著有:

1. 原文论著

1) Областной словарь Кузбасса. Вып. 1. А-Б/[Авт. -сост. В. П. Васильев и др.] Кемерово: Кузбассвузиздат, 2001.. 393, [1] с. 【索书号:3G-2005\H353.3-61\1】

2) Материалы по истории китайской литературы/В. П. Васильев. [Б. м.]: [б. и.], [б. г.]. 387 с.. 【索书号:3\K203\B191-2】

3) Описание Маньчжурии/Васильев В. П. Б. м., [18-]. 109 с. 【索书号:3\K293\B191】

4) Буддизм, его догматы, история и литература. Ч. 1. Общее обозрение/В. Васильев. СПб.: Тип. имп. АН, 1857.. 356 с. 【索书号:3\B94\B191\:1】

5) Примечание к первому выпуску китайской хрестоматии/В. Васильев. СПб.: Тип. Безобразова, 1896.. 143 с. 【索书号:3\I211\B191】

6) Вредители садовых насаждений/ В. Васильев. Киев: Акад. Наук УССР, 1955.. 264с. 【索书号:\634.1\B19】

2. 中国学者的研究著作

瓦西里耶夫与中国[专著]/赵春梅著. —北京: 学苑出版社, 2007. —16,219 页. 【索书号:2007\K207\41】

(三) 19 世纪俄国汉学家巴拉第的作品

巴拉第 А. (Палладий А., 法号), 俗名卡法罗夫 П. И. (Петр Иванович Кафароф, 1817—1878)

修士大司祭,俄国东正教驻北京宗教使团第 13 届、15 届领班。1817 年 9 月 17 日,出生于地处今俄罗斯鞑靼斯坦的契斯托波尔市的一个神学世家。1838 年毕业于喀山宗教学校,后进入彼得堡神学院学习。1839 年自愿参加第 12 届宗教使团(1840—1847)为修士辅祭,取法号鲍乃迪、巴拉第(Палладий А.)。1840 年到北京,1847 年回国。次年升任大司祭。1849 年出任第 13 届宗教使团领班(1850—1859)。1864 年,由驻罗马大使馆教堂住持出任第 15 届宗教使团领班(1864—1878),3

月 25 日到京,1878 年退休回国。途中客死于马赛。先后 3 次来中国,共居留 30 余年。其间,1870—1871 年曾参加俄国地理学会组织的阿穆尔河和南乌苏里江考古与民族考察队约一年。他在汉学上的成就,使他成为了 19 世纪俄国汉学宗教使团系统具有代表性的灵魂人物。馆藏中他的作品有:

1)《汉俄合璧韵编》(Китайско-русский словарь),1888 年,北京,同文馆。该书是巴拉第的绝笔之作,也是他"在其生平的最后几年里,集中精力编辑"的,最终未来得及完成和出版的作品。他身后,另一位汉学家波波夫加工整理、补充完善了这部书的手稿,并于 1888 年在北京同文馆出版。馆藏的这部,正是这个年代的版本,馆藏目录中作者项一栏上标注的是 A. 巴拉第、П. С. 波波夫(馆藏索书号:C12-3/9)。

这部有百科全书性质的词典不仅使巴拉第蜚声国内外,而且至今其对于研究中国古代仍具有特别重要的参考价值。

2)《俄罗斯东正教驻北京布道团成员著作集》(Труды членов Российской духовной миссии в Пекине),1910 年,北京,圣母安息教堂印制。这是 19 世纪中叶,俄罗斯汉学界的第一部连续出版物。其首倡编辑者即是巴拉第。它的出版不仅在俄罗斯引起轰动,其影响遍及"欧洲汉学界,乃至整个科学界",马克思在《资本论》中提到的唯一的中国人"王茂荫",就是出自这份刊物。《著作集》先后共出版了四辑,首次出版时间为:第一辑,1852 年;第二辑,1853 年;第三辑,1857 年;第四辑,1866 年。出版地为圣彼得堡。巴拉第的许多著名的作品都收在这部《著作集》中。如《佛陀传》收在第一辑中,《古代佛教史纲》收在第二辑中等,而第四辑中则完全是巴拉第的作品。

馆藏的是《著作集》的第三辑、第四辑和 1—4 辑的合辑,均是 1909—1910 年间由俄罗斯东正教驻北京宗教使团的圣母安息教堂印刷所印刷出版的,应是《著作集》的第二个版本(馆藏索书号:3/K207/P763/:4)。

3)《佛陀传》(Жизнеописание Будды),1911 年,北京,圣母安息教堂印制。它最早收在 1852 年圣彼得堡出版的《俄罗斯东正教驻北京布道团成员著作集》第一辑中。此书是在《著作集》1910 年再版后,于 1911 年在俄罗斯东正教驻北京宗教使团的圣母安息教堂印刷所印制,单独出版,书名页上有"北京东正教布道团出版物"字样,出版地"北京城",标价:50 戈比(馆藏索书号:3/B94/Ж712)。

馆藏巴拉第的作品详目：
1. 原文论著

1）Жизнеописание Будды. Пекин：Изд. Пекинской духовной миссии, 1910.. 52 с.；27 см..【索书号：3\B94\Ж712】

2）Китайско-русский словарь/Составленный А. Палладием П. С. Поповым. Пекин：Тип. Тунь Вэнь-гуань, 1888.. 666 с.【索书号：C12-3\9】【索书号：65-11311】

3）Труды членов Российской духовной миссии/Российская духовная миссия. Пекин：Тип. Успенского монастыря при Русской духовной миссии, 1910.. 211 с.【索书号：3\K207\P763＝2\：4】

2. 中文译著、论著

1）19世纪中叶俄罗斯驻北京布道团人员关于中国问题的论著［专著］/曹天生主编；张琨等译. —北京：中华书局, 2004. —19,675 页【索书号：2004\Z451.2\1】

2）巴拉第与晚清中俄关系［专著］/陈开科著. —上海：上海书店出版社, 2008. —559 页【索书号：2008\K835.12\16】

3）巴拉第的汉学研究［专著］/陈开科著. —北京：学苑出版社, 2007. —16,300 页【索书号：2008\K207/3】

4）巴拉第·卡法罗夫与晚清中俄关系［博士后报告］/陈开科著；蔡鸿生指导. —250 页【索书号：2007P\D829.512\1】

（四）馆藏中俄国早期汉学家的作品

国图中，除收藏有"三位巨匠"的书著外，还收藏有多位俄国早期汉学家的作品：

1. 巴特马耶夫 П. А.（Бадмаев, П. А.〈Жамсаран〉, 1851—1920），藏医。1851年出生。亚历山大三世的教子。尼古拉二世的家庭医生。1871年考入彼得堡大学东方系。毕业后进入军事医学科学院。1875年进入外交部亚洲司，被派往中国。从1875年起，专注于藏医研究。著有《俄国与中国》（1900）、《藏医》（2004）等论著多部。

原文论著

1）Тибетская медицина：Гл. руководство по враче б. науке Тибета Чжуд-ши / П. А. Бадмаев. Ростовн/Д：Феникс, 2004.. 309 с.【索取号：3C-2005\R291.4-62\1】

2）Россия и Китай/П. А. Бадмаев. СПб.：Пожаров, 1900.. 89 с..【索书号：3\D822\Б126】

3）О системе врачебной науки Тибета/П. А. Бадмаев. СПб.：Надежда, 1898.. 234, 35 с..【索书号：3\R28\Б153\：1】

2. 维谢洛夫斯基 Н. И.（Веселовский Н. И. 1848—1918）

原文论著

1）Материалы для истории Российской духовной миссии в Пекине. Вып. 1. С приложением одиого рисунка / Под ред. Н. И. Веселовского. . СПб. : Тип. Гл. управлелов, 1905. . 71c. ; 27cm. . 【索书号: 3\B976.2\M341/:1】

2) Восток и Запад: Рассказ / Н. Веселовский, б. Юлвский. Харбин: Зайцев. [б. г.]172 с. 【索书号:3\I512.453\B381】

3. 佩弗佐夫 М. В.（Певцов，М. В.，1843—1902），俄罗斯旅行家、中亚研究者。1876—1890 年间主持过三次科学考察。1872 年毕业于科学院。著有《1889—1890 年西藏考察著作》等论著多部。

原文论著

1) Путешествия по Китаю и монголии/М. В. Певцов. М. : Государственное изд-во географической литературы, 1951. 283 с. . 【索书号:B17-7\31】
【索书号:3-2000\K928.9\П235】

2) Труды Тибетской экспедиции 1889—1890 гг./под ред. М. В. Певцова. СПб. : Изд. Имп. рус. географ. о-ва, 1895. 【索书号:P10-6\41】

3) Труды Тибетской экспедиции 1889—1890 гг./под ред. М. В. Певцова. СПб. : Изд. Имп. рус. географ. о-ва, 1892. . 【索书号:P10-6\40】

4) Очерк путешествия по монголии и северным провинциям Внутренного Китая/ М. В. Певцов. Омск: Тип. Окружн. штаба, 1883. 4, 354 с. 【索书号:П46-1\16】

4. 科罗斯托维茨 И. Я.（Коростовец，И. Я. 1862—1933），外交官、东方学家。毕业于皇家阿列克萨德洛夫贵族学校。1890—1894 年在北京宗教使团任二等秘书。1909—1912 年任俄国驻中国的外交官。主要著有《俄国在远东》(1922)、《中国人及其文明》(1896)等。

原文论著

1) Страница из истории русской дипломатии: Русско-японские переговоры в Портсмуте в 1905 г. Дневник И. Я. Коростовец, секретаря Графа Витте/И. Я. Коростовец, Витте. Пекин: Типо-лит. Рос. духовной миссии, 1923. 138 с. 【索书号:3\D851.29\K686=2】

2) Россия на дальнем востоке = e guo zai yuan dong/И. Я. Коростовец. Пекин: Восточное просвещение, 1922. 153 с. 【索书号:Д13-431】

3) Китайцы и их цивилизация/И. Я. Коростовец. СПб. [б. и.], 1896. 626 с. 【索书号:П52-1\12】

中文译著

俄国在远东［专著］/(俄)科罗斯托维茨 И. Я. 著；李金秋等译. —北京：商务印书馆，1975. —188 页【索书号:\D851.29\5】

5. 伊万诺夫斯基 А. О.（Ивановский, А. О.，1863—1903），彼得堡大学东方系教授，满学家。1863 年出生于格多夫城一个贵族家庭。1885 年毕业于彼得堡大学东方系，获得候补博士学位。同年任东方系满语编

13

外教授。1887年获得硕士学位。1890年到中国工作了两年,记有日记10本。回国后任彼得堡大学教授,讲授汉、满语和满洲史。1900年患重病,三年后死于精神病院。著有关于中国史、俄中关系与佛学方面的著作。馆里收藏有他的著作两部:

1) Маньчжурская хрестоматия: [тексты в транскрипции: в 2 вып.]. [Вып. 2, Тексты, набранные русской лингвистической азбукой]/сост. А. О. Ивановский. СПб.: Тип. Имп. акад. наук, 1895.. 135, 96, 2 с..【馆藏索书号:П61-7/10】

2) Тибетский текст с маньчжурской транскрипцией/А. О. Ивановский. СПб.: Тип. Императорской акад. наук, 1895.. 261—267 с.【馆藏索书号:3/Н214/И221】

6. 英诺肯提乙 Ф.（Иннокентий, Ф. 1863—1931）,俄国驻北京宗教使团第18届领班。1898年到北京,在北京居住30余年。十月革命后,由流亡南斯拉夫的塞尔维亚教庭任命为都主教。在华期间,为沙皇俄国效力,曾在俄国侵略军的护卫下,将万寿山、雍和宫所劫古玩、玉器、细软陈设、图书(其中包括《古今图书集成》)装载50余车运往俄国。1931年客死于北京。馆里收藏有他编撰的词典等:

Карманный китайско-русский словарь/А. Иннокентий. Пекин: Типо-лит. при Российской духовной миссии, 1926.. 128 с..【索书号:3G\Н164\И667】

由他编辑的中文书有:

1) 东传福音. 第二十五册 [专著]/王美秀,任延黎主编;中国宗教历史文献集成编纂委员会编纂. —[影印本]. —合肥:黄山书社,2005. —603 页.【索书号:2006\B97\53】

2) 普羅帖斯唐特歷史 [普通古籍]/[？]些兒吉乙長譯//東正教鑒/[？]些兒吉乙長譯;[？]英諾肯提乙編輯. —鉛印本. —北京:東正教會,民國元年(1912). —第 1 册/東正教鑒【索书号:\19700\:1】

3) 東正教鑒 [普通古籍]/[？]些兒吉乙長譯;[？]英諾肯提乙編輯. —鉛印本. —北京:東正教會,民國元年(1912). —1 册. —(綫裝)【索书号:19700】

4) 西教紀略 [普通古籍]/[？]些兒吉乙長譯。東正教鑒/[？]些兒吉乙長譯;[？]英諾肯提乙編輯. —鉛印本. —北京:東正教會,民國元年(1912). —第 1 册

5) 東西教會紀略 [普通古籍]/[？]些兒吉乙長譯;[？]英諾肯提乙編輯. —鉛印本. —北京:東正教會,民國元年(1912). —第 1 册. —书名據书名页题【索书号:\19700\:1】

7. 科瓦列夫斯基 Е. П.（Ковалевский, Е. П., 1811—1868）,近代中俄关系史上的重要人物。俄国科学院名誉院士(1857),俄国地理学会副主席,旅行家、作家、俄国外交司司长,俄国东正教驻北京第13届宗教使团的监督官,贵族出身。1832年起发表诗歌、小说,以游记著名。1840年,以考察商队贸易的名义被俄国外交部派到中国西部伊犁和塔城一带

活动。1849年以俄国东正教驻北京宗教使团监督官的身份到北京。1851年,在伊犁以全权特使身份与清政府代表奕山签订《伊犁塔尔巴哈台通商章程》。主要著有《论中国西部的黄金生产》、《伊犁、塔城和中华帝国西陲城市》、《商队之路》(一名俄国军官从谢米帕拉京斯克进入中国国境的日记摘抄)、《北京郊区的采煤和中国的黄金开采》、《1849年和1850年的中国》和《中国游记》等。馆里收藏他的原文作品有:

Путешествие в Китай:[В 2-х ч.]. Ч. 1-2/Е. Ковалевскский. СПб.: Тип. Королева и К., 1853.. 199, 213 с. 【索书号:П64-4\29】

译成中文的作品一部:

窥视紫禁城［专著］/(俄)叶·科瓦列夫斯基著;阎国栋等译. —北京:北京图书馆出版社,2004. —272 页【索书号:2004\K928.9\414】

8. 克雷姆斯基 К. Г.（Крымский, К. Г., 1796—1861）, 俄国东正教驻北京宗教使团第10届学员。1821年到北京,1831年回国后任恰克图汉语译员学校教员。1834年为7级翻译,1835年为9等文官。英法联军侵华和签订北京条约期间,任东西伯利亚总督穆拉维约夫的翻译。1855年参加过穆拉维约夫组织的黑龙江武装侵略活动。馆里收藏有他的作品两部:

1) Изложение сущности конфуцианского учения/К. Крымский. Пекин: Тип. Успенского монастыря при Русской духовной миссии, 1913.. 45 с.. 【索书号:3\B222.2\K852=2】

2) Изложение сущности конфуцианского учения/К. Крымский. Пекин: Тип. Успенского монастыря при Русской духовной миссии, 1906.. 45 с.. 【索书号:3\B222.2\K852】

9. 马尔坚斯 Ф. Ф.（Мартенс, Ф. Ф., 1845—1909）, 皇家圣彼得堡大学教授。1845年出生于爱沙尼亚。1863年入皇家圣彼得堡大学法律系。1873年以《关于在东方工作的领事和领事的任务》为题完成博士论文。从1876年起,为皇家圣彼得堡大学教授。主要论著有《俄罗斯与中国:历史政治研究》(1881)、《战争期间的私产权》(1869)、《文明民族的现代国际法》(1898)等。

原文论著

Россия и Китай: Историко-политическое исследование. С изменениями и дополнениями автора/Ф. Ф. Мартенс; Перевел В. Телесницкий. СПб.: Рос. библиография, 1881. 83 с. 【索书号:3\D851.29\M29】

10. 佩休罗夫 Д. А.（孟第）(Пещуров, Д. А., 1833—1913)，彼得堡大学东方系教授。1853 年毕业于彼得堡大学物理数理系，硕士学位论文为《福尔图娜小行星运行的研究》。毕业后在彼得堡第三中学教数学三年。1857 年参加俄国东正教驻北京传教士团为学员兼天文馆馆长。1863 年为外交部亚洲司译员，任驻华使馆译员，后任天津领事。1870 年在彼得堡大学东方系任教，1890 年为编外教授。1905 年退休。馆藏有：

Китайско-русский словарь：(По графической системе)/ Д. А. Пещуров. СПб.：Тип. Императорской акад. наук, 1891.. 266 с.；25 см.
【索书号：3G\H163\П319】

11. 波科季洛夫（璞科第）Д. Д. (Покотилов, Д. Д., 1865—1908)，蒙古学家，驻华公使。1883—1887 年在彼得堡大学东方系汉满班学习，毕业后在外交部供职。1888 年来中国，1898 年任俄华道胜银行董事，1905 年为驻华公使。1908 年死于北京。馆藏有：

1) История восточных монголов в период династии Мин, 1368—1634：(по китайским источникам)/ Д. Покотилов. [Монография]. СПб.：Тип. Имп. акад. наук, 1893.. 230 с.【索书号：П61-7/25】

2) У-Тай его прошлое и настоящее / Д. Покотилов. Санкт-петербург：Типограф？я императорской академии наук, 1893.. 152 с.【索书号：B25-1/18】

12. 波波夫（柏百福、茂陵）П. С. (Попов, П. С., 1842—1913)，俄国汉学家。主要研究中国政治、中国语文。1842 年出生于库尔斯克宗教使家庭，1865 年入圣彼得堡大学神学院。后转入圣彼得堡大学东方系，1870 年毕业于汉满班，并获副博士学位。同年被派往外交部亚洲司工作，并很快被派往北京。1886 年任北京总领事。1890 年当选为俄国科学院通讯院士。1902 年回国后，在圣彼得堡大学东方系中国语文教研室任编外副教授，主持中国语文学讲座。是俄国研究中亚和东亚委员会成员。波波夫以编《俄华辞典》和增补与完成卡法罗夫《汉俄合璧韵编》而驰名。馆里收藏有他的著作多部：

1) Китайско-русский словарь/Составленный А. Палладием П. С. Поповым. Пекин：Тип. Тунь Вэнь-гуань, 1888.. 666 с.【索书号：C12-3\9】

2) Государственный строй Китая и органы управления/П. С. Попов. Спб.：Тип. С.-Петербургской тюрьмы, 1903.. 51 с.【索书号：3\D693.2\П58】

3) История логики нового времени/П. С. Попов. . М.：Изд. Моск. ун-та, 1960.. 258 с.【索书号：K8-4\57】

4) Суждение/П. С. Попов. [Б. м.：б. и., б. г.]. 1 т.【索书号：Д9-1\34】

5) Развитие логических идей в эпоху Возрождения/П. С. Попов, Н. И. Стяжкин. М.：Изд-во Моск. ун-та, 1983.. 152 с.【索书号：3\B81-09\П58-2】

6) Китайский философ Мэн-цзы：Пер. с китайского снабженный примечаниями/

П. С. Попов；Послесл. Л. С. Переломова. М. ：Издат. Фирма "Вост. лит." РАН，1998.．278.；【索书号：3-2001\B222.5\П58】

13. 彼亚谢茨基 П. Я.（Пясецкий, П. Я., 1843—1919），医学博士、旅行家、作家。1843 年出生在奥廖尔州。1855 年毕业于奥廖尔的县立中等学校。1861 年考上莫斯科大学医学系。著有《游历中国》(1882)等。馆藏中他的作品有两部：

1) Неудачная экспедиция в Китай 1874—1875 гг. /П. Я. Пясецкий. СПб. ：Тип. Стасюлевича，1881．．298 с.．【索书号：3\K928.9\П991】

2) Путешествие по Китаю：в 1874—1875 гг：через Сибирь，Монголию，Восточный，Средний и Северо-Западный Китай：из дневника：в 2 т. Т. 1/П. Я. Пясецкий. М. ：Унив. тип. ，1882．．584 с.．【索书号：П49-3\6】

14. 鲁德涅夫 А. Д.（Руднев, А. Д. , 1878—1958），语言学博士。主要研究蒙古方言。1878 年出生于彼得堡富商家庭。毕业于圣彼得堡大学东方语言系，专攻汉、满、蒙三种语言。获得语言学博士学位，学位论文《霍里—布里亚特方言》。在彼得堡大学汉满蒙班任教。曾多次到南俄的阿斯特拉罕、斯塔夫罗波尔地区调查卡尔梅克语。1899—1903 年数次到内蒙东部地区考察。1918 年移居赫尔辛基。主要著作：

1) Мелодии монгольских племен / А. Д. Руднев. СПб. ：Тип. Киршбаума，1909．．[64] с.．【索书号：3\J658.311\P833】

2) Хори-бурятский говор / А. Д. Руднев. Пг. ：Тип. Киршбаума，1913—1914．．Т. ．【索书号：3\H532\P833\：1-3】

3) Материалы по говорам Восточной Монголии / А. Д. Руднев. СПб. ：Тип. Киршбаума，1911．．258 с.．【索书号：3\H531.7\P833】

4) Лекции по грамматике монгольского письменного языка，читанные в 1903—1904 академическом году / А. Д. Руднев. СПб. ：Тип. -лит. Авидона，1905．．95 с.：карт. .【索书号：3\H530.4\P833\：1】

15. 先科夫斯基 О. И.（Сенковский, О. И. , 1800—1858），俄国作家，新闻工作者，东方学家，阿拉伯学家，教授，俄罗斯科学院通讯院士，彼得堡公共图书馆名誉馆员。1800 年出生于波兰维连斯基县小贵族家庭。1819 年毕业于维连斯基大学，后作东方旅行。1822—1847 年为彼得堡大学教授。1834—1847 年（名义上到 1856 年）为《读书文库》（библиотека для чтения)杂志编辑，常以笔名在其杂志上发表中篇小说，讽刺小品和论文。先科夫斯基为俄国东方学鼻祖之一，掌握多种东方语言，长期以来是俄国阿拉伯学家中唯一能根据亲身考察熟悉阿拉伯国家和讲阿拉伯语的学者，1823年起曾向 C. B. 利波夫措夫学习汉、满语，能自由阅读原文。他是比丘林著作的重要评论家，也是最早（1829年4月1日）建议彼得堡大学扩大东方语言的教学和设立汉、满语课程的教授。1858年在彼得堡去世。馆藏中收藏有：

Сочинения Барона Брамбеуса / О. И. Сенковский; Сост., вступ. статья и примеч. В. А. Кошелева, А. Е. Новикова. М.: Сов. Россия, 1989.. 490 с.; 21 см..【索书号：3-90\I512.142\C312】

16. 斯卡奇科夫（孔气或孔琪庭）К. А.（Скачков, К. А., 1821—1883），俄国东正教驻北京宗教使团历史上赫赫有名的人物。既是汉学家，又是外交家；即是学者，又是藏书家。俄国外交官，驻塔城、天津等地领事。1848年以第13届宗教使团学员的身份，赴北京任气象观测台台长，同时学习汉语。1857年因病返俄，1859年再度来华任驻塔城领事。1862年卸任后，返回圣彼得堡。1867年第三次来华，任驻天津领事。1870—1879年任驻中国各开放港口领事。其收藏汉籍善本之富，为当时俄国之冠，他的藏书现存莫斯科图书馆。在中国居留期间，曾深入考察中国民情风俗，并与农民结交朋友，他以日记的形式，反映了19世纪中叶中国的农村生活，并记载了太平天国起义时期北京的情况。馆里收藏他的作品有：

Пекин в дни тайпинского восстания: из записок очевидца/К. А. Скачков. М.: Изд. вост. лит., 1958.. 358 с.【索书号：Г16-2\6】【索书号：И24-1\58】

后人撰写的研究专著：

Описание китайских рукописных книг и карт из собрания К. А. Скачкова/А. И. Мелналкснис. М.: Наука, 1974.. 276 с.【索书号：3\Z845.12\C426M】

中文译著：

康·安·斯卡奇科夫所藏漢籍写本和地图题录[专著]/(俄)А. Н. 麦尔纳尔克斯尼斯著；张芳译. —北京：国家图书馆出版社，2010，第256页。【索书号：2011\283\24】

17. 施密特 П. П.（Шмидт, П. П., 1869—1938），海参崴东方学院教授，1896年毕业于圣彼得堡大学东方系，后到北京出差准备教授论文。1899年到东方学院教汉语和满语。馆藏中收藏有他的作品一部：

Опыт мандаринской грамматики: С текстами для упражнений: Пособие к изучению разговорного китайского языка пекинского наречия /П. П. Шмидт. Владивосток: Восточный ин-т, 1915.. 484, 87 с..【索书号：3\H146\Ш733=2】

二、20世纪以后馆藏俄罗斯汉学
文献的综合介绍与分类

19世纪下半叶开始,形成了莫斯科、圣彼得堡、海参崴、叶卡捷林堡四大汉学中心。俄罗斯汉学日渐趋于学科化,各学科的研究专著相继面世。特别是进入20世纪以后,这门学问的分科更加细化,出现了明显的文(文学、语言)、史、哲(哲学、宗教)、经、政、艺的划分。以史为鉴,遵循这一规律,本《书目》也按这七个学科类型对国图所藏俄罗斯汉学书著进行划分。

这里所说的"文",包括文学和语言两部分。这两部分原本就是传统意义上的俄国汉学的主要研究对象。所以,俄罗斯汉学历来对中国文学研究得很深、很细,存留下来的文献也较多,这些文献涵盖了所有的文学体裁。既有对中国古典文学、现代文学,以及小说(长篇小说、章回小说、短篇小说)、诗歌、神话故事、俗文学等的研究论著,也有各种体裁的文学作品翻译,"变文"的注释等。语言类的著作有对汉、满语等语言的研究专著,字词典的编辑,也有对中国语言学史的研究,以及汉、满语等语言教科书的编纂等等。

史,即指历史学。在存世的俄罗斯汉学文献中,有大量是对中国历史的研究,其研究是全面而细致的。既有对中国通史、断代史(古代史、近代史、现代史等)的研究专著,也有对类别史(社会史、思想史、文化史,以及史学史等)的研究著作。

哲,即哲学。包括俄罗斯学者对中国哲学史的研究和中国宗教史研究的论著,有研究中国哲学家的专著,也有对中国哲学、宗教起源的研究作品,以及相关作品的翻译、注释。这是因为在中国哲学中含有诸多儒释道的元素,而以儒家思想为依据的道家理论中,又融有众多哲学的理念,很难将二者分清楚。

经,即经济学,专指对中国经济的研究。国图收藏有从俄罗斯汉学鼻祖比丘林起,到当代俄罗斯学者对不同时代、不同发展时期中国经济的研究书著和中文著作的俄译本。在这类著作中,既有对中国经济史的研究专著,也有对中国经济地理的分析,更多的则是论述当代中国经济发展的论著,特别是中国改革开放之后的这三十年的发展、腾飞,更是俄罗斯学者们关注的焦点。

政,即政治学。包括对中国的政治制度、国际关系、俄中关系、历史人物等的研究专著。中俄、中苏两国间特殊的交往史,使得中国的政治、政策的制定等方面格外吸引俄苏学者们注意,所以,专事这项研究的人员较多,这类文献存量很大。

艺,即艺术。对中国艺术的研究,历来是俄罗斯学者们感兴趣的课题。本《书目》只收录了对中国绘画艺术、舞台艺术等的研究专著而其他类型的艺术,则还有待于做进一步的整理、补充。

当然,除这七类外,对中医、中国建筑、中国园林的研究也是俄罗斯汉学中的重要组成部分。而且,这类专著近年来日渐增多。

(一) 文学

1. 文学类藏书概览

在任何一本字典里,都可以找到对"文学"的定义。它是指以语言文字为工具形象化地反映客观现实的艺术,其中的戏剧、诗歌、小说、散文等,都是文学的重要表现形式。文学作品以不同的形式(体裁)表现作者内心情感和再现一定时期、一定地域的社会生活。

源于生活又高于生活的文学作品,是对一个时代精神、文化生活的提炼,更是外国人了解一个民族最好、最重要的途径。它赖以生存的源泉来自于人类日常琐碎的生活,它的触角深入到社会的各个角落、各个层面。它从极普通人的生活中汲取营养,滋养自身。所以,它所反映、所记录的是一个时代、一个民族的历史影像。因此,阅读文学作品就成了了解一个民族社会文化生活最重要,也最简便的途径。学习一种语言时,也往往会选用这种语言撰写的文学作品作为教材。

中国文学是最早被列入俄国汉学研究对象的学科之一。所以,在俄罗斯汉学的各个学科中,对中国文学的研究成就最为突出。在其最早的汉学成果中,就有对中国文学作品的研究、译介[1]。早在18世纪初期,就已有了中国文学传入俄国的记载。

从1788年俄国人 B. 涅恰耶夫从法文翻译的《中国孤儿》[2]起,到当代对中国古典文学的翻译(全本翻译、节选译本等),仅《水浒传》就可以在俄罗斯找到几个译本。"苏联汉学家研究中国文学的范围很广,而且很有深度。"[3]在俄罗斯汉学史上,每位研究中国问题的学者都有过翻译、研究中国文学作品的经历。以研究中国文学,而当选为俄罗斯科学院院士的人

---

[1] 1990年出版的《中国文学在俄苏》(李明滨,花城出版社)对此有极为生动、详细的描写。
[2] 中国元代杂剧《赵氏孤儿》的改编剧本。
[3] 李明滨:《中国文学在俄苏》,花城出版社,1990。

物就有四位,他们是 В. П. 瓦西里耶夫院士、В. М. 阿列克谢耶夫院士、Н. Т. 费德林通讯院士和 Б. Л. 李福清院士。1990 年出版的李明滨先生的《中国文学在俄苏》(1990)对此有极为生动、详细的描写。

本书收录的 255 位俄罗斯著名汉学家中,有 43 位专事中国文学研究的专家。在本《书目》中收集了他们的作品有俄文版 305 部,中文版 73 部。这 43 位汉学家中有与北平图书馆渊源很深的阿列克谢耶夫院士,有研究中国古代文学史的齐宁,研究中国宋代文化史的阿里莫夫,研究中国 19—20 世纪初文化理论的郭黎贞,主要从事宋代话本研究的热洛霍夫采夫,研究中国传统诗歌的李谢维奇、克拉芙佐娃,《儒林外史》的译者华克生,以及《金瓶梅》(两卷本,1977)俄译本的译者马努辛和《西厢记》的译者孟列夫等。

对中国近代文学的研究,有以研究郁达夫与"创造社"著称的阿直马穆多娃,研究鲁迅的彼得罗夫、波兹涅耶娃和索罗金等。

对中国当代文学的研究,有《当代文学概论》(1953)的著者费德林,《论今日中国文学》(1955)的著者艾德林,研究中国新诗的切尔卡斯基,以及在俄发现《姑妄言》小说抄本的李福清院士等。这 43 位之外的学者,虽说主研方向不是中国文学,但也有中国文学方面的译作、论述。如,齐赫文斯基院士,以研究中国近代史、俄中关系、苏中关系及日本近代史著称,但在他的作品中也有鲁迅小说《狂人日记》、《在酒楼上》等译作。俄罗斯汉学对中国文学的研究、译介是全方位的,作品数量极为丰富,很值得国人去研究、整理。

在这 43 位专事中国文学研究的学者中,国图收藏其作品最多的是阿列克谢耶夫院士的作品,有 20 部之多!现代学者费德林的作品也有 19 部!年代最久远的是 1906 年出版的阿列克谢耶夫院士的作品!

2. 文学类藏书书目导引

1) 阿直马穆多娃 В. С.(Аджимамудова, В. С., 1936—)

阿直马穆多娃 В. С.(Аджимамудова, Виола Сергеевна, 1936. 2. 2—),1936 年 2 月 2 日出生于莫斯科。1959 年毕业于莫斯科国际关系研究所(МГИМО)。1970 年获语言学副博士学位。1974—1985 年为苏联武装部军事研究所研究员。以研究郁达夫与"创造社"著称,专门从事中国现代文学研究。1970 年以论文《郁达夫与"创造社"》(1970)获副博士学位,后又出版了同名专著(1971),并发表论文《早期的"创造社"(1921—1924)》等。出版论著 20 余部。

原文论著

1. Тянь Хань: Портрет на фоне эпохи/В. С. Аджимамудова. М.: Наука, 1993. 239 с.【索书号:3-94\K825.6\T994A】

2. Юй Да-фу и литературное общество "Творчество"/В. С. Аджимамудова. М.:

Наука，1971..190 с.【索书号：3-86\I209\A298】

2) 阿列克谢耶夫 В. М.（Алексеев，В. М.，1881—1951）

阿列克谢耶夫 В. М.（Алексеев，Василий Михайлович，1881.1.2—1951.5.12），主要研究中国语文学和中国考古学、民族学及文化史。1881年出生于圣彼得堡（列宁格勒）职员家庭。1902年毕业于圣彼得堡大学东方语言系。1916年获硕士学位，后留校进修，以学位论文《中国诗人论诗：司空图(837—907)的〈诗品〉》于1929年获语文学博士学位。1923年当选为苏联科学院通讯院士。1929年为院士，同年当选中国国家图书馆特聘通讯员。1947年起为苏联作家协会成员。1910—1951年在彼得格勒（列宁格勒）大学、地理学院、俄国艺术史学院、东西方语言和文学比较史学院、列宁格勒历史语文和语言学院、莫斯科东方学院等院校执教。1933—1951年任亚洲博物馆中国部（后为苏联科学院东方学研究所）主任。1904—1905、1910、1926年在中国，1911、1923、1928年在英国，1911、1926在法国进修和讲学。1907年曾来中国参加发掘河南新石器时代遗址。1912年曾到中国东南部为苏联科学院人类学和民族学博物馆收集民族学资料。曾研究过中国和中亚及西伯利亚南部各民族人民文化史问题。发表论著近280部。主要著作：《中国文学》(1978)、《东方学》(1982)，译作：《聊斋志异》等。

原文论著

1. Рабочая библиография китаиста: книга руководств для изучающих языков культуру Китая /В. М. Алексеев；[Т. И. Виноградова（отв. сост.）и др.］. Санкт-Петербург: БАН，2010..502，[1] с.【索书号：3C-2011\Z88：K207.8\1】

2. Китайская поэма о поэте. Стансы Сыкун Ту (837-908) = Shi pin: tang Sikong Tu zhuan: перевод и исследование（с приложением китайских текстов)/В. М. Алексеев. Москва: Вост. лит.，2008..701 с.【索书号：3C-2009\I207.22\1】

3. Странные истории. Рассказы о людях необычайных/Пу Сун-лин；пер. с китайского В. М. Алексеева. Москва: Восточная лит.，2007..399 с. 【索书号：3C-2009\I242.1\1】

4. Труды по китайской литературе: В 2-х кн. Кн. 2/В. М. Алексеев. М.: Вост. лит.，2003..511 с.：【索书号：3-2004\I2\1】

5. Труды по китайской литературе: В 2-х кн. Кн. 1/В. М. Алексеев. Москва: Вост. лит.，2002..574 с.【索书号：3-2003\I2\1】

6. Наука о Востоке: Статьи и документы. 1982..534с.《东方学（文章与文件）》【索书号：3-89/\K207\A471】

7. Китайская литература: Избранные труды 1978.594 с.《中国文学（选集）》【索书号：3\I206-52\A471】

8. Китайская народная картина: духовная жизнь старого Китая в народных

изображениях. 1966.. 258 с.【索书号：Т60-7\2】【索书号：3\J227\A471】

9. Современная Турция/В. М. Алексеев. М. : Знание, 1961.. 32 с 【索书号：Б87-4\180】

10. Китайская классическая проза: В переводах акад. В. М. Алексеева 1959.. 386 с. :【索书号：索书号：П16-2\44】

11. В старом Китае: дневники путешествия 1907 г. /В. М. Алексеев. М. : Изд. вост. лит. , 1958.. 310 с.【索书号：И25-5\57】

12. Китайская иероглифическая письменность и ее латинизация/В. М. Алексеев. Л. : Изд-во АН СССР, 1932.. 178 с..【索书号：3\H125.1\A471】

13. Судьбы китайской археологии/В. М. Алексеев. Пг. : Российская гос. акад. тип. , 1924.. 80 с..【索书号：3\K87\A471】

14. Лисьи чары: изборника странных рассказов Пу Сунлина（Ляо-Чжай чжи и)/Ляо Чжай; пер. и предисл. В. М. Алексеева. Пг. , 1922.. 158 с..【索书号：3\I242.1\Л974-2】

15. Безсмертные двойники и даос с золотою жабой в свите бога богатства /В. М. Алексеев. Пг. : Тип. Рос. акад. наук, 1918.. 254-318 с..【索书号：3\I27\A471】

16. Китайская поэма о поэте: Стансы Сыкун Ту (837-908)：Пер. и исследование. (Сприл. кит. текстов)/В. М. Алексеев. Пг. : Тип. А. Ф. Дресслера, 1916.. 9, 140, 481, 155 с.【索书号：П52-1\23】

17. О разговорном обозначении китайских так называемых ключевых знаков 1910. 313 с. 【索书号：3\H124.5\A471】

18. Описание китайских монет и монетовидных амулетов, находящихся в Нумизматическом отделении Императорского Эрмитажа/В. М. Алексеев. СПб. : Тип. Императорской акад. наук, 1907.. 74 с..【索书号：3\K875.6\A471】

19. Заметки об изучении Китая в Англии, Франции и Германии/В. М. Алексеев. Спб. : Сенатская тип. , 1906.. 104 с.【索书号：3\K203\A471】

20. Артист-каллиграф и поэт о тайнах в искусстве письма/В. М. Алексеев. 33 с. 【索书号：3\J292\A471】

中文译著

1907年中国纪行［专著］/（俄）米·瓦·阿列克谢耶夫（Василий Михайлович Алексеев）著；阎国栋译. —昆明：云南人民出版社，2001，第301页。
【索书号：2001\K928.9\129】

3) 阿里莫夫 И. А.（Алимов, И. А. ,1964—   ）

阿里莫夫 И. А.（Алимов, Игорь Александрович, 1964.11.8—   ），圣彼得堡东方学研究中心主任、俄罗斯科学院彼得大帝人口与民俗博物馆（珍宝馆）东南亚部副主任、历史学副博士、汉学家、翻译家。文学研究家。

1964年出生于列宁格勒。1986年毕业于列宁格勒大学东方系，并在此教授中文。1997年获历史学副博士学位，学位论文《中国宋朝文化史作家文集》。之后，到中国任翻译。1987年在人口与民俗博物馆任资深研究员。1990—1991年,在北京大学历史系任教。1992年,创办圣彼得堡东方学研究中心,亲任所长。著有《中国宋代文学作品中的鬼、狐、神》(2008)等论著60余部。

原文论著

1. Бесы, лисы, духи в текстах сунского Китая = Demons, foxes, ghosts in texts of the song China/И. А. Алимов. Санкт-Петербург: Наука, 2008.. 282, [1] с.【索书号:3C-2009\I206.2\1】

2. Китайская поэзия в переводах Льва Меньшикова/[отв. ред. И. А. Алимов]; Российская акад. аук, Ин-т востоковедения, Санкт-Петербургский фил. Санкт-Петербург: Петербургское востоковедение, 2007.. 302, [1] с.【索书号:3C-2009\I222\1】

3. Шедевры китайской классической прозы в переводах академика В. М. Алексеева: [в 2 кн.]. Кн. 2/[отв. ред. А. С. Мартынов, И. А. Алимов; пер. Л. В. Алексеева, М. В. Баньковская]. Москва: Вост. лит., 2006.. 503 с.【索书号:3C-2007\I211\2】

4. Вслед за кистью = Follow the brush: Материалы к истории сунских авт. сб. бицзи. исследования. Переводы. Ч. 2/И. А. Алимов, Е. А. Серебряков. СПб.: Петерб. Востоковедение, 2004.. 443 с.【索书号:3C-2006\I209.44\1】

5. Петербургское востоковедение = St. Petersburg Journal of Oriental Studies. Вып. 10/Гл. ред. И. А. Алимов. СПб.: Центр "Петербургское Востоковедение", 2002.. 624 с.【索书号:3-2007\K107.8-55\1】

6. Сосуды тайн: Туалеты и урны в культурах народов мира/[Сост. И. А. Алимов, А. А. Хисматулин]. СПб.: Азбука-классика; Петерб. Востоковедение, 2002.. 167 с.【索书号:3-2005\G112\1】

7. Срединное государство: Введение в традиционную культуру Китая/И. А. Алимовидр. М.: ИД "Муравей"; Языки стран Азиии Африки, 1998.. 287 с.【索书号:3-2001\K203\A501】

4) 巴斯曼诺夫 М. И. (Басманов, М. И., 1918—)

巴斯曼诺夫 М. И. (Басманов, Михаил Иванович, 1918.10.24—),苏联作家协会会员,文学翻译家,以翻译和研究宋词著称。1918年出生于阿尔泰地区。1941年毕业于奥尔忠尼启则国立师范学院,1949年毕业于苏联高等外交学校。1978年成为苏联作家协会成员。1945—1985年间在苏联外交部工作。1942—1945年间参加卫国战争。长期从事宋词研究,译有李清照、辛弃疾的词集,中国历代词选等。1957年开始系统地翻译中国古代和当代诗人的作品。著有《辛弃疾词选》(1960)、《李清照诗词选》(1970),翻译的作品有《词集》(1985)等。馆藏中有他的专著、译著11部。

原文论著

1. Жемчужная нить: китайская классическая поэзия/[пер.: Михаил Басманов].

文　学

Москва：ЭКСМО，2008..349，[1] с.【索书号：3С-2010\I222\1】

2. Сады и парки Китая/[пер. М. Басманова]. Днепропетровск：ДП IМЦ "Вень У"，2006..42 с.【索书号：3С-2009\TU-098.42\1】

3. Китайская классическая поэзия/В пер. М. Басманова；Отв. ред. И. Топоркова. М.：ЭКСМО，2004..350，[1] с.：ил.；15 см..【索书号：3С-2006\I222.8\1】

4. Китайская лирика /[Сост.：Т. И. Виноградова；Пер. с кит. и предисл.，коммент. М. Басманова]. СПб.：Северо-Запад-пресс，2003..577，[1] с. 【索书号：3С-2006\I222\1】

5. Строки любви и печали/Стихи китайских поэтесс в переводах М. Басманова；Предисл. и примеч. М. Басманова；Отв. ред. Л. З. Эйдлин. М.：Наука,1986..142 с. 【索书号：3-87\I222.8\C864】

6. Стихотворения/Синь Цицзи；Пер. с китайского, вступ. статья и примеч. М. Басманова. М.：Худож. лит.，1985..180 с.【索书号：3-86\I222.744\C388】

7. Цветет мэйхуа. Классическая поэзия Китая в жанре цы./Пер. М. Басманова；Вступ. статья и примеч. М. Басманова. М.：Худож. лит.，1979..424 с. 【索书号：3\I222.84\Ц272】

8. Строфы из граненой яшмы/Ли Цин-чжао；Пер. с китайского М. Басманова；Вступ. статья и примеч. М. Басманова. М.：Худож. лит.，1974..100 с. 【索书号：3\I222.844\Л55】

9. Антиреволюционная сущность современного троцкизма / М. И. Басманов. М.：Политиздат，1971..230 с.【索书号：Т42-4/16】

10. Стихи/Пер. с кит. М. Басманова；Вступ. статья и коммент. М. Басманова. М.：Гослитиздат，1961..130 с.【索书号：3\I222.844\Л55】

11. Стихи：пер с китайского，[вступит. статья и коммент]/Ц. Синь；М. Басманова；[грав. М. Пикова]. М.：Гослитиздат，1961..131 с. 【索书号：Д58-5\15】

5）鲍洛金娜（罗金兰）О. П.（Болотина, О. П., 1945—　）

鲍洛京娜 О. П.（Болотина, Ольга Петровна, 1945.1.25—　），1945 年出生于哈巴罗夫斯克的职员家庭。毕业于远东大学(1969)，后留校在汉语教研室任教。1970 年考入科学院远东研究所研究生,1973 年研究生毕业后又回到海参崴远东大学任教。1978 年获副博士学位，1982 年晋升为副教授。1985—1986 年间在中国进修。从 1982 年起,任远东大学远东国家文学史教研室主任。著有《老舍：战争年代(1937—1949)的创作》(1983)、《抗战文学史片断》(1983)等 30 余部。

原文论著

1. Современная китайская литература：Художественные тексты/О. П. Болотина. Владивосток：Изд-во Дальневосточного ун-та，1985..124 с. 【索书号：3-86\I206.6-43\Б795】

2. Лао Шэ: Творчество военных лет 1937-1949/О. П. Болотина. М.: Наука, 1983.. 231 с..【索书号:3\I206.6\Б795】

6) 瓦赫金 Б. Б.（Вахтин, Б. Б., 1930—1981）

瓦赫金 Б. Б.（Вахтин, Борис Борисович, 1930.11.3—1981.11.12），俄苏作家、剧作家、翻译家、东方学家。1930 年出生于顿河罗斯托夫。1954 年毕业于列宁格勒大学东方系中国部。1957 年研究生毕业，师从阿列克谢耶夫院士和康拉德院士。1952 年起，在苏联科学院亚洲研究所列宁格勒分部工作，1962—1964 年间主持远东教研室工作。以研究汉魏、南北朝乐府的文学论文获得副博士学位(1959)。苏联科学院东方学研究所研究员(1957 年起)。1966 年为高级研究员。1957—1981 年间在苏联科学院东方学所任职。译有《乐府：中国古代诗歌》(1964)等。出版论著 50 余部。

原文论著

1. Жанры и стили литератур Китая и Кореи: сборник статей/отв. ред. Б. Б. Вахтин, И. С. Лисевич. М.: Наука, 1969.. 254 с..【索书号:Т60-1\11】

2. Страна Хань: очерки о культуре древнего Китая: [для старш. возраста] / Б. Вахтин, Р. Карлина, Ю. Кроль и др. ; под общ. ред. Б. И. Панкратова. Л.: Детгиз, [Ленингр. отд-ние], 1959.. 309 с.【索书号:Д10-3/33】【索书号:Д10-3/34】

7) 沃斯克列辛斯基(华克生)Д. Н.（Воскресенский, Д. Н., 1926—   ）

沃斯克列辛斯基 Д. Н.（Воскресенский, Дмитрий Николаевич, 1926.9.9—   ），《儒林外史》的译者。1926 年出生于莫斯科省。1950 年毕业于军事外语学院，曾在高等外交学院任教(1953—1957)。后到北京大学进修(1957—1959)。1963 年获语文学副博士学位，学位论文《18 世纪中国的讽刺作家》研究的是吴敬梓和他的长篇小说《儒林外史》。1959 年为苏联科学院中国研究所研究员，同年开始翻译《儒林外史》。曾在新加坡(1971—1972)、日本(1979—1980)进修，1985 年再次来华进修。主要研究中国明清及现代文学和文化、东南亚华人文学等。撰写了有关中国古典和现代文学的论文 100 余篇。译著有《儒林外史》、李渔的《十二楼》和《肉蒲团》、老舍的《正红旗下》等。

原文论著

1. Литературный Китай в XVII веке: судьбы истории, философии и социального бытия в китайской классической литературно-художественной традиции/Дмитрий Воскресенский, Алексей Воскресенский. Москва: Аспект Пресс, 2009.. 172, [2] с.
【索书号:3С-2010\I206.2\1】

2. Под пурпурными стягами = Zheng hong qi xia/Лао Шэ; сост., предисл.,

пер. Д. Н. Воскресенского. Москва: Восточная лит., 2007..199, [1] с.
【索书号:3С-2009\I247.53\1】

3. Китайские метаморфозы: современная китайская художественная проза и эссеистика/сост. и отв. ред. Д. Н. Воскресенский; [пер. С. Торопцева и др.]. М.: Восточная литература, 2007..525, [1] с.【索书号:3С-2008\I217.1\1】

4. Литературный мир средневекового Китая: Китайская классическая проза на байхуа: Собрание трудов/Д. Н. Воскресенский. М.: Восточная лит., 2006..617, [5] с.【索书号:3С-2007\I206.2\1】

5. Китайская эротическая проза/[Сост., пер. с кит., коммент., предисл. Д. Н. Воскресенского]. СПб.: Северо-Запад Пресс, 2004..774, [1] с.
【索书号:3С-2005\I242\1】

6. Записки китайского дипломата о западных странах: (Лондон-Санкт-Петербург: конец XIX века)/Д. Н. Воскресенский. М.: Институт стран Азиии Африки при МГУ, 2003..79 с.【索书号:3С-2006\D8\1】

7. Книга дворцовых интриг: Евнухи у кормила власти в Китае/Подобщ. ред. Д. Н. Воскресенского. М.: Наталис, 2002..429 с.【索书号:3С-2005\K2\2】

8. Сапог бога Эрлана: Старые китайские повести/Фэн Мэнлун, Лин Мэнчу; [Сост., пер., предисл., коммент. Д. Воскресенского] М.: Гудьял-Пресс, 2000..301 с.
【索书号:3С-2006\I242\1】

9. Неофициальная история конфуцианцев: Роман/У Цзин-цзы; Пер. с кит. Д. Воскресенского (предисл., послесл.). М.: Гудьял-Пресс, 1999..635, [2] с.
【索书号:3-2000\I242.4\У1】

10. Сингапурская мозаика: Рассказы: Сборник: Пер. с китайского/Сост. и авт. предисл. Д. Н. Воскресенский. М.: Прогресс, 1980..312 с.【索书号:3\I339.453\С38】

11. Неофициальная история конфуцианцев: роман/У Цзин-цзы; пер. с кит. Д. Воскресенского. М.: Гослитиздат, 1959..630 с.【索书号:Д33-2\34】

8) 吉托维奇 А.（Гитович, А., 1909—1966）

吉托维奇 А. И.（Гитович, Александр Ильич, 1909.3.1—1966.8.9），诗人,中国诗歌(屈原、李白、杜甫、曹植)的翻译者。1909 年生于斯摩棱斯克。多年与翻译者合作,对中国古典诗歌的俄译文进行诗歌润色。出版的中国古典诗集有《李白诗选》、《杜甫诗选》、《中国古典抒情诗》等。参加过卫国战争。

原文论著

1. Лисао/Цюй Юань; [Пер. А. И. Гитович и др.]; Сост. и общ. ред. Р. В. Грищенкова. СПб.: Кристалл, 2000..334, [1] с.【索书号:3С-2006\I222.3\1】

2. Избранная лирика/Ли Бо; Пер. с кит. Александра Гитовича; Вступ. ст. Б. И. Панкратова. М.: Гослитиздат, 1956..174 с.【索书号:Б48-3\62】

3. Под звездами Азии / А. Гитович. Л.: Сов. писатель, 1955..183 с.

【索书号:\8-1\Г51】

4. Мы видели корею / А. Гитович, Б. Бурсов. [Б. м.: б. и., б. г.]. 1 т..
【索书号:М22-4/30】

9) 戈雷金娜(郭黎贞)К. И. （Голыгина, К. И.,1935—   ）

戈雷金娜 К. И. (Голыгина, Кирина Ивановна, 1935.1.28—   ),1935年出生于莫斯科。莫斯科国际关系学院毕业(1959)。1966年获得语文学副博士学位,学位论文《19—20世纪初中国文学理论基本方向》。1983年获语文学博士学位。1966年起任苏联科学院东方研究所研究员。著有《19—20世纪初的中国文学理论》(1971)、《中世纪中国的短篇小说：题材的渊源于演化》(1980)、《中世纪以前的中国散文》(1983)等论著40余部。

原文论著

1. "Великий предел": Китайская модель мира в литературе и культуре (I-XIII вв.)/К. И. Голыгина. М.: Издат. фирма "Вост. лит." РАН, 1995.. 362 с.
【索书号:3-97\I206.2\Г63】

2. Рассказы у светильника: Китайская новелла XI-XVI веков/Пер. с китайского, сост., предисл. и коммонт. К. И. Голыгиной. М.: Наука, 1988.. 415 с.. 【索书号:3-89\I242.7\Р244-2】

3. Китайская проза на пороге средневековья: (Мифологический рассказ III-VI вв. и проблема генезиса сюжетного повествования)/К. И. Голыгина. М.: Наука, 1983.. 238 с..
【索书号:3\I207.41\Г629-2】

4. Новелла средневекового Китая: Истоки сюжето в и их эволюция VIII-XIV вв. / К. И. Голыгина. М.: Наука, 1980.. 324 с.. 【索书号:3\I207.41\Г629】

5. Теория изящной словесности в Китае 19—начала 20 в./К. И. Гольгина. М.: Наука, 1971.. 291 с.. 【索书号:Т42-5\15】

10) 扎罗夫 П. （Жаров П.）

原文论著

1. Шторм в девять баллов: повесть/Лу Цзюнь-Чао; перевод с китайского П. Жарова; [предисл. В. Феоктистова; илл.: А. Таран]. [М.: Гослитиздат, 1962]. 127 с. 【索书号:Б70-4\15】

2. Повесть о новых героях/Юань Цзин, Кун Цхюэ; пер. с кит. П. Жарова. М.: Изд. иностр. лит, 1952.. 314 с.. 【索书号:\89(51)\Ю12\2-е】

3. Повесть о новых героях/Ю. Цзин, К. Цзюэ; пер. с китайского П. Жарова, Б. Володина; предисл. Олеся Гончара; ред. Вс. Розанов. Москва: Изд-во Иностранной лит., 1951.. 301 с. 【索书号:Д17-65】

11) 热洛霍夫采夫 А. Н. （Желоховцев, А. Н. , 1933— ）

热洛霍夫采夫 А. Н.（Желоховцев,Алексей Николаевич,1933.9.29— ），主要从事宋代话本研究。1933年出生于莫斯科。莫斯科国际关系学院毕业(1958)。1965年以论文《作为文学题材的话本小说》获副博士学位。曾在苏联科学院东方学研究所工作(1958—1959)。1969年后转入远东研究所工作。著有《话本——中国中世纪的市民小说》(1969),译有邓拓的《燕山夜话》等作品200余部。他的论著《近距离观察文化革命》(1973),被译成英、法、德、保等数国文字出版。

原文论著

1. Литературная теория и политическая борьба в КНР/А. Н. Желоховцев. М.：Наука, 1979. . 206 с. . 【索书号：3\I206.7\Ж519】

2. "Культурная революция" с близкого расстояния：(записки очевидца)/А. Н. Желоховцев. М.：Полтиздат, 1973. . 262 с. . 【索书号：T38-3\20】

3. Хуабэнь-городская повесть средневекового Китая：некоторые проблемы происхождения и жанра/А. Н. Желоховцев. М.：Наука, 1969. . 200 с. . 【索书号：T61-6\22】

12) 扎哈罗娃 Н. В.（Захарова, Н. В. , 1950— ）

扎哈罗娃 Н. В.（Захарова,Наталтя Владимировна,1950.9.11— ），1950年出生于符拉迪沃斯托克(海参崴)。1974年毕业于莫斯科大亚非学院,1994年起在莫斯科人文大学任教。1983年获副博士学位,学位论文《当代中国女作家谢冰心的生活与创作道路》。主要著有《中国的烹调艺术与传统》(1977),翻译陆文夫的《孔雀开屏》(1995)、王蒙的《春堤六桥》(1999)等论著30余部。

原文论著

1. Правовые вопросы обеспечения коллективной безопасности в Европе/Н. В. Захарова. М.：Госюриздат, 1959. . 108 с. . 【索书号：П9-2\6】

2. Поэзия и проза Китая XX века：О прошлом—для будущего/Сост.：Г. Б. Ярославцев и Н. В. Захарова. М.：Центрполиграф, 2002. . 686, [1] с. . 【索书号：3-2003\I211\1】

13) 齐宁 С. В.（Зинин, С. В. , 1957— ）

齐宁 С. В.（Зинин，Сергей Васильевич，1957.7.4— ），1957年出生于莫斯科。1992年获语言学副博士学位。以研究中国古代文学史著称。1990—1994年间,为俄罗斯科学院东方学所科学工作者。著有《古代中国文学史》(2002)等论著50余部。

原文论著

1. История древнекитайской литературы (в вопросах и ответах): (XVIII в. до н. э. -I в. до н. э.)/С. В. Зинин; Рос. акад. наук. Ин-т востоковедения. М.: Ин-т востоковедения РАН, 2002.. 172, [1] с.【索书号：3C-2005\I209.2\1】

2. Протест и пророчество в традиционном Китае: жанр яо с древности до XVII века н. э. /С. В. Зинин. М.: ИВ РАН, 1997.. 225 с.【索书号：3-99\I207.7\3-632】

14) 伊凡尼科 С.С.（Иванько，С.С.）
原文论著

1. Перемены за шестьдесят лет. : роман/[пер. с китайского С. Иванько]. М.: Изд. иностр. лит. , 1959.. 379 с.【索书号：Д31-3\61】

2. Весенний ветер над древним городом: роман/Ли Ин-жу; пер. с китайского С. Иванько; ред. С. Хохлова. М.: Изд. иностр. лит. , 1961.. 503 с.;【索书号：Д64-3\40】

3. Особое задание: [приключенческая повесть]/Ц. Юань; пер. с китайского [С. Иванько; илл. : В. Лазаревская]. М.: Мол. гвардия, 1961.. 264 с. 【索书号：Д58-3\33】

4. В огне рождается сталь: роман/У. Ай; пер. с китайского С. Иванько. [илл. : А. Зайев]. [М].: Мол. гвардия, 1959.. 287 с.【索书号：П32-4\13】

5. Годы бедствий/Мэн-лян Чжан; пер. с китайского С. Иванько; [илл. В. Коновалов]. [М].: Мол. гвардия, 1959.. 300 с.【索书号：Д32-5\21】

6. В огне рождается сталь: роман / У. Ай; пер. с китайского С. Иванько. [илл. : А. Зайев]. [М].: Мол. гвардия, 1959.. 287 с.: ил. , 4 л. ил. ; 23 см.. 【索书号：П32-4/13】

7. В огне рождается сталь / У. Ай; пер. с кит. С. Иванько М.: Молодая гвардия, 1959.. 284 с.: ил. .【索书号：П28-2/27】

8. Китайские повести и рассказы: Пер. с китайского/Предисл. С. Иванько; Ред. Ю. Карасев. М.: Изд-во иностр. литературы, 1953.. 384 с.. 【索书号：3\I247.7\K451】

9. Заря впереди/Лю Бай-юй; пер. с кит. С. Иванько, В. Панасюка. М.: Изд. иностр. лит. , 1951.. 113 с.【索书号：\89(51)\Л93】

15) 克特林斯卡娅 В. К.（Кетлинская，В.К.）
原文论著

1. Собрание сочинений: В 4-х т. /В. К. Кетлинская. Л.: Худож. лит. , 1980.. 532 с..【索书号：3\I512.152\K371\:4】

2. Собрание сочинений: В 4-х т. /В. К. Кетлинская. Л.: Худож. лит. , 1980.. 395 с..【索书号：3\I512.152\K371\:3】

3. Собрание сочинений: В 4-х т. /В. К. Кетлинская. Л.: Худож. лит. , 1979..

629 с..【索书号:3\I512.152\K371\:2】

4. Собрание сочинений: В 4-х т. /В. К. Кетлинская. Л. : Худож. лит. ,1978..
662 с..【索书号:3\I512.152\K371\:1】

5. Китай сегодня и завтра/В. К. Кетлинская. Л. : Сов. писатель, 1958..
393 с..【索书号:Б33-1\37】【索书号:Е32-7\38】

16)克拉芙佐娃 М. Е. (Кравцова, М. Е. ,1953—   )

克拉芙佐娃 М. Е. (Кравцова, Марина Евгеньевна, 1953.6.19—   ),
1953年出生于列宁格勒。毕业于列宁格勒大学东方系(1975)。曾于
1990—1991年来中国进修。彼得堡大学教授。1983年获语文学副博士
学位,学位论文《沈约的诗歌创作(411—513)》,1994年以论文《中国传统
诗歌的文艺美学规范的形成(以中国古代和中世纪早期的诗歌创作资料
为据)》通过博士学位答辩。主要著有《中国文化史》(1998)、《中国艺术
史》(2004),译作《雕龙(六朝诗集)》(2004)等。出版论著80余部。

原文论著

1. Резной дракон: Поэзия эпохи Шести династий (III-VI вв.)/В пер. М. Е.
Кравцовой; Ред. И. П. Сологуб. СПб. : Петерб. Востоковедение, 2004..[316, [1] с.
【索书号:3С-2006\I222.735\1】

2. Хрестоматия по литературе Китая/[Сост. , прим. , ст. : М. Е. Кравцова].
СПб. : Азбука-классика, 2004..765 с. 【索书号:3С-2005\I211\1】

3. Мировая художественная культура. История искусства Китая: Учеб.
пособие/Марина Кравцова. СПб. [и др.]: Лань: ТРИАDА, 2004..960 с.
【索书号:3С-2006\J120.9\1】

4. История культуры Китая: Учеб. пособие для студентов вузов по спец.
"Культурология"/М. Е. Кравцова. СПб. [и др.]. Лань, 2003..415 с.
【索书号:3С-2007\K203\1】

5. Поэзия вечного просветления: Кит. лирика второй половины V-нач. VI в. /
М. Е. Кравцова. СПб. : Наука, 2001..406, [1] с.【索书号:3С-2005\I207.2\1】
【索书号:3-2002\I207.2\K771】

6. История культуры Китая: Учеб. пособие для студентов вузов по спец.
"Культурология"/М. Е. Кравцова. СПб. : Лань, 1999..415 с.
【索书号:3-2000\K203-43\K771】

7. Поэзия Древнего Китая: Опыт культурологического анализа: Антология
художественных переводов/М. Е. Кравцова. СПб. : Центр "Петербургское
Востоковедение", 1994..542 с.【索书号:3-96\I207.22\K771】

17)克里夫佐夫(克立朝) В. Н. (Кривцов, В. Н. ,1921—1985)

克里夫佐夫 В. Н. (Кривцов, Владимир Николаевич, 1921.4.18—

1985.12.20），历史学副博士，1921年出生于莫斯科的一个工人家庭，毕业于莫斯科东方学院(1949)，1963年获副博士学位，学位论文是《中国古代的美学思想》，1968年起在远东所工作。主要著有长篇传记小说《亚金甫神父》(1978)等。出版论著40余部。1940—1941年间在苏联红军中服役，是苏联勋章获得者。

原文论著

1. Отец Иакинф: Роман/В. Кривцов. Л.: Лениздат, 1984..653 с.
【索书号：3-87\I512.451\K821=2】

2. Отец Иакинф: Роман/В. Н. Кривцов. Л.: Лениздат, 1978..652 с..
【索书号：3\I512.451\K821】

3. Чистые ручьи: роман: пер. с китайского/Чжоу Ли-бо；[пер. с предис. В. Н. Кривцова；ред. С. В. Петров]. М.: Изд-во иностр. лит., 1962..301 с.
【索书号：Б67-6\36】

4. Весна приходит в горы: роман/Чжоу Ли-бо; пер. с китайского и предисл., [с. 5-20], В. Н. Кривцова; ред. В. П. Воеводин; [илл.: Ю. Н. Ростовцев]. М.: Изд. иностр. лит., 1960..318 с. 【索书号：П22-5\6】

5. Перемены в лицзячжуане: повесть/Чжао Шу-Ли; пер. с китайского и предисл. В. Кривцова; ред. Б. Шуплецов. Москва: Изд-во иностранной литературы, 1949..170 с.; 20 см.. 【索书号：\89(51)\Ч-57Ш】

18) 列别捷娃 H. A.（Лебедева, H. A., 1954— ）

列别捷娃 H. A.（Лебедева, Наталья Александровна, 1954.10.20— ），1954年10月20日出生于科斯特罗马州。1977年毕业于远东大学东方系，后进入远东历史考古与民族学研究所工作，2002年调远东大学东方系任教。1983年获语文学副博士学位，学位论文《叶圣陶及其在中国现代文学上的地位》。著有《萧红的生平、创作与命运》(1998)等。出版论著60余部。

原文论著

1. Очерки истории прозы Северо-Восточного Китая（1919-1949 годы)/Н. А. Лебедева. М.: Изд-во Дальневосточного ун-та, 2006..195 с.
【索书号：3С-2007\I209.6\1】

2. Сяо Хун: Жизнь, творчество, судьба/Н. А. Лебедева. Владивосток: Дальнаука, 1998..162 с. 【索书号：3С-2006\K825.6\1】

19) 李谢维奇 И. С.（Лисевич, И. С., 1932—2000）

李谢维奇 И. С.（Лисевич, Игорь Самойлович, 1932.5.26—2000.1.27），1932年出生于莫斯科。毕业于莫斯科国际关系学院(1955)。1965年获语文学副博士，学位论文《中国古代诗歌与民歌的关系》。1981年获语文学博士学位。曾在莫斯科大学东方语言学院任教

(1956—1959)。1963 年起为科学院东方研究所研究员。著有《中国古代诗歌与民歌(公元前 3 世纪至公元 3 世纪初的乐府)》(1969),《古代与中古之交的中国文学思想》(1979)等。出版论著 100 余部。

原文论著

1. Китайская пейзажная лирика/[сост. иред., вступ. ст., коммент. И. С. Лисевича]. Москва: АСТ [и др.], 2008..287 с.《中国风景抒情诗》【索书号:3C-2009\I222\2】

2. Прелестницы Востока: Китайская эротическая поэзия и проза/Сост. И. Лисевич, И. Топоркова. М.: Изд-во《Эксмо》,2003.349 с.《东方美女:中国情爱诗选》【索书号:3-2004\I21\2】

3. Павильон наслаждений: Кит. Эрот. Поэзия и проза/Сост. И. Лисевич, И. Топоркова. М.: ЭКСМО-Пресс,2000.331,〔1〕с.《逍遥亭》【索书号:3-2004\I21\1】

4. Китайская пейзажная лирика Т. 2/Сост., вступ. статья, коммент., подстрочный пер. Ли Бо и Ду Фу: И. С. Лисевич. М.: ИД "МУРАВЕЙ-Гайд", 1999..239 с.【索书号:3-2000\I222\К451\:2】

5. Китайская пейзажная лирика Т. 1/Сост., вступ. статья, коммент., подстрочный пер. Ли Бо и Ду Фу: И. С. Лисевич. М.: ИД "МУРАВЕЙ-Гайд", 1999..317 с.【索书号:3-2000\I222\К451\:1】

6. Из книг мудрецов: Проза древнего Китая: Пер. с кит. /Состю, вступ. Статья, статьи об авторах и коммент. И. Лисевича. М.: Худож. Лит., 1987.351 с.《中国古代诗文选》【索书号:3-93\В220.4\И32】

7. Литературная мысль Китая на рубеже древности и средних веков/И. С. Лисевич. М.: Наука, 1979. 264 с.《古代与中世纪之交的中国文学思想》【索书号:3\I206.2\Л631】

8. Песенки Ли Ю-цая: Повесть и рассказы: Пер. с китайского/Чжао Шу-ли; Отв. ред. и сост. М. Е. Шнейдер; Предисл. И. С. Лисевича. М.: Наука, 1974..183 с..【索书号:3\I246.5\Ч578】

9. Литература и культура Китая: Сборник статей к 90-летию со дня рождения академика Василия Михайловича Алексеева/Редкол.: И. С. Лисевич и др. М.: Наука, 1972..360 с.【索书号:Т43-2\30】

10. Теоретические проблемы изучения литератур Дальнего Востока/Отв. Ред. И. С. Лисевич, О. Л. Фишман. М.: Наука, 1970. 214 с.《远东文学研究的理论问题》【索书号:3\I106\Т338-3】

11. Жанры и стили литератур Китая и Кореи: сборник статей/отв. ред. Б. Б. Вахтин, И. С. Лисевич. М.: Наука, 1969.. 254 с..《中国与朝鲜文学的体裁与风格:论文集》【索书号:Т60-1\11】

12. Древняя китайская поэзия и народная песня: (Юэфу конца Ⅲ в. е. э.). И. С. Лисевич. М.: Наука, 1969. 285 с.《古代中国的诗歌与民歌》【索书号:3\I207.22\Л631】

20) 马努辛 B. C. (Манухин, B. C., 1926—1974)

马努辛 B. C. (Манухин, Виктор Сергеевич, 1926. 9. 18—1974. 5. 25), 东方学家、文学研究家、翻译家、莫斯科大学副教授。《金瓶梅》(两卷本, 1977)俄译版的译者。1926年出生于莫斯科。1951年毕业于莫斯科东方学院, 1949—1951年曾在中国任译员。后在莫斯科大学语文系读研究生(1953—1957), 毕业后留校任教。以论文《由传统到创新的社会揭露小说——〈金瓶梅〉》获语文学副博士学位(1964)。1956年起在莫斯科大学东方语言学院任教。撰写过多篇研究《金瓶梅》及其作者的论文。出版论著近20部。

原文论著

1. Цветы сливы в золотой вазе, или Цзинь, Пин, Мэй: Роман: В 2-х т. Т. 1/ Пер. с кит. В. Манухина; Вступ. статья и коммент. Б. Рифтина; Стихи в переводе Г. Ярославцева. М. : Худож. лит. , 1986. . 446 с. 【索书号:3-87\I242.4\Ц279-2\:1】

2. Цветы сливы в золотой вазе, или Цзинь, Пин, Мэй: Роман: В 2-х т. Т. 1/ Пер. с кит. В. Манухина; Вступ. статья и коммент. Б. Рифтина; Стихи в пер. Г. Ярославцев. М. : Худож. лит. , 1977. . 437 с. 【索书号:3\I242.4\Ц279\:1】

3. Цветы сливы в золотой вазе, или Цзинь, Пин, Мэй: роман: В 2 т. Т. 2/ пер. с кит. В. Манухина; подгот. текста Л. Сычева; коммент. Б. Рифтина; стихи в переводе Г. Ярославцева. М. : Худож. лит. , 1977. . 501 с. 【索书号:3\I242.4\Ц279\:2】

21) 马尔科娃 С. Д. (Маркова, С. Д. , 1923—2001)

马尔科娃 С. Д. (Маркова, Сергей Дмитриевич, 1923. 11. 17—2001. 6. 6), 毕业于军事外语学院(1945), 后留校任教。1946—1948年间在中国苏联新闻通讯社工作。回国后先后在东方学研究所、远东研究所工作。高级研究员。1955年获副博士学位, 学位论文《抗日战争时期的中国诗歌(1937—1945)》。主要作品有《解放战争时期的中国诗歌(1945—1949)》(1958)、《郭沫若的诗歌创作》(1961)、《20世纪转型期的中国知识分子》(2004)等。

原文论著

1. Китайская интеллигенция на изломах XX века: (Очерки выживания)/С. Д. Маркова. М. : Гуманитарий, 2004. . 571 с. 【索书号:3С-2006\D663.5\1】

2. Маоизм и интеллигенция: Проблемы и события (1956-1973 гг.)/С. Д. Маркова. М. : Наука, 1975. . 245 с. . 【索书号:3\D609.9\M268】

3. Поэтическое творчество Го Мо-жо/С. Д. Маркова. М. : Изд. вост. лит. , 1961. . 99 с. 【索书号:Р1-1\15】

4. Китайская поэзия в период национально-освободительной войны 1937—1945 гг. /С. Д. Маркова. М. : Изд. вост. лит. , 1958. . 137 с. . 【索书号:Б33-1\25】

文　学

22) 马丁蒂诺夫 А. С.（Мартынов, А. С., 1933—　）

马丁蒂诺夫 А. С.（Мартынов, Александр Степанович, 1933.10.2—　），1933年10月2日出生于列宁格勒。1957年毕业于列宁格勒大学。1989—1990年间在中国进修。1975年获历史学副博士学位。从1992年起在圣彼得堡国立大学东方系任教。现为俄罗斯科学院东方学研究所圣彼得堡分所高级研究员。著有《儒家学说和朱熹》(2002)等。出版论著100余部。

原文论著

1. Шедевры китайской классической прозы в переводах академика В. М. Алексеева：[в 2 кн.]. Кн. 2/[отв. ред. А. С. Мартынов, И. А. Алимов；пер. Л. В. Алексеева, М. В. Баньковская]. Москва：Вост. лит., 2006.. 503 с.
【索书号：3С-2007\I211\2】

2. Конфуцианство：этапы развития. Конфуций. "Лунь юй"/А. С. Мартынов；Пер. с кит. А. С. Мартынова. СПб.：Азбука-классика：Петербург. востоковедение, 2006.. 344 с.【索书号：3С-2006\B222.2\1】

3. Конфуцианство：классический период/А. С. Мартынов；Пер. с кит. А. С. Мартынова. СПб.：Азбука-классика：Петерб. Востоковедение, 2006.. 379 с.
【索书号：3С-2006\B222.2\2】

4. О сознании（Синь）：Из философского наследия Чжу Си/Пер. с кит. А. С. Мартынова, И. Т. Зограф, вступ. ст. и коммент. к пер. А. С. Мартынова, граммат. очерк И. Т. Зограф. М.：Восточная литература, 2002.. 318 с.
【索书号：3-2004\B244.7\1】

5. Конфуцианство. "Лунь Юй"：в 2 т. Т. 2/А. С. Мартынов；Пер. А. С. Мартынова. СПб.：Петербург. Востоковедение, 2001.. 372 с.
【索书号：3-2004\B222.2\2】

6. Конфуцианство. "Лунь Юй"：В 2-х т. Т. 1/А. С. Мартынов；Пер. А. С. Мартынова. СПб.：Петербург. Востоковедение, 2001.. 367 с.
【索书号：3-2004\B222.2\1】

7. Статус Тибета в 17-18 веках：В традпционной китайской системе политических представлений/А. С. Мартынов. М.：Наука, 1978.. 280 с..
【索书号：3\K297.5\M294】

23) 马特科夫 Н. Ф.（Матков, Н. Ф., 1924—　）

马特科夫 Н. Ф.（Матков, Николай Федорович, 1924.12.15—　），苏联著名汉学家。1950—1060年在莫斯科大学任教,副教授。1960年前后曾在中国进修,回国后撰写了专著《殷夫：中国革命的歌手》(莫斯科, 1962)。一生专注中国文学,尤其是中国革命文学的研究,成绩卓著。翻译有胡也频的小说《光明在我们前面》(1955)等。

原文论著

Инь Фу—певец китайской революции/Н. Ф. Матков. М. : Изд-во Моск. ун-та, 1962. . 92 с. ;【索书号:B94-1\50】

24) 缅希科夫(孟列夫) Л. Н. （Меньшиков, Л. Н. ,1926—2005）

缅希科夫 Л. Н. （Меньшиков, Лев Николаевич, 1926. 2. 17—2005. 10. 29），汉学家、语言家、教授、俄罗斯科学院东方学研究所圣彼得堡分所研究员、著名的敦煌学家。王实甫《西厢记》(1960)俄译本的译者。1926年出生于列宁格勒。中学时代，因被蒙古学家科津翻译的《元朝秘史》所吸引，从而萌发了从事东方学研究的理想。1947年中学毕业后，即被免试录取进入列宁格勒大学东方系满语专业学习。1952年从列宁格勒大学东方系毕业，继进入莫斯科苏联科学院东方学研究所研究生班。师丛艾德林教授，从事中国古典戏剧研究,1955年以论文《中国古典戏曲的现代改革》获语文学副博士学位。主要从事在苏联所藏中国敦煌写本的整理、翻译、注释、研究工作,参加了《维摩诘经变文》、《双恩记变化》、《法华经变文》等俄译本的出版工作。著有《中国古典戏曲的改革》(1959),有多篇关于敦煌变文的论文发表。出版论著270余部。馆藏中他的作品有：

原文论著

1. Китайская поэзия в переводах Льва Меньшикова/[отв. ред. И. А. Алимов]; Российская акад. наук, Ин-т востоковедения, Санкт-Петербургский фил. Санкт-Петербург: Петербургское востоковедение, 2007. . 302, [1] с. 【索书号:3C-2009\I222\1】

2. Шедевры китайской классической прозы в переводах академика В. М. Алексеева: [в 2 кн.]. Кн. 1/[отв. ред. Л. Н. Меньшиков; пер. Л. В. Алексеева, М. В. Баньковская]. Москва: Вост. лит. , 2006. . 470 с. 【索书号:3C-2007\I211\1】

3. Из истории китайской книги/Л. Н. Меньшиков. СПб. : Изд-во "Нестор-история" СПб ИИ РАН, 2005. . 320, [3] с. 【索书号:3C-2006\G256.1\1】

4. Чистый поток: Поэзия эпохи Тан（VII-X）/В пер. Л. Н. Меньшикова. СПб. : Петербург. Востоковедение, 2001. . 315, [1] с. 【索书号:3-2004\I222.742\1】

5. Записки о поисках духов: (Соу шэнь цзи)/Гань Бао; Предисл. [с. 5-25], пер. с древнекит. , примеч. и словарь-указатель Л. Н. Меньшикова. СПб. : Центр "Петербург. Востоковедение", 1994. . 569, [2] с. 【索书号:3С-2006\I242.1\1】

6. Бай юй цзин: (Сутра ста притч)/Пер. с кит. и коммент. И. С. Гуревич; Вступ. ст. Л. Н. Меньшикова; Отв. ред. Л. Н. Меньшиков. М. : Наука, 1986. . 127 с. 【索书号:3-86\B94\Б18】

7. Китайские документы из Дуньхуана. Вып. 1, Факсимиле/издание текстов, перевод с китайского, исследования и приложения Л. И. Чугуевского; [отв. ред. Л. Н. Меньшиков]. М. : Наука, 1983. . 559 с. 【索书号:3-85\K870.6\K451\:1】

文　学

8. Пятнадцать тысяч монет: средневековые китайские рассказы/пер．，[предисл. и примеч]．И. Т. Зограф；[отв. ред. Л. Н. Меньшиков；илл．：Л. П. Сычеваё]．М．：Изд. вост. лит．，1962．．152 с．【索书号：Б55-1\11】

9. Реформа китайской классической драмы/Л. Н. Меньшиков．М．：Изд-во восточной литературы，1959．．239 с．．【索书号：3\J826\M513】

中文译著

1. 俄罗斯国立艾尔米塔什博物馆藏敦煌艺术品．Ⅵ [专著]/魏同贤，(俄) 孟列夫主编；俄罗斯国立艾尔米塔什博物馆，上海古籍出版社编纂．—上海：上海古籍出版社，2005．—544 页【索书号：DH\K879.212\1】

2. 俄罗斯国立艾尔米塔什博物馆藏敦煌艺术品．Ⅴ[专著]/魏同贤，(俄) 孟列夫主编；俄罗斯国立艾尔米塔什博物馆，上海古籍出版社编纂．—上海：上海古籍出版社，2002．—327 页【索书号：2005\K879\45】

3. 俄罗斯科学院东方研究所圣彼得堡分所藏敦煌文献．16，ДХ11901—ДХ16700 [专著]/(俄) 孟列夫，钱伯城主编；俄罗斯科学院东方研究所圣彼得堡分所，俄罗斯科学出版社东方文学部，上海古籍出版社编．—[影印本]．—上海：上海古籍出版社，莫斯科：俄罗斯科学出版社东方文学部，2001．—351 页【索书号：2006\K87\48】

4. 俄罗斯科学院东方研究所圣彼得堡分所藏敦煌文献．17，ДХ16701—ДХ19092 [专著]/(俄) 孟列夫，钱伯城主编；俄罗斯科学院东方研究所圣彼得堡分所，俄罗斯科学出版社东方文学部，上海古籍出版社编．—[影印本]．—上海：上海古籍出版社，莫斯科：俄罗斯科学出版社东方文学部，2001．—364 页【索书号：2006\K87\48】

5. 俄罗斯科学院东方研究所圣彼得堡分所藏敦煌文献．15，ДХ10701—ДХ11900 [专著]/(俄) 孟列夫，钱伯城主编；俄罗斯科学院东方研究所圣彼得堡分所，俄罗斯科学出版社东方文学部，上海古籍出版社编．—[影印本]．—上海：上海古籍出版社，莫斯科：俄罗斯科学出版社东方文学部，2000．—351 页【索书号：2006\K87\48】

6. 俄罗斯科学院东方研究所圣彼得堡分所藏敦煌文献．14，ДХ07901—ДХ10700 [专著]/(俄) 孟列夫，钱伯城主编；俄罗斯科学院东方研究所圣彼得堡分所，俄罗斯科学出版社东方文学部，上海古籍出版社编．—[影印本]．—上海：上海古籍出版社，莫斯科：俄罗斯科学出版社东方文学部，2000．—383 页【索书号：2006\K87\48】

7. 俄罗斯科学院东方研究所圣彼得堡分所藏敦煌文献．13，ДХ06101—ДХ07900 [专著]/(俄) 孟列夫，钱伯城主编；俄罗斯科学院东方研究所圣彼得堡分所等编．—上海：上海古籍出版社，莫斯科：俄罗斯科学出版社东方文学部，2000．—350 页【索书号：2005\K877.9\1】

8. 俄罗斯科学院东方研究所圣彼得堡分所藏敦煌文献．12，ДХ05001—ДХ06100 [专著]/(俄) 孟列夫，钱伯城主编；俄罗斯科学院东方研究所圣彼得堡分所等编．—上海：上海古籍出版社，莫斯科：俄罗斯科学出版社东方文学部，2000．—361 页【索书号：2005\K877.9\1】

9. 俄罗斯科学院东方研究所圣彼得堡分所藏黑水城文献. 6, 汉文部分 [专著]/史金波等主编；[俄]孟列夫卷主编；俄罗斯科学院东方研究所圣彼德堡分所等编. —上海：上海古籍出版社，2000. —349，111 页；【索书号：2005\K877.9\2】

10. 俄罗斯国立艾尔米塔什博物馆藏敦煌艺术品. IV [专著][中英对照]/魏同贤,(俄)孟列夫主编；俄罗斯国立艾尔米塔什博物馆,上海古籍出版社编纂. —[影印本]. —上海：上海古籍出版社，2000. —384 页【索书号：2006\K879\34】

11. 俄罗斯国立艾尔米塔什博物馆藏敦煌艺术品. III [专著]/魏同贤,(俄)孟列夫主编；俄罗斯国立艾尔米塔什博物馆,上海古籍出版社编纂. —[影印本]. —上海：上海古籍出版社，2000. —359 页【索书号：2006\K879\34】

12. 俄罗斯科学院东方研究所圣彼得堡分所藏敦煌汉文写卷叙录 [专著]/(俄)孟列夫(Л. Н. 缅希科夫 Л. Н. Меньшиков)主编；(俄)М. И. 沃罗比耶娃-捷霞托夫斯卡娅(М. И. Воробьева-десятовская)等编撰，袁席箴，陈华平译. —上海：上海古籍出版社，1999. —2 册(760，602 页)【索书号：2000\B94\79】

13. 俄罗斯科学院东方研究所圣彼得堡分所藏敦煌文献. 11, ДХ03601—ДХ050000 [专著]/(俄)孟列夫,钱伯城主编；俄罗斯科学院东方研究所圣彼得堡分所,俄罗斯科学出版社东方文学部,上海古籍出版社编. —[影印本]. —上海：上海古籍出版社,莫斯科：俄罗斯科学出版社东方文学部，1999. —376 页
【索书号：2006\K87\48】

14. 俄罗斯科学院东方研究所圣彼得堡分所藏敦煌文献. 10, ДХ02701—ДХ03600 [专著]/(俄)孟列夫,钱伯城主编；俄罗斯科学院东方研究所圣彼得堡分所,俄罗斯科学出版社东方文学部,上海古籍出版社编. —[影印本]. —上海：上海古籍出版社,莫斯科：俄罗斯科学出版社东方文学部，1998. —43，344 页
【索书号：2006\K87\48】

15. 俄罗斯科学院东方研究所圣彼得堡分所藏敦煌文献. 9, ДХ02001—ДХ02700 [专著]/(俄)孟列夫,钱伯城主编；俄罗斯科学院东方研究所圣彼得堡分所,俄罗斯科学出版社东方文学部,上海古籍出版社编. —[影印本]. —上海：上海古籍出版社,莫斯科：俄罗斯科学出版社东方文学部，1998. —36，340 页
【索书号：2006\K87\48】

16. 俄罗斯国立艾尔米塔什博物馆藏敦煌艺术品. II [专著][中英对照]/魏同贤,(俄)孟列夫主编；俄罗斯国立艾尔米塔什博物馆,上海古籍出版社编纂. —[影印本]. —上海：上海古籍出版社，1998. —1 册；37cm. 【索书号：2006\K879\34】

17. 俄罗斯科学院东方研究所圣彼得堡分所藏黑水城文献. 4, 汉文部分(TK158—TK300) [专著]/史金波,魏同贤,(俄)E. N. 克恰诺夫主编；(俄)孟列夫卷主编；俄罗斯科学院东方研究所圣彼得堡分所,中国社会科学院民族研究所,上海古籍出版社编. —[影印本]. —上海：上海古籍出版社，1997. —10，389 页
【索书号：2006\K877\49】

18. 俄罗斯科学院东方研究所圣彼得堡分所藏敦煌文献. 8, ДХ01185—ДХ02000 [专著]/(俄)孟列夫,钱伯城主编；俄罗斯科学院东方研究所圣彼得堡分所,俄罗斯科学出版社东方文学部,上海古籍出版社编. —[影印本]. —上海：上海古籍出版社,莫斯科：俄罗斯科学出版社东方文学部，1997. —40，417 页

【索书号:2006\K87\48】

19. 俄罗斯国立艾尔米塔什博物馆藏敦煌艺术品. Ⅰ[专著]/魏同贤,(俄)孟列夫主编;俄罗斯国立艾尔米塔什博物馆,上海古籍出版社编纂.—[影印本].—上海:上海古籍出版社,1997.【索书号:2006\K879\34】

20. 俄罗斯科学院东方研究所圣彼得堡分所藏敦煌文献. 6,ДХ00001—ДХ00600[专著]/(俄)孟列夫,钱伯城主编;俄罗斯科学院东方研究所圣彼得堡分所,俄罗斯科学出版社东方文学部,上海古籍出版社编.—[影印本].—上海:上海古籍出版社,莫斯科:俄罗斯科学出版社东方文学部,1996.—29,395页
【索书号:2006\K87\48】

21. 俄罗斯科学院东方研究所圣彼得堡分所藏敦煌文献. 7,ДХ00601—ДХ01184[专著]/(俄)孟列夫,钱伯城主编;俄罗斯科学院东方研究所圣彼得堡分所,俄罗斯科学出版社东方文学部,上海古籍出版社编.—[影印本].—上海:上海古籍出版社,莫斯科:俄罗斯科学出版社东方文学部,1996.—28,361页
【索书号:2006\K87\48】

22. 俄罗斯科学院东方研究所圣彼得堡分所藏敦煌文献. 5,ф251—ф366[专著]/(俄)孟列夫,钱伯城主编;俄罗斯科学院东方研究所圣彼得堡分所,俄罗斯科学出版社东方文学部,上海古籍出版社编.—[影印本].—上海:上海古籍出版社,莫斯科:俄罗斯科学出版社东方文学部,1994.—426页【索书号:2006\K87\48】

23. 俄罗斯科学院东方研究所圣彼得堡分所藏敦煌文献. 4,ф150—ф250[专著]/(俄)孟列夫,钱伯城主编;俄罗斯科学院东方研究所圣彼得堡分所,俄罗斯科学出版社东方文学部,上海古籍出版社编.—[影印本].—上海:上海古籍出版社,莫斯科:俄罗斯科学出版社东方文学部,1993.—382页【索书号:2006\K87\48】

24. 俄罗斯科学院东方研究所圣彼得堡分所藏敦煌文献. 3,ф086—ф149[专著]/(俄)孟列夫,钱伯城主编;俄罗斯科学院东方研究所圣彼得堡分所,俄罗斯科学出版社东方文学部,上海古籍出版社编.—[影印本].—上海:上海古籍出版社,莫斯科:俄罗斯科学出版社东方文学部,1993.—386页【索书号:2006\K87\48】

25. 俄罗斯科学院东方研究所圣彼得堡分所藏敦煌文献. 2,ф043—ф085[专著]/(俄)孟列夫,钱伯城主编;俄罗斯科学院东方研究所圣彼得堡分所,俄罗斯科学出版社东方文学部,上海古籍出版社编.—[影印本].—上海:上海古籍出版社,莫斯科:俄罗斯科学出版社东方文学部,1993.—399页【索书号:2006\K87\48】

26. 俄罗斯科学院东方研究所圣彼得堡分所藏敦煌文献. 1,ф001—ф042[专著]/(俄)孟列夫,钱伯城主编;俄罗斯科学院东方研究所圣彼得堡分所,俄罗斯科学出版社东方文学部,上海古籍出版社编.—[影印本].—上海:上海古籍出版社,莫斯科:俄罗斯科学出版社东方文学部,1992.—412页【索书号:2006\K87\48】

27. 苏联藏敦煌卷译丛[敦煌资料]/孟列夫;陈铁凡台北:台湾国立中央图书馆馆刊,198939页;26cm(俄)孟列夫(Меньшиков,Лев Николаевич 1926～2005)著,陈铁凡 译【索书号:2006\K87\48】

25)尼科里斯卡娅 Л. А.（Никольская, Л. А. ,1925— ）

尼科里斯卡娅 Л. А.（Никольская, Лариса Антоновна, 1925.10.5— ），

主要从事中国文学研究。1925年出生于摩尔达维亚的一个职员家庭。毕业于莫斯科东方学院(1948),1961年以《曹禺的创作》获副博士学位。1958年起在莫斯科大学东方学院任教。主要著有《郭沫若:作家、学者、革命家》(1958)、《巴金创作概论》(1976)、《曹禺创作概论》(1984)等多部专著。

原文论著

1. Цао Юй:（Очерк творчества)/Л. А. Никольская. М.：Изд-во Моск. ун-та, 1984.. 181 с.【索书号:3-85\K825.6\Ц169Н】

2. Тянь Хань и драматургия Китая XX века/Л. А. Никольская. М.：Изд-во Моск. ун-та, 1980.. 214 с..【索书号:3\K825.6\H54】

3. Зарницы: стихи/Л. А. Никольская. Л.：Лениздат, 1964.. 35 с.【索书号:Р16-4\48】

26) 潘英(Пан Ин,1928—   )

潘英(Пан Ин,1928.11.9—   ),中国籍。1959年全家移居苏联。以论文《水浒》获副博士学位。1978获列宁格勒大学语言系证书。从上世纪60年代起,致力于列宁格勒收藏的《石头记》抄本的研究。现在列宁格勒大学东方系中文专业任教。

原文论著

Текстология китайского классического романа：("речные заводи" и "Сон в красном тереме")/Панин; сост. Т. А. Пан. Санкт-Петербург: Нестор- история, 2008.. 351 с.【索书号:3С-2009\I207.41\1】

27) 帕纳秀克 В. А. (Панасюк, В. А. ,1924—1990)

帕纳秀克 В. А.（Панасюк, Владимир Андреевич, 1924.2.27—1990.1.14),苏联文学研究家、东方学家、文学翻译家。1924年出生于波洛茨克。毕业于军事外国语学院(1951)。以研究现代汉语表态词的论文荣获语文学副博士学位(1954)。1954年起在军事外国语学院任教。1955年加入苏联作家协会,成为会员。1964—1985年间为苏联科学院东方学研究所科技工作者。与孟列夫合译《红楼梦》(1958),还译有《三国演义》(1984)、《说岳全传》(1963)等。出版论著60余部(篇)。

原文论著

1. Сон в красном тереме: Роман: В 3-х т. Т. 3/Цао Сюэцинь; Пер. с кит. В. Панасюка; Послесл. Д. Воскресенского; Примеч. И. Голубева и Г. Ярославцев. М.：Худож. лит.：Ладомир, 1995.. 604 с【索书号:3-97\I242.4\Ц169\:3】

2. Сон в красном тереме: Роман: В 3-х т. Т. 1/Цао Сюэцинь; Пер. с кит. В. Панасюка; Вступ. ст. Гао Мана; Примеч. И. Голубева и В. Панасюка. М.：Худож. лит.; Ладомир, 1995.. 621 с.【索书号:3-97\I242.4\Ц169\:1】

文 学

3. Сон в красном тереме: Роман: В 3-х т. Т. 2/Цао Сюэцинь; Пер. с кит. В. Панасюка; Примеч. И. Голубева и В. Панасюка. М.: Худож. лит.; Ладомир, 1995.. 637 с【索书号:3-97\I242.4\Ц169\:2】

4. Троецарствие: Роман/Ло Гуаньчжун; Пер. с кит. В. Панасюка; Подгот. текста, предисл. и коммент. Б. Рифтина. М.: Худож. лит., 1984.. 790 с. 【索书号:3-85\I242.4\Л68-2】

5. Развеянные чары: Роман/Ло Гуаньчжун, Фэн Мэнлун; Пер. с кит. В. Панасюка; Вступ. статья и коммент. Д. Воскресенского; Стихи в пер И. Смирнова. М.: Худож. лит., 1983.. 439 с. 【索书号:3\I242.4\Л68】

6. Трое храбрых, пятеро справедливых: Роман/Ши Юй-кунь; Пер. с китайского В. Панасюка; Предисл. и коммент. Б. Рифтина. М.: Худож. лит., 1974.. 347 с. 【索书号:3\I242.4\Ш55】

7. Сказание о Юэ Фэе: исторический роман: в 2 т. /Цянь Цай; пер. с кит. В. Панасюка; [вступ. ст. Л. Эйдлина; ил.: Н. Носков]. М.: Гослитиздат, 1963.. 2 т.: ил.; 21 см.. 【索书号:Б88-4\11】

8. Волшебное зеркало: дотанские новеллы/пер. с китайского А. Тишкова, В. Панасюка; [сост. и предисл. А. Тишкова]. М.: Гослитиздат, 1963.. 135 с. 【索书号:А14-5\18】

9. Жасмин: роман/Д. Фын; пер. с китайского В. Панасюка; [послесл. М. Шнейдера]. М.: Изд. иностр. лит., 1961.. 695 с. 【索书号:Д54-6\63】

10. Цветы осота: роман/Дэ-ин Фын; пер. с китайского [В. Панасюка]. М.: Изд. иностр. лит., 1959..549 с. 【索书号:Д35-6\43】

11. Сон в красном тереме. Т. 2 / Цао Сюэ-цинь; Пер. с кит. В. А. Панасюка. М.: Гослитиздат, 1958.. 862 с.: ил.; 23 см.. 【索书号:И23-5/18】 【索书号:И23-5/19】【索书号:И23-5/20】

12. Сон в красном тереме. Т. 1 / Цао Сюэ-цинь; Пер. с кит. В. А. Панасюка; Вступ. ст. Н. Т. Федоренко. М.: Гослитиздат, 1958.. 878 с.; ил.; 23 см.. 【索书号:И23-5/15】【索书号:И23-5/16】【索书号:И23-5/17】

13. Избранное: пер. с кит./Сыма Цянь; пер. В. Панасюка; общ. ред., предисл. и коммент. Л. И. Думана. М.: Гослитиздат, 1956.. 357 с. 【索书号:Е9-7\33】

14. Заря впереди/Лю Бай-юй; пер. с кит. С. Иванько, В. Панасюка. М.: Изд. иностр. лит., 1951.. 113 с. 【索书号:\89(51)\Л93】

28) 帕霍莫夫 H. (Пахомов, Н.)
原文论著

1. Гао Гань-да; Светлый путь: повести/Ш. Оуян; переводы с китайского Н. Пахомова, В. Слабнова; [предисл. М. Черкасовой]. М.: Гослитиздат, 1961.. 279 с. 【索书号:Д40-4\24】

2. Три поколения: Роман/Лян Бинь; Пер. с китайского Н. Пахомова и Н.

Яновского；Ред. С. Хохлова. М.：Изд-во иностр. лит.，1960.．449 с.；21 см..
【索书号：Д12-501】

3. Спаянные на жизнь и смерть. повесть/Юань Цзинь，Кун Цхюэ；пер. с китай. Н. Пахомова. М.：Воен. изд. М-ва обороны СССР，1954.．61 с.
【索书号：\89(51)\Ю12】

4. Сборник китайских рассказов：Пер. с китайского/Предисл. Н. Пахомова，Сост. М. Капица. Л.：Изд-во иностр. лит.，1950.．296 с.．
【索书号：3\I247.7\С232】

29) 彼得罗夫 В. В. (Петров, В. В., 1929—1987)

彼得罗夫В. В.（Петров，Валерий Валентинович，1929.5.4—1987.1.13），苏联作家协会会员(1957)。苏联巴金研究的先驱与专家。1929年出生于列宁格勒。列宁格勒大学东方系毕业(1951)，后留校任教。著有《艾青评传》(1954)、《鲁迅生平与创作概述》(1960)等专著。撰写过多篇研究老舍、巴金、郁达夫创作的论文。编选《元曲》俄译本(1966)并作序。编选有两卷本《中国短篇小说选》(1959)等。译有鲁迅的《野草》(1954)、《郭沫若文集》(1958)等。出版论著近100部。

原文论著

1. Указатель периодических изданий на китайском языке в фондах библиотек Москвы и Ленинграда/отв. ред. В. В. Петров. М.：[б. и.]，1979.．344 с.．
【索书号：3\Z87\У421-2】

2. Юаньская драма：пер. с китайского/[сост. и вступит. статья В. Петрова；ред. пер. и примеч. Л. Меньшикова]. Л.；М.：Искусство，1966.．511 с.
【索书号：А18-6\38】

3. Лу Синь：очерк жизни и творчества/В. В. Петров. М.：Гослитиздат，1960.．381 с. 【索书号：В93-1\12】

4. Ай Цин：Критико-биограф. очерк/В. В. Петров. М.：Гослитиздат，1954.．113 с.．【索书号：3\К825.6\А36П】

30) 波兹涅耶娃 Л. Д. (Позднеева, Л. Д., 1908—1974)

波兹涅耶娃 Л. Д.（Позднеева，Любовь Дмитриевна，1908.7.2—1974.8.25），是集中国古典文学与现代文学一身的学者。1908年出生于圣彼得堡。1932年毕业于列宁格勒大学。1946年获语文学副博士学位，学位论文《元稹的〈莺莺传〉》。1957年为高级研究员、1958年任教授。1932—1939年间在中国列宁学校及国立远东大学任教。1944年后在莫斯科大学历史系任教，1949—1959年任该校东方语言学院语文学系汉语文学教研室主任。发表过有关中国古代文学和哲学的论文多篇。曾主持上古至近代东方文学通史的编撰工作，其中中国文学部分是她亲自撰写。

著有《鲁迅》(1957)、《鲁迅的生平与创作》等专著多部。

原文论著

1. Литература древнего Востока/В. Б. Никитина, Е. В. Паевская, Л. Д. Позднеева, Д. Г. Редер. М. : Изд-во Моск. ун-та, 1962. 467 с.【索书号：002350974】

2. Лу Синь: Жизнь и творчество (1881—1936)/Л. Д. Позднеева. М. : Изд. Моск. ун-та, 1959. . 571 с.【索书号：K7-4\38】

中文译著

鲁迅评传［专著］/（俄）波兹德涅耶娃著；吴兴勇，颜雄译. —长沙：湖南教育出版社，2000. —12,716 页【索书号：2006\K825.6＝6\26】

31) 李福清 Б. Л. (Рифтин, Б. Л., 1932—2012)

李福清 Б. Л. (Рифтин, Борис Львович, 1932.9.7—2012.10.3), 俄罗斯汉学家, 俄罗斯科学院院士(2008)。他在俄发现了《姑妄言》小说抄本。1932 年出生于列宁格勒。1955 年毕业于列宁格勒大学东方系。曾在北京大学进修(1965—1966)。1961 年获语文学副博士学位, 学位论文《万里长城的传说与中国民间文学的体裁问题》, 以著作《中国的讲史演义与民间文学传统（三国故事的口头和书面异体）》通过博士学位答辩(1970), 1972 年任高级研究员, 自 1956 年起在科学院高尔基世界文学研究所从事研究工作。1987 年当选为科学院通讯院士。2008 年晋升为院士。一生致力于中国神话、民间文学和民俗学的研究, 对中国当代文学也颇为关注。2003 年中国政府教育部授予他"中国语言文化友谊奖"。专著有《从神话到章回小说》(1979)等多部, 发表中国古代神话、俗文学论文汇篇数种, 译有中国民间故事集数种, 及翻译小说集《紫玉》(1980)等 200 余部。

原文论著

1. Сказки Китая/[сост. В. Харитонов; пер. с кит. , сост. , предисл. Б. Рифтина]. Екатеринбург: У-Фактория, 2007. . 398 с.【索书号：3С-2008\I27\1】

2. Человек-Искусство-Общество. Законцелого: к юбилею профессора Ю. Б. Борева/Российская акад. наук, Ин-т мировой лит. им. А. М. Горького; [отв. ред. Б. Л. Рифтин]. Москва: Наука, 2006. . 381, [1] с.【索书号：3-2009\I0\2】

3. Сказки Китая / [Пер. с кит., сост. Б. Рифтина]. [Монография]. М. : Терра-кн. клуб, 2002. . 478, [1] с. : [8] л. цв. ил. ; 22 см. .【索书号：3-2004\I27\1】

4. Мифы древнего Китая/К. Юань; Пер. с китайского Е. И. Лубо-Лениченко и др. ; Отв. ред. и автор послесл. Б. Л. Рифтин. М. : Наука, 1987. . 526 с.【索书号：3-89\I207.7\Ю121－2】

5. Бяньвэнь по Лотосовой сутре: Факсимиле рукописи / Пер. с китайского, введение, коммент. , прил. и словарь Л. Н. Меньшикова; Отв. ред. Б. Л. Рифтин. [Монография]. М. : Наука, 1984. . 622 с. : ил. ; 22 см. .

【索书号:3-85\K870.6\Б994】

6. От мифа к роману: (Эволюция изображения персонажа в китайской литературе)/Б. Л. Рифтин. М. : Наука, 1979.. 358 с. 【索书号:3\I206.2\P556】

7. Дунганские народные сказки и предания: Пер. с дунганского/Отв. ред. Б. Л. Рифтин. М. : Наука, 1977.. 571 с. 【索书号:3\I276.3\Д80】

8. Типология и взаимосвязи средневековых литератур Востока и Запада/Редкол. :... Б. Л. Рифтин (отв. ред.) и др. М. : Наука, 1974.. 575 с. 【索书号:3\I109.3\T436】

9. Бяньвэнь о воздаянии за милости: (Рукопись из дуньхуанского фонда Ин-та востоковедения). Ч. 2. Грамматический очерк и словарь И. Т. Зограф/Отв. ред. Б. Л. Рифтин. М. : Наука, 1972.. 345 с. 【索书号:3-90\H134\Б994\:2】

10. Историческая эпопея и фольклорная традиция в Китае: (Устные и книжные версии "Троецарствия")/Б. Л. Рифтин. М. : Наука, 1970.. 482 с. 【索书号:3-86\I207.41\P556】

11. Мифы древнего Китая/К. Юзнь; [пер. текста Е. И. Лубо-Лесниченко, Е. В. Пузицкого; под ред. и. с. послесл. , с. 449-477, Б. Л. Рифтина, илл. : Л. П. Сычев]. М. : Наука, 1965.. 496 с. 【索书号:Б72-2\47】

12. Бяньвэнь о Вэймоцзе. Бяньвэнь "Десять благих знамений": (Неизвестные рукопись бяньвэнь из Дуньхуанского фонда Ин-танародов Азии)/ Изд. текста, предисл. пер. и коммент. Л. Н. Меньшикова; Отв. ред. Б. Л. Рифтин. М. : Изд-во вост. лит. , 1963.. 194, 34 с. : факс. , табл. ; 23 см. ; 【索书号:Б92-6/11】

13. Сказание о Великой стене и проблема жанра в китайском фольклоре/Б. Л. Рифтин. М. : Изд. вост. лит. , 1961.. 245 с. 【索书号:B845-6\9】

14. Сказки старого Сюня / Сост. Б. Рифтин; Пер. с кит. А. Гиттельсон и др. [Монография]. Л. : Детгиз, 1957.. 198 с. : ил. 【索书号:3\I286.7\C421\】

与别人合著

1. Китай и окрестности: мифология, фольклор, литература: к 75-летию академика Б. Л. Рифтина = China and Around: mythology, folklore, literature: on the occasion of the 75th anniversary of academician B. L. Riftin /Российский государственный гуманитарные университет. Москва: РГГУ, 2010.. 635, [4] с. : ил. , карт. , портр. , табл. ; 23 см. 【索书号:3C-2011\I207\1】

2. Восток в русской литературе XVIII-начала XX века: Знакомство. Переводы. Восприятие / Рос. акад. наук, Ин-т мировой лит. им. А. М. Горького; [Отв. ред. : Л. Д. Громова-Опульская, Н. И. Никулин, Б. Л. Рифтин]. М. : ИМЛИ РАН, 2004.. 253 с. ; 22 см. 【索书号:3-2006\I512.064\14】

3. Мифология и литературы Востока / Отв. редакторы: Е. С. Котляр, Б. Л. Рифтин. М. : Наследие, 1995.. 207 с. ; 20 см. 【索书号:3-97\I106.7\M686-2】

4. Золотые черепашки: [для детей младш. и сред. школьного возраста] / сост. и пер. Ю. Осипов, Б. Рифтин; пересказалидля детей Н. Гессе, З. Задунайская. М. : Сов. Россия, 1962.. 119 с. : ил. 【索书号:П44-3/16】

文 学

5. Писатели стран народной демократии: сборник статей. Вып. 3, Творческий путь Мао Дуня: Б. Лисица / Творчество Лю Бай-юя: Н. Балашов, Б. Рифтин / Проза Марии Домбровской: Я. Станюкович / Творчество Т. Сватоплука: И. Бернштейн / Франтишек Гечко и его романы: Э. Олснова / Атилла Иожер: Л. Шаргина / Образ нового человека в драматургии М. Давидоглу: Ю. Кожевников / ред. коллегий: Н. И. Балашов и др. М.: Гослитиздат, 1959.. 303 с.; 21 см..【索书号：П10-2/42】

中文著作

1. 东干民间故事传说集 [专著] /（俄）李福清著；海峰东干语转写；连树声译. 上海：上海文艺出版社，2011.41,534 页；21cm.【索书号：2011\I360.73\1】

2. 中国各民族神话研究外文论著目录 [专著]：1839—1990 = A bibliography offoreign-languages studies of the mythology of all the nations of China：1839—1990/（俄）李福清(B. Riftin)编. —北京：北京图书馆出版社，2007. —28,223 页；21cm.【索书号：2008\Z88；B93\1】

3. 古典小说与传说 [专著]：李福清汉学论集/（俄）李福清(B. L. Riftin)著；李明滨编选. —北京：中华书局，2003. —15,470 页【索书号：2004\I207.41\20】

4. 神话与鬼话 [专著]：台湾原住民神话故事比较研究/（俄）李福清(B. Riftin)著. —增订本. —北京：社会科学文献出版社，2001. —410 页【索书号：2002\I207.7\168】

5. 从神话到鬼话 [海外中文图书]：台湾原住民神话故事比较研究/（俄）李福清(B. Riftin)著. —台中县：晨星出版社，1998，1999 重印). —362 页【索书号：X2006\I207.7\1】

6. 关公传说与三国演义 [海外中文图书]/李福清著. —台北：汉忠文化事业公司，1997. —366 页；【索书号：X98\B933\19】

7. 李福清论中国古典小说 [海外中文图书]/李福清(B. Riftin)著. —台北：洪叶文化事业公司，1997. —336 页【索书号：X99\I207.41\36】

8. 三国演义与民间文学传统 [专著]/（俄）李福清(B. Riftin)著；尹锡康，田大畏译. —上海：上海古籍出版社，1997. —15,445 页【索书号：98\I207.413\48】

9. 海外孤本晚明戏剧选集三种 [专著]/（俄）李福清，李平编. —，影印本. —上海：上海古籍出版社，1993.6. —644 页【索书号：98\I237\16】

10. 汉文古小说论衡 [专著]/（俄）李福清著；陈周昌选编. —南京：江苏古籍出版社，1992.8. —354 页；【索书号：92\I300.74\1】

11. 中国神话故事论集 [海外中文图书]/（俄）李福清著；马昌仪编. —台北：台湾学生书局，1991. —362 页【索书号：X\I207.7\1N8】

12. 中国古典文学研究在苏联 [海外中文图书]：小说、戏剧/（俄）李福清(Льюим, Р. Д)；田大畏译. —台北：台湾学生书局，1991. —162 页【索书号：X\I206.2\1N23】【索书号：X\I207.41\144】【索书号：DII 2008\I206.2\7\】

13. 苏联藏中国民间年画珍品集 [专著]/王树村等选编；王树村,（俄）李福清图版说明；佟景韩译. —北京：中国人民美术出版社列宁格勒：苏联阿芙乐尔出版社，1990.7. —206 页【索书号：92\J228.3\1】

14. 中国神话故事论集［专著］/（俄）李福清著；马昌仪编. —北京：中国民间文艺出版社，1988. —12,19,311 页【索书号：2003\B93\18】

15. 中国古典文学研究在苏联［专著］：小说·戏曲/（俄）李福清（Рифтин, Б. Л.）著；田大畏译. —北京：书目文献出版社，1987. —156 页【索书号：87\I206.2\269】

16. 论李福清的中国神话与古典小说研究［硕士论文］/张晓霞著；陈晓芬指导. —，2006. —43 页.

32) 罗加乔夫（罗高寿）А. П. (Рогачёв, А. П., 1900—1981)

罗加乔夫 А. П.（Рогачев, Алексей Петрович, 1900.2.10—1981.4.22），苏联著名汉学家。1900 年出生于东哈萨克斯坦。1928 年毕业于莫斯科东方学院(1928)。1924—1928 年间在中国进修。1951 年获语文学副博士学位，学位论文《借固定词组表现的汉语成语（根据孙中山和毛泽东著作的资料）》。1962 年晋升为教授，1928—1934、1936—1939 年在驻华使馆工作。1934—1936 年在苏联外交人民委员部工作。1939 年在莫斯科东方学院、高等外交学院、莫斯科大学历史系、东方语言学院任教。1956 年为莫斯科大学东方语言教研室主任。曾获多枚苏联奖章。译有《吕梁英雄传》(1955)、《水浒传》(1955)、《西游记》(1959)、《碾玉观音》(1972)等。

原文论著

1. Речные заводи: [роман: в 2 т.]. Т. 1/Ши Най-ань; [пер. с кит. А. Рогачева]. Москва: Эннеагон Пресс, 2008.. 547 с.【索书号：3С-2010\I242.43\1】

2. Речные заводи: [роман: в 2 т.]. Т. 2/Ши Най-ань; [пер. с кит. А. Рогачева]. Москва,: Эннеагон Пресс, 2008.. 687 с.【索书号：3С-2010\I242.43\2】

3. У Чэнъ энь и его роман "Путешествие на Запад": Очерк/А. П. Рогачев. М.: Наука, 1984..116 с.【索书号：3-85\I207.4\P592】

4. Нефритовая Гуаньинь: новеллы и повести эпохи Сун（10-13 вв.）/пер. с китайского А. Рогачева. М.: Худож. лит., 1972. 255 с.【索书号：T39-2\23】

5. Вопросы китайской филологии: сборник статей/подред. А. П. Рогачева. М.: Изд-во Моск. ун-та, 1963..298 с.【索书号：П43-4\5】

6. Путешествие на Запад: роман. Т. 1/У Чэн-энь; пер. с китайского [вступит. статья иримеч.] А. Рогачева. М.: Гослитиздат, 1959..456 с.【索书号：Г10-3\25】

7. Путешествие на Запад: роман. Т. 2/пер. с китайского [и примеч.] А. Рогачева. М.: Гослитиздат, 1959..447 с.【索书号：Д31-6\74】

8. Речные заводи: роман; в 2 т. /. Ши Най-ань; пер. с Китайского А. Рогачева. М.: Гослитиздат, 1959..2 т.: ил.;【索书号：Д32-2\13】

9. Речные заводи: [В 2-х т.]. Т. 2/Ши Най-ань; Пер. с кит. А. П. Рогачева. М.: Гослитиздат, 1955.. 622 с.【索书号：89(51)\Ш55\:2】

10. Речные заводи/Ши Най-ань; пер. с китайск. А. П. Рогачева. М.: Гослитиздат, 1955..2 т.: 5 л. репр..【索书号：\89(51)\Ш55\:1】

11. Движущая сила: Повесть/Цао Мин; Пер. с китайского и предисл. А. Рогачева. М.: Изд-во иностр. лит., 1950.. 138 с.. 【索书号:3\I247.5\Ц169】

中文论著

罗高寿和他的俄译本《水浒》[硕士论文]/马琳著.—61页【索书号:\dd 22106】

33) 谢曼诺夫 B. И.（Семанов, В. И., 1933—2010）

谢曼诺夫 B. И.（Семанов, Владимир Иванович, 1933.3.3—2010.7.1），著名俄罗斯东方语言学家、语言学博士、亚非国家研究所教授、俄罗斯作家协会成员。《鲁迅和他的前驱》(1967)的作者。1933年出生于列宁格勒。1955年列宁格勒大学东方系毕业，1958年在中国进修。以研究鲁迅文学思想渊源的论文获语文学副博士学位(1967)。1958年起为科学院高尔基世界文学研究所研究员、亚非文学部主任。1969年获博士学位，学位论文《中国18世纪末—20世纪章回小说的变迁》。1978年起在莫斯科大学亚非学院任教。著有《中国章回小说的演变(18世纪末至20世纪初)》(1970)、《慈禧太后生平事略(1835—1908)》(1976)等专著。译有《老残游记》(1958)、《孽海花》(1960)、《猫城记》(1977)、《芙蓉镇》(1986)等。出版论著150余部。

原文论著

1. Из наложниц—в императрицы/В. И. Семанов. М.: Муравей, 2000.. 247 с. 【索书号:3C-2005\K827\2】

2. Цветы в море зла: Роман/Цзэн Пу; Пер. с китайского В. Семанова; Вступ. статья и примеч. В. Семанова. М.: Худож. лит., 1990.. 479 с. 【索书号:3-90\I242.4\Ц557】

3. Мост над рекой времени: Сборник произведений русских и китайских авторов/Сост. В. И. Семанов и Б. Г. Валентинов. М.: Современник, 1989.. 474 с. 【索书号:3-90\I512.151\М84】

4. Китайская пейзажная лирика: III-XIVвв.: Стихи, поэмы, романсы, арии/Подобщ. ред. В. И. Семанова; Сост.: В. И. Семанов, Л. Е. Бежин; Вступ. ст. и коммент. И. С. Лисевича. М.: Изд-во Моск. ун-та, 1984.. 255, [47] с. 【索书号:3-85\I222\K451】

5. Из жизни императрицы Цыси, 1835—1908/В. И. Семанов. М.: Наука, 1979.. 170 с.. 【索书号:3\K827.5\Ц976С=2】

6. Из жизни императрицы Цыси, 1835—1908/В. И. Семанов. М.: Наука, 1976.. 163 с.. 【索书号:3\K827.5\Ц976С】

7. Эволюция китайского романа: конец 18-начало 20 в./В. И. Семанов. М.: Наука, 1970.. 343 с.. 【索书号:T33-2\54】

8. Лу Синь и его предшественники/В. И. Семанов. М.: Наука, 1967.. 48 с.. 【索书号:T43-2\24】

9. Путешествие Лао Цаня: роман: пер. с китайск. [и вступит. статья, с. 3-18]/Лю Э; В. Семанова. М.: Гослитиздат, 1958..264 с.【索书号:Б46-5\4】

中文译著

1. 鲁迅和他的前驱［专著］/（苏）谢曼诺夫（Семанов，В. И.）著；李明滨译. —长沙：湖南文艺出版社，1987. —174 页；【索书号:\I210.97\246】

2. 鲁迅纵横观［专著］/（苏）谢马诺夫（Семанов，В. И.）著；王富仁，吴三元译. —杭州：浙江文艺出版社，1988.5. —227 页【索书号:\I210.97\251】

34) 谢列布里亚科夫 Е. А. （Серебряков, Е. А., 1928—2013）

谢列布里亚科夫 Е. А.（Серебряков, Евгений Александрович, 1928.10.6—2013.1.4），俄罗斯著名汉学家，致力于中国唐诗的翻译与研究。1928 年出生于列宁格勒。1950 年列宁格勒大学东方系毕业。1954 年以论文《中国伟大诗人杜甫的爱国主义与人民性》获语文学副博士学位。1973 年获博士学位，学位论文是《陆游生平与创作》。1950 年后在列宁格勒大学东方系任教，担任中国语文教研室主任。著有《杜甫评传》(1958)，《陆游生平与创作》(1973)等，代表作品《中国 10—11 世纪的诗词》(1979)。译有陆游的《入蜀记》(1965)、茅盾的《动摇》(1956)等。出版论著 100 余部。

原文论著

1. Справочник по истории литературы Китая (XII в. до н. э. —начал-XXI в.): Имена литераторов, названия произведений, литературовед. и культурол. термины в иероглиф. написании, рус. транскрипции и пер./Е. А. Серебряков, А. А. Родионов, О. П. Родионова. М.: АСТ: Восток-Запад, 2005..333, [2] с.【索书号:3С-2007\I209-62\1】

2. Востоковедение/Редкол.: ...Е. А. Серебряков, С. Е. Яхонтов (отв. редакторы) и др. Л.: Изд-во Ленингр. ун-та, 1987..183 с.【索书号:3-88\K103\B78\:13】

3. Востоковедение: Межвуз. сборник/Отв. ред. Е. А. Серебряков, С. Е. Яхонтов. Л.: Изд-во Ленингр. ун-та, 1984..165 с.【索书号:3-85\K103\B78\:10】

4. Китайская поэзия X-XI веков: (Жанры ши и цы)/Е. А. Серебряков; Ленингр. гос. ун-т им. А. А. Жданова. Л.: Изд-во Ленингр. ун-та, 1979..245 с.【索书号:3\I207.21\C325】

5. Лу Ю: Жизнь и творчество/Е. А. Серебряков. . Л.: Изд-во Ленингр. ун-та, 1973..215 с.【索书号:3-2002\K825.6\Л82С】

6. Поездка в Шу/Лу Ю; Пер. комментарии и послесловие Е. А. Серебрякова. Л.: Изд-во Ленингр. ун-та, 1968..158 с.【索书号:3\I262.44\Л82】

7. Ду Фу. Критико-биографический очерк/Е. А. Серебряков. М.: Гослитиздат, 1958..161 с..【索书号:E41-3\47】

文　学

35) 索罗金 В. Ф. (Сорокин, В. Ф., 1927—)

索罗金 В. Ф. (Сорокин, Владислав Федорович, 1927.10.14—), 俄罗斯著名汉学家。专门从事鲁迅、茅盾、中国古典戏曲研究。1927 年出生于萨马拉市。1950 年莫斯科东方学院毕业。1958 年获语文学副博士学位,1979 年获博士学位。1950—1957 年间在莫斯科东方学院、莫斯科大学历史系、莫斯科国际关系学院等处任教。1957—1967 年在科学院东方研究所、1967 年在科学院远东研究所中国文化部从事研究。1962 年升高级研究员。主要著有:《鲁迅世界观的形成、早期政论与〈呐喊〉》(1958)、《茅盾的创作道路》(1962)等专著。译有《围城》,以及王蒙、刘心武、冯骥才等人的小说。出版论著 250 余部。

原文论著

1. Китайская культура 20-40-х годов и современность/Отв. ред. В. Ф. Сорокин. М.: Наука. Издат. Фирма "Вост. лит.", 1993.. 260 с. 【索书号:3-98\K260.3\K451】

2. Литература и искусство КНР 1976-1985/Отв. ред. В. Ф. Сорокин. М.: Наука, 1989.. 235 с.【索书号:3-89\I206.7\Л642】

3. Китайская классическая литература: библиогр. указатель рус. переводов и крит. литературы на рус. яз./сост. И. К. Глаголева; авт. вступ. статьи В. Ф. Сорокин. М.: Всесоюз. гос. б-ка иностр. лит., 1986.. 324 с.【索书号:3-87\Z88\I2\K451】

4. Память: Пер. с китайского/Сост., вступ. статья и справки об авт. В. Ф. Сорокина. М.: Худож. лит., 1985.. 303 с.【索书号:3-86\I24\П159】

5. Лао Шэ: Биобиблиографический указатель/Сост. И. К. Глаголева; Авт. вступ. статьи и отв. ред. В. Ф. Сорокин. М.: Книга, 1983.. 120 с.. 【索书号:3\K825.6\Л23】

6. Избранная лирика / Ай Цин; Пер. с кит. и предисл. Ю. А. Сорокина. М.: Мол. гвардия, 1981.. 63 с.【3\I226\A36】

7. Осажденная крепость/Цянь Чжун-шу; Пер. с китайского В. Ф. Сорокина; Вступ. статья Л. З. Эйдлина. М.: Худож. лит., 1980.. 381 с.. 【索书号:3\I246.5\Ц995】

8. Китайская классическая драма XIII-XIV вв.: Генезис, структура, образы, сюжеты/В. Ф. Сорокин. М.: Наука, 1979.. 333 с.【索书号:3\I207.309\C654】

9. Литература и фольклор народов Востока: Сборник статей/Отв. Редакторы В. Ф. Сорокин, А. С. Сухочев. М.: Наука, 1967.. 253 с.【索书号:T55-2\36】

10. Китайская литература: Краткий очерк/В. Сорокин, Л. Эйдлин; Акад. наук СССР. Ин-т народов Азии. Литература Востока. М.: Изд-во вост. лит., 1962.. 250 с.【索书号:Б63-2\6】

11. Творческий путь Мао Дуня/В. Ф. Сорокин. М.: Изд. вост. лит., 1962.. 183 с..【索书号:M8-7\10】

12. Под знаменем принципов ленинизма: значение тактич. принципов ленинизма для

практ. деятельности коммунистич. и рабочих партий /В. Ф. Сорокин. Ташкент: Госиздат УзССР, 1962.. 196 с. 【索书号：Б62-2\57】

13. Формирование мировоззрения Лу Синя: ранняя публицистика и сборник "Клич"/ В. Ф. Сорокин. М. : Изд. вост. лит., 1958..194 с.. 【索书号：И16-5\17】

36) 苏霍鲁科夫 В. Т. (Сухоруков, В. Т. ,1929—   )

苏霍鲁科夫 В. Т. (Сухоруков, Валерий Тимофеевич, 1929.2.19—   ), 1929年出生于伊尔库茨克。1955年毕业于列宁格勒大学东方系。1964年在北京大学（中国）进修。1968年获语言学副博士学位。1961—2003年在俄罗斯科学院东方研究所任职。著有《闻一多生平与创作》（1968），译有闻一多诗集《忆菊》，翻译《王维诗集》（1979）等。出版论著50余部。

原文论著

1. Теоретические проблемы изучения литератур. Дальнего Востока: Тезисы одиннадцатой научной конференции: Москва 1984 /Редколлегия: ... В. Т. Сухоруков (отв. ред.) и др. М. : Наука, 1984..
【索书号：3-85\I310.06\T338\:1】【索书号：3-85\I310.06\T338\:2】

2. Вэнь И-до: жизнь и творчество/В. Т. Сухоруков. М. : Наука, 1968.. 147 с.. 【索书号：T43-2\13】

3. XI армия в боях на Северном Кавказе и Нижней Волге (1918—1920 гг.)/В. Т. Сухоруков. М. : Воениздат, 1961.. 237 с. 【索书号：Д30-7\49】

37) 特卡琴科 Г. А. (Ткаченко, Г. А. , 1947—2000)

特卡琴科 Г. А. (Ткаченко, Григорий Александрович, 1947.10.21—2000.8.23), 1947年出生于莫斯科。1970年毕业于莫斯科大学，1974年先后转入东方学研究所和哲学研究所任教。1982年获语言学副博士学位，学位论文《〈吕氏春秋〉是一部文学典籍》。1974年起在东方学所任职。译有《吕氏春秋》（2001）和老舍《猫城记》（1969）等。出版论著30余部。

原文论著

1. Люйши Чуньцю: Весны и осени господина Люя/［пер. с. китайского Г. А. Ткаченко; предисл., примеч. и словарь Г. А. Ткаченко; сост. И. В. Ушакова］. Дао дэ цзин: Трактат о пути и доблести/Лао Цзы. Москва: Мысль, 2010.. 525, ［1］ с. 【索书号：3С-2010\B229.2\1】

2. История и культура Древнего Востока: энциклопедический словарь/К. Д. Никольская, И. С. Клочков, О. В. Томашевич, Г. А. Ткаченко; отв. ред. А. А. Вигасин. Москва: РОССПЭН, 2008.. 431 с. 【索书号：3-2010\K124-61\1】

3. Культура Китая от А до Я: словарь-справочник/Г. А. Ткаченко. М. : АСТ: Восток-Запад, 2008..347, ［1］ с. 【索书号：3С-2009\K203-62\1】

4. Избранные труды: Китайская космология и антропология/Григорий Ткаченко. Москва: РАО Говорящая книга, 2008..387 с., XXVIII с.【索书号:3C-2009\K225.04\1】

5. Культура Китая: Словарь-справочник/Г. А. Ткаченко. М.: ИД "Муравей"; Языки стран Азии и Африки, 1999..381, [2] с.【索书号:3-2004\G12-62\1】【索书号:3-2001\K203-62\T484】

6. Космос, музыка, ритуал: Миф и эстетика в "Люйши чуньцю"/Г. А. Ткаченко. М.: Наука, 1990..283 с.【索书号:3-93\I209.31\T484】

7. Конструирование транзисторных приемников прямого усиления/Г. А. Ткаченко. М.: Энергия, 1975..62 с.【索书号:3\TN854\T484】

38) 乌斯京 П. М. （Устин, П. М., 1925— ）

乌斯京 П. М. （Устин, Петр Матвеевич, 1925.6.21— ），以研究蒲松龄及其小说而闻名。1925 年出生于萨马拉州。1955 年莫斯科东方学院毕业。1966 年获语文学副博士学位，学位论文《蒲松龄的短篇小说》。1952—1954 年在莫斯科东方学院任教。1955—1957 年在《友谊报》社（中国）工作。著有《蒲松龄及其小说》(1981)等。与汉学家林林合译《龙眼——中国各民族的传说与神学》(1959)、刘心武的《如意》(1983)等。出版论著 30 余部。1943—1948 年在苏联军队服役。

原文论著

Пу Сунлин и его новеллы/П. М. Устин. М.: Изд-во Моск. ун-та, 1981..261 с.【索书号:3\I207.41\У804】

39) 费多连科(费德林) Н. Т. （Фёдоренко, Н. Т., 1912—2000）

费多连科 Н. Т. （Фёдоренко, Николай Трофимович, 1912.11.9—2000.10.2），俄罗斯外交家、汉学家、科学院院士。1912 年出生于皮亚吉戈尔斯克。1937 年毕业于莫斯科东方学院。1943 年获语文学博士学位，学位论文《屈原的生平与创作》。1957 年进入苏联科学院东方学研究所工作，1958 年为高级研究员，同年荣升科学院通讯院士。1950—1952 任苏驻华使馆参赞，1958—1962 年任驻日本大使，1963—1968 常驻联合国及安理会代表。1957 年起为科学院东方研究所研究员。1970 年起担任《外国文学》杂志主编。著作等身，其中大多是关于中国文学艺术的论著。专著有《当代中国文学概论》(1953)、《中国文学史纲要》(1956)、《中国见闻录》(1958)、《诗经及在中国文学史上的地位》(1958)、《中国文学研究问题》(1974)、《中国古代文学作品》(1978)、《中国文学遗产与现时代》(1981)等。译有《屈原》(1951)、《中国古典诗歌集(唐代)》(1956)等。

原文论著

1. Лауреат международной Сталинской премии мира Го Мо-жо/Н. Т. Федоренко.

〔Б. м.：б. и.，б. г.〕. 31 с.. 【索书号：И3-7\38】

2. Великий китайский писатель Лу Синь/Н. Т. Федоренко. 〔Б. м.：б. и.，б. г.〕. 31 с.. 【索书号：И3-7\473】

3. Мао Дунь/Н. Т. Федоренко.〔Б. м.：б. и.，б. г.〕. 31 с..
【索书号：И4-5\256】

4. Гуань Хань-цин—великий драматург Китая/Н. Т. Федоренко.〔Б. м.：б. и.，б. г.〕. 29 с. 【索书号：Л5-3\172】

5. Китайская литература/Н. Т. Федоренко.〔Б. м.：б. и.，б. г.〕. 1 т..
【索书号：М17-4\50】

6. Афористика/Н. Т. Федоренко, Л. И. Сокольская. М.：Наука, 1990.. 415с.；【索书号：3-91\Н033\Ф33】

7. Избранное：Сборник：Пер. с кит. /Лао Шэ；Предисл. Н. Т. Федоренко. М.：Прогресс, 1981.. 511 с.；【索书号：3\I217.2\Л23】

8. Дождь：Рассказы китайских писателей 20-30-хгодов：Пер. с кит. /Сост. и предисл. Н. Федоренко. М.：Худож. лит., 1974.. 528 с..
【索书号：3\I246.7\Д615】

9. Философы древнего Китая. "Десять критических статей"：пер. с кит. /Го Мо-жо；ред. Н. Т. Федоренко. М.：Изд. иностр. лит., 1961.. 736 с..
【索书号：Д49-6\35】

10. Философы древнего Китая：(десять критич. статей)：пер. с китайского/Го Мо-жо；общая ред. и послесл. [с. 709-737] чл. -кор. АН СССР Н. Т. Федоренко. М.：Изд. иностр. лит., 1961.. 738 с. 【索书号：Д55-3\74】

11. Китайские записи/Н. Т. Федоренко. М.：Сов. писатель, 1958.. 557 с..
【索书号：Е21-7\66】

12. 《Шицзин》и его место в китайской литературе/Н. Т. Федоренко. М.：Изд. вост. лит., 1958.. 167 с.；20 см. 【索书号：И24-1\19】

13. Монахи-волшебники. Рассказы о людях необычайных/Пу, Сун-лин；Пер. с кит. и коммент. В. М. Алексеева；Ред. и предисл. Н. Т. Федоренко. М.：Гослитиздат, 1957.. 562 с.；【索书号：Б45-3\58】

14. Шицзин/Отв. ред. Н. Т. Федоренко. М.：Изд-во Акад. наук СССР, 1957.. 610 с.【索书号：Б19-1\21】

15. Китайская классическая поэзия：(Эпоха Тан)：Пер. с кит. /Сост., вступ. статья и общ. ред. Н. Т. Федоренко. М.：Гослитиздат, 1956.. 430 с.
【索书号：В32-7\86】

16. Китайская литература：очерки по истории китайской литературы/Н. Т. Федоренко. М.：Гослитиздат, 1956.. 729 с. 【索书号：И7-7\5】

17. Пу Сун-Лин (Ляо-Чжин)：рассказы о людях необычайных/ пер. с китайского [В. М. Алексеева；ред. Н. Т. Федоренко]. Москва：Художественной литературы, 1954.. 282 с. 【索书号：Д20-377】

18. Рассказы китайских писателей：пер. с китай. /сост. Н. Т. Федоренко. М.：

Гослитиздат, 1953..539 с.. 【索书号:\89(51)\Ф33-2】

19. Очерки современной китайской литературы/Н. Т. Федоренко. М.: Гослитиздат, 1953..254 с.. 【索书号:3\I206.6\Ф33】

中文译著

1. 毛泽东与斯大林、赫鲁晓夫交往录［专著］/(苏)尼·特·费德林等著；彭卓吾译. —北京：东方出版社, 2004. —359页【索书号:2009\A75\fdl】

2. 费德林集［专著］/(俄)费德林(Н. Т. Федоренко)著；赵永穆等译. —天津：天津人民出版社, 1995. —377页【索书号:96\I206\41】

3. 费德林回忆录［专著］：我所接触的中苏领导人/(俄)尼·费德林(Николай Т. Федоренко)著；周爱琦译. —北京：新华出版社, 1995. —187页【索书号:96\D822.351.2\1】

4. 前苏联学者论中国现代文学［专著］/费德林(н. Федоренко)等著；宋绍香译. —北京：新华出版社, 1994. —323页【索书号:2002\I206.6\283】

40) 费什曼 О. Л. （Фишман, О. Л., 1919—1986）

费什曼 О. Л. （Фишман, Ольга Лазаревна, 1919.6.9—1986.1.17），俄罗斯著名女汉学家，主要研究唐宋明清文学。1919年出生于敖德萨，毕业于列宁格勒大学语文学系(1941)。1946年获语文学副博士学位，学位论文是《欧洲学界对李白的研究》，后以论文《启蒙时期的中国章回讽刺小说》获博士学位(1965)。1946—1949年在列宁格勒大学任教。1958年起为科学院东方学研究所列宁格勒分所研究员。1962年升高级研究员。著有《李白生平与创作》(1958)、《中国章回讽刺小说(启蒙时期)》(1966)、《17—18世纪三位中国短篇小说家：蒲松龄、纪昀、袁枚》(1980)等多部论著。译有《阅微草堂笔记》、《新齐谐(子不语)》(1997)等。与他人合译：《镜花缘》(1959)。出版论著近百部。

原文论著

1. Китай в Европе: миф и реальность（XIII-XVIII вв.）= CHINA IN EUROPE: myth and reality（XIII-XVIIIcc.）/О. Л. Фишман. СПб.: Петербургское Востоковедение, 2003..543 c. 【索书号:3-2004\D829.5\1】

2. Записки из хижины "Великое в малом"/Цзи Юнь; Пер., предисл., коммент., прил.: О. Фишман. СПб.:Северо-Запад Пресс, 2003..493, [1] с. 【索书号:3-2004\I242.1\3】

3. Из истории традиционной китайской идеологии/Сост. и отв. ред. О. Л. Фишман. М.: Наука, 1984..295 с.:ил.; 21 см.. 【索书号:3-85\B2\И32】

4. Три китайских новеллиста XVII-XVIII вв.: Пу Сунлин, Цзи Юнь, Юань Мэй/ О. Л. Фишман. М.: Наука, 1980..428 с.. 【索书号:3\I206.2\Ф686】

5. Новые Записи Ци Се (Синь Ци Се) или О чем не говорил Конфуций (Цзы бу юй)/Юань Мэй; Пер. с кит., предисл., коммент. и прил. О. Л. Фишман. М.:

Наука, 1977..504 с..【索书号:3\I242.1\Ю121】

6. Заметки из хижины "Великое в малом":（Юэвэй цаотан бицзи)/Цзи Юнь; Пер. с китайского, предисл., коммент. и прил. О. Л. Фишман. М.: Наука, 1974..587 с..【索书号:3\I242.1\Ц556】

7. Китайский сатирический роман:（эпоха просвещения)/О. Л. Фишман. М.: Наука, 1966..196 с.【索书号:А8-7\31】

8. Лирика китайских классиков: В новых пер. А. Гитовича/Предисл. В. В. Струве; Сост. сборника, общ. ред. и вступ. ст. О. Л. Фишман. Л.: Лениздат, 1962..182 с.【索书号:Б63-2\5】

9. Ложь не задушит правду: китайские рассказы, пословицы, поговорки/ [сост.: О. Л. Фишман]. Л.: Лениздат, 1959..391 с.【索书号:П18-2\26】

10. Цветы в зеркале: Пер. с кит./Ли Жу-чжэнь. М.; Л.: Акад. наук СССР, 1959..786 с.【索书号:Г12-4\54】

11. Ли Бо: жизнь и творчество/О. Л. Фишман. М.: Изд. восточной лит., 1958..50 с..【索书号:Г15-2\72】

12. Танские новеллы/пер. с китайск., послесловие и примечания О. Л. Фишман. М.: Акад. наук СССР, 1955..227 с..【索书号:\89(51)\Т18】

41）哈茨克维奇 Ю. Г.（Хацкевич, Ю. Г.）
原文论著

1. Психология террористов и серийных убийц: Хрестоматия/Отв. ред. за выпуск Ю. Г. Хацкевич. Минск: Харвест, 2004..398 с.【索书号:3-2005\D917.2\1】

2. Весь мир: Страны. Флаги. Гербы: Энциклопедический справочник/Отв. завп. Ю. Г. Хацкевич. Минск: Харвест, 2004..698 с.【索书号:3-2005\K91-62\1】

3. Генерал А. П. Кутепов: Воспоминания. Мемуары/Отв. завыпуск Ю. Г. Хацкевич. Минск: Харвест, 2004..381 с.【索书号:3-2004\K835.125.2\6】

4. Великий князь Александр Михайлович: Воспоминания. Мемуары/Отв. завыпустк Ю. Г. Хацкевич. Минск: Харвест, 2004..318 с.【索书号:3-2004\K835.127\14】

5. Классическая проза Китая/Отв. завп. Ю. Г. Хацкевич.. Минск: Изд-во "Харвест", 2002..318 с.【索书号:3C-2006\I21\1】

6. Мифы: Египет. Греция. Китай: Энциклопедический справочник/Отв. за вып. Ю. Г. Хацкевич. Минск: Харвест; М.: АСТ, 2000..335 с.【索书号:3C-2006\I17-62\1】

42）切尔卡斯基 Л. Е.（Черкасский, Л. Е., 1925—1998）

切尔卡斯基 Л. Е.（Черкасский, Леонид Евсеевич, 1925.6.2—1998.5.20），俄国汉学界全面研究中国现代诗歌的第一人。1925年出生于基辅省。1951年毕业于军事外国语学院。1965—1966年在中国进修。

1962 年以《曹植的诗(192—232)》完成语文学副博士论文答辩。1971 年获语文学博士学位,学位论文《中国诗的新时期(20 世纪)》。1960—1992 年在俄罗斯科学院东方学所任职。主要著有《艾青:太阳的使者》(1993)、《战争年代的中国诗歌(1937—1949)》(1980)、《俄罗斯文学再东方:翻译理论与研究(1987)》等,译作有《中国诗歌》(1982)等。出版论著 260 余部。

原文论著

1. Ай Цин—Подданный Солнца: Книга о поэте/Л. Е. Черкасский. М.: Наука: Издат. фирма "Вост. лит.", 1993.. 231 с.【索书号:3-95\K825.6\A36Ч】

2. Русская литература на Востоке: Теория и практика перевода/Л. Е. Черкасский. М.: Наука, 1987.. 182 с.【索书号:3-87\I046\Ч481】

3. Слово солнца: Избранные стихотворения: Пер. с китайского/Ай Цин; Сост. и предисл. Л. Черкасского. М.: Радуга, 1989.. 223 с.; ил.; 17 см..【索书号:3-90\I226\A36-2】

4. Трудны сычуаньские тропы: Из китайской поэзии 50-х и 80-х годов: Сборник/Пер. с китайского Л. Черкасского; Предисл. Н. Федоренко. М.: Радуга, 1987.. 199 с.【索书号:3-88\I227\T78-2】

5. Трудны сычуаньские тропы: Из китайской поэзии 50-х и 80-х годов: Сборник/Пер. с китайского Л. Черкасского; Предисл. Н. Федоренко; Сост. Л. Е. Черкасский. М.: Радуга, 1983.. 199 с.【索书号:3\I227\T78】

6. Китайская поэзия/Пер. с кит. Л. Е. Черкасского; Отв. ред. Н. Т. Федоренко. М.: Наука, 1982.. 238 с..【索书号:3\I22\K451-2】

7. Китайская поэзия военных лет, 1937-1949/Л. Е. Черкасский. М.: Наука, 1980.. 268 с..【索书号:3\I207.25\Ч481】

8. Лирика поэтов Азии и Африки/Отв. ред. Л. Е. Черкасский; В переводах М. Курганцева. М.: Наука, 1978.. 190 с..【索书号:3\I302\Л622】

9. Сорок поэтов: Китайская лирика 20-40-х годов/Пер. с кит., статьи об авторах и предисл. Л. Е. Черкасского; Отв. ред. Л. З. Эйдлин. М.: Наука, 1978.. 341 с..【索书号:3\I222.76\C654】

10. Маяковский в Китае/Л. Е. Черкасский. М.: Наука, 1976.. 224 с..【索书号:3\I512.072\Ч481】

11. Пятая стража: Китайская лирика 30-40-х годов/Пер. с китайского Л. Е. Черкасского. М.: Наука, 1975.. 128 с..【索书号:3\I226\П992】

12. Новая китайская поэзия, 20-30-е годы/Л. Е. Черкасский. М.: Наука, 1972.. 496 с..【索书号:T26-5\22】

13. Поэзия Цао Чжи/Л. Е. Черкасский; Акад. наук СССР. Ин-т народов Азии. М.: Издат. вост. лит., 1963.. 146 с.; 20 см..【索书号:Б104-2\12】

14. Семь печалей: стихотворения/Ч. Цао; пер. с китайского, [вступит. статья,

с. 5-21, и примеч Л. Черкасского; илл. : А. Пушкарев]. [М. : Гослитиздат, 1962]. 143 с.【索书号：Б62-6\8】

15. Двадцать один: рассказы: пер. с китайского/Чжан Тянь-и; [сост. : Л. Черкасский; предисл. Н. Филипповой; илл. : А. Васин]. М. : Гослитиздат, 1960.. 231 с.【索书号：B91-5\31】

中文译著

艾青：太阳的使者［专著］/(俄)Л. Е. 切尔卡斯基(Л. Е. Черкасский)著；宋绍香译. —北京：中国文史出版社, 2007. —28,313 页【索书号：2008\K825.6=75/5】

43) 艾德林 Л. З. (Эйдлин, Л. З., 1909—1985)

艾德林 Л. З.（Эйдлин, Лев Залманович, 1909.12.23—1985.10.28），著名的俄罗斯汉学家。主要翻译、研究中国古典诗歌，撰写了许多研究中国文学史方面的著作，在研究中国古典文学领域里做出了突出的贡献。1909年出生于契尔尼戈夫市。毕业于莫斯科东方学院(1937)。1942 年获语文学副博士学位，学位论文《白居易的四行诗》。1969 年获得博士学位并晋升为教授。1950 年起为苏联作家协会会员。1937—1952 年先后在莫斯科东方学院、军事外国语学院任教、担任汉语教研室主任。1944 年起为东方学研究所研究员。著有《论今日中国文学》(1955)、《中国文学》(1962)、《陶渊明及其诗歌》(1967)等。出版有《艾德林译中国古典诗歌》(1984)等。他是阿列克谢耶夫院士再版书积极的推介者。出版论著 250 余部。

原文论著

1. Осенняя хризантема: Стихотворения Тао Юань-мина (IV-V вв.)/Тао Юань-мин (Тао Цянь); Пер., предисл. и примеч. Л. З. Эйдлина. . СПб. : Петерб. Востоковедение, 2000.. 223, [1] с.【索书号：3-2001\I222.737.2\T188】

2. Сухой тростник: Поэзия эпохи Тан (VII-X вв.)\В пер. Л. З. Эйдлина. СПб. : Петерб. Востоковедение, 1999.. 255, [1] с.【索书号：3-2001\I222.742\C914】

3. Яшмовые ступени: Из китайской поэзии эпохи Мин: XIV-XVII века/Отв. ред. Л. З. Эйдлин; Пер. с кит., предисл. И. Смирнова. М. : Наука, 1989.. 349 с.【索书号：3-89\I222.7\И22】【索书号：3-89\I222.748\Я964】

4. Строки любви и печали/Стихи китайских поэтесс в переводах М. Басманова; Предисл. и примеч. М. Басманова; Отв. ред. Л. З. Эйдлин. М. : Наука, 1986.. 142 с.【索书号：3-87\I222.8\C864】

5. Китайская классическая поэзия/В. пер. Л. Эйдлина. М. : Худож. лит., 1984.. 372 с.【索书号：3-85\I222.7\K451-2】

6. Рассказы Ляо Чжая о необычайном/Пу Сунлин; В пер. с кит. В. М. Алексеева; Предисл. к сборникам и коммент. В. М. Алексеева; Сост. и вступ. статья Л. З. Эйдлина. М. : "Худож. лит.", 1983.. 429 с.【索书号：3\I242.1\П88】

7. Стихотворения/Бо Цзюй-и; В пер. с кит. Л. Эйдлина; Вступ. статья и

文 学

примеч. Л. Эйдлина. М. : Художественная лит. , 1978. . 301 с. ; 17 см. .
【3\I222.742\Б72】

8. К теме Востока: Вырезка из книги "Теоретические проблемы изучения литератур Дальнего Востока"/Л. З. Эйдлин. М. : Наука, 1977. . 13 с. .
【索书号:3\I106\Э305】

9. Рассказы Ляо Чжая о чудесах: Ил. кит. художников/Пу Сун-лин; В пер. с кит. В. М. Алексеева; Предисл. к сборникам и коммент. В. М. Алексеева; Сост. , подготовка текста и вступ. ст. Л. З. Эйдлина. М. : Худож. лит. , 1973. 572 с.

10. Вопросы изучения литературы средневекового Китая: Вырезка из "Проблем советского китаеведения": (Сборник докладов Всесоюзной научной конференции китаеведов, состоявшейся в ноябре 1971 года)/Л. З. Эйдлин. М. : б. и.], 1973. 267-293 с. . 【索书号:3\I206.2\Э305】

11. К истории развития китайской литературы в 3-13 веках: Вырезка из книги "Изучение китайской литературы в СССР"/Л. З. Эйдлин. . М. : Наука, 1973. . 349-381 с. . 【索书号:3\I206.2\Э305-2】

12. К вопросу о традиции и новаторстве в китайской поэзии: творчество Тао Юань-мина/Л. З. Эйдлин. М. : Изд. вост. лит. , 1960. . 8 с. . 【索书号:К8-4\37】

13. Китайская классическая проза: В переводах акад. В. М. Алексеева/[Отв. ред. и авт. предисл. Л. З. Эйдлин]. М. : Изд-во Акад. наук СССР, 1959. . 386 с. 【索书号:П16-2\44】

14. Стихи/Бо Цзюй-и; Пер. с кит. Л. Эйдлина. М. : Гослитиздат, 1958. . 262 с. 【Б48-4\100】

15. Китайская классическая проза/В пер. В. М. Алексеева; Отв. ред. : Л. З. Эйдлин. М. : АН СССР, 1958. . 386 с. 【索书号:Е40-2\46】

16. О китайской литературе наших дней/Л. З. Эйдлин. М. : Сов. писатель, 1955. . 297 с. . 【索书号:И6-3\20】

17. Четверостишия / Бо Цзюй-и; Пер. с китайского Л. Эйдлина. М. : Гослитиздат, 1949. . 223 с. : ил. ; 17 см. . 【Б17-8\86】

(二) 语言

1. 俄罗斯的汉语研究及研究论著在国图的收藏

语言,是了解一个民族的钥匙。对一种语言掌握的程度,关乎到对这个民族的认知程度。世界各国对别国的研究均始于对其语言的学习,然后才将语言视为学科进行研究。

在近300年的俄罗斯汉学史中,对中国语言的认知也是遵循着这一发展轨迹在运行。早在俄国东正教驻北京的宗教使团时期,就已有了宗教使团成员聘请中国先生教授中文的记载。从喀山开办的第一所汉语学校(1831—1861),到后来在俄国境内多所大学开设东方学系专门讲授中文,都表明俄罗斯一直都在坚持中国语言的学习与研究,并努力将学习、研究推向深入,使其不断地走入正规、系统。这个过程,大致经历了几个时期:俄国早期的中国语言研究;苏联时期的汉语语言研究;现代俄罗斯的汉语语言研究。

1) 俄国早期的中国语言研究

起源于俄国东正教驻北京宗教使团的俄国早期汉学,始终将沙皇政府交付的使命作为自己的主要在华任务。所以,那时的语言学习带有强烈的政治色彩。尽管如此,使团中还是有肯于探究的人,为后来的俄苏汉语语言学研究奠定了很好的基础。

Н. Я. 比丘林、В. П. 瓦西里耶夫及其弟子们是这个时期的佼佼者。比丘林尝试着从汉语语言的内涵出发,努力挖掘汉语的特点,撰写出俄国第一部汉语语法书《汉文启蒙·汉语语法》(Китайская грамматика,1853)。瓦西里耶夫协同他的学生们,则努力通过象形文字学、词与词根的构成元素来了解中国语言的真谛。他编撰的《满俄词典》(Маньчжурско-русский словарь,1866)、《中国象形文字分析》(Анализ китайских иероглифов,两卷本,1866,1884),至今仍在指导着现代俄罗斯人中国语言的学习。

2) 苏联时期的汉语语言研究

苏联时期,对中国语言的研究主要集中在汉语语言的研究上。这是因为:一、满语等语言的使用在中国国内已逐渐消退;二、汉语是近现代中国对外交往时使用的官方语言。此时,苏联对汉语语言的研究已趋向细化,逐渐深入,呈现出明显的学科研究的趋势。

a. 从十月社会主义革命胜利起,到20世纪40年代左右。主要是对中国文字、拼音、语音和汉语语法结构的研究。

历史背景:20—30年代在广袤的俄国大地上,刚刚建立的世界上第一个社会主义国家的苏联,正全力为国内没有文字的民族创造字母。与此同时,中国也正努力寻求文字改革的途径,进行着汉字拉丁化的尝试。

当时的苏联曾专门组建了汉字拉丁化委员会。中国学者瞿秋白、吴玉章等人,和苏联著名汉学家 A. A. 德拉古诺夫等都参与了专门的拉丁化字母表的制定,确定了拼写规则。他们还将研究成果应用于实践中,从 1931 年起开始在全国推广拉丁化新文字,并在此基础上,为小学校编写识字课本,出版社会、政治类书籍等。

此时,苏联汉语研究的力量主要集中在列宁格勒、莫斯科和符拉迪沃斯托克。这部分人将汉语研究成果在汉语教学上加以实践,出版了多部教科书、参考书和词典。苏联高等院校汉语教学的诸多好的方法都创建于这个时期。

这个时期,苏联出版的研究中国语言的专著有:龙果夫的《汉语词类》(1937)、《古藏语音系特点》(1939)、《东干语语法研究》(1940);科洛科洛夫的《简明俄汉词典》(1935)、鄂山荫的《汉语口语教科书》(1935)、《论汉语词类》(1946)、《汉语教科书》(1946)等。

b. 上世纪 40 年代后,苏联进入了汉语学术研究的专题时期,加强了对汉语语法结构和词汇学以及学者的研究,并侧重于对中国语言学家的研究。此时,苏联研究汉语的学者数量明显增加。

这个时期,苏联翻译、出版了大量介绍中国学者王了一(王力)、吕叔湘等人的著作。如出版王了一的《汉语语法纲要》(1954)的俄译本,并将其作为高等院校汉学专业的学生用书。此书是由龙果夫作序并加注,在序文中龙果夫盛赞王力先生著作的权威性。由此王力先生的著作得以在苏联得到广泛流传。还有 И. М. 奥沙宁主持翻译吕叔湘的三卷本语法书,撰写《中国语言学问题》(1957),编写《华俄辞典》(1959)等。

苏联学者来往于中苏两国间,参加在中国召开的各种学术研讨会。在中国刊物上发表文章,如《中国语文》杂志等,都是刊登苏联学者的论文较集中的刊物。

c. 上世纪 60 年代,主要集中在对不同时代的汉语类型学、语音学和音位学的研究上。

这个时期,苏联对中国语言文字的研究特点是:学科研究明显向广度延伸,对汉语的研究已经深入到汉语语言的结构之中。汉语语言学问题被当作苏联的普通语言学问题来研究是这个时期的明显特征。在这个时期,出版的著作中论述最多的是"词的本质、词的范围以及汉语词与其他语言单位的关系"[①]等问题的论述。

馆里收藏这个时期的书著有:С. Е. 雅洪托夫的《古汉语论文集》(1965)、М. Г. 普里亚多欣的《现代汉语中的隐喻》(1969)、И. Т. 佐格拉

[①] (苏)弗罗洛娃著:苏联的汉语研究与教学,孙福译,《沈阳大学学报》1990 年第 2 期。

夫的《中原汉语语法概论(中国元明白话文语法)》(1962)等。

d. 到苏联解体之前的很长的一段时间里,苏联汉学界在汉语语法结构、语音词汇学和词汇学史方面做了许多工作,多次召开全苏的汉语语言学的研讨会,对一系列问题进行了系统的讨论,并出版了多部专门论述汉语语法和结构的论文集。馆藏中这个时期的作品有古列维奇的《3—5世纪汉语文法概论》(1974)、И.Т.佐格拉夫的《中原汉语》(1979)等。

总之,苏联时期的汉语研究,以龙果夫、鄂山荫、雅洪托夫为代表的汉语研究"三杰"①的涌现,印证着这个国家汉语研究的进程。除此之外,还有捷米娜编写的《中文教材》等汉语研究专著,记录着苏联汉语研究的成果。馆内收藏的苏联汉语研究"三杰"的作品有:龙果夫的《现代汉语语法研究·词类》(1952)、《现代汉语口语语法体系》(1962),以及中译本《八思巴字与古汉语》(1959);鄂山荫主编的《华俄辞典》(1952)、《华俄辞典》(1955)以及中译本《一九五二年的中国语言学》等;雅洪托夫的《汉语的动词范畴》(1957)及其中译本、《古汉语》(1965)等多部专著。

3) 当代俄罗斯的汉语研究

目前,俄罗斯境内有三个最著名的汉语研究中心:莫斯科、圣彼得堡、符拉迪沃斯托克(海参崴)。其中,仅莫斯科就有四个汉语研究单位(两个研究所:俄罗斯科学院东方学研究所和俄罗斯科学院远东研究所;两所大学:莫斯科大学亚非学院和国际关系学院)。在这里有研究汉语语音学的谭傲霜,研究现代汉语疑问句的科托娃,研究汉语四声和语调的扎多延科等著名学者。

圣彼得堡的汉语研究中心,设在圣彼得堡大学内。这个中心自创建以来,就以研究中国文学、中国历史和汉语而著称。著名的汉学家纳乌莫夫和他的汉语语法著作被人称道。著名的汉语研究三杰之一的雅洪托夫博士就毕业于此,并在此从事教学研究工作。

位于符拉迪沃斯托克(海参崴)的汉语研究中心,设在远东大学东方系。这个汉语研究中心虽然晚于莫斯科和圣彼得堡两地,但它同样名人辈出,成绩斐然。

对中国语言(汉语、满语等)的研究,特别是对汉语的学习、研究,始终是"俄罗斯汉学家较为集中的领域之一"②。正是由于一代一代学者们的不懈努力,才有今日丰硕的汉语语言、语法的研究专著、字词典等文献的存世,以及对汉语语言学史研究著作的不断推出,形成今日俄罗斯汉语研究与教学的局面与规模。

---

① 苏联汉学家龙果夫、鄂山荫、雅洪诺夫被誉为俄罗斯汉学研究史上汉语研究三杰。
② (苏)弗罗洛娃著:苏联的汉语研究与教学,孙福译,《沈阳大学学报》1990年第2期。

本文中所列举的名家、专著在国图均有收藏。书目明细详见"语言类藏书书目导引"。

2. 语言类藏书书目导引

1) 阿尼西莫娃 С. А.（Анисимова С. А.）

原文论著

1. Современное образование в России и Китае от традиций к инновациям: перспективы сотрудничества:(по материалам "круглых столов" 16 окт. и 7 ноября 2008 г.)/［редкол.:Анисимова С. А. и др.］. Пекин；Москва：2009.. 162 с.【索书号：3С-2010\G52-532\1】

2. Роль русского языка и литературы в духовно-нравственном воспитании подрастающего поколения:（по материалам Сретенских чтений）/［редкол.:Анисимова С. А. и др.］. Москва：Клуб "Реалисты", 2009.. 144 с.【索书号：3-2010\H35\4】

2) 布纳科夫 Ю. В.（Бунаков, Ю. В., 1908—1942）

布纳科夫 Ю. В.（Бунаков, Юрий Владимирович, 1908.10.22—1942.1.1），语言学副博士，汉学家。主要研究汉语和甲骨文。1908年出生于哈尔科夫州职员家庭。1931年毕业于列宁格勒东方学院，1935年获语言学副博士学位。1931—1932年在列宁格勒东方学院、1932—1937年在列宁大学任教。1938年起在苏联科学院东方学研究所工作，出版论著10余部。主要有《河南出土的卜骨》（1935）等书及论文《马尔和汉语》（1937）等。1942年在卫国战争中牺牲。

原文论著

1. Библиография основных работ по Китаю на европейских языках / Ю. В. Бунаков. М.；Л.：Изд-во АН СССР, 1940.. 473-505 с..【索书号：3\Z88：K2\Б91】

2. Китайская письменность: История, экономика, культура, героическая борьба за национальную независимость/Ю. В. Бунаков. М.；Л.：Изд-во Акад. наук СССР, 1940.. 352-384 с.【索书号：3\H12\Б91】

3. Периодическая печать в Китае: Отдельный оттиск из издания:- Китай: История, экономика, культура, героическая борьба за национальную независимость/ Ю. В. Бунаков. М.；Л.：Изд-во АН СССР, 1940.. 403-426 с. 【索书号：3\G219.29\Б91】

4. Гадательные кости из Хэнани（Китай）: Очерк истории и проблематики в связи с коллекцией ИКДП/Ю. Бунаков. М.；Л.：Изд-во Акад. наук СССР, 1935.. 107 с..【索书号：3\K877.1\Б91】

3) 古列维奇 И. С.（Гуревич, И. С., 1932—　）

古列维奇 И. С.（Гуревич, Изабелла Самойловна, 1932.4.28—　），1932年出生于克列明楚克。列宁格勒大学东方系毕业（1956）。1964年获语文学副博士学位，学位论文为《公元3—5世纪汉语文法特点》。1957

年起为科学院东方学研究所列宁格勒分所研究员。出版有专著《3—5世纪汉语文法概论》(1974),参与编纂《亚洲民族研究所所藏中国敦煌写本综录》(1963)以及《苏联科学院东方学研究所所藏木版书目录》(1973)等。译有《百喻经》(1985)等论著40余部。

原文论著

1. Линь-цзи лу/Вступ. ст., пер. с кит., коммент. и граммат. очерк И. С. Гуревич. 【索书号:3C-2006\B946.5\1】

2. Хрестоматия по истории китайского языка III-XV вв/И. С. Гуревич, И. Т. Зограф. М.: Наука, 1982.. 197 с.. 【索书号:3\H109.2\Г951】

3. Очерк грамматики китайского языка 3-5 вв: (По переводам на китайский язык произведений буддийской литературы)/И. С. Гуревич. М.: Наука, 1974.. 254 с.. 【索书号:3\H141\Г951】

4) 娇米娜 Н. А. (Дёмина, Н. А., 1925—)

娇米娜 Н. А. (Дёмина, Нинель Андреевна, 1925.4.27—),语言学家。1925年4月27日出生于赫梅利尼茨基州的伊贾斯拉夫。1947年毕业于外交部。1948—1950年间在大连、哈尔滨(中国)进修。1983年被评为副教授。1950—1990年间在苏联外交部莫斯科国立国际关系学院任教。从1990年起,为莫斯科语言大学东方语教研室主任。出版论著近200部。她是苏联和俄联邦奖章获得者。主要论著有:《小学二年级汉语教材》(莫斯科,1960),《三年级汉语教材》(莫斯科,1963),《听力练习册》(莫斯科,1969),《第三学期汉语教学参考书(教师专用书)》(莫斯科,1972)等。

原文论著

1. Страноведение Китая: учебник для вузов: [в 2 ч.]. Ч. 1, Политика. Экономика/Н. А. Демина, Чжу Канцзи. Москва: Толмач СТ, 2009.. 244 с. 【索书号:3C-2010\H195.5-43\1】

2. Страноведение Китая: учебник для вузов: [в 2 ч.]. Ч. 2, Образование. Культура. Искусство. Медицина. Спорт/Н. А. Демина, Чжу Канцзи. Москва: Толмач СТ, 2009.. 205 с. 【索书号:3C-2010\H195.5-43\2】

3. Новый китайско-русский словарь политико-юридических и торгово-экономических терминов/ Ли Цюмэй, Дэн Бо, Чэнь Мо; под ред. Н. А. Деминой. Москва: Саппорт СТ, 2008.. 233 с. 【索书号:3C-2009\D9-61\1】

4. Китайский язык: Страноведение: Учебное пособие/Н. А. Демина, Чжу Канцзи. М.: Вост. лит., 2004..349 с. 【索书号:3C-2006\H195.4\1】

5. Китайский язык: Учебное пособие: Экономика/Н. А. Демина. М.: Вост. лит., 2002.. 222 с. 【索书号:3-2004\H195.4\1】

6. Учебник китайского языка: Страноведение Китая/Н. А. Демина, Чжу

Канцзи; Моск. гос. лингвист. ун-т. М. : Издат. фирма "Вост. лит." РАН, 1998.. 349,[2] с. 【索书号:3-2000\H195.4\Д306】

5) 德拉古诺夫（龙果夫）А. А. （Драгунов А. А. , 1900—1955）

德拉古诺 А. А. （Драгунов, Александр Александрович, 1900.2.21—1955.2.2），主要从事汉语和东干语研究。1900 年出生于彼得堡官吏家庭。1925 年毕业于国立列宁格勒大学社会科学系民族语言专业。1937 年获语言学副博士学位。1948 年获高级研究员职称。曾在托尔马切夫军事学院(1925—1926 和 1935)、列宁格勒东方学院和国立列宁格勒大学(1928—1930 和 1936—1942)、符拉迪沃斯托克远东国立大学和远东师范学院(1930—1936)任教，并在汉语拉丁化委员会兼职。苏联科学院东方学研究所研究人员(1928 年起)。著有《汉语词类》(1937)、《现代汉语语法研究—词类》(1952)、《现代汉语口语语法体系》(1962)等论著近 50 部。

原文论著

1. Грамматическая система современного китайского разговорного языка/А. А. Драгунов. Л. : [б. и.], 1962..270 с.. 【索书号:Б59-3\12】

2. Исследования по грамматике современного Китайского языка. 1, Части речи/А. А. Драгунов. Москва; Ленинград: Акад. наук СССР, 1952..231 с. 【索书号:\49\Д72】

3. Исследования по грамматике современного китайского языка. Т. 1, Части речи/А. А. Драгунов. М.; Л.: Акад. наук СССР, 1952.. 228 с.. 【索书号:\49кит\Д72\:1】

中文译著

八思巴字与古汉语［专著］/(苏)龙果夫,А. 著；唐虞译. —北京：科学出版社，1959. —46 页【索书号:\802.92\659】

6) 扎多延科 Т. П. （Задоенко, Т. П., 1924—1993）

扎多延科 Т. П. （Задоенко, Тамара Павловна, 1924.4.13—1993.1.7），汉语语言专家。1924 年出生于卢甘斯克。1951 年毕业于莫斯科东方学院，1955 年 7 月 4 日获得语文学副博士学位。1962 年 3 月 7 日获得副教授职称。从 1955 年起，在莫斯科大学亚非国家研究所语言系任教，1958 年在北京大学任教，1980 年在乌兰巴托蒙古大学任教。出版过 20 多部论著。于 1942—1943 年间，参加了卫国战争。获得过苏联勋章和奖章。对汉语教学有独到的见解。编写有《汉语基础》(1993)、《汉语教科书》(1979)等多部。

原文论著

1. Основы китайского языка: Вводный курс/Т. П. Задоенко, Ш. Хуан. М. :

Наука. : Издат. фирма "Вост. лит.", 1993.. 270 с.
【索书号：3-96\H195.4\З-156-2＝2】

2. Основы китайского языка：Основной курс / Т. П. Задоенко, Ш. Хуан. М. : Наука. : Издат. фирма "Вост. лит.", 1993.. 718 с. : ил. ; 21 см..
【索书号：3-96\H195.4\З-156-3＝2】

3. Основы китайского языка：Основной курс：Учебник для студентов поспец. "Восточные яз. и лит."/Т. П. Задоенко, Ш. Хуан. М. : Наука, 1986.. 720 с.
【索书号：3-87\H195.4\З-156-3】

4. Основы китайского языка： Вводный курс：Учебник для студентов, обучающихся по спец. "Вост. яз. илит."/Т. П. Задоенко, Ш. Хуан. М. : Наука, 1983.. 270 с.【索书号：3\H195.4\З-156-2】

5. Ритмическая организация потока китайской речи/Т. П. Задоенко. М. : Наука, 1980. 267 с.【索书号：3\H116.4\З-156】

6. Учебник китайского языка：Учебник для студентов ин-тов и факультетов иностр. языков/Т. П. Задоенко, Хуан Шу-ин. М. : Наука, 1979.. 754 с.
【索书号：3\H195.4\З-156＝3】

7. Учебник китайского языка：учебник для студентов ин-тов и фак. иностр. языков/Т. П. Задоенко. М. : Наука, 1973.. 755 с..【索书号：T43-6\43】

7) 佐格拉夫 И. Т. (Зограф, И. Т. ,1931—   )

佐格拉夫 И. Т. (Зограф, Ирина Тиграновна, 1931. 12. 17—   ), 1931年出生于奥塞梯自治共和国莫兹所克市。1954年毕业于列宁格勒大学东方学系。1962年获语文学副博士学位,学位论文《12—14世纪汉语文法的特点(以〈京本通俗小说〉为依据)》。1954年起在俄罗斯科学院东方学研究所圣彼得堡分所任职。1981年获语文学博士学位。著有《中原汉语语法概论(中国元明白话文语法)》(1962)、《中原汉语》(1979)、《蒙汉语言的互相影响》(1984)等论著70余部。

原文论著

1. История изолирующего языка с иероглифической письменностью: методы изучения / И. Т. Зограф. Москва: URSS: ЛКИ, 2011.. 221 с. ; 22 см..
【索书号：3С-2011\H1\1】

2. Официальный вэньянь [Текст] И. Т. Зограф; отв. ред. С. Е. Яхонтов. Москва: URSS, 2010.. 339, [3] с.【索书号：3С-2011\H141\1】

3. Среднекитайский язык [Текст]: опыт структурно-типологического описания/ И. Т. Зограф. Москва: Изд-во ЛКИ, 2010.. 259 с.【索书号：3С-2011\H109.2\1】

4. О сознании (Синь)：Из философского наследия Чжу Си/Пер. с кит. А. С. Мартынова, И. Т. Зограф, вступ. ст. и коммент. к пер. А. С. Мартынова, граммат. очерк И. Т. Зограф. М. : Восточная литература, 2002.. 318 с.
【索书号：3-2004\B244.7\1】

5. Классическое конфуцианство: В 2-х т. Т. 1. Конфуций. Лунь Юй/Пер., статьи, коммент. А. С. Мартынова, И. Т. Зограф. СПб.; М.: Издат. Дом "Нева"; 2000.. 381 с. 【索书号:3-2001\B222\K476\:1】

6. Классическое конфуцианство: В 2-хт. Т. 2. Мэн-Цзы. Сюнь-Цзы/Пер., статьи, коммент. А. С. Мартынова, И. Т. Зограф. СПб.; М.: Издат. Дом "Нева"; 2000.. 205 с. 【索书号:3-2001\B222\K476\:2】

7. Официальный вэньянь/И. Т. Зограф. М.: Наука, 1990.. 339 с. 【索书号:3-93\H141\З-783】

8. Монгольско-китайская интерференция: Язык монгольской канцелярии в Китае/И. Т. Зограф. М.: Наука, 1984.. 144 с.. 【索书号:3\H212.3\З-783】

9. Среднекитайский язык: (Становление и тенденции развития)/ И. Т. Зограф. М.: Наука, 1979.. 336 с. 【索书号:3\H109.2\З-783】

10. Бяньвэнь о воздаянии за милости: (Рукопись из дуньхуанского фонда Ин-та востоковедения). Ч. 2. Грамматический очерк и словарь И. Т. Зограф/Отв. ред. Б. Л. Рифтин. М.: Наука, 1972.. 345 с. 【索书号:3-90\H134\Б994\:2】

11. Очерк грамматики среднекитайского языка: (по памятнику Цзин бэнь тунсу сяошо)/И. Т. Зограф. М.: Изд. вост. лит., 1962.. 123 с. 【索书号:Б77-4\61】

12. Пятнадцать тысячмонет: средневековые китайские рассказы/пер., [предисл. и примеч]. И. Т. Зограф; [отв. ред. Л. Н. Меньшиков; илл.: Л. П. Сычевёё]. М.: Изд. вост. лит., 1962.. 152 с. 【索书号:Б55-1\11】

8) 伊凡诺夫(伊凤阁)А. И. (Иванов, А. И., 1878—1937)

伊凡诺夫 А. И. (Иванов, Алексей Иванович, 1878—1937),东方学家、汉语和日语领域里的著名学者。1901年毕业于彼得堡大学东方语系,留校任教。1902—1904年来中国学习汉语,任译学馆俄文教习。1913年完成汉语语言的论文答辩,成为中文和蒙文的客座教授。1912—1916年任圣彼得堡大学教研室主任。1922年随苏俄远东全权代表越飞来华。1923年被聘为北京大学研究所国学导师。苏联驻华大使馆的首任汉语参赞,1927年回国。后到彼得堡东方科学院任副所长、所长。1913年完成论文答辩。著有《王安石及其变法》(1909)等。

原文论著

1. Грамматика современного китайского языка/А. И. Иванов, Е. Д. Поливанов. Москва: URSS: ЛИБРОКОМ, 2010.. 302, [1] с. 【索书号:3С-2011\H146\1】

2. Грамматика современного Китайского языка/А. И. Иванов, Е. Д. Поливанов. М.: Эдиториал УРСС, 2001.. 302 с. 【索书号:3 2003\H146\1】

3. Ван-ань-ши и его реформы, 11 в./А. И. Иванов. Спб.: Тип. Стасюлевича, 1909.. 216 с. 【索书号:3\K244.05\И20】

9) 伊萨延科 Б. С. (Исаенко, Б. С. 1914—1965)

伊萨延科 Б. С. (Исаенко, Борис Степанович, 1914.3.26—1965.5.30),主要从事汉语研究。1914 年出生于中国哈尔滨一个中东铁路职员家庭。1940 年毕业于莫斯科东方学院。1950 年获语文学副博士学位。1957 年获副教授职称,1964 年获教授职称。1935—1942 年、1947 年、1954 年在莫斯科东方学院任教。1942—1943 年在军事外国语学院任教、1954—1965 年在莫斯科国际关系学院任教。1941—1965 年历任上述各校汉语教研室主任。曾在苏联驻华大使馆工作(1943—1947),苏联科学院中国研究所研究人员(1958—1960)。著有《潘克拉托夫编(汉语会话教材)分句解释词典》(1939)、《汉俄发音词典试编》(1957)等论著 30 余部。与中国学者陈昌浩一起编纂了新中国成立后的第一部《俄华词典》(1951)。

原文论著

1. Опыт китайско-русского фонетического словаря: около 5500 слов/Б. С. Исаенко. М.: ГИИНС, 1957..【索书号:Б48-5\50】

2. Русско-Китайский словарь: 26000 слов/ сост. Чэнь Чан-Хао, А. Г. Дубровский, А. В. Котов; подред. Чэнь Чан-Хао, Б. С. Исаенко. Москва: Государственное издательство иностранных и национальных словарей,1953.. 974 с.【索书号:Д20-414】

3. Русско-китайский словарь/сост.: Чэнь Чан-хао и др.; под ред. Чэнь Чан-хао, Б. С. Исаенко. Пекин: Изд-во У Ши Нянь Дай, 1953.. 689 с..【索书号:\С\413кит\Ч-97】

4. Русско-китайский словарь = e hua ci dian: около 26000 слов/сост. Чэнь Чан-Хао, А. Г. Дубровский, А. В. Котов; подред. Чэнь Чан-Хао и Б. С. Исаенко. Москва: Государственное изд-во иностранных и национальных словарей, 1951.. 974 с.【索书号:\С\413кит\4-978】

10) 科洛科洛夫 В. С. (Колоколов, В. С.,1896—1979)

科洛科洛夫 В. С. (Колоколов, Всеволод Сергеевич, 1896.2.28—1979.1.18),主要从事汉语研究。1896 年出生于中国新疆喀什一个职员家庭,曾在工农红军军事学院东方部(莫斯科)学习(1920—1922)。1935 年获语文学副博士学位,同年获得教授职称。

历任工农红军军事学院、莫斯科大学东方学院教员(1922—1937)、红色教授学院教员(1937—1939)、军事学院教员(1947—1957)、国立莫斯科大学教员(1951—1954)、中国劳动者共产主义大学教员(1923—1924)、中山大学教员(1924—1927),1949 年起为苏联科学院东方学研究所研究人员。作品有与罗加乔夫合译的《西游记》,编辑《中国南方各族史诗传说集》(1955)、《汉俄简明辞典》(1935)等。著有《中国:国家、人民和历史》

(1924)和《汉俄军事术语词典》等论著40余部。1941—1945年间参加了卫国战争,是苏联勋章和奖章获得者。

原文论著

1. Путешествие на Запад: роман: пер. с китайского. Т. 3/У Чэн-энь.; пер. [и примеч. В. Колоколова]. М.: Гослитиздат, 1959..487 с.【索书号:Д35-2\22】

2. Эпические сказания народов южного Китая/В. С. Колоколов. М.; Л.: Акад. наук СССР, 1956..202 с.【索书号:M1-1\1】

3. Краткий китайско-русский словарь/сост. В. С. Колоколов. 684 с..【索书号:C10-5\20】【索书号:C3-6\4】

4. Краткий китайско-русский словарь: по графической системе: включающий важнейшие военные термины/сост. В. С. Колоколов; подред. М. М. Абрамсона, Ху Цзя. Москва: ОГИЗ РСФСР, 1935..684 с.【索书号:A41-119】

中文论著

谈谈雷雨[专著]/(苏)柯罗科洛夫(B. Колоколов)著;刘丕竞等译.—北京:科学普及出版社,1958.—106页【索书号:\328.74\239】

11)康德拉舍夫斯基 А. Ф.(Кондрашевский, А. Ф. 1951—)

康德拉舍夫斯基 А. Ф.(Кондрашевский, Александр Федорович, 1951.7.30—),1951年出生于莫斯科。1974年毕业于莫斯科大学亚非学院。1983年获语文学副教授学位。1978—1988年间在莫斯科亚非学院任教,1988年起任外交部莫斯科国际关系学院中国语言和东南亚语言教研室主任。主编了多部汉俄词典,如《现代汉俄辞典》(2005)、《实用教学汉俄辞典》(2003)等。出版论著近20部。

原文论著

1. Современный китайско-русский словарь: [Более 20000 словар. ст.: слов. адресован широкому кругу пользователей]/А. Ф. Кондрашевский, М. В. Румянцева, М. Г. Фролова; Отв. ред. А. Ф. Кондрашевский. М.: АСТ: Восток-Запад, 2005..714, [1] с.【索书号:3G-2007\H164\1】

2. Практический курс китайского языка: Учебник для студентов вузов по направлениям подготовки и спец. "Международные отношения" и "Регионоведение": В 2-х т. Т. 1/Отв. ред. А. Ф. Кондрашевский. М.: АСТ; Восток-Запад, 2005..399 с. 【索书号:3C-2006\H193\1】

3. Практический курс китайского языка: Учебник для студентов вузов по направлениям подготовки и спец. "Международные отношения" и "Регионоведение": В 2-х т. Т. 2/Отв. ред. А. Ф. Кондрашевский. М.: АСТ; Восток-Запад, 2005..386 с. 【索书号:3C-2006\H193\2】

4. Практический учебный китайско-русский словарь: Более 20000 словар. статей/А. Ф. Кондрашевский, М. В. Румянцева, М. Г. Фролова; Отв. ред. А. Ф.

Кондрашевский. М. : Муравей, 2003. . 563, [1] с. 【索书号:3G-2006\H164\1】

5. Китай: Карманная энциклопедия/Сост. А. Ф. Кондрашевский и И. В. Кочергин. М. : Издат. Дом "Муравей-Гайд", 2000. . 253 с. 【索书号:3-2002\K92-61\K451】

6. Практический курс китайского языка: Начальный этап: В 2-хт. Т. 1/Отв. ред. А. Ф. Кондрашевский. М. : Муравей, 2001. . 399 с. 【索书号:3-2002\H193\П692=5\:1】

7. Практический курс китайского языка: Начальный этап: В 2-хт. Т. 2/Отв. ред. А. Ф. Кондрашевский. М. : Муравей, 2001. . 377 с. 【索书号:3-2002\H193\П692=5\:2】

8. Практический курс китайского языка: Пособие по иероглифике. Ч. 1/А. Ф. Кондрашевский. М. : Издат. Дом "Муравей", 2000. . 148 с. 【索书号:3-2001\H193.3\H642=2\:1】

9. Практический курс китайского языка: Пособие по иероглифике. Прописи. Ч. 2/А. Ф. Кондрашевский. М. : Издат. Дом "Муравей". Языки стран Азии и Африки, 1999. . 102 с. 【索书号:3-2001\H193.3\H642\:2】

12) 科托夫 А. В. （Котов, А. В. , 1920—2003）

科托夫 А. В.（Котов, Александр Варламович, 1920.6.20—2003.4.4），语言学家。1920年出生于斯摩棱斯克州。1950年毕业于莫斯科东方学院。1970年被评为副教授。1959—1964年间，为苏联科学院东方学研究所科学工作者。1950—1954年在莫斯科东方学院任教，1954年起在苏联外交部莫斯科国际关系学院任教。出版论著40余部。1941—1945年间，参加了卫国战争。1940—1948年在苏联军队里服役。是苏联勋章和奖章获得者。主要论著有：翻译《中国近现代史》(莫斯科, 1950)等。编辑《汉俄大词典》(第2卷, 莫斯科, 1983)等。是新中国成立后的第一部《俄华字典》(1951)编著者之一。

原文论著

1. Очерк грамматики китайского языка. 2. Ч. 1, Категории / Люй Шу-сян; пер. с испр. кит. изд. А. В. Котова и др. ; под ред. и с примеч. И. М. Ошанина. М. : Наука, 1965. . 350 с. . 【索取号:P39-3/19】

2. Очерк грамматики китайского языка / Пер. с испр. китайского издания А. В. Котова и др. ; Под ред. и с примеч. И. М. Ошанина. М. : Наука, 1965. Т. ; 22 см. . 【索取号:3-88\H14\Л939/:1】【索取号:3-88\H14\Л939/:2】

3. Восточный Китай / Ху Сюй-Вэй др. ; Пер. с китайского А. В. Котова и др. М. : Изд-во Иностранной лит. , 1962. . 393 с. 【索取号:3-94\F129.95\B784】

4. Русско-Китайский словарь: 26000 слов = E hua ci dian: 26000 e wen ci / сост. Чэнь Чан-Хао, А. Г. Дубровский, А. В. Котов; под ред. Чэнь Чан-Хао, Б. С. Исаенко. Москва: Государственное издательство иностранных и национальных словарей, 1953. . 974 с. 【索取号:Д20-414】

5. Русско-Китайский словарь: около 26000 слов = E hua ci dian: gong yue 26,000 e wen ci / сост. Чэнь Чан-Хао, А. Г. Дубровский, А. В. Котов. Москва: Гос. изд-во иностранных и национальных словарей, 1952.. 974 с. 【索取号:\C/413КИТ\Ч-978/2-e\】

6. Русско-китайский словарь = e hua ci dian: около 26000 слов / сост. Чэнь Чан-Хао, А. Г. Дубровский, А. В. Котов; под ред. Чэнь Чан-Хао и Б. С. Исаенко. Москва: Государственное изд-во иностранных и национальных словарей, 1951.. 974 с. 【索取号:\C/413кит\4-978】

13) 拉林 А. Г. (Ларин, А. Г. ,1932—)

拉林 А. Г. (Ларин, Александр Георгиевич, 1932.9.29—),1932 年出生于列宁格勒。1954 年毕业于莫斯科东方学院,1966 年获语文学副博士学位,学位论文《论两种语言(汉、俄语)语法系统之间对应关系的确定》获语文学副博士学位。1957—1958 年间在北京大学和人民大学、1986 年在广州中山大学进修。1964—1970 年间为东方学所科学工作者,1971 年转入远东所。他是欧洲中国学协会成员。著有《论汉—俄机器翻译中句法对应关系的确定》等 100 余部。

原文论著

1. Китайские мигранты в России: история и современность Ларин, Александр Георгиевич. Восточная книга 2009. 511.【索取号:3С-2011\D751.238\1】

2. Президент, или Демократия с тайваньской спецификой/А. Г. Ларин. М.: Муравей, 2004..134, [1] с. 【索书号:3С-2006\D675.8\1】

3. Китайцы в России вчера и сегодня: Исторический очерк/А. Г. Ларин. М.: Муравей, 2003..220 с. 【索书号:3С-2005\D634.351.2\1】

4. Современный Тайвань: Справочно-аналитические материалы. Вып. 4(13)/ Сост. сборника: Л. М. Гудошников, А. Г. Ларин. М.: Институт Дальнего Востока РАН, 2002..142 с. 【索书号:3-2004\D675.8\1】

5. Китайцы в России/А. Г. Ларин. М.: Ин-т Дальнего Востока РАН, 2000.. 122 с. 【索书号:3-2001\D634.351.2\Л251】

6. Два президента, или Путь Тайваня к демократии/А. Г. Ларин. М.: Academia, 2000..199 с.: 【索书号:3-2000\K827\Л251】

14) 奥沙宁(鄂山荫)И. М. (Ошанин,И. М. ,1900—1982)

奥沙宁 И. М. (Ошанин, Илья Михайлович, 1900.4.22—1982.9.5),主要从事汉语研究。1900 年出生在雅罗斯拉夫尔的一个法学家家庭。1924 年毕业于莫斯科东方学院。1944 年获语文学副博士学位,学位论文《现代中国象形文字的发生、发展和结构》。1947 年获语文学博士学位,学位论文《汉语的单词和词类(汉语史分期试论)》。1945 年获教授职称。

1924—1926年在苏联驻中国商务代办处工作,后任苏联驻中国大使馆中文秘书(1929—1933)。1926—1939年为苏联外交部工作人员。1925年奉调到冯玉祥将军聘请的苏联军事顾问团工作。曾在莫斯科东方学院(1931—1942)、苏联外交部高等外交学校(1939—1955)任教。1945年起为研究人员。1956年起为科学院东方学研究所东方辞典部主任。著有:《汉语口语教科书》(1935)、《论汉语词类》(1946)、《汉语教科书》(1946)、《中国语言学问题》(1957)、《华俄辞典》(1959)、《华俄大辞典》四卷(1983—1984)等。出版论著50余部。

原文论著

1. Китайско-русский словарь/И. М. Ошанин.[Б. м.:б. и., б. г.]. 1 т..【索书号:C4-5\22】【索书号:C4-5\23】

2. Китайско-русский словарь = hua e ci dian: более 70000 слов и выражений/ подред. И. М. Ошанина. Москва: Государственное изд-во иностранных и национальных словарей, 1955..898 с.【索书号:\C\413кит\O-96\1】【索书号:A17-7\20】

3. Приложения и указатели к китйско-русскому словарю= hua e ci dian fu lu ji jian zi biao/подред. И. М. Ошанина изд. 1955 г.; сост. В. С. Кузес, И. М. Ошанин. Москва: Государственное изд-во иностранных и национальных словарей, 1955..207 с.【索书号:\C\413кит\O-96\2】

4. Ключевой указатель к китайско-русскому словарю/ подред. И. М. Ошанина изд. 1952 г. Москва: Государственное изд-во иностранных и национальных словарей, 1953..62 с.; 26 см..【索书号:\C\413кит\O-96\2】

5. Китайско-русский словарь = hua e ci dian: около 65000 слов и выражений/ под ред. И. М. Ошанина. Москва: Государственное изд-во иностранных и национальных словарей, 1952..889 с.; 26 см..【索书号:\C\413кит\O-96】

中文论著

1. 华俄辞典[专著]/鄂山荫主编. —莫斯科:国立外文与民族文辞典出版局,1952. —889页【索书号:2008\H356\4】

2. 1952年的中国语言学[专著]/(苏)鄂山荫著;彭楚南译. —油印本. —北京:中国语文杂志社,1953. —11页.【索书号:\802.078\428\lgj】

15)普里亚多欣 М. Г.(Прядохин, М. Г.,1925—)

普里亚多欣 М. Г.(Прядохин, Михаил Георгиевич, 1925.11.11—),1925年出生于阿拉木图,毕业于军事外国语学院(1949),1969年获语文学副博士学位。先在东方学研究所任职,后为莫斯科外贸学院、莫斯科大学亚非研究所的教员。著有《现代汉语中的隐喻》(1969)、《简明现代汉语隐喻辞典》(2001)和《简明汉语难解词典》(2002),编著有《三年级汉语教材》(1980)等。出版论著30余部。

原文论著

1. Краткий словарь недоговорок-иносказаний современного китайского языка/М. Г. Прядохин, Л. И. Прядохина. М.：Муравей, 2001..218 с.【索书号：3C-2005\H136.3-61\1】

2. Краткий словарь трудностей китайского языка/М. Г. Прядохин, Л. И. Прядохина. М.：Издат. Дом "Муравей". Языки стран Азии и Африки, 2000..455 с.【索书号：3-2001\H136-61\П858＝2】

3. Китайские недоговорки-иносказания/М. Г. Прядохин. М.：Наука, 1977..145 с.【索书号：3\H136.3\П858】

4. Пособие по изучению нового Китайского фонетического алфавита/М. Г. Прядохин. Москва：Изд-во Восточной литературы, 1960..19 с.【索书号：Д12-396】

16）罗日杰斯特文斯基 Ю. В.（Рождественский, Ю. В.,1926—1999)

罗日杰斯特文斯基 Ю. В.（Рождественский, Юрий Владимирович, 1926.12.10—1999.10.24），主要从事汉语语法研究。1926年出生于莫斯科省克林市职员家庭。毕业于莫斯科东方学院(1952)。1955年获语文学副博士学位，学位论文《现代汉语中的虚词"的"》。1970年获博士学位，学位论文《词的类型学》。1967年获高级研究员职称。曾在莫斯科国际关系学院(1952—1959)、莫斯科第一外国语师范学院(1961—1971)、莫斯科大学语文系(1971年起)任教。著有《汉语语法史中词的形态概念·中国学史略》(1958)，《词的类型学》(1969)，《语言学史概论》(1975，合著)等。出版论著近140部。

原文论著

1. Введение в культуроведение：Учеб. пособие для вузов/Ю. В. Рождественский. М.：Добросвет；ЧеРо, 1999..286 с.【索书号：3-2001\G0-43\Р623＝2】

2. Введение в культуроведение：Учеб. пособие длявузов/Ю. В. Рождественский. М.：ЧеРо, 1996..286 с.【索书号：3-97\G0-43\Р623】

3. Лекции по общему языкознанию：Учеб. пособие для студентов филол. спец. ун-тов/Ю. В. Рождественский. М.：Высш. шк., 1990..380 с.【索书号：3-93\Н0-43\Р623】

4. Введение вобщую филологию：Учеб. пособие для филол. фак. ун-тов/Ю. В. Рождественский. М.：Высш. школа, 1979..222 с.【索书号：3\Н-43\Р623】

5. Семиотика и восточные языки/отв. ред. Ю. В. Рождественский. М.：Наука, 1967..223 с.【索书号：Т59-3\32】

6. Спорные вопросы строя китайского языка：[сборник статей/отв. ред. Ю. В. Рождественский］. М.：Наука, 1965..211 с.【索书号：Р38-3\14】

7. Спорные вопросы строя языков Китая и Юго-Восточной Азии：[сборник статей/отв. ред. Ю. В. Рождественский］. М.：Наука, 1964..189 с.【索书号：Р19-3\3】

8. Ученые записки：вып. 5, Серия филологическая；Вопросы языка и

литературы стран востока/［отв. ред. канд. филолог. наук Ю. В. Рождественский］. М. : Изд-во ИМО, 1961.. 279 с. 【索书号：Д57-4\24】

9. Понятие формы слова в истории грамматики китайского языка：очерки по истории китаеведения/Ю. В. Рождественский. М. : Изд. ИМО, 1958.. 138 с.. 【索书号：И19-5\19】

中文论著

文化论导论［专著］/(俄)尤·弗·罗日杰斯特文斯基著；赵云平译. —哈尔滨：哈尔滨出版社, 1999. —257 页

17) 谢尔金娜 A. A. (Серкина, A. A. , 1915—)

谢尔金娜 A. A. (Серкина, Александра Андреевна, 1915. 2. 12—),专事中国古文字研究。1915 年出生于彼得格勒的一个职员家庭。1939 年毕业于列宁格勒大学语文学系, 1968 年获历史学副博士学位, 学位论文《译注中国古文字的尝试(甲骨文和金文)》。1950—1952 年在苏联驻中国总领事馆工作。1954 年起为苏联科学院东方学研究所研究员。著有《译注中国古文字的尝试(甲骨文)》(1973)、《中国古代奴隶地位的标志》(1982)等。出版论著 20 余部。

原文论著

1. Символы рабства в древнем Китае：Дешифровка гадательных надписей/А. А. Серкина. М. : Наука, 1982.. 205 с. 【索书号：3\K877\C327】

2. Опыт дешифровки древнейшего китайского письма：(надписина гадательных костях)/А. А. Серкина. М. : Наука, 1973.. 131 с.. 【索书号：T39-2\25】

18) 宋采夫 В. М. (Солнцев, В. М. , 1928—2000)

宋采夫 В. М. (Солнцев, Вадим Михайлович, 1928. 3. 28—2000. 4. 19), 俄罗斯科学院通讯院士。主要从事东方语言研究。1928 年出生在波果罗茨克职员家庭, 1949 年毕业于莫斯科东方学院(汉语部)。1953 年获语文学副博士, 1971 年获语文学博士学位, 学位论文《以系统结构构成的语言》。同年升为教授。先后在莫斯科东方学院、莫斯科国际关系学院任教。1984 年当选通讯院士。1958 年起在东方学所工作, 后任副所长(1965 年起)。著有《现代汉语概论》(1957)、《以系统结构构成的语言》(1971, 博土论文)等。

原文论著

1. Введение в теорию изолирующих языков：В связи собщими особенностями человеческого языка/В. М. Солнцев. М. : Издат. фирма "Вост. лит." РАН, 1995.. 352 с. 【索书号：3-97\H0\C601】

2. Языки Азии и Африки/Редкол. : В. М. Солнцев (гл. ред.) идр. М. : Наука, 1991.. 【索书号：3-93\H\Я411\:4(1)】

3. Материалы советско-вьетнамской лингвистической экспедиции 1979 года：Язык к

сингмул/Редкол. : В. М. Солнцев, Хоанг Туэ (отв. редакторы) и др. М. : Наука, 1990. . 418 с. 【索书号：3-91\H44\M341-2】

4. Новое в изучении вьетнамского языка и других языков Юго-Восточной Азии: Материалы к обсуждению на III советско-вьетнамском симпозиуме/ Отв. ред. В. М. Солнцев, Хоанг Ван Хань. М. : Наука, 1989. . 262 с. 【索书号：3-93\H4\H74】

5. Материалы советско-вьетнамской лингвистической экспедиции 1979 года: Язык мыонг/Редкол. : В. М. Солнцев, Хоанг Туэ (отв. редакторы) и др. М. : Наука, 1987. . 518 с. 【索书号：3-88\H44\M341】

6. Культурное наследие народов Востока и современная идеологическая борьба/ Отв. ред. А. Д. Литман, В. М. Солнцев. М. : Наука, 1987. . 271 с. 【索书号：3-89\K107\K906】

7. Лингвистическая типология/Отв. ред. В. М. Солнцев, И. Ф. Вардуль. М. : Наука, 1985. . 199 с. 【索书号：3-86\H003\Л59】

8. Генетические, ареальные и типологические связи языков Азии/Отв. ред. В. М. Солнцев. М. : Наука, 1983. . 272 с. . 【索书号：3\H004. 3\Г34】

9. Языки Азии и Африки/Редкол. : В. М. Солнцев (глав. ред.) и др. М. : Наука, 1979. . 385 с. . 【索书号：3\Н\Я411\:3】

10. Языки Азии и Африки/Редкол. : В. М. Солнцев (глав. ред.) и др. М. : Наука, 1978. . 438 с. . 【索书号：3\Н\Я411\:2】

11. Язык как системно-структурное образование/В. М. Солнцев. М. : Наука, 1977. . 340 с. . 【索书号：3\H087\C601=2】

12. Исследования по китайскому языку: сборник статей/отв. ред. В. М. Солнцев, Н. И. Тяпкина. М. : Наука, 1973. . 248 с. . 【索书号：T53-4\36】

13. Китайский язык: вопросы синтаксиса: [сборник статей/отв. ред. [и авт. предисл.] Н. Н. Коротков, В. М. Солнцев]. М. : Изд. вост. лит. , 1963.] 288 с. . 【索书号：П53-2\7】

14. Очерки по современному китайскому языку: введение в изучение китайского яз. /В. М. Солнцев. М. : Изд. ИМО, 1957. . 206 с. . 【索书号：Б21-2\13】

19) 斯别什涅夫(司格林)Н. А. (Спешнев, Н. А. ,1931—2011)

斯别什涅夫 Н. А. (Спешнев, Николай Алексеевич,1931—2011. 6. 14),语言学博士。1931 年出生于北京。1957 年毕业于列宁格勒大学东方系,后留校任教,1974 年任讲师。以研究中国语言发声学为主攻方向,1968 年获语言学副博士学位,学位论文《中文元音的声学特征》。1987 年获语言学博士学位。1990 年被评为教授。上世纪 70 年代起,专事研究中国曲艺,著有《中国俗文学(讲唱体裁)》(1986)等。出版论著近百部。

原文论著

1. Месяц туманов: антология современной китайской прозы = Zhong guo dang Dai zhong duan pian xiao shuo xuan ji/Те Нин [и др. ; ред. : Е. Г. Измайлова; пер.

с кит. : Н. А. Спешнев и др.]. СПб. : ТРИАDА, 2007. . 411, [4] с. 【索书号:3C-2008\I247\3】

2. Китайская филология: избранные ст. /Н. А. Спешнев. СПб. : Изд-во Санкт-Петербургского ун-та, 2006. . 230, [1] с. 【索书号:3C-2007\H1\3】

3. Пекин-страна моего детства. Китайская рапсодия. Записки синхронного переводчика/Н. А. Спешнев. СПб. : Бельведер, 2004. . 315 с. 【索书号:3C-2007\I512.55\1 初订】

4. Китайская простонародная литература: Песенно-повествовательные жанры/Н. А. Спешнев. М. : Наука, 1986. . 319 с. 【索书号:3-86\I207.7\C719】

5. Фонетика китайского языка: Учеб. пособие/Н. А. Спешнев. Л. : Изд-во Ленингр. ун-та, 1980. . 143 с. 【索书号:3\H11-43\C719】

中文译著

北京我童年的故乡［专著］/（俄）司格林（尼·斯别什涅夫）著；于培才，刘薇译. —北京：东方出版社，2006. —233页【索书号:2006\K835.12\24】

20）谭傲霜（Тань Аошуан，1931— ）

谭傲霜（Тань Аошуан，1931.11.21— ），博士。北京大学对外汉语学院荣誉教授。世界汉语教师协会理事。1931年出生于上海，1954年毕业于北京大学中文系，1966年起在莫斯科大学亚非学院任教。1972年获副博士学位，学位论文《广东方言的音系》，1995年获博士学位，学位论文《隐性语法问题（以汉语类型学资料为据）》。2000年被评为教授。著有《汉语口语教科书》（1983、1988年版）等，与高辟天（卡拉别江）合著《中国文言教科书》（2001）等，出版论著近50部。

原文论著

1. Китайская картина мира: Язык, культура, ментальность/Тань Аошуан. М: Языки славянской культуры, 2004. . 231 с. 【索书号:3C-2007\H1\1】

2. Проблемы скрытой грамматики: Синтаксис, семантика и прагматика языка изолирующего строя (на примере китайского языка/Тань Аошуан. М. : Яз. славянской культуры, 2002. . 896 с. 【索书号:3-2003\H14\1】

3. Учебник классического китайского языка вэньянь: Начальный курс/А. М. Карапетьян, Тань Аошуан. М. : Муравей, 2001. . 383 с. 【索书号:3C-2005\H109.2-43\1】

4. Учебник современного китайского разговорного языка: Учебник для студентов вузов, обучающихся по спец. "Восточные яз. и лит."/А. Тань. М. : Наука, 1988. . 718 с. 【索书号:3-89\H195.4\T187=2】

5. Учебник современного китайского разговорного языка: Учебник для студентов вузов по спец. "Восточные языки и литература"/А. Тань. М. : Наука, 1983. . 717 с. 【索书号:3-86\H195.4\T187】

21) 佳普金娜 Н. И. (Тяпкина, Н. И., 1928—)

佳普金娜 Н. И. (Тяпкина, Надежда Ивановна, 1928.8.18—), 主要从事汉语和中国古代史研究。1928 年出生于布祖卢克市,毕业于莫斯科东方学院(1950)。1954 年获语文学副博士学位,学位论文《现代汉语的后置词》。1954—2006 年在苏联科学院东方学研究所工作。著有《20 世纪初中国的地方管理与村社的社会组织》(1977)等论著 80 余部。

原文论著

1. Деревня и крестьянство в социально-политической системе Китая: (Вторая половина XIX-начало XX в.)/Н. И. Тяпкина. М.: Наука, 1984.. 221 с. 【索书号:3-85\K251\T995】

2. Исследования по китайскому языку: сборник статей/отв. ред. В. М. Солнцев, Н. И. Тяпкина. М.: Наука, 1973.. 248 с.. 【索书号:T53-4\36】

22. 增季纳 А. Д. (Цендина, А. Д., 1954—)

增季纳 А. Д. (Цендина, Анна Дамдиновна, 1954.8.11—),语言学博士。东方语言研究所教授。1954 年出生于乌兰巴托。1977 年毕业于列宁格勒东方系。1984 年获语言学副博士学位,2004 年获语言学博士学位。1990 年至 2005 年在俄罗斯科学院东方研究所工作。主要研究方向:蒙古语和藏语。著有相关论著 30 余部。

原文论著

1. Цэндийн Дамдинсурэн: к 100-летию со дня рождения/Российская акад. наук, Ин-т востоковедения; [сост. А. Д. Цендина]. Москва: Вост. лит., 2008.. 571, [3] с. 【索书号:3-2010\K833.115.6\1】

2. Россия-Монголия-Китай: Дневники монголоведа О. М. Ковалевского 1830—1831 гг./Подгот. к изданию, предисл., глоссарий, коммент. и указ. Р. М. Валеев, И. В. Кульганек; Отв. ред.: А. Д. Цендина. Казань; СПб.: Изд-во "Таглимат" ИЭУП, 2005—2006.. 103 с. 【索书号:3С-2006\D819\2】

3. ... и страна зовется Тибетом/А. Д. Цендина; Рос. акад. наук. Ин-т востоковедения. М.: Вост. лит., 2002.. 302, [2] с. 【索书号:3-2004\K297.5\1】

23) 雅洪托夫 С. Е. (Яхонтов, С. Е., 1926—)

雅洪托夫 С. Е. (Яхонтов, Сергей Евгеньевич, 1926.12.13—), 主要从事古汉语研究。1926 年出生于列宁格勒职员家庭。1950 年毕业于列宁格勒大学东方系。1954 年获副博士学位,学位论文为《汉语的动词范畴》。后获博士学位并留校任教。1956 年起为列宁格勒大学东方系副教授。1962—1963 年在北京大学进修。作品有《古汉语》(1956)、《汉语的动词范畴》(1957)、《古汉语的词类》(1960)、《古汉语》(1965)、《汉语句子的划分原则》(1971)、《汉语史论集》(1986)等 150 余部论著。
  原文论著

  1. Квантитативная типология языков Азии и Африки/Отв. ред. В. Б. Касевич, С. Е. Яхонтов. Л.：Изд-во Ленингр. ун-та, 1982.. 330 с..
【索书号：3\H003\K321】

  2. Разыскания по общему и китайскому языкознанию/Редколлегия：С. Е. Яхонтов и др. М.：Наука, 1980.. 224 с.. 【索书号：3\H1\P179】

  3. Востоковедение. 2. Филологические исследования/Отв. ред.：Ю. М. Осипов и С. Е. Яхонтов. Л.：Изд-во Ленинградского ун-та, 1976.. 215 с.
【索书号：3\K103\B78\:2】

  4. Древнекитайский язык/С. Е. Яхонтов. М.：Наука, 1965.. 115 с.
【索书号：P32-3\4】

  5. Филология стран Востока：[сборник статей]/[отв. ред. Е. М. Пинус и С. Е. Яхонтов]. Л.：Изд-во Ленингр. ун-та, 1962.. 187 с.【索书号：K1-1\2】

  6. Категория глагола в китайском языке/С. Е. Яхонтов. [Б. м.：б. и., б. г.].
【索书号：M24-2\30】

  中文译著
  汉语动词范畴 [专著]/(苏)雅洪托夫(С. Е. Яхонтов)著；陈孔伦译，北京：中华书局，1958，第 188 页。【索书号：0158022548】

(三) 历史

1. 历史类藏书综述

历史,是对生命的记载,是人类生命长河中的客观存在。对一个民族、一个国家的了解,首先要探究的就是其历史。中国几千年的文明史、发展史、思想史,以及由此形成的厚重的文化,民风、民俗,国人温文尔雅的处世风格,丰富的史料资源,都吸引了无数异域学者的目光。

对中国历史的探究,对中俄两国关系史的探究,历来是俄罗斯学者感兴趣的话题。不论是出于为国家效力,还是学术上的研究,中国的起源、中国文化形成的渊源等都是历代学者们亟待探明的焦点。因此,俄罗斯汉学界专门从事中国史(发展史、社会史、革命史、经济史以及史学史等)研究的学者人数最多,相关的论著、译著也最多。在本《目录》收集的255位俄罗斯汉学家中,有59位是专门从事中国史研究的学者。在这59位当中:

研究中国通史的学者,有写出通史专著的К. А. 哈尔恩斯基(1884—1943),其作品《自古迄今的中国》(История Китая с древнейших времён до наших дней,1927)的出版,使他成为了十月革命后第一个用马克思主义的观点来书写中国历史的人。他之后,有西蒙诺夫斯卡娅和尤里耶夫主编的《自古迄今的中国通史》(1972)以及齐赫文院士主编的《中国近代史》(1972)等。

从事中国断代史研究的有В. И. 格卢宁(1925—),他主编的《中国现代史(1917—1970)》(1972),对中国现代史有很独到的见解,受到学界的推崇。馆中收藏有他撰写的书著6部。此外还有В. Г. 达策申的《中国近代史》(2003)、Г. В. 叶菲莫夫的《中国近现代史纲要》(1949)、Р. Ф. 伊茨的《古代至17世纪中期的中国历史概述》(1961)等。

重点研究中国古代史、文化史的有Л. С. 瓦西里耶夫,馆中收藏有他的作品达25部,其中包括有《中国的文化、宗教、传统》(1970)、《东方的宗教史》(2000)等。

研究中国革命史,也是俄罗斯学者们感兴趣的课题,这类作品有:Е. А. 别洛夫的《辛亥革命简史:1911—1913》(2001)、《1911—1913年中国的革命》(1958);Г. В. 叶菲莫夫的《中国的资产阶级革命与孙中山(1911—1913)》(1974);А. М. 格里戈里耶夫博士的《1927—1931年中国的革命运动》(1980)等。

研究民族史的有:Л. Н. 古米廖夫博士的《中国的三位皇帝》(2008)、Л. И. 杜曼高级研究员的《匈奴史料》(1973)、В. П 伊柳舍奇金的《太平天国农民起义》(1967)、Н. М. 卡柳日娜娅的《义和团起义史料》(1973)等。

对中国历史人物研究,也是吸引俄罗斯学者的课题,馆藏中这类作品有:Г. В. 叶菲莫夫教授的《伟大的革命民主主义者孙中山》(1961)、И. И. 叶尔玛舍夫的《孙中山》(1964)、Н. М. 卡柳日娜娅的《传统与革命:近代中国的思想家与政治活动家章炳麟(1869—1936)》(1995)等。

本《目录》收集有这59位学者的近400部作品和27部译成中文的专著,是本《书目》中学者人数最多、作品最多的部分。详见下面的"书目导引"。

2. 历史类藏书书目导引

1) 阿勒拉热依 Н. Н. (Аблажей, Н. Н. , 1969—)

阿勒拉热依 Н. Н. (Аблажей, Наталья Николаевна, 1969.11.16—),历史学家、社会经济发展史资深研究员、俄罗斯境外史专家。1969年出生于克拉斯诺亚尔斯克边疆区的阿巴扎城。1992年毕业于新西伯利亚国立大学历史专业。1997年完成历史学副博士论文答辩,论文题目为《1920—1930年间的俄罗斯东部侨民》。2009年获博士学位,学位论文《俄罗斯(苏联)在中国的侨民与20世纪上半叶的归侨》。2010年评为副教授。在圣—法兰西俄罗斯文化博物馆工作多年。著有《从东方到东方:俄罗斯侨民在中国》(2007)等论著多部。

原文著作

1. С востока на восток: Российская эмиграция в Китае/Н. Н. Аблажей; отв. ред. В. А. Ламин. Новосибирск:[Изд-во СО РАН], 2007. . 298 с. 【索书号:3C-2009\D751.237\1】

2. Экономические и социокультурные взаимодействия в Урало-Сибирском регионе/Н. Н. Аблажей и др. ; Отв. ред. В. В. Алексеев. Новосибирск: СибАГС, 2004. . 226 с. ;【索书号:3-2007\F151.27\7】

3. Сибирское областничество в эмиграции/Н. Н. Аблажей. Новосибирск: Институт археологии и этнографии СО РАН, 2003. . 302 с. 【索书号:3-2003\D751.237\5】

2) 阿列克桑德罗娃 Н. В (Александрова, Н. В. , 1957—)

阿列克桑德罗娃 Н. В (Александрова, Наталия Владимировна, 1957.2.26—),俄罗斯科学院东方研究所资深研究员。1957年2月26日出生于莫斯科。1984年毕业于莫斯科大学历史系。1988年获历史学副博士学位。1988年起,为俄罗斯科学院东方学研究所科学工作者。出版论著20余部。

原文论著

1. Путь и текст: китайские паломники в Индии/Н. В. Александрова. Москва: Вост. лит. , 2008. . 334, [1] с. 【索书号:3C-2009\B949.2\2】

2. Древний Восток: учебное пособие для вузов/Н. В. Александрова, И. А.

Ладынин, А. А. Немировский, В. М. Яковлев; рук. проекта А. О. Чубарьян. М. : ACT: Астрель, 2007. . 654，[1] с.【索书号：3-2008\K124\2】

3）阿赫麦特申 H. X.（Ахметшин, H. X. ,1953—2008）

阿赫麦特申 H. X.（Ахметшин, Наиль Хасанович, 1953. 6. 24— 2008. 10. 31），历史学副博士、俄罗斯著名汉学家，在俄罗斯科学院国家语法研究所任职。1953 年，出生于鞑靼自治共和国库克莫尔村。1976 年毕业于莫斯科大学亚非学院。先后在山东大学(1986—1989)、中国人民大学(1990—1991)进修，1979 年获副博士学位。曾在莫斯科大学亚非学院(1979—1988)任职，1988 年转入科学院国家语法研究所。1997—2002 年曾来新华社工作。出版论著 60 余部。著有《现代中国刑法》(2000)、《丝绸之路的奥秘》(2002)、《大沙漠的奥秘》(2003)等。编著有《中俄法学词典》(2005)等。

原文论著

1. Китайско-русский финансого-экономический словарь: более 15000 терминов и словосочетаний = Han e jing ji jin rong ci dian: 15000 yu shu yu yu ci zu/Н. Х. Ахметшин [и др.]; под ред. Н. Х. Ахметшина, Хэ Жу. М. : ACT: Восток-Запад, 2007. . 701 с.【索书号：3G-2009\F-61\2】

2. Путешествия по Китаю: Заоблачный Тибет; Чай в Шангриле/Н. Х. Ахметшин. Москва: ACT: Восток-Запад, 2007. . 500，[3] с. 【索书号：3C-2009\K928. 975\1】

3. Китай: знакомство с древней культурой/[Хайжуй Ли, Линъюй Фэн, Вэйминь Ши; сост. , авт. предисл. Н. Х. Ахметшин; пер. Чжэн Яохуа]. Москва: Вече, 2007. . Москва: Вече, 2007. . 207 с.【索书号：3C-2009\K2\2】

4. Врата Шамбалы/Н. Х. Ахметшин. М. : Вече, 2007. . 333，[2] с. 【索书号：3C-2008\K928. 9\1】

5. Тайны и мистификации Тибета/Н. Ахметшин. М. : Вече, 2005. . 408 с. 【索书号：3C-2007\K928. 975\1】

6. Китайско-русский юридический словарь = Право, экономика, финансы: Более 16000 терминов и словосочетаний/Н. Х. Ахметшин [и др.]; Под ред. Н. Х. Ахметшина, Ли Дэпин. М. : Восток-Запад, 2005. . 684，[2] с.【索书号：3G-2007\D9-61\1】

7. История уголовного права КНР/Н. Х. Ахметшин; Ин-т государства и права Рос. акад. наук. М. : Ин-т государства и права Рос. акад. наук, 2005. . 343 с. 【索书号：3C-2006\D924. 02\1】

8. Китай. Знакомство с древней культурой/[Сост. и авт. предисл. Н. Х. Ахметшин; Пер. Чжэн Яохуа]. М. : Вече, 2004. . 207 с. 【索书号：3C-2006\K203\2】

9. Тайны великой пустыни: Миражи Такла-Макан/Н. Ахметшин. М. : Вече., 2003. . 376 с.【索书号：3-2004\K928. 9\1】

10. Тайны Шелковог опути: Зап. историка и путешественника/Н. Х. Ахметшин. М.: Вече, 2002..414, [1] с.【索书号:3-2004\K203\1】

4) 别洛夫 Е. А. (Белов, Е. А., 1929—2004)

别洛夫 Е. А. (Белов, Евгений Александрович, 1929.11.16—2004.4.17), 1953 年毕业于莫斯科大学历史系。1957 年 6 月 24 日获历史学副博士学位,学位论文《1911—1913 年的中国革命》。1970 年为资深科学工作者。1956—2004 年任俄罗斯科学院东方所研究员。1994 年获历史学博士学位。出版论著近百部。

他是历史学家、著名的俄中关系学家,对中国历史有较深研究。目前国图藏有他的作品多部,如《辛亥革命简史:1911—1913》(2005)、《1911—1913 年的中国革命》(1958)等。

原文论著

1. Россия и Тибет: Сборник русских архивных документов, 1900—1914/Рос. акад. наук, Ин-т востоковедения, Ин-т Дал. Востока; [Сост.: Е. А. Белов и др.]. М.: Вост. лит., 2005..230, [1] с.【索书号:3C-2007\D829.512\1】

2. Краткая история Синьхайской революции: 1911—1913: Учеб. пособие/Е. А. Белов. М.: Издат. фирма "Вост. лит." РАН, 2001..157 с.【索书号:3-2002\K257-43\Б435】

3. Россия и Китай в начале XX века: Русско-китайские противоречия в 1911—1915 гг./Е. А. Белов. М.: ИВ РАН, 1997..314 с.【索书号:3-99\D851.29\Б435】

4. Учауское восстание в Китае (1911 г.)/Е. А. Белов. М.: Наука, 1971..250 с..【索书号:T42-5\10】

5. Революция 1911—1913 годов в Китае/Е. А. Белов. М.: Изд. вост. лит., 1958..112 с..【索书号:E36-7\10】

5) 别洛戈拉佐夫 Г. П. (Белоглазов, Г. П., 1949—   )

别洛戈拉佐夫 Г. П. (Белоглазов, Геннадий Петрович, 1949.1.8—   ), 俄罗斯科学院远东所东方部主任,历史学副博士。1972 年毕业于远东大学(海参崴)东方系毕业。1980 年获历史学副博士学位。1975—1978 年,是苏联科学院东方学所的研究生,以《全球史》完成副博士论文答辩。1997 年起任中国学中心主任。出版论著 80 余部,对中国的历史文化有专门的研究。

原文论著

1. Аграрная реформа в Маньчжурии (Северо-Восточный Китай) 1945-1949 гг. = The Agrarian reform in Manchuria (North-East China) 1945-1949/Г. П. Белоглазов. Владивосток: Дальнаука, 2009..199 с.【索书号:3C-2010\F321.1\1】

2. Северо-Восточный Китай на рубеже XX-XXI вв. /Отв. ред. Г. П. Белоглазов. Владивосток: Дальнаука, 2005..238 с.【索书号:33C-2006\K923\1】

6) 勃柳姆亨 С. И.（Блюмхен, С. И., 1956— ）

勃柳姆亨 С. И.（Блюмхен, Сергей Иванович, 1956.6.18— ），历史学家。1956 年 6 月 18 日出生于莫斯科地区的柳别尔齐城。1978 年毕业于伊尔库茨克外语教育学院，1986 年毕业于伊尔库茨克国立大学。从 1990 年起为俄罗斯科学院东方学研究所科学工作者。1990—1991 年间到中国作考察。出版论著 20 余部。

主要著作有：与别人合著《〈易经〉研究史》(新西伯利亚,1991)。论文《德与〈易经〉中的三纲》《从魔力到道德伦理：(中国文化中"德")》，莫斯科,1998），《古老中国文化中罕见的双重性》《中国的社会与国家》，第 1 辑,莫斯科,1989)等。

原文论著

1. Общество и государство в Китае: XXXVIII научная конференция/[сост. и отв. ред. С. И. Блюмхен]. М. : Восточная лит. , 2008..253, [1] c. 【索书号:3C-2008\K2-532\2】

2. Общество и государство В Китае: XXXVII научная конференция: к 100-летию со дня рождения Лазаря Исаевича Думана/[сост. и отв. ред. С. И. Блюмхен]; Российская акад. наук, ин-т востоковедения. М. : Вост. лит. , 2007..351, [1] c. 【索书号:3C-2008\K2-532\1】

3. Общество и государство в Китае: XXXVI науч. конф. : К 70-летию Алексея Анатольевича Бокщанина/[Сост. и отв. ред. С. И. Блюмхен]; Ин-т Востоковедения РАН. М. : Вост. лит. , 2006..320 c. 【索书号:3C-2006\K2-532\5】

7) 瓦西里耶夫 Л. С.（Васильев, Л. С. ,1930— ）

瓦西里耶夫 Л. С.（Васильев, Леонид Сергеевич, 1930.10.9— ），俄罗斯历史学家,社会学家,汉学家。历史学博士。1930 年出生于莫斯科职员家庭,1953 年毕业于莫斯科大学,1958 年获副博士学位,1974 年获博士学位,学位论文《中国远古历史的若干问题(黄河流域文明的起源——物质文化基础与民族基础的形成)》。1956 年起在科学院东方学研究所工作。出版论著 120 余部。主要有：《中国的迷信、宗教和传统》(1970)、《东方国家的宗教文化传统》(1976)、《中国的道和道家哲学》(主编,1982)、《东方宗教史、宗教文化的传统和社会》(1982)、《中国国家的起源问题》(1983)、《东方史》(两卷,1993)等。

原文论著

1. История Китая = zhong guo li shi: учебник для студентов высших учебных заведений, обучающихся по историческим специальностям /[Л. С. Васильев и др.]; под ред. А. В. Меликсетова. Москва: Изд-во Московского ун-та: Оникс, 2007..750, [1] c. 【索书号:3C-2009\K20-43\1】

2. Мы и Они: конформизм и образ "другого": сборник статей на тему ксенофобии /отв. ред. Л. С. Васильев; ред.-сост. А. Л. Рябинин. Москва: КДУ, 2007.. 223 с.【索书号:3-2009\C955\1】

3. История Китая: учеб. для студентов вузов, обучающихся по ист. Специальностям = zhong guo li shi/[Л. С. Васильев и др.]; под ред. А. В. Меликсетова. М.: Изд-во Моск. ун-та: ОНИКС 21 век, 2004.. 751 с.【索书号:3С-2008\K20-43\1】

4. Древний Китай. Т. 3. Период Чжаньго (V-III вв. до н. э.)/Л. С. Васильев. М.: Вост. лит. РАН, 2006.. 678, [1] с.【索书号:3С-2007\K22\1】

5. История религий Востока: [Учебное пособие для вузов]/Л. С. Васильев. М.: Университет, 2001.. 425, [1] с.【索书号:3-2005\B929.3\1】

6. Человек и Природа в духовной культуре Востока/Отв. ред. Л. С. Васильев. М.: ИВ РАН: Крафт+, 2004.. 576 с.【索书号:3-2005\K300.3\2】

7. История Востока: Учебник для студентов вузов. Т. 1/Л. С. Васильев. М.: Высш. шк., 2003.. 511, [1] с.【索书号:3-2007\K3-43\1】

8. История Востока: Учебник для студентов вузов. Т. 2/Л. С. Васильев. М.: Высш. шк., 2003.. 567, [1] с.【索书号:3-2007\K3-43\2】

9. Культы, религии, традиции в Китае/Л. С. Васильев. М.: Издат. фирма "Вост. лит" РАН, 2001.. 487 с.【索书号:3-2002\B929.2\B191=2】

10. Древний Китай. Т. 2. Период Суньцю (VIII-V вв. до н. э.)/Л. С. Васильев. М.: Издат. фирма "Вост. лит." РАН, 2000.. 622 с. 【索书号:3-2002\K22\B191\:2】

11. История религий Востока: Учеб. пособие для студентов вузов по спец. "История"/Л. С. Васильев. М.: Университет, 2000.. 425, [1] с. 【索书号:3-2002\B929.3-43\B191=5】

12. История Востока: В 2-х т.: Учеб. по спец. "История"/Л. С. Васильев. М.: Высш. шк., 1998.. 494 с.【索书号:3-99\K3-43\B191\:1】

13. История Востока: В 2-х т.: Учеб. по спец. "История"/Л. С. Васильев. М.: Высш. шк., 1998.. 494 с.【索书号:3-99\K3-43\B191\:2】

14. Древний Китай/Л. С. Васильев. М.: Издат. фирма "Вост. лит." РАН, 1995.. 377 с.【索书号:3-98\K22\B191\:1】

15. Проблемы генезиса китайской мысли: (Формирование основ Мировоззрения и менталитета)/Л. С. Васильев. М.: Наука, 1989.. 307 с. 【索书号:3-90\B2\B191】

16. История религий Востока: Учеб. пособие для студентов вузов, Обучающихся по спец. "История"/Л. С. Васильев. М.: Высш. шк., 1988.. 414 с. 【索书号:3-89\B929.3-43\B191=2】

17. Этика и ритуал в традиционном Китае: Сборник статей /Редкол.: ...Л. С. Васильев (отв. ред.) и др. М.: Наука, 1988.. 329 с.【索书号:3-93\B220.5\Э901】

18. История религий Востока (религиозно-культурные традициии общество): Учеб. пособие для студентов вузов, обучающихся поспец."История"/Л. С. Васильев. М.: Высш.

школа,1983. . 366 с. .【索书号:3\B929.3-43\B191】

19. Проблемы генезиса китайского государства:（Формирование основ социальной структуры и политической администрации）/Л. С. Васильев. М. : Наука, 1983. . 325 с. .【索书号:3\D69\B191】

20. Проблемы генезиса китайской цивилизации: Формированиеоснов материальной культуры и этноса/Л. С. Васильев. М. : Наука, 1976. . 367 с. .【索书号:3\K203\B191】

21. История и культура Китая：（Сборник памяти акад. В. П. Васильева）/ Отв. ред. Л. С. Васильев；Акад. наук СССР. Ин-т востоковедения. М. : Наука, 1974. .479 с.【索书号:3\K20\И907】

22. Культы，религии，традиции в Китае/Л. С. Васильев. М. : Наука，1970. . 483 с.【索书号:3-94\B929.2\B191】

23. Аграрные отношения и община в древнем Китае:（XI-VII вв. до. н. э.）/Л. С. Васильев. М. : Изд. вост. лит. , 1961. . 268 с.【索书号:P2-3\33】【索书号:Д62-2\4】

中文论著

中国文明的起源问题［专著］/（苏）瓦西里耶夫著；郝镇华等译. —北京：文物出版社，1989. —427页【索书号:\K871\3】

8）维诺格拉多夫 A. B.（Виноградов, A. B. ,1962— ）

维诺格拉多夫 A. B.（Виноградов,Андрей Владимирович,1962.4.11— ），历史学家。1962年4月11日出生于雅罗斯拉夫尔。1984年毕业于莫斯科大学亚非研究所。1984—1985年间在北京外国语学院、1995—1996年间在台北中国研究中心进修。1989年获历史学副博士学位,学位论文《中国共产党的文件和中国社会学家的著作对科学社会主义的阐释（70—80年代末）》(莫斯科，1989)。从1988年起为俄罗斯科学院远东研究所科学工作者。出版论著40余部。参加了《中国哲学百科》(莫斯科,1994)的撰写。论文《现阶段的马克思主义发展问题》(《中国思想政治改革方针》,莫斯科,1988)、《关于中国社会主义道路的他论》(《中国的改革》,第2辑,莫斯科,1991)等。

原文论著

1. Исследование археологических памятников эпохи средневековья：[сборник научных статей]/Санкт-Петербургский гос. ун-т, Фак. социологии, Науч-исслед. ин-т комплексных социальных исслед. , Лаб. археологии, ист. социологии и культурного наследия им. Г. С. Лебедева；[отв. ред. А. В. Виноградов]. Санкт-Петербург：Нестор-История, 2008. 138,[1] с.【索书号:3-2009\K885.12\4】

2. Китайская модель модернизации：Поиски новой идентичности/А. В. Виноградов. М. : Памятники ист. мысли, 2005.333, [1] с.【索书号:3С-2007\K27\2】

9) 维诺格罗德斯基 Б. Б.（Виногродский, Б. Б., 1957—　）

维诺格罗德斯基 Б. Б.（Виногродский, Бронислав Брониславович, 1957—　），著名俄罗斯汉学家、作家、哲学家、社会活动家。1957年出生在远东。毕业于远东国立大学东方系。喜欢中国文化。著有多部中国历史和民族文化的书。翻译过大量中国经典文献，有40多部译作和论著出版。

原文论著

1. Китайская символика: знаки счастья/Бронислав Виногродский. Москва: Изд-во Антона Жигульского, 2008.. 159 с.【索书号: 3C-2010\G12\1】

2. Китайские мудрости на Пути Правителя/Бронислав Виногродский. Москва: Изд-во Антона Жигульского, 2007.. 526 с.【索书号: 3C-2010\B21\1】

3. Менеджмент в китайской традиции: учебное пособие/Б. Б. Виногродский, В. С. Сизов. М.: Экономистъ, 2007.. 255 с.【索书号: 3C-2008\F129\1】

4. Китайский нефрит: узоры времени: [альбом]/Бронислав Виногродский. М.: Изд-во Антона Жигульского, 2006.. 159, [1] с.【索书号: 3C-2008\J329\1】

5. Алхимические "Перемены"/Лю И Мин; Пер. [с кит.], сост.: Бронислав Виногродский. М.: Изд-во "Гермитаж-Пресс", 2005.. 667 с.【索书号: 3C-2006\B221\1】

6. Книга Перемен: Даосские гадания/Бронислав Виногродский. М.: Изд-во "Гермитаж-Пресс", 2004.. 184 с.【索书号: 3C-2006\B221\2】

7. Ицзин: Поэтическая матрица/Б. Виногродский. М.: Гермитаж-Пресс, 2004.. 510, [1] с.【索书号: 3C-2005\B221\2】

8. Трактат Желтого императора о внутреннем/[Пер. Б. Виногродский]. М.: ООО "ЧИТРА", 2002.. 283, [1] С.【索书号: 3-2004\R221\1】

10) 沃斯特里科夫 А. И.（Востриков, А. И., 1904—1937）

沃斯特里科夫 А. И.（Востриков, Андрей Иванович, 1904.10.10—1937.9.26），著名的俄罗斯东方学家，毕生致力于西藏史和印度史研究。1904年出生于萨拉托夫州阿加列夫卡村，1924年毕业于彼得格勒大学社会师范系，1935年获文学博士学位，曾任职于亚洲博物馆、佛教文化研究所、东方学研究所、列宁格勒大学。著有《西藏历史文献》（1962），此书于1970年被翻译成英文。

原文论著

1. Тибетская историческая литература = Tibetan historical literature/Андрей Иванович Востриков; сост., коммент. А. В. Зорина Санкт-Петербург: Петербургское Востоковедение, 2007.. 335, [1] с.【索书号: 3C-2010\K297.5\1】

2. Тибетская историческая литература/А. И. Востриков. М.: Изд. вост. лит., 1962.. 427 с.【索书号: Б79-3\41】

11) 维亚特金 Р. В.（Вяткин, Р. В., 1910—1995）

维亚特金 Р. В.（Вяткин, Рудольф Всеволодович, 1910.3.6—1995.9.10），1910 年出生于瑞士巴塞尔侨民家庭，1939 年毕业于远东大学，1949 年获历史学副博士学位，从 1939 年起先后在军事外语学院、莫斯科东方学院、莫斯科大学任教，1956 年起转入中国学研究所、东方学研究所工作。著有《班固——中国古代的历史学家》(1975)，以全文翻译司马迁多卷本的《史记》(合译，1972)著称。出版论著 120 余部。是苏联勋章和奖章获得者。

原文论著

1. Сокровища Музея Императорского дворца. Гугун:［путешествие в Гугун］= Guoligugongbowuyuan:daodujo:gugong /［гл. ред. А. Р. Вяткин］;［пер. с англ. Н. П. Космарской и Е. В. Минухиной］. М.: Наталис: РИПОЛ Классик, 2007..174,［1］с.【索取号:3C-2008\K870.2\1】

2. Музеи и достопримечательности Китая/Р. В. Вяткин. М.: Изд. вост. лит., 1962..174 с.【索书号: Б63-2\9】

3. Историческая наука в КНР. /［отв. ред. Р. В. Вяткин, Н. П. Свистунова］. М.: Наука, 1971..302 с.【索书号:3C-2008\K207\1】

4. Исторические записки（Ши цзи）Т. 2/Сыма, Цянь; Пер. с кит. и Комментарий Р. В. Вяткина и В. С. Таскина; Под общ. ред. Р. В. Вяткина. М.: Вост. лит., 2003..566,［1］с.【索书号:3C-2007\K204.2\1】

12) 甘申 В. Г.（Ганшин, В. Г., 1951—2011）

甘申 В. Г.（Ганшин, Владимир Георгиевич, 1951.4.21—2011.10.10），1951 年 4 月 21 日出生于费奥多西亚。主持俄罗斯科学院远东所（莫斯科）科学信息中心的工作。1973 年毕业于莫斯科大学亚非研究所。1979 年获得历史学副博士学位。毕业后有 20 年的时间在《消息报》做驻外记者。从 2000 年起，是俄罗斯科学院远东研究所资深研究员。研究方向：中国公民社会的形成。著有一系列有关中国问题的研究专著，如《俄罗斯与中国公民社会的形成》(2007)、《中国经济地理概述》(2004)等 20 余部。

原文论著

1. Китай: искушение либерализмом/В. Г. Ганшин. Москва: ИДВ РАН, 2009..223 с.【索书号:3C-2010\D6\1】

2. Китай. Проблемы гармоничного и устойчивого развития/［отв. ред. В. Г. Ганшин, П. М. Кожин］. Москва: Институт Дальнего Востока РАН, 2009..96 с. 【索书号:3C-2010\X22\1】

3. Формирование гражданского общества в России и Китае. /В. Г. Ганшин. Москва: Ин-т Дальнего Востока РАН, 2007..231 с.【索书号:3C-2008\D6\5】

4. Китай: Экон.-геогр. очерк / Г. А. Ганшин, И. В. Ушаков. М.: Мысль,

2004. 269, [1] с. 【索取号：3C-2006\F129.9\1】

5. Китай и его соседи: на пути к гражданскому обществу: особенности и закономерности формирования основ гражд. об-ва в Китае инекоторых странах АТР/В. Г. Ганшин; [Отв. ред. Ф. Б. Белелюбский]. М.：Ин-т Дал. Востока РАН, 2004.. 335 с. 【索书号：3C-2005\D6\2】

13) 格卢宁 В. И. （Глунин, В. И. , 1924—2004）

格卢宁 В. И.（Глунин，Владимир Иванович，1924.9.29—2004.11.6），1924 年 9 月 29 日出生于斯摩棱斯克州。1951 年毕业于莫斯科东方学院。1954 年获历史学副博士学位，学位论文为《第三次国内革命战争时期中国共产党为争取人民民主革命的胜利而斗争》。1977 年获历史学博士学位。1960 年获高级研究员职称。1966 年起任远东研究所研究人员。著有《中国现代史(1917—1970)》(1972)等论著 120 余部。1942—1945 年间参加了卫国战争。是苏联勋章和奖章获得者。

原文论著

1. Китай в период войны против японской агрессии: (1937-1945)/Отв. ред. В. И. Глунин. М.：Наука, 1988.. 335 с. 【索书号：3-90\K265\K451】

2. Новейшая история Китая, 1917-1927/Редколлегия: В. И. Глунин（отв. ред.）и др. М.：Наука, 1983. 398 с.. 【索书号：3\K26\H727\:1917-1927】

3. Новейшая история Китая, 1917-1970 гг. /В. И. Глунин и др. М.：Мысль, 1972.. 437 с.. 【索书号：Т31-5\1】

4. Социалистическая революция в Китае/В. И. Глунин. М.：Соцэкгиз, 1960.. 246 с.. 【索书号：П37-2\12】

5. Третата гражданска революционна война в Китай, 1946-1949/Б. И. Глунин. София: Воениздат, 1959.. 186 с. 【索书号：Б1\506】

6. Третья гражданская революциопная война в Китае, 1946-1949/В. И. Глунин. М.：Изд. вост. лит, 1958.. 197 с.. 【索书号：Е26-7\1】

14) 格里戈里耶夫（高黎明）А. М. （Григорьев, А. М. , 1933—   ）

格里戈里耶夫 А. М.（Григорьев，Александр Миронович，1933.4.28—   ），历史学博士，1933 年出生于莫斯科职员家庭，1956 年毕业于莫斯科大学。1959—1960 年间在中国进修。1963 年获历史学副博士学位，学位论文《中国资产阶级革命者与帝国主义（1895—1905）》。1977 年获历史学博士学位，1987 年晋升教授，先后在中国学所、亚洲民族学所工作，1966 年起调入远东研究所。1993—2004 年间任《远东问题》杂志总编。著有《1927—1931 年中国的革命运动》(1980)等论著 100 余部。

原文论著

1. Теоретические проблемы экономической реформы в КНР: реферативный сборник/

отв. ред. А. М. Григорьев, В. С. Милонов. М. : ИНИОН АН СССР, 1988. . 199 с. 【索书号:3-89\Z89:F124\T338】

2. Проблемы социальной истории крестьянства Азии: новейшие модели Крестьянина в буржуазных исследованиях: реф. сборник. Вып. 1 /отв. ред. А. М. Григорьев. . М. : ИНИОН АН СССР, 1986. . 266 с.
【索书号:3-88\Z89:F330.9\П781\:1】

3. Китай в новое и новейшее время: История и историография/Редкол. : А. М. Григорьев (отв. ред.) и др. М. : Наука, 1981. . 195 с. 【索书号:3\K25\K451】

4. Революционное движение в Китае в 1927—1931 гг. : (Проблемы стратегии и тактики) / А. М. Григорьев. М. : Наука, 1980. . 291 с. . 【索书号:3\K263\Г834】

5. Антиимпериалистическая программа китайских буржуазных революционеров, 1895—1905 / А. М. Григорьев. М. : Наука, 1966. . 102 с. . 【索书号:T3-6/9】

15) 格里查克 E. H. （Грицак, E. H.）

原文论著

1. Пекин и Великая Китайская стена/E. H. Грицак. М. : Вече, 2005. . 252, [3] с. 【索书号:3C-2007\K928.701\1】

2. Тибет/[Грицак E. H.]. М. : Вече, 2005. . 222, [1] с. 【索书号:3C-2006\K297.5\2】

16) 古米廖夫 Л. Н. （Гумилёв, Л. Н. , 1912—1992）

古米廖夫 Л. Н. （Гумилёв, Лев Николаевич, 1912.9.18—1992.6.15）, 1912 年出生于皇村, 1946 年毕业于列宁格勒大学历史系。主要研究中亚历史。1948 年获副博士学位, 1962 年获博士学位（均是以研究突厥史为题完成的学位论著）。先任职于冬宫博物馆, 1962 年起在列宁格勒大学地理系执教。与汉学相关的书著有《胡人在中国——中国与草原民族三个世纪的战争（3—6 世纪）》(1974)、《古罗斯与大草原》(1992) 等 180 余部。参加过卫国战争, 是苏联勋章和奖章获得者。

原文论著

1. Хунну; Троецарствие в Китае; Хунны в Китае/Лев Гумилёв. Москва: Айрис-Пресс, 2008. . 621, [1] с. 【索书号:3C-2009\K289\1】

2. Три китайских царства/Лев Гумилёв. Москва: Алгоритм, 2008. . 268, [2] с. 【索书号:3C-2009\K23\2】

3. Хунну: Троецарствие в Китае; Хунны в Китае/Лев Гумилев; [Подборил. , сост. указ. : Е. М. Гончарова]. М. : Айрис-Пресс, 2004. . 621, [1] с. 【索书号:3C-2007\K289\1】

4. Древняя Русь и Великая степь/Лев Гумилев. М. : АСТ, 2003. . 839 с. 【索书号:3-2005\K512.3\4】

5. Этносфера: история людей и история природы/Л. Н. Гумилев. СПб. ; М. :

СЗКЭО "Кристалл"; АСТ, 2002.. 571, [4] с. 【索书号: 3-2005\C951\1】

6. Открытие Хазарии: Работы 1966-1988 гг. /Л. Н. Гумилев. СПб.; М.: СЗКЭО и др., 2002.. 346, [1] с. 【索书号: 3-2005\K512.0\1】

7. Сочинения: В 15-ти т. Т. 12. Древние тюрки: В 2-х кн. Кн. 1/Л. Н. Гумилев; Сост., коммент., подгот. и общ. ред. А. И. Куркчи. М.: Ин-т ДИ-ДИК, 1999.. 476 с. 【索书号: 3-2000\K1\Г946\:12】

8. Сочинения: В 15-ти т. Т. 13. Древние тюрки: В 2-х кн. Кн. 2/Л. Н. Гумилев; Сост., коммент., подгот. и общ. ред. А. И. Куркчи. М.: Ин-т ДИ-ДИК, 1999.. 477 с. 【索书号: 3-2000\K1\Г946\:13】

9. Сочинения.: В 15-ти Т. Открытие Хазарии/Лев Н. Гумилев; Сост. [и авт. предисл.] А. И. Куркчи; [Фонд "Мир Л. Н. Гумилева"]. М.: ДИ-ДИК, 1996.. 637 с. 【索书号: 3-98\K1\Г946\:6】

10. Поиски вымышленного царства: Легенда о "государстве пресвитера Иоанна"/Л. Н. Гумилев. М.: ДИ-ДИК, 1994.. 479 с. 【索书号: 3-98\K303\Г946】

11. Хунны в Китае: Три века войны Китая со степными народами III-VI вв. /Л. Н. Гуыилев. СПб.: Абрис, 1994.. 271 с. 【索书号: 3-96\K289\Г946-2】

12. Из истории Евразии/Л. Н. Гумилев. М.: Искусство, 1993.. 78 с. 【索书号: 3-96\K311.0\Г946】

13. География этноса в исторический период/Л. Н. Гумилев. Л.: Наука, 1990.. 278 с. 【索书号: 3-91\K18\Г946】

14. Древняя Русь и Великая степь/Л. Н. Гумилев. М.: Мысль, 1989.. 764 с. 【索书号: 3-90\K512.3\Г946】

15. Старобурятская живопись: Исторические сюжеты в иконографии агинского дацана/Л. Н. Гумилев. М.: Искусство, 1975.. 165 с. 【索书号: 3\J19\Г946】

16. Древние тюрки/Л. Н. Гумилев. М.: Наука, 1967.. 501, [3] с. 【索书号: Т49-6\56】

17. Открытие Хазарии: (ист.-географ. этюд)/Л. Н. Гумилев. М.: Наука, 1966.. 191 с. 【索书号: Т2-6\53】

18. Хунну: Срединная Азия в древние времена/Л. Н. Гумилев. М.: Изд-во вост. лит., 1960.. 【索书号: 3\K289\Г946】

19. Собрание сведений по исторической географии Восточной и Срединной Азии/ Сост. Л. Н. Гумилев и М. Ф. Хван. [Чебоксары: Чувашское Госиздат, 1960.. 758 с. 【索书号: Д60-3\23】

中文论著

列夫·古米廖夫民族互动理论述评 [硕士论文]/李晶晶著; 李英男指导. —2007. —39 页; 【索书号: \hh 59262】

17) 达策申 В. Г. (Дацышен, В. Г., 1964—)

达策申 В. Г. (Дацышен, Владимир Григорьевич, 1964.5.15—),

1964 年出生于克拉斯诺雅尔斯克。1989 年毕业于克拉斯诺雅尔师范学院。1996 年获副博士学位,学位论文《1900—1901 年在满洲的俄华战争》。2001 年获博士学位,学位论文《1881—1903 年的俄中关系》(伊尔库茨克大学)。1996 年起在克拉斯诺雅尔大学任教,2003 年起在布拉戈维申斯克大学从事教学工作。著有《19 世纪末至 20 世纪初俄中关系史》(2000)、《帝俄时代汉语教育史》(2000)、《中国近代史》(2003)等论著 125 部。

原文论著

1. Китайцы в Сибири в XVII-XX вв. : проблемы миграции и адаптации/ В. Г. Дацышен. Красноярск: СФУ, 2008.. 306 с. 【索书号:3C-2010\D634. 351. 2\1】

2. Христианство в Китае: история и современность = Christianity in China: history and modernity/В. Г. Дацышен. М. : Науч.-образовательный форум по междунар. отношениям, 2007.. 237, [2] с. 【索书号:3C-2008\B979.2\1】

18) 杰维亚托夫 А. П. (Девятов, А. П. ,1952—　　)

杰维亚托夫 А. П. (Девятов, Андрей Петрович, 1952. 5. 13—　　),1952 年 5 月 13 日出生于古比雪夫州。1974 年毕业于军事外语学院。1976—1979、1982—1986、1989—1992 年间在苏联驻华使馆任随员。1993—1999 年在中国经商。现任俄中战略协作研究所主任,军人汉学家。用了 30 余年的时间研究中国,其中有 12 年生活在北京,5 年生活在北戴河。著有《21 世纪的中国与俄罗斯》(2002)、《实践中国学》(2007)等论著 40 余部。

原文论著

1. Китайская специфика: как понял ее я в разведке и бизнесе: для тех, кто принимает решения/А. П. Девятов. Москва: Жигульский, 2008.. 253 с. 【索书号:3C-2010\K207.8\1】

2. Практическое китаеведение: базовый учебник для повышения квалификации спец.-регионоведов и представителей деловых и полит. кругов/А. П. Девятов. М. : Восточная книга, 2007.. 542 с. 【索书号:3C-2008\K207.8-43\1】

3. Китайский путь для России: [Донесения полковника ГРУ]/Андрей Девятов. М. : Эксмо: Алгоритм,2004.. 316 с. 【索书号:3C-2005\D751.2\1】

4. Китай и Россия в двадцать первом веке/Андрей Девятов.. М. : Алгоритм, 2002.. 282, [2] с.. 【索书号:3-2003\D6\3】

19) 杜曼 Л. И. (Думан, Л. И. ,1907—1979)

杜曼 Л. И. (Думан, Лазарь Исаевич, 1907. 5. 14—1979. 6. 29),主要从事中国古代史研究。出生于圣彼得堡手工业者家庭。毕业于列宁格勒大学语言和物质文化系(1930)。1935 年获历史学副博士学位,学位论文题为《18世纪末清政府在新疆的土地政策(1760—1800)》。1965年获博士学位。1952年12月获高级研究员职称。1936—1941年为列宁格勒大学东方系教员,1954—1956年在莫斯科东方学院和莫斯科国际关系学院任教。中国学研究所研究人员(1956—1961)。主要著有《中国古代史纲(公元前12世纪到公元1世纪)》(1938)、《中国史纲》(1950)、《17世纪清帝国的对外政策》(1977)、《司马迁的生平创作》等论著70余部。

原文论著

1. Цюй Юань, как государственный деятель, и его эпоха (340-278 гг. дон. э.)/Л. И. Думан. 42-50 с.. 【索书号:Б9-7\27】

2. Жизнь и деятельность Сыма Цяня/Л. И. Думан. 90-100 с.. 【索书号:Б9-7\29】

3. Материалы по истории Сюнну (По китайским источникам). Вып. 2 /предисл., пер. и примеч. В. С. Таскина; отв. ред. Л. И. Думан. М.: Наука, 1973.. 171 с.. 【索书号:Т43-4\4】

4. Вопросы истории и историографии Китая: (сборник статей)/отв. ред. Л. И. Думан; сост.: А. Н. Хохлов. М.: Наука, 1968.. 279 с.. 【索书号:Т38-3\6】

5. Эпоха рабовладельческого строя/ Го Мо-Жо; пер. с кит. Л. С. Переломова и М. Г. Прядохина; ред., коммент. Ипослесл. Л. И. Думана. Москва: Изд-во иностр. лит., 1956.. 268 с.. 【索书号:3С-2009\К220.7\1】

6. Избранное: пер. с кит./Сыма Цянь; пер. В. Панасюка; общ. ред., предисл. и коммент. Л. И. Думана. М.: Гослитиздат, 1956.. 357 с. 【索书号:Е9-7\33】

7. Аграрная политика цинского (Манчжурского) правительства в Синьцзяне в конце XVIII века/Л. И. Думан. М.; Л.: Изд-во Академии наук СССР, 1936.. 254 с. 【索书号:9\51\Д82】

中文论著

美帝国主义者是中国人民最凶恶的敌人[专著]:美国侵华简史/(苏)杜曼撰;北京市中苏友好协会编. —北京:北京市中苏友好协会, 1951. —49页 【索书号:\645.2\245\lgj】

20) 叶尔玛舍夫 И. И. (Ермашев, И. И., 1903—1963)

叶尔玛舍夫 И. И. (Ермашев, Иссак Израилевич, 1903—1963), 1903年出生于德文斯克。20年代曾在《莫斯科工人报》、《共青团真理报》等报任记者,从30年代起调到《真理报》工作。1942年任《星火》杂志主编。50年代初期加入作家协会。对中国革命有深刻研究,撰写了《孙中山》(1964)、《五颗星的共和国》(1955)、《中国上空的光芒》(1951)等专著。

原文论著

1. Сунь Ят-сен/И. Ермашев. М.: Мол. гвардия, 1964.. 318 с.

【索书号：P8-4\44】

2. Международное сотрудничество/И. Ермашев. М. ：Госпол-ит издат, 1956..70 с..【索书号：Б7-4\54】

3. Республика пяти звезд/И. Ермашев. М. ：Молодая гвардия, 1955..463 с.【索书号：\32НД(51)\Е72и】

4. Фильмы с новом Китае："Освобожденный Китай"，"Победа китайского народа"/И. Ермашев. М. ：Госкиноиздат, 1951..62 с..【索书号：3\J952\Е728】

5. Свет над Китаем/И. Ермашев. М. ：Издательство ЦК ВЛКСМ Молодая гвардия,]1950..468 с..【索书号：Б6-3\4】【索书号：М16-4/5】

6. Среди земноморская проблема/И. И. Ермашев. [Б. м.：б. и.，б. г.]..28 с..【索书号：И3-4\142】

7. "Европейский совет" в агрессивных планах американского империализма/И. И. Ермашев. [Б. м.：б. и.，б. г.].. 36 с..【索书号：И3-5\60】

中文译著

亚洲曙光[专著]/(苏)叶尔玛舍夫(И. Ермашев)著；李相崇,徐警青译. —北京：中外出版社, 1951. —230 页【索书号：\627.64\504】

21) 叶菲莫夫 Г. В.（Ефимов, Г. В., 1906—1980）

叶菲莫夫 Г. В.（Ефимов, Геронтий Валентинович, 1906.4.3—1980.6.3),历史学博士。1906 年出生于沃罗涅什州乡村教师家庭,1932 年毕业于列宁格勒历史、语文和语言学院,1939 年获副博士学位,学位论文《孙中山争取中国独立的斗争》,同年评为副教授。1958 年获博士学位,学位论文《19 世纪末中国的国际关系和清政府的对外政策》,并晋升为教授。1935—1941 年间在白俄罗斯大学等大学任教,1941 年起在列宁格勒大学任教。著有《中国近现代史纲》(1949、1951)、《辛亥革命》(1959)、《伟大的革命民主主义者孙中山》(1961)、《孙中山》(1964)等论著 150 余部。是苏联勋章和奖章获得者。

原文论著

1. Буржуазная революция в Китае и Сунь Ят-сен（1911-1913 гг.）：Факты и проблемы/Г. В. Ефимов. М. ：Наука, 1974.. 315 с..【索书号：3\K257.1\Е912】

2. Международные отношения на Дальнем Востоке. М. ：Мысль, 1973.. 2 т..

3. Вопросы воспитания и преподавания в университете：сборник статей/[отв. ред. Г. В. Ефимов]. Л. ：Изд-во Ленингр. ун-та, 1964..140 с.【索书号：А9-6\3】

4. Сунь Ят-сен / И. Ермашев. М. ：Мол. гвардия, 1964..318 с.

【索取号：Р8 4/44】

5. Проблемы истории национально-освободительного движения в странах Азии：материалы межвузовской конференции при Ленингр. ун-те, 25-27 янв. 1961 г. /[отв. ред. Г. В. Ефимов]. Л. ：Изд-во Ленингр. ун-та, 1963..184 с..

【索书号：A21-3\12】

6. Новейшая история стран зарубежной Азии и Африки：［учеб. пособие для ун-тов］/［отв. ред. профессора Г. В. Ефимов, А. Д. Новичев］. Л.：Изд-во Ленингр. ун-та, 1963..614 с.【索书号：Б92-7\29】

7. Великий китайский революционер демократ Сунь Ят-сен/Г. В. Ефимов. Л.：［б. и.］, 1961..67 с..【索书号：П41-5\21】

8. Новая история стран зарубежной Азии и Африки：учеб. пособие для ун-тов/［Л. А. Березный, . М. Голдобин, Д. И. Гольдберг и др.；отв. ред. Г. В. Ефимов, Д. А. Ольдерогге］. Л.：Изд-во Ленингр. ун-та, 1959..592 с.【索书号：Г17-3\24】

9. Очерки по новой и новейшей истории Китая/Г. В. Ефимов. М.：Госполитиздат, 1949..435 с..【索书号：\9(51)\E91】

10. Борьба сил демократии против реакции в Китае：Стенограмма публичной лекции, прочитанной в Ленинграде 9 октября 1947 г. /Г. В. Ефимов. Л.：Лениздат, 1948..28 с..【索书号：3\K26\E912】

22）伊万诺夫（伊文）А. А.（Иванов, А. А. ,1885—1942）

伊万诺夫 А. А.（Иванов, Алексей Алексеевич, 1885.9.28—1942.2.10），主要研究中国近、现代史。是从事中国史研究的第一位苏联博士。1885 年出生于奥廖尔省利夫内的商人家庭。1904—1905 年在自由俄国大学社会科学高等学院学习，因参加 1905 年十二月起义被囚禁于感化院。1917 年前侨居巴黎。1917 年毕业于法国国立东方语言学院。1936 年获博士学位。1935 年获高级研究员职称。1917 年以前其在法兰西学院工作，以后任法国《北京报》编辑、《真理报》记者。1917—1927 年在北京大学任教。1932—1942 年为苏联科学院世界经济和世界政治研究所研究人员。著有：《中国和苏联》（1924）、《红缨枪（中国农民运动）》（1927）、《1927—1930 年中国游击队活动概况》（1930）等论著 100 余部。

原文论著

1. Верная гвардия：［русская смута глазами офицеров-монархистов/сост. и ред. - А. А. Иванов при участии С. Г. Зирина］. Москва：Посев, 2008..747, [1] с.
【索书号：3-2009\K835.125.2\12】

2. Последние защитники монархии：Фракция правых IV Государственной думы в годы Первой мировой войны（1914-февраль 1917）/А. А. Иванов. Санкт-Петербург：Дмитрий Буланин, 2006..204, [1] с. 【索书号：3-2009\D751.29\1】

23）伊柳舍奇金 В. П（Илюшечкин, В. П. ,1915—1996）

伊柳舍奇金 В. П（Илюшечкин, Василий Павлович, 1915.4.10—1996.4.24），历史学家、哲学家。苏联科学院东方研究所研究员（1950 年起），历史学博士，哲学博士。专业研究中国历史等。1915 年出生于下戈罗德州的一个农民家庭。1939年毕业于列宁格勒大学历史系。1966年获历史学博士学位,学位论文《太平天国的农民战争》。著有《太平天国农民起义》(莫斯科,1967)、《中国历史上的社会等级》(莫斯科,1986)等论著近120部。

原文论著

1. Китай на пути к социализму/В. П. Илюшечкин. Ann Arbor: UMI. A Bell & Howell Company, 2001. . 75 с.【索书号:3-2002\D6\И498】

2. Теория стадийного развития общества: История и проблемы/В. П. Илюшечкин. М. : Издат. фирма "Вост. лит." РАН, 1996. . 405 с.【索书号:3-98\K02\И498】

3. Эксплуатация и собственность в сословно-классовых обществах: (Опыт системно-структурного исследования)/В. П. Илюшечкин. М. : Наука, 1990. . 439 с.【索书号:3-90\F02\И498】

4. Сословно-классовое общество в истории Китая: (Опыт Системно Структурного анализа)/В. П. Илюшечкин. М. : Наука, 1986. . 394 с.【索书号:3-87\K22\И498】

5. Крестьянская война Тайпинов/В. П. Илюшечкин. М. : Наука, 1967. . 394 с.【索书号:Т3-5\16】

6. Тайпинское восстание, 1850—1864 гг. = Tai ping tian guo: сборник Документов/[сост. : В. П. Илюшечкин, О. Г. Соловьев]. Москва: Восточной литературы, 1960. . 324 с.【索书号:B56-379】

24) 伊茨 Р. Ф. (Итс, Р. Ф., 1928—1990)

伊茨 Р. Ф. (Итс, Рудольф Фердинандович, 1928.10.1—1990.7.9),主要研究中国民族史。出生于切烈波韦次(沃洛格达州)职员家庭。毕业于列宁格勒大学东方系(1950)。1958年获历史学副博士学位,学位论文《苗族(历史民族学概述)》。1968年获历史学博士学位,学位论文《中国南部各民族的起源(壮、苗、傈傈族民族史概述)》。1960年获教授职称。1954年起为苏联科学院民族学研究所列宁格勒分所东南亚、澳大利亚、大洋洲研究室研究人员和领导人。著有《古代至17世纪中期的中国历史概述》(1961)等论著近150部。是苏联勋章和奖章获得者。

原文论著

1. Памятники материальной культуры народов сибири/Отв. редакторы: Р. Ф. Итс, Ч. М. Таксами. СПб. : Наука, 1994. . 162 с.【索书号:3-96\K895.12\П159】

2. Из культурного наследия народов Восточной Европы/Редкол. : Р. Ф. Итс (отв. ред.) и др. СПб. : Наука, 1992. . 197 с.【索书号:3-94\K510.3\И32】

3. Новые коллекции и исследования по антропологии и археологии/Редкол. : Р. Ф. Итс (отв. ред.) и др. СПб. : Наука, 1991. . 214 с.

【索书号:3-94\K885.12\H766-3】

4. Шепот Земли и молчание Неба: Этнографические этюды о традиционных народных верованиях/Р. Ф. Итс. М.: Политиздат, 1990.. 317 с. 【索书号:3-90\K18\И935-3】

5. Памятники традиционно-бытовой культуры народов Средней Азии, Казахстана и Кавказа/Редкод.: Р. Ф. Итс (отв. ред.) и др. Л.: Наука, 1989.. 207 с. 【索书号:3-90\G269.512\П159-3】

6. Материальная и духовная культура народов Сибири/Редкол.: Р. Ф. Итс (отв. ред.) и др. Л.: Наука, 1988.. 191 с. 【索书号:3-90\K512.8\M341-4】

7. Корейские и монгольские коллекции в собраниях МАЭ/Редкол.: Р. Ф. Итс (отв. ред.) и др. Л.: Наука, 1987.. 173 с. 【索书号:3-88\G268.5\K663】

8. Века и поколения: Этногр. этюды/Р. Ф. Итс. Л.: Лениздат, 1986.. 236 с. 【索书号:3-86\K18\И935-2】

9. Культура народов Америки/Редколлегия: Р. Ф. Итс (отв. ред.) и др. Л.: Наука, 1985.. 173 с. 【索书号:3-86\K708\K906】

10. Историческая этнография: Межвуз. сборник/Редколлегия: Р. Ф. Итс (отв. ред.) и др. Л.: Изд-во Ленингр. ун-та, 1985.. 158 с. 【索书号:3-86\K512.8\И904-2】

11. Культура народов Индонезии и Океании/Отв. ред. Н. А. Бутинов, Р. Ф. Итс. Л.: Наука, 1984.. 188 с. 【索书号:3-85\K342.8\K906】

12. Историческая этнография: традиции и современность: Межвуз. сборник/Редколлегия: Р. Ф. Итс (отв. ред.) и др. Л.: Изд-во Ленингр. ун-та, 1983.. 182 с. 【索书号:3\K512.8\И904】

13. Века и поколения: Этнографические этюды/Р. Ф. Итс. М.: Мысль, 1977.. 270 с. 【索书号:3\K18\И935】

14. Золотые мечи и колодки невольников/Р. Ф. Итс. М.: Наука, 1976.. 199 с. 【索书号:3\K224\И935】

15. Культура народов зарубежной Азии и Океании/отв. ред. Р. Ф. Итс. Л.: Наука, 1969.. 364 с. 【索书号:T54-1\22】

16. Цветок лотоса: рассказы этнографа/Р. Ф. Итс; [предисл. И. Иноземцева]. [М.]: Географгиз, 1962.. 119 с. 【索书号:M1-7\8】

17. Очерки истории Китая: с древнейших времен до середины 17 века: пособие для учителя/Р. Ф. Итс, Г. Я. Смолин. Л.: Учпедгиз, 1961.. 216 с. 【索书号:Д50-2\48】

中文译著

东亚南部民族史[专著]/(苏)Р. Ф. 伊茨著;冯思刚译. —成都:四川民族出版社, 1981. —341页;21cm. —¥1.16. —M11140.11【索书号:\K28\8】

25) 卡柳日娜娅 Н. М. (Калюжная, Н. М., 1924—)

卡柳日娜娅 Н. М. (Калюжная, Нина Михайловна, 1924.2.23—),

1924年出生于阿斯特拉罕职员家庭,1952年毕业于莫斯科东方学院,1964年获历史学副博士学位,学位论文《超越山东省界的义和团运动的萌芽与发展》,1984年以专著获博士学位。1949—1951、1953—1955年间在苏联驻华使馆工作,1961年起在东方学研究所工作。著有《义和团(1898—1901)》(1978)、《章炳麟的革命理论》(1988)等论著70余部。1942—1945年参加了卫国战争,是苏联勋章和奖章获得者。

原文论著

1. Проблемы социологии в трудах китайских просветителей (начало XX века)/ Н. М. Калюжная; Рос. акад. наук. Ин-т востоковедения. М.: ИВ РАН, 2002..236, [1] c.【索书号:3-2003\C91-092\1】

2. Традиция и революция: Чжан Бинлинь (1869—1936)-китайский мыслитель и политический деятель нового времени/Н. М. Калюжная. М.: Ин-т востоковедения РАН, 1995..340 c.【索书号:3-98\B259.2\K178】

3. Восстание ихэтуаней (1898—1901)/Н. М. Калюжная. М.: Наука, 1978..362 c..【索书号:3\K256.7\K178】

4. Восстание ихэтуаней (1898—1901): историография/Н. М. Калюжная. М.: Наука, 1973..208 c.. 【索书号:T47-2\29】

5. Восстание Ихэтуаней: документы и материалы, 1898—1901/отв. ред. В. Н. Никифоров; пер. Ду И-сина и др.; сост.: Н. М. Калюжная. М.: Наука, 1968..276 c.. 【索书号:T38-3\32】

26) 康拉德 Н. И. (Конрад, Н. И., 1891—1970)

康拉德 Н. И. (Конрад, Николай Иосифович, 1891.3.13—1970.9.30),主要研究中国、日本历史。出生于里加职员家庭。1912年毕业于圣彼得堡大学东方系和实用东方研究院日本分院。1914—1917年在日本东京进修。1934年获语文学博士学位。1926年获得教授职称。1934年当选为苏联科学院通讯院士,1958年当选为院士。曾在基辅商学院(1913—1914)、国立奥廖尔大学(1919—1923)、列宁格勒东方语言学院(1922—1938)、红色教授学院(1934—1936)、莫斯科东方学院(1941—1950)等处任教。1931年起为苏联科学院东方学研究所研究人员。著有文集《中国文学·文选》(1959)、《西方与东方》(1966)、《中国学》(1977)等论著近300部。是苏联勋章和奖章获得者。

原文论著

1. Синология/Н. И. Конрад; Сост. Н. И. Фельдман-Конрад; Отв. ред. И. М. Ошанин, О. Л. Фишман. М.: Ладомир, 1995..621 c.【索书号:3-96\K207.8\K649】

2. Зарождение общественно-политической и философской мысли в Китае/Ф. С. Быков; отв. ред. Н. И. Конрад. М.: Наука, 1966..242 c.. 【索书号:T38-3\1】

3. Идзумо-фудоки/пер. , коммент. и предисл. К. А. Попова; отв. ред. Н. И. Конрад. М.：Наука, 1966.. 224 с.【索书号：Т60-6\1】

4. Литература древнего Востока/В. Б. Никитинаидр.；[под ред. И. С. Брагинского, Н. И. Конрада]. [М.]：Изд-во Моск. ун-та, 1962.. 467 с..【索书号：Р7-2\11】

5. Оросиякоку суймудан（Сны о России)/пер. с япон. В. М. Константинова; под ред. Н. И. Конрада. М.：Изд. вост. лит., 1961..133, 130 с.【索书号：Д62-4\9】

6. Китайская литература：Хрестоматия. Т. 1. Древность. Средневековье. Новое время/Сост.：Р. М. Мамаева; Общ. ред. ивступ. статья Н. И. Конрада. М.：Гос. учебно-педагогическое изд-во министерства просвещения РСФСР, 1959.. 727 с.【索书号：П39-2\55】

7. У-цзы：трактат о военном искусстве：пер. и коммент. /Н. И. Конрад. М.：Изд. вост. лит., 1958.. 131 с..【索书号：И10-3\11】【索书号：Б47-6\14】

8. Шицзин：Избранные песни/Пер. с китайского А. А. Штукина; Под ред. Н. И. Конрада. М.：Гослитиздат, 1957.. 298 с.【索书号：М24-5\7】

9. Танские новеллы：Пер. с кит., послесл. и примечания О. Л. Фишман/ Редкол.：Н. И. Конрад（отв. ред.）и др. М.：Изд-во Академии наук СССР, 1955.. 227 с.【索书号：89(51)\Т18】

10. Удивительные истории нашего времени и древности：Избранные рассказы из сборника XVII в. "Цзинь Гу Цигуань"/Пер. и примечания И. Э. Циперович; Отв. ред. Н. И. Конрад. М.；Л.：Акад. наук СССР, 1954..315 с.【索书号：89(51)\У30】

11. Сунь-цзы：трактат о военном искусстве：пер. с исследование/Н. И. Конрад. М.；Л.：Акад. наук СССР, 1950.. 401 с..【索书号：\355.48\51\\K64】

27）克罗尔 Ю. Л.（Кролъ, Ю. Л., 1931— ）

克罗尔 Ю. Л.（Кроль, Юрий Львович, 1931.8.9— ），主要专注于中国古代史研究。1931年出生于列宁格勒职员家庭。1951年毕业于列宁格勒大学东方系。1963年获历史学副博士学位，学位论文《司马迁——秦亡后的历史学家》。1992年获历史学博士学位。1957年起为苏联科学院东方学研究所列宁格勒分所研究人员。著作《历史学家——司马迁》(1970)、《司马迁关于"六家"的考证》(1977)、《盐铁论》等论著近百部。

原文论著

1. Спор о соли и железе（Янь те лунь）：[В 2-хт.]. Т. 2/Хуань Куань; Пер. с кит., введ., коммент. и прил. Ю. Л. Кроля. М.："Вост. лит." РАН, 2001.. 830 с.【索书号：3-2002\F092.2\X98\:2】

2. Спор о соли и железе（Янь те лунь）：[В 2-хт.]. Т. 1/Хуань Куань; Пер. с кит., введ., коммент. и прил. Ю. Л. Кроля. М.："Вост. лит." РАН, 2001.. 406 с.【索书号：3-2002\F092.2\X98\:1】

历　　史

28) 克雷莫夫（郭绍棠）А. Г.（Крымов, А. Г., 1905—1988）

克雷莫夫 А. Г.（Крымов, Афанасий Гаврилович, 1905.1.17—1988.12.22），主要研究中国近现代史。1905 年出生于浙江省农民家庭。1934 年毕业于红色教授学院。1935 年获历史学副博士学位。1962 年获历史学博士学位，学位论文《中国社会思想和意识形态的斗争（1917—1927）》。1957 年获高级研究员职称。1961 年获教授职称。1928 年起为东方劳动者共产主义大学、中国劳动者共产主义大学教员。曾为国际土地研究所（1930—1932）、民族殖民地问题科学研究所（1937—1938）研究人员。1955 年起为科学院东方学研究所研究人员，并任该所中国国家建设组组长。著有《列宁与中国》(1960)、《北伐时期的思想斗争史略》(1978)、《胡适的社会政治观》(1979)等论著 120 余部。

原文论著

1. Иоторико-мемуарные записки китайского революционера/Ш. Го (А. Г. Крымов); Предисл. Л. П. Делюсина. М.：Наука, 1990..382 с. 【索书号：3-93\K26\Г57】

2. Общественная мысль и идеологическая борьба в Китае, 1900-1917 гг./А. Г. Крымов. М.：Наука, 1972..367 с..【索书号：T26-5\7】

3. Китайская Народная Республика. Законы и постановления.：Конституция и основные законодательные акты Китайской Народной Республики (1954-1958)：пер. с китайского/[сост.：В. Г. Гельбрас, Г. С. Остроумов, М. В. Пушкова и др.]；под ред. и с предисл. [с. 5-25] канд. ист. наук А. Г. Крымова и канд. юрид. наук М. А. Шафира..М.：Изд. иностр. лит., 1959..727 с.【索书号：П7-6\38】

29) 克留科夫（刘克甫）М. В.（Крюков, М. В., 1932— ）

克留科夫 М. В.（Крюков, Михаил Васильевич, 1932.7.12— ），1955 年毕业于莫斯科国际关系学院，1962 年毕业于北京大学。1965 年获历史学副博士学位，学位论文《中国古代的氏族和父系姓氏》，1972 年获得博士学位。先后在东方学所、民族学所、莫斯科大学等处工作。著有《中国人的氏族制·进化和规律》(1972)、《殷代铭文》(1973)、《古代的中国人：族源学问题》(1978)等论著近 350 部。

原文论著

1. Улица Мольера, 29：Секретная миссия полковника Попова (документальная повесть)/М. В. Крюков. М.：Памятники ист. мысли, 2000..270 с. 【索书号：3-2001\I512.454\K856】

2. Этническая история китайцев в XIX-начале XX века/М. В. Крюков и др. М.：Наука. Издат. фирма "Вост. лит.", 1993..411 с.【索书号：3-96\K28\Э912】

3. Этот таинственный остров Эроманга/М. В. Крюков; Предисл. Д. Д. Тумаркина. М.：Наука, 1989..127 с.【索书号：3-90\K966.3\K856】

4. Китайская деревня глазами этнографа/Фэй Сяо тун; Пер. с китайского В. М. Крюкова; Отв. ред. и автор вступ. статьи М. В. Крюков. М. : Наука, 1989.. 247 с. 【索书号】: 3-90\C912.82\Ф986】

5. Этническая история китайцев на рубеже средневековья и нового в ремени/М. В. Крюков и др. М. : Наука, 1987.. 311 с. 【索书号】: 3-88\K28\K856-2】

6. Китайский этнос в средние века: (VII-XIII вв.)/М. В. Крюков и др. М. : Наука, 1984.. 334 с. 【索书号】: 3-85\K280.14\K856】

7. Древние китайцы в эпоху централизованных империй/Отв. ред. Л. С. Переломов, Н. Н. Чебоксаров; Авт. : М. В. Крюков и др. М. : Наука, 1983.. 414 с. : ил.. 【索书号】: 3\K232\Д73】

8. Китайский этнос на пороге средних веков/М. В. Крюков и др. М. : Наука, 1979.. 326 с. 【索书号】: 3\K280.135\K856】

9. Древнекитайский язык: Тексты, грамматика, лексическийк омментарий/М. В. Крюков, Хуан Шу-ин. М. : Наука, 1978.. 511 с. 【索书号】: 3\H109.2\K856】

10. Древние китайцы: проблемы этногенеза/М. В. Крюков и др. М. : Наука, 1978.. 341 с. 【索书号】: 3\K28\K856】【索书号: 3C-2005\K28\1】

11. Система родства китайцев: (эволюция и закономерности)/М. В. Крюков. М. : Наука, 1972.. 328 с. 【索书号】: T39-6\44】

12. Формы социальной организации древних китайцев/М. В. Крюков. М. : Наука, 1967.. 201 с. 【索书号: T43-2\25】

中文译著

中国近现代汉语发展史论著选译［专著］/（苏）克留科夫,（英）杰里·诺曼著; 黄尚军, 王跃译著. —成都: 天地出版社, 2007. —166 页【索书号: 2008\H1-09\5】

30) 库利科夫 B. C. (Куликов, B.C., 1933—2005)

库利科夫 B. C. (Куликов, Владимир Семенович, 1933.10.1—2005.7), 1933 年出生于莫斯科, 毕业于莫斯科国际关系学院(1958)。从 1958 年至 1988 年 30 年间, 作为苏联莫斯科广播电台和苏联莫斯科电视台的记者来往于莫斯科和北京, 其间曾短期在苏驻华使馆文化处任职。最后, 作为莫斯科奥斯坦基诺广播电视公司的特派记者来中国。从 1988 年起常驻北京, 并受聘任北京电视台国际部顾问(1995 年起)。

他制作了许多新闻片、中国民俗国情系列纪录片, 如《改革新风》、《宝岛》、《北京冬日漫步》、《幸福》等。在苏联国内放映, 引起很大的反响。出版的主要作品有大型摄影集《中国》(1990) 和《北京俄语导游指南》(2007) 等。

原文论著

1. Путеводитель по Пекину = bei jing e yu dao you zhi nan/Владимир Семенович Куликов. 北京: 北京大学出版社, 2007.. 161 с. 【索书号: 3C-2008\K921-62\1】

2. Неизвестный Китай/В. С. Куликов. М. : Евразия, 2005.. 165 с.

【索书号:3C-2006\K92\1】

3. Китай: Фотоальбом/Текст и сост. В. С. Куликов. М. : Планета, 1989. . 283 с.
【索书号:3-90\K92-64\K451】

中文论著

北京俄语导游指南［专著］/（俄）弗·谢·库里科夫编著；戚德平注. —北京：北京大学出版社，2007. —161 页【索书号:2008\H359.9\6】

31) 克恰诺夫 E. И.（Кычанов, Е. И., 1932— ）

克恰诺夫 E. И.（Кычанов，Евгений Иванович，1932.6.22— ），主要从事西夏史研究。1932 年出生于阿塞拜疆萨拉普尔职员家庭。1955 年毕业于列宁格勒大学东方系。1960 年获历史学副博士学位,学位论文为《西夏国(982—1227)》。1970 年以专题著作获历史学博士学位。1967 年起为高级研究员。1968 年起为苏联科学院东方学研究所列宁格勒分所研究人员。著有《西夏国史纲》(1968)、《西夏学》(1972)等论著 100 余部。

原文论著

1. История тангутского государства = History of the tangut state/Е. И. Кычанов. Санкт-Петербург: Фак. филологии и искусств Санкт-Петербургского гос. ун-та, 2008. . 765, [1] с. 【索书号:3C-2010\K246\1】

2. Письменные памятники Востока. № 1(4), Весна-лето, 2006/редкол. : Е. И. Кычанов（гл. ред.）и др. Москва: Наука: Восточная лит. , 2006. . 288 с. 【索书号:3-2009\K883.07\1】

3. Люди и боги Страны снегов: очерки истории Тибета и его культуры/Е. И. Кычанов, Л. С. Савицкий. СПб. : Петербургское Востоковедение, 2006. . 431, [3] с. 【索书号:3C-2007\K297.5\4】

4. История Тибета с древнейших времен до наших дней/Е. И. Кычанов, Б. Н. Мельниченко. М. : Вост. лит. РАН, 2005. . 351 с. 【索书号:3C-2006\K297.5\1】

5. Властители Азии/Е. И. Кычанов. М. : Восточная литература, 2004. . 631 с. 【索书号:3C-2006\K23\1】

6. Каталог тангутских буддийских памятников Института востоковедения Российской Академии Наук/Сост. Е. И. Кычанов; Вступ. ст. Т. Нисида. Киото: Ун-т Киото, 1999. . 792 с. 【索书号:3-2000\Z88\B94\K29】

7. Жизнь Темучжина, думавшего покорить мир: Чингис-хан: личность и эпоха/Е. И. Кычанов. М. : Издат. фирма "Вост. лит. " РАН: Школа-Пресс, 1995. . 271 с. 【索书号:3-96\K827.47\Ч63К=2】

8. Основы средневекового китайского права (VII-XIII вв.)/Е. И. Кычанов. М. : Наука, 1986. . 264 с. 【索书号:3-87\D929.4\K978】

9. Абахай/Е. И. Кычанов. Новосибирск: Наука, 1986. . 147 с. 【索书号:3-87\K827.49\A135К】

10. Повествование об ойратском Галдане Бошокту-хане/Е. И. Кычанов. Новосибирск：Наука，1980.．188 с．【索书号：3\K833.117\Г154К】

11. Жизнь Темучжина, думавшего покорить мир/Е. И. Кычанов. М.：Наука，1973.．144 с.．【索书号：T38-3\7】

中文论著

1. 西夏文《孔子和坛记》研究［专著］/Е. И. 克恰诺夫，聂鸿音著．—北京：民族出版社，2009.—187页【索书号：2009\B223\77】

2. 俄罗斯科学院东方研究所圣彼得堡分所藏黑水城文献．12，西夏文世俗部分［专著］/史金波，魏同贤，（俄）Е. И. 克恰诺夫主编；俄罗斯科学院东方研究所圣彼得堡分所，中国社会科学院民族研究所，上海古籍出版社编．—［影印本］.—上海：上海古籍出版社，2006．—352 页【索书号：DH\K877.92\1】

3. 俄罗斯科学院东方研究所圣彼得堡分所藏黑水城文献．11，西夏文世俗部分［专著］/史金波，魏同贤，（俄）Е. И. 克恰诺夫主编；俄罗斯科学院东方研究所圣彼得堡分所，中国社会科学院民族研究所，上海古籍出版社编．—［影印本］.—上海：上海古籍出版社，1999．—333 页【索书号：2006\K877\49】

4. 俄罗斯科学院东方研究所圣彼得堡分所藏黑水城文献．10，西夏文世俗部分［专著］/史金波，魏同贤，（俄）Е. И. 克恰诺夫主编；俄罗斯科学院东方研究所圣彼得堡分所，中国社会科学院民族研究所，上海古籍出版社编．—［影印本］.—上海：上海古籍出版社，1999．—347 页【索书号：2006\K877\49】

5. 俄罗斯科学院东方研究所圣彼得堡分所藏黑水城文献．9，西夏文世俗部分［专著］/史金波，魏同贤，（俄）Е. И. 克恰诺夫主编；俄罗斯科学院东方研究所圣彼得堡分所，中国社会科学院民族研究所，上海古籍出版社编．—［影印本］.—上海：上海古籍出版社，1999．—371 页【索书号：2006\K877\49】

6. 俄罗斯科学院东方研究所圣彼得堡分所藏黑水城文献．8，西夏文世俗部分［专著］/史金波，魏同贤，（俄）Е. И. 克恰诺夫主编；俄罗斯科学院东方研究所圣彼得堡分所，中国社会科学院民族研究所，上海古籍出版社编．—［影印本］.—上海：上海古籍出版社，1998．—380 页【索书号：2006\K877\49】

7. 俄罗斯科学院东方研究所圣彼得堡分所藏黑水城文献．7，西夏文世俗部分［专著］/史金波，魏同贤，（俄）Е. И. 克恰诺夫主编；俄罗斯科学院东方研究所圣彼得堡分所，中国社会科学院民族研究所，上海古籍出版社编．—［影印本］.—上海：上海古籍出版社，1997．—398 页【索书号：2006\K877\49】

8. 俄罗斯科学院东方研究所圣彼得堡分所藏黑水城文献．5，汉文部分（TK301-TK329 A1-A38）［专著］/史金波，魏同贤，（俄）Е. И. 克恰诺夫主编；李伟国卷主编；俄罗斯科学院东方研究所圣彼得堡分所，中国社会科学院民族研究所，上海古籍出版社编．—［影印本］．—上海：上海古籍出版社，1998．—376 页【索书号：2006\K877\49】

9. 俄罗斯科学院东方研究所圣彼得堡分所藏黑水城文献．4，汉文部分（TK158-TK300）［专著］/史金波，魏同贤，（俄）Е. И. 克恰诺夫主编；（俄）孟列夫卷主编；俄罗斯科学院东方研究所圣彼得堡分所，中国社会科学院民族研究所，上海古籍出版社编．—［影印本］．—上海：上海古籍出版社，1997．—10,389 页

【索书号:2006\K877\49】

10. 俄罗斯科学院东方研究所圣彼得堡分所藏黑水城文献. 3,汉文部分(TK106-TK157)[专著]/史金波,魏同贤,(俄)E. И. 克恰诺夫主编;李伟国卷主编;俄罗斯科学院东方研究所圣彼得堡分所,中国社会科学院民族研究所,上海古籍出版社编. —[影印本]. —上海:上海古籍出版社,1996. —384 页
【索书号:2006\K877\51】

11. 俄罗斯科学院东方研究所圣彼得堡分所藏黑水城文献. 2,汉文部分(TK21-TK105)[专著]/史金波,魏同贤,(俄)E. И. 克恰诺夫主编;李伟国卷主编;俄罗斯科学院东方研究所圣彼得堡分所,中国社会科学院民族研究所,上海古籍出版社编. —[影印本]. —上海:上海古籍出版社,1999. —404 页【索书号:2006\K877\51】

12. 俄罗斯科学院东方研究所圣彼得堡分所藏黑水城文献. 1,汉文部分(TK1-TK20)[专著]/史金波,魏同贤,(俄)E. И. 克恰诺夫主编;李伟国卷主编;俄罗斯科学院东方研究所圣彼得堡分所,中国社会科学院民族研究所,上海古籍出版社编. —[影印本]. —上海:上海古籍出版社,1996. —1 册【索书号:2006\K877\51】

13. 圣立义海研究[专著]/(俄)E. И. 克恰诺夫等著. —宁夏人民出版社,1995. —94 页【索书号:96\K246.307\3】

14. 献给西夏文字创造者的颂诗[敦煌资料]/E. И. 克恰诺夫;中国民族史研究(二),中央民族学院出版社,1989144 页

15. 西夏王国中的藏族和藏族文化[敦煌资料]/E. И. 克恰诺夫;国外藏学研究译文集(第二辑),西藏人民出版社,1987

32) 拉普捷夫 C. B. (Лаптев, С. В.)

拉普捷夫 C. B. ,高尔基文学研究所艺术翻译室副教授。在莫斯科亚非研究所越南中心任职。历史学副博士、东方学研究所教师。对中国南方少数民族历史有较深的研究。

原文论著

1. Предыстория и история народов Вьет: археология Нижнего Янцзы и Юго-Восточного Китая периода от раннего неолита до раннего железного века: монография. Т. 3, Каталог иллюстраций/С. В. Лаптев. Москва: Институт стран Азии и Африки при Моск. гос. ун-те им. М. В. Ломоносова, 2007. . 624 с.
【索书号:3C-2010\K871\3】

2. Предыстория и история народов Вьет: археология Нижнего Янцзы и Юго-Восточного Китая периода от раннего неолита до раннего железного века: монография. Т. 2, Каталог иллюстраций/С. В. Лаптев. Москва: Институт стран Азии и Африки при Моск. гос. ун-те им. М. В. Ломоносова, 2007. . 744 с.
【索书号:3C-2010\K871\2】

3. Предыстория и история народов Вьет: археология Нижнего Янцзы и Юго-Восточного Китая периода от раннего неолита до раннего железного века: монография. Т. 1/С. В. Лаптев. Москва: Институт стран Азии и Африки при Моск. гос. ун-те

им. М. В. Ломоносова, 2006..607 с.【索书号:3C-2010\K871\1】

33) 拉林 В. Л. (Ларин, В. Л. , 1952—)

拉林 В. Л. (Ларин, Виктор Лаврентьевич, 1952.8.15—),1952 年出生于符拉迪沃斯托克。1974 年毕业于远东大学东方学系"区域地理"专业。1981 年获历史学副博士学位,论文题目为《19 世纪 50—70 年代云南和广州省的起义》。1991 年获历史学博士学位。1987 年被评为副教授,1994 年为教授。1974—2001 年间任教,1986—1991 年间为远东大学东方系主任。1991 年起为俄罗斯科学院远东所远东民族学、人口学、历史学研究所主任。曾任中国社会科学院俄罗斯、东欧和中亚研究所名誉教授。出版论著 100 余部。

曾在新加坡大学(1975—1976)和复旦大学(1984—1985)、日本外交部国际关系研究所进修。历史学博士、教授。用了 20 年的时间研究中国清代西南史,近十年专事东亚、区域安全、现代俄中关系中的国际问题研究。

原文论著

1. В тени проснувшегося дракона: российско-китайские отношения на рубеже XX-XXI веков/ В. Л. Ларин. Владивосток: Дальнаука, 2006..423 с. 【索书号:3C-2008\D822.351.2\1】

2. Российско-китайские отношения в региональных измерениях: (80-е годы XX-начало XXI в.)/В. Л. Ларин. М.: Восток-Запад, 2005..390 с. 【索书号:3C-2007\D822.351.2\2】

3. История Северо-Восточного Китая XVII-XX вв. = The history of north-east China XVII-XX. Кн. 3. Северо-Восточный Китай в 1945-1978 гг. /[В. Л. Ларин, Н. В. Кочешков, Г. П. Белоглазов и др.]. Владивосток: Дальнаука, 2004..338,[5]с.【索书号:3C-2006\K249\1】

4. Юго-Западный Китай во второй половине XVII-70-х годах XIX в.: Проблемы региональной истории/В. Л. Ларин. М.: Наука. Издат. фирма "Вост. лит.", 1994..333 с.【索书号:3-96\K248.4\Л251】

5. По Юго-Западному Китаю/В. Л. Ларин. М.: Наука, 1990..262 с. 【索书号:3-90\K927\Л251】

6. Повстанческая борьба народов Юго-Западного Китая в 50-70-х годах XIX века/В. Л. Ларин. М.: Наука, 1986..258 с.【索书号:3-86\K254\Л251】

34) 拉里切夫 В. Е. (Ларичев, В. Е. , 1932—)

拉里切夫 В. Е. (Ларичев, Виталий Епифанович, 1932.12.12—),俄罗斯东方学家。1932 年出生于沃洛格达州。1955 年毕业于列宁格勒大学东方系。1962 年获历史学副博士学位,学位论文《中国东北的古文化。石器与青铜器时代》。1972 年获历史学博士学位。俄罗斯自然科学科学院院士(1992)。1960—1961 年间为苏联科学院东方学所科技工作者。从 1998 年起,任《西伯利亚人文科学》、《哲学与社会学》、《文化、科学与教育》杂志主编。出版论著 600 余部。

原文论著

1. История Железной империи = The history of the iron empire/отв. ред. В. Е. Ларичев; [пер. и коммент. Л. В. Тюрюминой]; Ин-т археологии и этнографии (Новосибирск). Новосибирск: Изд-во Ин-та археологии и этнографии СО РАН, 2007.. 355 с.【索书号:3C-2008\K246\1】

2. Алтае-Саянская горная страна и соседние территории в древности = The Altai and Sayans mountain country and adjacent territories in ancient times: [сборник научных статей]/отв. ред. В. Е. Ларичев. Новосибирск: Изд-во Ин-та археологии и этнографии СО РАН, 2007.. 287 с.【索书号:3-2009\K885.122\5】

3. Древнее искусство: знаки, образы и Время = Ancientart: symbols, images and time: Медведь, мамонт и змеи в худож. Творчестве палеолита Сибири (семант. реконструкции)/В. Е. Ларичев, Е. С. Аннинский; Отв. ред. Ю. П. Холюшкин. Новосибирск: Изд-во СО РАН: Филиал "Гео", 2005.. 113 с.
【索书号:3-2007\K885.122\2】

4. Человек и мироздание: Древние маги и чудеса подземелий/В. Е. Ларичев. Новосибирск: Изд-во СО РАН. Филиал "Гео", 2002.. 172 с.
【索书号:3-2005\K885.128.6\1】

5. Китай в эпоху древности = China in antiquity: [Сборник ст.]/Отв. ред. В. Е. Ларичев; АН СССР, Сиб. отд-ние, Комиссия по востоковедению, Ин-т истории, филологии и философии. Новосибирск: Наука, 1990.. 107, [1] с.
【索书号:3C-2007\K87\1】

6. История Золотой империи/Отв. ред. В. Е. Ларичев. Новосибирск: Изд-во Ин-та археологии и этнографии СО РАН, 1998.. 286 с.
【索书号:3-2000\K246.4\И907】

7. Древние культуры Южной Сибири и Северо-Восточного Китая: Сборник науч. трудов/Отв. редакторы В. Е. Ларичев, Линь Юнь Новосибирск: ВО "Наука", 1994.. 108 с.【索书号:3-96\K885.12\Д73-15】

8. Сотворение Вселенной: Солнце, Луна и Небесный дракон/В. Е. Ларичев. Новосибирск.: ВО "Наука", 1993.. 288 с.【索书号:3-96\P1-091.2\Л253-2】

9. Прозрение: Рассказы археолога о первобытном искусстве и религиозных верованиях/В. Е. Ларичев. М.: Политиздат, 1990.. 222 с.
【索书号:3-93\B933\Л253】

10. Центральная Азия и соседние территории в средние века: Сборник науч. трудов/Отв. ред. В. Е. Ларичев. Новосибирск: Наука, 1990.. 115 с.
【索书号:3-94\K303\Ц384】

11. Китай в эпоху древности/Отв. ред. В. Е. Ларичев. Новосибирск: Наука, 1990..

107 с.【索书号:3-91\K87\K451】

12. Колыбель предков/В. Е. Ларичев. Новосибирск: Новосибирское кн. изд-во, 1987.. 382 с.【索书号:3-89\Q981.1\Л265】

13. Древности Сибири Дальнего Востока/Отв. ред. В. Е. Ларичев. Новосибирск: Наука,1987.. 120 с.【索书号:3-88\K885.121.1\Д73】

14. Колесо времени: Солнце, Луна и древние люди/В. Е. Ларичев. Новосибирск. : Наука, 1986.. 175 с.【索书号:3-87\P1-091.2\Л253】

15. Восточная Азия и соседние территории в средние века/Отв. ред. В. Е. Ларичев. Новосибирск: Наука, 1986.. 110 с.【索书号:3-87\K31\B782】

16. Древо познания/В. Е. Ларичев. М.: Политиздат, 1985.. 110 с. 【索书号:3-87\B913\Л253】

17. Древние культуры Китая: Палеолит, неолит и эпоха металла/Отв. ред. В. Е. Ларичев. Новосибирск: Наука, 1985.. 119 с.【索书号:3-86\K871\Д73】

18. Каменный век Северной, Средней и Восточной Азии/Отв. ред. В. Е. Ларичев. Новосибирск: Наука, 1985.. 125 с.【索书号:3-86\K883.011\K181】

19. Новое в археологии Китая: Исследоавния и проблемы/Отв. ред. В. Е. Ларичев. Новосибирск: Наука, 1984.. 75 с.【索书号:3\K87\H74】

20. Палеолит Средней и Восточной Азии: История и культура Востока Азии/ Отв. ред. В. Е. Ларичев. Новосибирск: Наука, 1980.. 167 с. 【索书号:3\K883.011.1\П141】

21. Дальний Восток и соседние территории в средние века: История и культура Востока Азии/Отв. ред. В. Е. Ларичев. Новосибирск: Наука, 1980.. 150 с.. 【索书号:3\K31\Д156-2】

22. Сибирь, Центральная и Восточная Азия в древности: Неолит и эпоха металла: Сборник/Отв. ред. В. Е. Ларичев. Новосибирск: Наука, 1978.. 154 с. 【索书号:3\K310.3\C341】

23. А. П. Окладников - исследователь древних культур Азии: к 50 -летию со дня рождения/В. Е. Ларичев. Иркутск: [б. и.], 1958.. 68 с.【索书号:Д55-5\21】

35) 卢博—列斯尼钦科 Е. И. (Лубо-Лесниченко, Е. И., 1929—2001)

卢博—列斯尼钦科 Е. И. (Лубо-Лесниченко, Евгений Иосифович, 1929.9.23—2001.5.24),1929年出生于里夫内市。1953年毕业于列宁格勒大学东方系。1959年获历史学副博士学位,学位论文《中国汉代(公元前2世纪至公元2世纪)的丝织品》。1965年起为艾尔米塔什博物馆远东部主任。1990年获历史学博士学位,学位论文《丝绸之路上的中国(古代与中世纪中国的丝绸和对外关系)》。与普济斯基、索罗金合译了袁珂《中国古代神话》(1965、1987)等。出版论著70余部。

原文论著

1. Китай на Гелковом пути: Шелк и внешние связи древнего и Раннесред-

невекового Китая/Е. И. Лубо-Лесниченко. М.: Наука. Издат. фирма "Вост. лит.", 1994..325 с.【索书号:3 96\K2\Л825】

2. Древние китайские шелковые ткани и вышивки 5 в. до. н. з.-3 в. н. э. в. собрании Государственного Эрмитажа: каталог/Е. И. Лубо-Лесниченко. Л.: Изд. Гос. Эрмитажа, 1961..67 с.: 27 л. ил.【索书号:Д64-7\19】

36）麦里霍夫 Г. В.（Мелихов, Г. В., 1930— ）

麦里霍夫 Г. В.（Мелихов, Георгий Васильевич, 1930.6.14— ），俄罗斯著名的汉学家。俄罗斯科学院历史学院的历史学博士、国际信息化科学院院士。同时他还是国际关系历史学家、中国俄侨历史文化学家、中俄关系中苏关系学家。

1930年出生在中国的哈尔滨,战后和父母一起返回苏联。1964年毕业于莫斯科大学亚非学院,1968年获历史学副博士学位,学位论文《中国东北清帝国对外开拓史（1582—1689）》。1987年获历史学博士学位。1959—1970年间在东方学所任职,1980年起在俄罗斯科学院历史所任职。他是"莫斯科的哈尔滨人"社团教师,著有《在中国的俄罗斯侨民（1917—1924）》（莫斯科,1997）、《白色的哈尔滨（20世纪中叶）》（2003）等论著70余部。

原文论著

1. Российская эмиграция в международных отношениях на Дальнем Востоке, 1925-1932/Г. В. Мелихов. Москва: Викмо-М: Русский путь, 2007..317 с.【索书号:3C-2009\D751.237\3】

2. Белый Харбин: Середина 20-х/Г. В. Мелихов. М.: Русский путь, 2003..438 с.【索书号:3-2004\D751.237\7】

3. Российская эмиграция в Китае (1917-1924 гг.)/Г. В. Мелихов. М.: ИРИ, 1997..203 с.; 21 x 28 см. + Примечания (204-245 с.; 21 x 30 см.).【索书号:3C-2007\D751.237\2】

4. Маньчжурия далекая и близкая/Г. В. Мелихов..: Издат. фирма "Вост. литература" РАН, 1994..314, [2] с.【索书号:3C-2007\K293\1】

5. Маньчжурия далекая и близкая/Г. В. Мелихов. М.: Наука, 1991..319 с.:【索书号:3-93\K293\M474】

6. Маньчжуры на Северо-Востоке (17 в.)/Г. В. Мелихов. М.: Наука, 1974..246 с.【索书号:3\K282.1\M474】

37）麦尔纳尔克斯尼斯 А. И.（Мелналкснис, А. И., 1905—1990）

麦尔纳尔克斯尼 А. И.（Мелналкснис, Арнольд Иванович, 1905.2.16—1990.6.3）,1905年出生于里加。1930年毕业于列宁格勒东方语言学院。1938年在北京大学进修。1956—1957年在列宁图书馆、1957—1961年在中国学所、1961—1982年在东方学所工作。编纂有

《华俄大辞典》(与鄂山荫合著,1986年此辞典获国家奖)等论著5部。1942—1943年参加卫国战争。是苏联勋章和奖章获得者。1986年获苏联国家奖。

原文论著

Описание китайских рукописных книг и карт из собрания К. А. Скачкова / А. И. Мелналкснис. М.: Наука, 1974..【索取号:3\Z845.12\C426M】

中文译作

康·安·斯卡奇科夫所藏漢籍寫本和地圖題録[专著] / (俄)A·H麦尔纳尔克斯尼斯著;张芳译. —北京:国家图书馆出版社,2010. —256页【索取号:2011\Z83\23】

38) 米连纽克 А. О. (Милянюк, А. О., 1962—)

米连纽克 А. О. (Милянюк, Андрей Олегович, 1962—),资深科技工作者、历史学副博士、汉学家、俄罗斯自然科学院教授。"太极"研究会主任。1990年毕业于莫斯科大学亚非学院。曾于1988—1989年在北京外国语学院进修,1994年获副博士学位,1999年起任莫斯科武术协会副会长,主要从事中国精神文化和养生文化研究。著有《中国太极拳的历史》(1999)、《论中国传统中对待饮食文化的两种观点》(2001)等。

原文论著

1. Мастер У Тунань и его исследования в области искусства тайцзицюань = 太极泰斗吴图南: биографический очерк/А. О. Милянюк. Москва: Стилсервис, 2008.. 129 с.【索书号:3C-2010\G852.11\1】

2. Тайцзицюань стиля Ян: мало амплитудный комплекс и его боевое применение/Юй-Чжицзюнь; передача традиции - мастер У Тунань; запись и оформ. в кн.-Юй Чжицзюнь; [пер. А. О. Милянюк]. Москва: Стилсервис, 2008.. 625 с.【索书号:3C-2009\G852.11\1】

39) 莫罗德佐娃 Е. Н. (Молодцова, Е. Н., 1944—)

莫罗德佐娃 Е. Н. (Молодцова, Елена Николаевна, 1944.4.15—),1944年出生于莫斯科。1966年毕业于莫斯科大学语文系。1972年获语文学副博士学位。1972—1976年为语言学所科技工作者。从1976年在俄罗斯科学院人类科学所工作。出版论著15部之多。俄罗斯藏学家。专门从事印度和西藏文化史研究。著有大量此学科的论著,如《传统意识与现代科学中的人》等。

原文论著

1. Тибет: сияние пустоты/Е. Н. Молодцова. М.: Алетейа, 2005..342, [1] с.【索书号:3C-2006\B949.2\1】

2. Тибет: сияние пустоты/Е. Н. Молодцова. М.: Алетейа, 2001.. 342, [1] с.:【索书号:3-2003\K297.5\1】

40）莫斯卡列夫 A. A.（Москалев, A. A., 1930— ）

莫斯卡列夫 A. A.（Москалев, Алексей Алексеевич, 1930.9.29— ），历史博士，俄罗斯科学院远东研究所的资深科学研究员，俄罗斯自然科学院院士(1997)。1930年出生于莫斯科。1955年毕业于莫斯科国立国际关系学院（МГИМО）。1958—1960年间在中国进修。1957—1971年在苏联科学院东方学研究所任职。1960—1970年在苏联科学院亚洲人民研究所工作。从1971年起在远东所任职。在中国的少数民族语言、民族问题和民族政策的基础概念理论的关系上撰写过相关的论著，发表过中国民族问题和中国民族主义问题的论文。参加了中俄大词典的编撰工作。著有《中国的民族与民族性》(2007)、《中国的民族问题(1911—1949)》(1984)等论著150余部。

原文论著

1. Нация и национализм в Китае: Эволюция китайской мысли в подходах к нации и национализму/А. А. Москалев. М.: Памятники исторической мысли, 2005. 324 с.
【索书号:3C-2007\D693.72\1】

2. Теоретическая база национальной политики КНР: (1949-1999)/А. А. Москалев. М.: Памятники ист. мысли, 2001. 222 с
【索书号:3-2002\D60\M82】

3. Национально-языковое строительство в КНР (80-е годы)/А. А. Москалев. М.: Наука, 1992. 180 с.【索书号:3-94\H004.2\M82】

4. Национальный вопрос в Китае (1911-1949)/В. А. Богословский, А. А. Москалев. М.: Наука, 1984.. 260 с.【索书号:3-85\D693.72\Б746】

5. Политика КНР в национально-языковом вопросе (1949-1978)/А. А. Москалев. М.: Наука, 1981. 212 с..【索书号:3\D601\M82】

6. Язык дуаньских яо (язык ну)/А. А. Москалев. М.: Наука, 1978. 133 с..
【索书号:3\H251\M82】

7. Грамматика языка чжуан/А. А. Москалев. М.: Наука, 1971. 336 с..
【索书号:T46-1\35】

41）米亚斯尼科夫 B. C.（Мясников, B. C., 1931— ）

米亚斯尼科夫 B. C.（Мясников, Владимир Степанович, 1931.5.15— ），科学院院士。长期致力于俄国汉学和俄中关系史研究。1931年出生于莫斯科职员家庭，莫斯科国际关系学院毕业(1955)。1964年在人民大学(中国)进修。1964年获历史学副博士学位，1978年获历史学博士学位。1982

年提升为教授,1990 年当选科学院通讯院士,1997 年为院士。1956 年起先后在多个研究所工作,1966 年起转入远东所,任副所长(1985 年起)。编辑出版了系列"俄中关系"文件汇编,著有《中国边境形成史》(2001)、《17 世纪的清帝国和俄国》(1980)等论著近 500 部。

原文论著

1. Квадратура китайского круга: избранные ст.: [в 2 кн.]. Кн. 1/В. С. Мясников. Москва: Вост. лит., 2006. 547, [3] с. 【索书号:3С-2009\K207.8\1】

2. Русско-китайские отношения в XVIII веке: документы и материалы. Т. 3, 1727-1729/[сост. В. С. Мясников, А. И. Тарасова]. Москва: Памятники исторической мысли, 2006. 541, [1] с. 【索书号:3С-2008\D829.512\2】

3. Восток-Запад: историко-литературный альманах, 2005-2006/под ред. В. С. Мясникова. М.: Восточная литература РАН, 2006. 279 с. 【索书号:3-2008\K103\3】

4. Народы Евразии: Проблема межцивилизационных контактов/ Отв. ред. В. С. Мясников. М.: Вост. лит. РАН, 2005. 175 с. 【索书号:3С-2006\K18\1】

5. Границы Китая: история формирования: /Под общ. ред. В. С. Мясникова, Е. Д. Степанова. М.: Памятники исторической мысли, 2001. 469 с. 【索书号:3С-2007\K928.1\1】

6. Восток-Россия-Запад: Ист. и культурол. исслед.: К 70-летию акад. Владимира Степановича Мясникова/Рос. акад. наук. Отд-ние истории, Отд-ние междунар. отношений. Ин-т Дал. Востока [и др.]; [Редкол.: С. Л. Тихвинский (отв. ред.) и др.]. М.: Памятники ист. мысли, 2001. 79 с. 【索书号:3-2003\K107\1】

7. Империя Цин и Русское государство в XVII веке/В. С. Мясников; АН СССР. Ин-т Дальнего Востока. М.: Наука, 1980. 310 с. 【索书号:3\D829.512\M994】

42) 尼基福罗夫 В. Н.（Никифоров, В. Н. ,1920—1990）

尼基福罗夫 В. Н.（Никифоров, Владимир Николаевич, 1920.11.19—1990.12.16）,1920 年出生于波洛茨克职员家庭。1947 年毕业于莫斯科大学。1950 年获历史学副博士学位,1967 年获博士学位。曾先后在苏联科学院东方学所和远东所工作。1953—1956 年来中国,在北京高级党校和中国人民大学任教。多次获得苏中奖章。著有《苏联历史学家论中国问题》(1970)、《第一批中国革命家》(1980)、《亚洲觉醒时代的中国》(1982)等 150 多部论著。

原文论著

1. Очерк истории Китая: II тысячелетие до н. э. -начало XX столетия/В. Н. Никифоров. М.: Ин-т Дал. Востока, 2002. 447 с. 【索书号:3С-2006\K2\5】

2. Ботулизм/В. Н. Никифоров, В. В. Никифоров. Л.: Медицина, 1985. 197 с.

【索书号:3-85\R516\H627】

3. Мастерская живого постоянства/В. Н. Никифоров. М. : Сов. Россия，1985. 78 с.
【索书号:3-86\R163\H627】

4. Китай в годы пробуждения Азии/В. Н. Никифоров. М. : Наука，1982. 246 с.【索书号:3\K257\H627-2】

5. Первые китайские революционеры/В. Н. Никифоров. М. : Наука，1980. 253 с.【索书号:3\K257\H627】

6. Сунь Ят-сен，октябрь 1896：Две недели из жизни китайского революционера： (Документальная повесть)/В. Н. Никифоров. М. : Наука，1978. 60 с. .
【索书号:3\K827.6\C898H】

7. Очерки зарубежной историографии Китая：Китаеведение Англии /Отв. ред. В. Н. Никифоров. М. : Наука，1977. 187 с. .【索书号:3\K207\O-952】

8. Восток и всемирная история/В. Н. Никифоров. М. : Наука，1975. 349 с.
【索书号:3\K300.7\H627】

9. Национально-освободительная война китайского народа против японского империализма，1937-1945 годы/В. Н. Никифоров. 30 с. .【索书号:И3-6\51】

10. Восстание Ихэтуаней: документы и материалы，1898—1901/отв. ред. В. Н. Никифоров; пер. Ду И-сина и др. ; сост. : Н. М. Калюжная. М. : Наука，1968. 276 с. .【索书号:T38-3\32】

11. Века неравной борьбы/отв. ред. В. Н. Никифоров. М. : Наука，1967. 451 с.
【索书号:T39-2\49】

12. Краткие сообщения Института народов Азии. [№] 69，Исследование рукописей и ксилографов Института народов Азии/Н. А. Институт; глав. ред. В. Н. Никифоров и др. ; [отв. ред. Л. В. Дмитриева и др.]. М. : Наука，1965. 219 с.【索书号:T12-1\9】

13. Краткие сообщения Института народов Азии. 84，Литературоведение/ред. коллегия: В. Н. Никифоров (отв. ред.) и др. М. : Наука，1965. 126 с. .
【索书号:Б69-7\29】

14. История и филология Ближнего Востока: семитология: [сборник статей: посвящ. акад. наук СССР Н. В. Пигулевской в честь её 70-летия/ред. коллегия: В. Н. Никифоров (отв. ред.) и др.]. М. : Наука，1965. 223 с.【索书号:P29-1\3】

15. Краткие сообщения Института народов Азии. [№] 76，Материалы к хронике советского востоковедения: история Монголии и Китая /ред. коллегия: В. Н. Никифоров (глав. ред.) и др. ; отв. ред. В. Н. Никифоров]. М. : Наука，1965. 227 с.
【索书号:P29-1\5】

16. Краткие сообщения Института народов Азии. 81，Современные проблемы стран Востока/ред. коллегия: В. Н. Никифоров (гл. ред.) и др. М. : Наука，1964. 169 с.
【索书号:B39-8\18】

17. Краткие сообщения Института народов Азии. [№] 85，История и историография стран Дальнего Востока/[ред. коллегия: В. И. Никифоров (глав. ред.) и др.]; [отв. ред. В. Н. Никифоров]. М. : Наука，1964. 187 с

【索书号:Р11-6\11】

18. Краткие сообщения Института народов Азии. [№] 65, Сборник памяти Е. Э. Бертельса /[ред. коллегия: В. Н. Никифоров (отв. ред.) и др.; сост.: Г. Ю. Алиев, А. А. Валитова]. М.: Наука, 1964. 185 с. 【索书号:А19-7\1】

19. Краткие сообщения Института народов Азии. 83, Монголоведение и тюркология/ [ред. коллегия: В.Н. Никифоров (отв. ред.) и др.]; [отв. ред. Н. А. Сыромятников, Н. П. Шастина]. М.: Наука, 1964. 189 с. 【索书号:Р21-1\16】

20. Языкознание: [сборник статей/ред. коллегия: В. Н. Никифоров (глав. ред.) и др.]. М.: Наука, 1964. 192 с. 【索书号:П43-7\19】

21. Краткие сообщения Института народов Азии. № 73, Труды сессии по вопросам истории и экономики Афганистана, Ирана, Турции/ред. коллегия: В. Н. Никифоров (отв. ред.) и др. М.: Изд. вост. лит., 1963. 254 с. .
【索书号:Р37-1\43】

22. Краткие сообщения Института народов Азии/Институт народов Азии; Редколлегия: ... В. Н. Никифоров (гл. ред.) и др. М.: Изд-во вост. лит., 1963. 222 с. 【索书号:3\К3-55\И712-2\:61】

23. Краткие сообщения Института народов Азии. № 61. Древний Восток, Индия, Китай, Япония, Таиланд/Ин-т народов Азии; [Редкол.: В. Н. Никифоров (отв. ред.) и др.]. М.: Изд-во Вост. лит., 1963. 222 с. 【索书号:П47-7\26】

24. Средневековая и новая история Китая: [сборник статей/отв. ред. В. Н. Никифоров]. М.: Изд. вост. лит., 1963. 140 с. .【索书号:П56-7\3】

25. Гоминьдановские реакционеры предатели Китая (1937—1945)/В. Н. Никифоров. М.: Изд-во Моск. ун-та, 1953. 242 с. 【索书号:\32НД:343\Н62】

26. Народната революция в Китай: очерк по историята на борбата и победата на китайския народ: прев. от руски. /В. НИКИФОРОВ, Г. Еренбург, М. Юрев. С.: Изд. на Националния съвет на отечествения Фронт, 1954. 139 с. .【索书号:Б1\256】
【索书号:Б\109】

27. Национально-освободительная война китайского народа против японского империализма, 1937—1945 годы/В. Н. Никифоров. [Б. м.: б. и., б. г.]. 30 с. .
【索书号:И3-6\51】

43) 巴甫洛夫斯卡娅 Л. К. (Павловская, Л. К., 1926—2002)

巴甫洛夫斯卡娅 Л. К. (Павловская, Людмила Кузьминична, 1926.11.14—2002.12.1), 1926年出生于列宁格勒。列宁格勒东方系中文专业毕业(1953)。毕业后进入科学院图书馆工作。常年从事宋元平话研究。1975年以论文《〈新编五代史平话〉研究》获副博士学位。1959年起为苏联科学院东方学研究所列宁格勒分所研究员。著有《中国民间章回小说评话》(2003),翻译《新编五代史评话》(1984)和《大唐三藏取经诗话》(1987)等作品30余部。

原文著作

1. Китайские Пинхуа/Сост.: Т. И. Виноградова; Перевод, предисл., коммент., приложения Л. К. Павловской]. СПб.: Северо-Запад-пресс, 2003.. 491, [2] с.【索书号:3C-2006\I243\1】

2. Шихуа о том, как Трипитака Великой Тан добыл священные книги: (Да Тан Сань-цзан цюй цзин шихуа)/[АН СССР, Отд-ние истории]; Пер. с кит., вступ. ст. [с. 7-100] и примеч. Л. К. Павловской. М.: Наука, 1987.. 144 с.;【索书号:3-88\I242.3\Ш653】

44) 潘佐夫 А. В.（Панцов, А. В., 1955— ）

潘佐夫 А. В.（Панцов, Александр Вадимович, 1955.4.24— ），俄罗斯汉学家、历史学博士。1978年毕业于莫斯科大学亚非研究学院。1983年获历史学副博士学位,1993年获历史学博士学位。主要研究方向为中国、俄罗斯、土耳其革命运动史。有100余部(篇)论著在16个国家出版。著作有《20—40年代中国革命运动中的思想斗争史》(1985)、《苏中关系秘史:布尔什维克与中国革命(1919—1927)》(2001)、《毛泽东》(2007)等论著70余部。

原文论著

1. Автобиография: стихи/Мао, Цзэдун; [сост., предисл., комментарии, пер. с китайского и англ. А. В. Панцова]. Москва: Рубежи XXI века, 2008. 222, [1] с.【索书号:3C-2009\A751\1】

2. Мао Цзэдун/Александр Панцов. Москва: Молодая гвардия, 2007. 866, [1] с.:【索书号 3C-2008\A752\1】

3. Тайная история советско-китайских отношений: Большевики и кит. революция (1919—1927)/А. В. Панцов. М.: Муравей-Гайд, 2001. 452, [2] с.【索书号:3-2002\D16\П167】

4. Из истории идейной борьбы в китайском революционном движении 20-40-х годов/А. В. Панцов. [Монография]. М.: Наука, 1985. 113 с.【索书号:3-86\D092\П167】

45) 佩列洛莫夫（稽辽拉）Л. С.（Переломов, Л. С., 1928— ）

佩列洛莫夫 Л. С.（Переломов, Леонард Сергеевич, 1928.12.5— ），主要从事中国古代政治史研究。1928年出生于符拉迪沃斯托克军人家庭。1951年毕业于莫斯科东方学院。1954年获历史学副博士学位,学位论文《中国陈胜、吴广的农民起义(公元前221—公元前207年)》。1970年获历史学博士学位,学位论文为《法家学说和中国第一个中央集权国家的形成问题(公元前5—3世纪)》。1955年起在东方学研究所工作,1966年起在远东研究所工作。主要著作:《中国政治历史上的儒家和法家》

111

(1981)、《孔子的〈论语〉》(1992)、《孔子:生平、学说、命运》(1993)等 150 余部,并翻译《商君书》(1992)。从 2001 年起任俄罗斯孔子基金会主席。

原文论著

1. Конфуций и конфуцианство с древности по настоящее время (V в. До н. э. -XXI в.). Стилсервис,Москва, 2009. 704 p. .【索书号:3C-2010\B222.2\2】

2. Конфуцианство и современный стратегический курс КНР/Л. С. Переломов. М. : URSS: Изд-во ЛКИ, 2007. 252 c. 【索书号:3C-2008\B222.2\3】

3. Конфуций: "Лунь юй": Исследование, пер. с кит., коммент. Факсимильный текст "Лунь юя" с коммент. Чжу Си/Л. С. Переломов. М. : Изд. фирма "Вост. лит." РАН, 1998. 588 с. 【索书号:3-2000\B222.1\П27】

4. Традиции в общественно-политической жизни и политической культуре КНР/Отв. ред. М. Л. Титаренко, Л. С. Переломов. М: Восточная литература, 1994. 325 с. 【索书号:3C-2006\K2\6】

5. Конфуций: жизнь, учение, судьба/Л. С. Переломов. М. : Наука. Издат. фирма "Вост. лит.", 1993. 439 с. 【索书号:3-95\B222.2\П27】
【索书号:3С-2006\B222.25\1】

6. Избранные статьи по проблемам исторической науки: Пер. скит. /Д. Лю; Сост. и автор предисл. Л. С. Переломов. М. : Наука, 1992. 204 с. 【索书号:3-94\K25\Л93】

7. Древние китайцы в эпоху централизованных империй/Отв. ред. Л. С. Переломов, Н. Н. Чебоксаров; Авт. : М. В. Крюков и др. М. : Наука, 1983. 414 с. 【索书号:3\K232\Д73】

8. Конфуцианство и легизм в политической истории Китая/Л. С. Переломов. М. : Наука, 1981. 330 с. . 【索书号:3\D092\П27】

9. Жизнеописание Чжу Юаньчжана/У Хань; Перевод с кит. Желоховцева А. И. и др. ; Предисл. Л. С. Переломова. М. Прогресс, 1980. 254 с. 【索书号:3\K827.48\Ч578У】

10. Империя Цинь-первое централизованное государство в Китае (221-202 гг. до н. э.)/Л. С. Переломов. М. : Изд. вост. лит., 1962. 244 с. 【索书号:Б55-3\15】

46) 波兹尼亚科夫 И. А. (Поздняков, И. А. , 1971—)

波兹尼亚科夫 И. А. (Поздняков, Игорь Александрович, 1971—),国际现代史学家、人类学家、历史学博士,曾就读俄罗斯、中国、美国的高等学府。著有《从中国到美国:从人类学角度看俄罗斯侨民(1920—1950)》(2007)等。

原文论著

Из Китая в Америку: историко-антропологический взгляд на русскую эмиграцию(1920-1950-е гг.)/И. А. Поздняков. СПб:Филологический факультет СПбГУ, 2007. 365 с. 【索书号:3C-2008\D751.237\1】

47) 拉赫马宁（罗满宁）О. Б. （Рахманин, О. Б. ,1924—2010）

拉赫马宁 О. Б.（Рахманин, Олег Борисович, 1924. 10. 7—2010. 8. 5），苏联汉学家、外交家。1924 年出生于莫斯科州。1955 年毕业于中国人民大学（北京），1960 年毕业于苏共中央外交部高等外交学校。1970 年获历史学副博士学位，学位论文《1949—1970 年间的苏中关系》。1975 年获历史学博士学位，1977 年晋升为教授。

1945—1963 年间为苏联外交部工作人员，在苏联驻中国大使馆工作多年（1946—1949，1951—1958，1960—1963）。1963 年起在苏共中央机关工作，曾任苏共中央候补委员。1968 年起为苏共中央联络部第一副部长。主要著作有《苏中关系（1945—1970）》（1971）、《中国札记·论中国的文化、传统、习俗》（1982）、《俄中和苏中关系》（第 2 卷，1982）等论著 100 余部。

原文论著

1. К истории отношений России-СССР с Китаем в XX веке: Обзор и анализ основных событий/О. Б. Рахманин. М.: Памятники ист. мысли, 2002. 512 с. 【索书号：3C-2006\D829.512\2】

2. Из китайских блокнотов: О культуре, традициях, обычаях Китая/О. Б. Рахманин; Предисл. В. Ф. Сорокина. М.: Наука, 1984. 118 с. 【索书号：3-86\K203\P273=2】

3. К истории отношений России - СССР с Китаем в XX веке: Обзор и анализ основных событий. М. Ин-т Дальнего Востока РАН 2000. 427 с. . . . 初订

48) 鲁宾 В. А. （Рубин, В. А. ,1923—1981）

鲁宾 В. А.（Рубин, Виталий Аронович, 1923. 9. 14—1981. 10. 18），历史学副博士。历史学家、汉学家。1923 年出生于莫斯科。1940 年进入莫斯科大学历史系学习。1951 年毕业于莫斯科大学历史系。1960 年获历史学副博士学位。1968—1972 年间在苏联科学院东方学所工作。1976—1981 年间在耶路撒冷大学任教。长期从事中国古代思想史研究。著有《古代中国思想与文化》（1970）等论著 90 余部。参加过卫国战争（1941—1944），是苏联奖章获得者。

原文论著

Личность и власть в древнем Китае: Собрание трудов/В. А. Рубин. М.: Издат. фирма "Вост. лит." РАН, 1999. 382 с. 【索书号：3-2000\K20\P823】

49) 西蒙诺夫斯卡娅 Л. В. （Симоновская, Л. В. ,1902—1972）

西蒙诺夫斯卡娅 Л. В.（Симоновская, Лариса Васильевна, 1902. 3. 28—1972. 12. 6），出生于哈尔滨职员家庭。1928 年毕业于哈尔科夫大学。1939

年获历史学副博士学位,学位论文为《李自成起义(17 世纪中国农民战争史片断)》。1967 年获历史学博士学位。1967 年获教授职称。1936—1944 年在列宁格勒东方学院、远东大学、哈尔科夫大学等处任教。1944 年起为莫斯科大学东方语言学院历史系教员,1956—1972 年任教研室主任,曾任莫斯科大学党委委员。主要著作有《中国史纲》(1956)、《17 世纪中国农民的反封建斗争》(1966)、《自古迄今的中国通史》(1974)等。

原文论著

1. История Китая с древнейших времен до наших дней/Отв. ред. Л. В. Симоновская, М. Ф. Юрьев. М.：Наука, 1974. 532 с.【索书号：3\K20\И907-2】

2. Антифеодальная борьба китайских крестьян в 17 веке/Л. В. Симоновская. М.：Наука, 1966. 342 с.【索书号：Т1-4\49】

3. Хрестоматия по истории Китая в средние века：(XV-XVII вв.)：[перевод с китайского/ ред. Л. В. Симоновская и К. В. Лепешинский]. М.：Изд-во Моск. ун-та, 1960. 207 с.【索书号：Д44-3\15】

4. Великая крестьянская война в Китае, 1628—1645 г. г./Л. В. Симоновская. М.：Учпедгиз, 1958. 109 с..【索书号：Б42-2\3】

50) 斯卡奇科夫 П. Е.（Скачков, П. Е., 1892—1964）

斯卡奇科夫 П. Е.（Скачков, Петр Емельянович, 1892. 2. 13—1964. 11. 8）,东方学家,图书学、历史学和古生物学方面的出版专家。1892 年出生于圣彼得堡一个农民家庭。1912—1914 年在实用东方学院学习。1925 年列宁格勒东方语言学院毕业。1935 年获经济学副博士学位,1962 年获高级研究员职称。曾在中国工作(1925—1928)。1929 年起为列宁格勒东方学院教员。1930—1964 年在科学院东方学研究所工作。主要著作有《中国书目：关于中国俄文书籍和论文目录(1730—1930)》(1932)、《内蒙古(经济地理概述)》(1933)、《中国书目》(1960)、《俄国汉学史纲要》(1977)等。

原文论著

1. Очерки истории русского китаеведения/П. Е. Скачков. М.：Наука, 1977. 503 с.【索书号：3\K093\C426】

2. Библиография Китая/П. Е. Скачков. М.：Изд. вост. лит., 1960. 691 с..【索书号：Д56-1\65】

3. Русско-китайские отношения, 1689—1916：офиц. документы/[сост.：П. Е. Скачков, В. С. Мясников]. М.：Изд. вост. лит., 1958. 139 с.【索书号：E39-7\6】

4. Внутренняя Монголия：(Экономико-географический очерк)/П. Е. Скачков. М.：[б. и.], 1933. 149 с.【索书号：3\F129.926\C426】

5. Библиография Китая：систематический указатель книг и журнальных статей о Китае на русском языке, 1730-1930/П. Е. Скачков. М.；Л.：Соцэкгиз, 1932.

842 с. 【索书号：\01(51)\C42】

6. Библиография Китая: систематический указатель книг и журнальных статей о Китае на русском языке 1730-1930/П. Е. Скачков. М.；Л.：Гос. соц.-экон. изд-во，1932. 842 с.. 【索书号：3\Z88\C426】

51) 斯莫林 Г. Я.（Смолин, Г. Я. ，1930—2011）

斯莫林 Г. Я.（Смолин, Георгий Яковлевич，1930. 12. 26—2011. 11. 1），1930 年出生于沃洛格达，1953 年毕业于列宁格勒大学东方系。1953—1962 年间在苏联科学院图书馆任职。1960 年获历史学副博士学位，1971 年获博士学位。1962 年起在列宁格勒大学东方系任教，1976 年晋升教授。1981—1997 年间任远东国家历史教研室主任。长期从事中国农民战争史研究，有论王小波、李顺、张余、王仙芝等农民起义的系列文章，著有《1130—1135 年湖南和湖北的农民起义》(1961)等论著 200 多部。

原文论著

1. Историография и источниковедение истории стран Азиии Африки：Меж-вуз. сб. Вып. 8/Редкол.：Г. Я. Смолин（отв. ред.）и др. Л.：Изд-во Ленингр. ун-та，1985. 156 с. 【索书号：3-85\К0\И903\：8】

2. Библиотека Академии наук СССР в 1961 году/сост. Г. Я. Смолин；под ред. М. С. Филиппова. Л.：[б. и.]，1962. 167 с. 【索书号：Б78-4\2】

3. Указатель библиографий по монголоведению на русском языке 1824—1960/ сост. Р. Л. Балдаев；под ред. Г. Я. Смолина，К. И. Шафрановского. Л.：[б. и.]，1962. 89 с.. 【索书号：Д67-6\24】

4. Библиотека Академии наук СССР в 1960 году/сост. Г. Я. Смолин；под ред. М. С. Филиппова. Л.：[б. и.]，1961. 154 с. 【索书号：Д62-4\11】

5. Крестьянское восстание в провинциях Хунань и Хубэй в 1130—1135 гг. /Г. Я. Смолин. М.：Изд. вост. лит.，1961. 148 с. 【索书号：Д41-6\40】

52) 苏哈尔丘克 Г. Д. （Сухарчук, Г. Д. ，1927—2006）

苏哈尔丘克 Г. Д.（Сухарчук，Григорий Дмитриевич，1927. 7. 5—2006. 10），东方学家、历史学家。1950 年毕业于莫斯科东方研究所。1955 年获经济学副博士学位。1982 年获历史学博士学位。1955 年起在东方研究所工作(1955—1956，1970—2000)，1956—1961 年在中国学研究所工作。1984 年晋升为教授。著有《20 世纪上半叶中国政策引航者的社会经济观》(1983)等论著 120 余部。

原文论著

1. Социально-экономические и политические проблемы Китая в новое и новейшее время：Сборник статей/Отв. ред. Г. Д. Сухарчук. М.：Наука，1991. 364 с. 【索书号：3-93\F129\C692】

2. Социально-экономические взгляды политических лидеров Китая первой половины XX в. : Сравнительный анализ/Г. Д. Сухарчук. М. : Наука, 1983. 227 с. .
【索书号:3\K258\C911】

3. Китай: общество и государство: сборник статей/редколлегия: Г. Д. Сухарчук (отв. ред.) и др. М. : Наука, 1973. 257 с. 【索书号:T52-6\14】

53) 塔斯金 В. С. (Таскин, В. С., 1917—1995)

塔斯金 В. С. (Таскин, Всеволод Сергеевич, 1917.2.2—1995.6.1), 1917 年出生于外贝加尔湖农民家庭。1919 年随父母到满洲里。1936 年毕业于哈尔滨东方学院法律系东方经济部。以论文《有关匈奴的历史资料(根据中国文献)》(1968)获副博士学位。1957—1961 年在苏联科学院中国学研究所工作,1961 年后为东方学研究所研究员。著有《有关匈奴的历史资料(根据中国文献)》(1966)等论著 50 余部,译作有《司马迁〈史记〉》(1972)、《契丹国志》(1979)等。

原文论著

1. Исторические записки (Ши цзи) Т. 2/Сыма, Цянь; Пер. с кит. и комментарий Р. В. Вяткина и В. С. Таскина; Под общ. ред. Р. В. Вяткина. М. : Вост. лит., 2003. 566, [1] с. 【索书号:3C-2007\K204.2\1】

2. Материалы по истории кочевых народов в Китае III-V вв. : В 4-х вып./Пер. с кит., предисл. и коммент. В. С. Таскина. М. : Наука, 1992. 428 с.
【索书号:3-95\K289\M341-2\:3】

3. Материалы по истории кочевых народов в Китае III-V вв. : В 4-х вып./Пер. с китайского, введение и примеч. В. С. Таскина. М. : Наука, 1990. 253 с.
【索书号:3-91\K289\M341-2\:2】

4. История китайской философии/Пер. с кит. В. С. Таскина; Общ. ред. и послесл. М. Л. Титаренко. М. : Прогресс, 1989. 551 с. 【索书号:3-89\B2\И907】

5. Материалы по истории кочевых народов в Китае: III-V вв. : В 4-х вып./Пер. с китайского, предисл. и коммент. В. С. Таскина. М. : Наука, 1989. 287 с.
【索书号:3-95\K289\M341-2\:1】

6. Гоюй (Речи чарств)/Пер. с китайского, вступ. и примеч. В. С. Таскина. М. : Наука, 1987. 471 с. 【索书号:3-88\K225.04\Г57】

7. Материалы по истории древних кочевых народов группы дунху / Введение, пер. и коммент. В. С. Таскина; Отв. ред. Н. Ц. Мункуев. М. : Наука, 1984. 485 с.
【索书号:3-85\K289\M341】

8. История государства киданей: (Цидань го чжи)/Е Лун-ли; Пер. с китайского, введение, коммент. и прил. В. С. Таскина. М. : Наука, 1979. 606 с.
【索书号:3\K246.1\E114】

9. Исторические записки: (Ши цзи)/Ц. Сыма. М. : Наука, 1975. 579 с.
【索书号:3\K204.2\C95\:2】

10. Материалы по истории Сюнну (По китайским источникам). Вып. 2/предисл., пер. и примеч. В. С. Таскина; отв. ред. Л. И. Думан. М.: Наука, 1973. 171 с..
【索书号:T43-4\4】

11. Исторические записки ("Ши Цзи"). Т. 1/Сыма Цянь; Пер. с кит. и коммент. Р. В. Вяткина и В. С. Таскина; Вступ. ст. М. В. Крюкова; Акад. наук СССР. Отд-ние истории. Ин-т востоковедения. М.: Наука, 1972. 438 с.
【索书号:T61-5\29】

12. Материалы по истории сюнну: (по китайским источникам)/предисл., пер. с примеч. В. С. Таскина. М.: Наука, 1968. 177 с.. 【索书号:T27-3\16】

54）齐赫文斯基（齐赫文）С. Л. （Тихвинский, С. Л., 1918— ）

齐赫文斯基С. Л. （Тихвинский, Сергей Леонидович, 1918.9.1— ），俄罗斯著名汉学家。科学院院士，苏联科学院主席团顾问，俄国历史学家全国委员会主席。原苏中友协创始人之一，现为俄中友好协会荣誉主席、科学院历史学部委员会委员、历史学家全国委员会副主席，享有"中国社会科学院荣誉学部委员"称号。主要研究中国近现代史、俄中关系、苏中关系及日本近现代史。

他出生于列宁格勒医师家庭。1935年先后在列宁格勒大学语文系和文史哲学院语言系学习。1941年毕业于莫斯科东方学院。1945年以学位论文《孙中山的原则：民族主义和他的对外政策》获历史学副博士学位。1953年获博士学位，论文为《19世纪末中国的维新运动》。1959年获教授职称。1968年当选为科学院通讯院士，后为院士。1966年起被授予特命全权大使。有多年在华工作的经历，1938—1957及1967年起为苏联外交部工作人员。1939—1940年任驻乌鲁木齐副领事，1946—1949年任驻北平总领事，1949—1950任驻华大使馆参赞。1953—1956年为驻英国大使馆参赞，1956—1957年为驻日本代办处负责人和大使馆公使衔参赞。1957—1960年为对外文化联络委员会远东司司长。1968—1974年为联合国教科文组织执委会委员。1975年起为外交部历史外交管理局局长。1969—1970年为中苏边界谈判苏联代表团团长。1957—1961年在科学院中国学研究所工作，1959年起任该所所长。1964年起为东方学研究所所长。1969年起转入远东所。主要著作有《孙中山外交政策的观点和实践》（1964）、《孙中山——苏联人民的朋友》（1966）、《19世纪末中国的维新运动》（1980）、《我的一生与中国》（1992）、《周恩来与中国的独立与统一》（2000）、《回到天安门》（2004）等论著500余部。译有鲁迅小说《狂人日记》和《在酒楼上》（1957）等。

原文论著

1. Восприятие в Китае образа России/С. Л. Тихвинский. Москва: Наука, 2008.

244,[2] с.【索书号:3C-2009\K2\3】

2. Избранные произведения: в 5 кн. Кн. 1,История Китая до XX века: движение за реформы в Китае в конце XIX века и Кан Ювэй/С. Л. Тихвинский. Москва: Наука, 2006.681,[1] с.【索书号:3C-2007\K25\2】

3. Избранные произведения: в 5 кн. Кн. 2,История Китая первой четверти XX века: доктор Сунь Ятсен. Свержение маньчжурской монархии и борьба за республику/С. Л. Тихвинский. Москва: Наука, 2006.388,[2] с.【索书号:3C-2007\K25\3】

4. Избранные произведения: в 5 кн. Кн. 3, История Китая, 1919—1949: борьба за объединение и независимость Китая. Чжоу Эньлай/С. Л. Тихвинский. Москва: Наука, 2006.715,[1] с.【索书号:3C-2007\K25\4】

5. Избранные произведения: в 5 кн. Кн. 4,Отечественная и всемирная история: великая Отечественная война, внешняя политика и международные отношения/ С. Л. Тихвинский. Москва: Наука, 2006.561,[1] с.【索书号:3C-2007\K25\5】

6. Избранные произведения: в 5 кн. Кн. 5,Воспоминания дипломата и заметки историка: автор о себе, своих коллегах-историках и дипломатах/С. Л. Тихвинский. Москва: Наука, 2006. 451,[1] с.【索书号:3C-2007\K25\6】

7. Русско-китайские отношения в XX веке: документы и материалы. Т. 5,Советско-китайские отношения, 1946-февраль 1950. Кн. 2: 1949—февраль 1950 гг. /[отв. ред. С. Л. Тихвинский]. Москва: Памятники исторической мысли, 2005.605 с. 【索书号:3C-2007\D851.29\2】

8. Русско-китайские отношения в XX веке: документы и материалы. Т. 5,Советско-китайские отношения, 1946—февраль 1950. Кн. 1: 1946-1948 гг. /[отв. ред. С. Л. Тихвинский]. Москва: Памятники исторической мысли, 2005.518 с. 【索书号:3C-2007\D851.29\1】

9. Век стремительных перемен/С. Л. Тихвинский. М.: Наука, 2005. 540,[1] с. 【索书号:3C-2006\D819\1】

10. Китай в диалоге цивилизаций = China in the dialogue of civilization: К 70-летию акад. М. Л. Титаренко/Рос. акад. наук, Ин-т Дал. Востока; [Редкол.: С. Л. Тихвинский (гл. ред.) и др.]. М.: Памятники ист. мысли, 2004. 835 с. 【索书号:3C-2007\K2\1】

11. XX век взгляд с близкого расстояния/С. Л. Тихвинский. М.: Ин-т российской истории РАН, 2004.76 с.【索书号:3-2006\K15\4】

12. Scripta Gregoriana: Сборник в честь семидесятилетия акад. Г. М. Бонгард-Левина/Рос. акад. наук. Отд-ние ист.-филол. наук; [Отв. ред. С. Л. Тихвинский]. М.: Вост. лит., 2003.525,[1] с.【索书号:3-2006\K1\3】

13. Возвращение к воротам небесного спокойствия/С. Л. Тихвинский. М.: Памятники ист. мысли, 2002. 387 с.【索书号:3-2004\K835.125.81\2】

14. Дипломатия: исследования и воспоминания/С. Л. Тихвинский; Рос. акад. наук. Ин-т рос. истории. М.: Издат. центр Ин-та рос. истории РАН, 2001. 315, [2] с.【索书号:3-2004\D819\2】【索书号:3-2002\D819\T46】

15. Восток-Россия-Запад: Ист. и культурол. исслед.: К 70-летию акад. Владимира Степановича Мясникова/Рос. акад. наук. Отд-ние истории, Отд-ние междунар. отношений. Ин-т Дал. Востока [и др.]; [Редкол.: С. Л. Тихвинский (отв. ред.) и др.]. М.: Памятники ист. мысли, 2001. 779 с. 【索书号:3-2003\K107\1】

16. Путь Китая к объединению и независимости, 1898—1949: по материалам биографии Чжоу Эньлая/С. Л. Тихвинский. М.: Издат. фирма "Вост. лит." РАН, 1996. 574 с. 【索书号:3-98\K25\T46】

17. Россия и страны ближнего зарубежья: история и современность: [Материалы конф., 1993/Редкол.: С. Л. Тихвинский (отв. ред.) и др.]. М.: ИРИ РАН, 1995. 279, [1] с. 【索书号:3-2004\D851.2\1】

18. И не распалась связь времен...: К 100-летию со дня рождения П. Е. Скачкова/Редкол.: С. Л. Тихвинский (отв. ред.) и др. М.: Наука. Издат. фирма "Вост. лит.", 1993. 391 с. 【索书号:3-96\K207.8\И117】

19. Китай: история в лицах и событиях/Под общ. ред. С. Л. Тихвинского. М.: Политиздат, 1991. 252 с.. 【索书号:3-96\K27\K451】

20. Великий Октябрь борьба за мир и новое политическое мышление: Материалы секционного заседания Междунар. науч. конф., "Великой Октябрь современность": (Москва, 8-10 дек. 1987 г.)/Редкол.: С. Л. Тихвинский и др. М.: Наука, 1989. 287, [1] с. 【索书号:3-90\D15\B273-14】

21. Китай и всемирная история/С. Л. Тихвинский. М.: Наука, 1988. 591 с. 【索书号:3-89\K20\T46】

22. Сунь Ятсен, 1866—1986: К 120-летию со дня рождения: Сборник статей, воспоминаний, документов и материалов/Редкол.: С. Л. Тихвинский (отв. ред.) и др. М.: Наука, 1987. 319 с. 【索书号:3-88\K827.6\C898】

23. Дипломатический вестник, год 1986: Ежегодник/Гл. ред. С. Л. Тихвинский. М.: Международные отношения, 1987. 438 с. 【索书号:3-88\D851.29\Д469\:1986】

24. Исторический опыт Великой Октября/Отв. ред. С. Л. Тихвинский. М.: Наука, 1986. 399 с. 【索书号:3-86\D15\И905-4】

25. Завещание китайского революционера: Сунь Ятсен: жизнь, борьба и эволюция полит. взглядов/С. Л. Тихвинский. М.: Политиздат, 1986. 222 с. 【索书号:3-87\K827.6\C898T】

26. Социально-экономическое развитие России: Сборник статей к 100-летию со дня рождения Н. М. Дружинина/Отв. ред. С. Л. ТихвинскийМ.: Наука, 1986. 267 с. 【索书号:3-87\K512.4\C692】

27. Дипломатический вестник, год 1985/Гл. ред. С. Л. Тихвинский. М.: Междунар. отношения, 1986. 317 с. 【索书号:3-86\D851.29\Д469\:1985】

28. История: Научно-популярные очерки/Отв. ред. С. Л. Тихвинский, В. А. Тишков. М.: Мол. гвардия, 1985. 96 с. 【索书号:3-86\K1-49\И907】

29. Дипломатический вестник, год 1984/Гл. ред. С. Л. Тихвинский. М.:

Междунар. отношения, 1985. 383 с.【索书号:3-86\D851.29\Д469\:1984】

30. Дипломатический вестник, год 1983/Гл. ред. С. Л. Тихвинский. М.: Междунар. отношения, 1984. 350 с.【索书号:3-85\D851.29\Д469\:1983】

31. Дипломатический вестник, год 1982/Гл. ред. С. Л. Тихвинский. М.: Междунар. отношения, 1983. 276 с..【索书号:3\D851.29\Д469\:1982】

32. СССР - НРБ: сотрудничество и сближение/Авт. С. Л. Тихвинский и др.; Редколлегия: С. Л. Тихвинский, Н. Царевски (отв. ред.) и др. М.; София: Междунар. отношения: Партиздат, 1982. 180 с.【索书号:3\D851.22\C758-7】

33. Китай и соседи в новое и новейшее время/Отв. ред. С. Л. Тихвинский. М.: Наука, 1982. 452 с..【索书号:3\D829\K451】

34. Документы опровергают: Против фальсификации истории русско-китайских отношений/Отв. ред. и авт. вступ. ст. С. Л. Тихвинский. М.: Мысль, 1982. 509 с.【索书号:3\K25\Д638】

35. Внешняя политика и дипломатия зарубежных стран: Внешняя политика и дипломатия социалистических стран/Редколлегия: С. Л. Тихвинский и др. М.: Междунар. отношения, 1981. 253 с.【索书号:3\D8\B604】

36. Документы опровергают: Против фальсификации истории русско-китайских отношений / Отв. ред. и авт. вступ. ст. С. Л. Тихвинский. М.: Мысль, 1982.. 509 с.【索取号:3\K25\Д638】

37. Движение за реформы в Китае в конце XIX века/С. Л. Тихвинский. М.: Наука, 1980. 359 с..【索书号:3\K256.5\T46＝2】

38. Новая история Китая/отв. ред. С. Л. Тихвинский. М.: Наука, 1972. 637 с.【索书号:T36-2\1】

39. Русско-китайские отношения в 17 веке: материалы и документы: в 2 т./сост. и обработка текста Н. Ф. Демидова, В. С. Мясников; отв. ред. С. Л. Тихвинский. М.: Наука, 1969-1972. 2 т..【索书号:K9-1\44】

40. Синьхайская революция, 1911-1913 гг.: сборник документов и материалов/отв. ред. С. Л. Тихвинский. М.: Наука, 1968. 348 с..【索书号:T43-2\42】

41. Сунь Ят-сен, 1866-1966: к столетию со дня рождения: сборник статей, воспоминаний и материалов/отв. ред. С. Л. Тихвинский. М.: Наука, 1966. 413 с. 【索书号:T27-2\52】

42. Маньчжурское владычество в Китае/отв. ред. С. Л. Тихвинский. М.: Наука, 1966. 387 с..【索书号:T4-8\8】

43. Сунь Ят-сен — друг Советского Союза: к 100-летию со дня рождения, 1866-1966 гг./С. Л. Тихвинский. М.: Междунар. отношения, 1966. 79 с. 【索书号:T28-6\17】

44. Сунь Ят-сен: внешнеполит. воззрения и практика: (из истории нац.-освободит. борьбы китайского народа 1885-1925 гг.)/С. Л. Тихвинский. М.: Междунар. отношения, 1964. 355 с..【索书号:A6-2\18】

45. Избранные произведения: [пер. с китайского]/Сунь Ят-сен; [вступит.

статья С. Л. Тихвинского, с. 3-40]. М. : Наука, 1964. 573 с.【索书号：А17-4\23】

46. Синьхайская революция в Китае: сборник статей/[отв. ред. д-р ист. наук проф. С. Л. Тихвинский]. М. : Изд. иностр. лит. , 1962. 324 с.【索书号：Б81-4\28】

47. Движение за реформы в Китае в конце 19 века и Кан Ю-вэй/С. Л. Тихвинский. М. : Изд. восточной лит. , 1959. 418 с.【索书号：Г11-5\31】

中文译著

1. 回到天安门［专著］：俄罗斯著名汉学家齐赫文斯基回忆录/（俄）С. Л. 齐赫文斯基著；马贵凡等译. —北京：中共党史出版社，2004. —390 页【索书号：2009\K835.12\qhw】

2. 周恩来与中国的独立和统一［专著］/［苏］谢·列·齐赫文斯基著；何宏江，张祖武等译. —北京：中央文献出版社，2000. —11,604 页【索书号：2001\K827=73\3-20】

55) 弗卢格 К. К. (Флуг, К. К. , 1893—1942)

弗卢格 К. К. (Флуг, Константин Константинович, 1893.10.17— 1942.1.15)，苏联中国学家，主要从事中国图书版本学研究。1893年出生于彼得堡职员家庭，1927年毕业于列宁格勒大学，1935年获语言学副博士学位，1940年为高级研究员。1925—1942年在亚洲博物馆工作。著有《10—13世纪中国宋代图书印刷史》(1959)等论著20余部。

原文论著

1. История китайской печатной книги сунской эпохи 10-13 вв./К. К. Флуг. М. ; Л. :Акад. наук СССР, 1959. 398 с.【索书号：Г17-2\45】

2. Об изданиях Бо-чуань Сюе-хай: китайская библиотека-серия/К. К. Флуг. [Б. м. :б. и. , б. г.]. 10 с. .【索书号：В30-1\25】

56) 希萨穆特季诺夫 А. А. (Хисамутдинов, А. А. ,1952—)

希萨穆特季诺夫 А. А. (Хисамутдинов, Амир Александрович, 1952—)，历史学博士、教授，以研究远东问题著称，专门从事在亚太地区俄罗斯的经济、政治和历史作用研究，其中包括俄侨在中国、朝鲜、日本、美国等国的历史问题。

原文论著

1. Русские в Хакодате и на Хоккайдо, или Заметки на полях/Амир Хисамутдинов. Владивосток: Изд-во Дальневосточного ун-та, 2008. 461, [1] с. 【索书号：3-2010\D851.29\26】

2. Следующая остановка - Китай: Из истории рус. эмиграции: Монография/А. А. Хисамутдинов. Владивосток: Изд-во Владивос-ток. гос. ун-та экономики и сервиса, 2003. 243 с.【索书号：3С-2007\D632.4\1】

3. Российская эмиграция в Китае: Опыт энциклопедии/А. А. Хисамутдинов.

Владивосток: Изд-во Дальневост. ун-та, 2002. 358 с.: 【索书号:3C-2007\D751.237-61\1】

4. Российская эмиграция в Азиатско-Тихоокеанском регионе и Юж-ной Америке: Биобиблиогр. словарь/А. А. Хисамутдинов. Владивосток: Изд-во Дальневост. ун-та, 2000. 358, [1] с.【索书号:3-2007\K835.128.8-61\1】

57) 查廖娃 Г. И. (Царёва, Г. И.)
原文论著

1. Все о Китае: культура, религия, традиции/[сост., науч. ред. Царева Г. И.]. Москва: Профит-Стайл, 2008. 608 с.【索书号:3C-2009\K203\1】

2. Все о Тибете: природа, религия, традиции/[сост. и гл. ред. Г. И. Царева]. Москва: Профит-Стайл, 2008.. 558 с.【索书号:3C-2009\K297.5\1】

3. Все о Тибете/[Гл. ред. Царева Г. И.]. М.: Фонд "Канун Золотого Века", 2001. 640 с.:【索书号:3-2003\B949.2\4】

58) 丘多杰耶夫 Ю. В. (Чудодеев, Ю. В., 1931—)

丘多杰耶夫 Ю. В. (Чудодеев, Юрий Владимирович, 1931.8.28—), 1931年出生于莫斯科。历史学副博士。1949—1954年间在莫斯科大学历史系学习。从1962年起,在苏联科学院东方学所工作。1964年在北京大学进修。1965年获历史学副博士学位。1985—1986年间在上海复旦大学进修。他是中国近现代史专家,东方学研究所资深科技工作者。出版论著60余部。

原文论著

1. На глазах меняющийся Китай/Ю. В. Чудодеев. Москва: ИВ РАН, 2008. 158, [1] с.【索书号:3C-2009\D6\3】

2. Китай - Япония: любовь или ненависть?: К проблеме эволюции соц.-психол. и полит. стереотипов взаимовосприятия (VII в. н. э.- 30-40-е г. XX в.)/Ю. В. Чудодеев, З. Д. Каткова; Рос. акад. наук. Ин-т востоковедения. М.: ИВ РАН; Крафт+, 2001. 370, [1] с.:【索书号:3-2001\D829.313\Ч847=2】

3. Китай - Япония: любовь или ненависть?: К пробл. эволюции социал.-психол. и полит. стереотипов взаимовосприятия (VII в. н. э.-20-егг. XX в.)/Ю. В. Чудодеев, З. Д. Каткова. М.: Упрполиграфиздат Администрации Моск. области, 1995. 230, [2] с.【索书号:3C-2007\D829.313\1】

4. Китай - Япония: любовь или ненависть?: К проблеме эволюции социально-психологических и политических стереотипов взаимовосприятия (VII в. н. э.-20-е годы XX в.)/Ю. В. Чудодеев и З. Д. Каткова. М.: Ин-т востоковедения РАН, 1995.【索书号:3-97\D829.313\Ч847】

5. По дорогам Китая: 1937-1945: Воспоминания/Сост., отв. ред., авт. предисл. и примеч. Ю. В. Чудодеев. М.: Наука, 1989. 366 с.

【索书号:3-90\K265\П41】

6. В небе Китая: 1937-1940: Воспоминания советских летчиков добровольцев/ Отв. ред., сост., авт. вступ. статьи и примеч. Ю. В. Чудодеев. М.: Наука, 1986.. 381 с.:【索书号:3-87\K265\B117=2】

7. В небе Китая, 1937-1940: Воспоминания сов. летчиков-лобровольцев/Отв. ред., сост., авт. вступ. статьи и примеч. Ю. В. Чудодеев. М.: Наука, 1980. 379 с. 【索书号:3\K265\B117】

8. На китайской земле: Воспоминания советских добровольцев, 1925-1945/Сост. и отв. ред. Ю. В. Чудодеев. М.: Наука, 1974. 372 с..【索书号:3\I512.551\H823】

9. Накануне революции 1911 г. в Китае: конституционное движение либеральной буржуазно-помещичьей оппозиции/Ю. В. Чудодеев. М.: Наука, 1966. 200 с. 【索书号:T43-2\27】

59）尤里耶夫 M. Ф. （Юрьев, М. Ф., 1918—1990）

尤里耶夫 M. Ф.（Юрьев, Михаил Федорович, 1918.4.24—1990.9.7），1918 年出生于比萨拉比亚省职员家庭。莫斯科大学历史系毕业（1941）。1950 年获副博士学位，学位论文《革命军在 1925—1927 年革命中的作用》。1967 年获历史学博士学位，学位论文《1925—1927 年的中国革命》。1969 年晋升为教授。1950 年起为莫斯科大学教员，1957—1961 年为莫斯科大学东方语言学院历史、语文系主任，任东方语言学院（1972 年改为亚非学院）副院长（1963 年起）。主要著有《1925—1927 的中国革命》（1951）、《中国红军》（1958）、《从古到今的中国历史》（1974）等论著 200 部左右。

原文论著

1. Историческая победа китайского народа над американским империализмом и гоминдановской реакцией, 1945-1949 гг/М. Ф. Юрьев. Б. м.: б. и., б. г.]. 30 с. 【索书号:И3-5\416】

2. Влияние Великой Октябрьской социалистической революции на развитие национально-освободительного движения народов Востока/ М. Ф. Юрьев. [Б. м.: б. и., б. г.]. 47 с.【索书号:И4-4\169】

3. Китайская революция 1925-1927 годов/М. Ф. Юрьев. [Б. м.: б. и., б. г.]. 31 с..【索书号:И3-6\406】

4. История стран Азиии Северной Африки после второй мировой войны: (1945-1990): Учеб. пособие/М. Ф. Юрьев. М.: Изд-во Моск. ун-та, 1994. 232 с. 【索书号:3-96\K305-43\Ю851】

5. Революция, 1925-1927 гг. в Китае/М. Ф. Юрьев. М.: Наука, 1968. 518 с..【索书号:T38-3\34】

6. Новейшая история стран Азиии Африки: учебник для высш. учеб. заведений/под ред. М. Ф. Юрьева. М.: Изд-во Моск. ун-та, 1965. 594 с.【索书号:Р26-6\19】

7. Красная армия Китая/М. Ф. Юрьев. М.：Изд. вост. лит.，1958..193 с.【索书号：Г12-6\43】【索书号：Б27-1\37】

8. Роль революционной армии на первом этапе китайской революции/М. Ф. Юрьев. М.：Изд-во Моск. ун-та，1952.139 с..【索书号：\355(51)\К85】

中文译著

1. 严守军事秘密［专著］/(苏)尤里耶夫著；曹岩华,黄炎译. —北京：中国青年出版社，1955. —62页【索书号：\578.184\355】

2. 中国人民的胜利［专著］/(苏)尤里耶夫著；陈鄂译. —再版. —北京：中外出版社，1951. —49页【索书号：\628.6\355】

（四）哲学

1. 哲学类藏书综述

哲学,是对人类思想认识活动的高度概括。宗教信仰,是人类的精神寄托。探寻一个民族的所思所想,思想意识的形成,是了解这个民族必不可少的途径。俄罗斯学界对中国哲学的研究有着悠久的历史,也是备受学者们关注的课题。

本《书目》的哲学部分,包括有对中国哲学与中国宗教研究的书著。之所以将宗教纳入哲学范畴,一是,中国哲学思想中融汇有很厚重的中国传统文化,它不但融合了中国老百姓生活当中的儒、道学说,而且还包含有佛教的理念与信仰。二是,在中国哲学中含有诸多道家的元素,而以儒家思想为依据的道家理论中,又融有众多哲学的理念,很难将二者区分开。所以,在研究中国哲学时,必然会对影响其形成与发展的宗教加以关注。从俄国第一位汉学家院士瓦西里耶夫开始,俄国汉学界就对对中国产生很大影响的佛学有很深的研究。他撰写的《佛教及其教义、历史和文献》(1853—1860)、《东方宗教:儒、释、道》(1873)等对此有极为深刻的诠释。

中国哲学,既是一门很深奥的学问,也是几千年来植根于中国老百姓日常生活当中的生活准则。我们的祖先将哲学理念融入日常生活之中,形成了中国特有的文化氛围,给我们留下了极为宝贵的文化遗产。修建居所,讲究的是亭、台、楼、阁、小桥流水的"天人合一";接人待物,主张的是"善、道、中庸"的生活原则;健体强身的体育运动,提倡的是"一动一静,一开一合"的"顺势而动",体现"阴阳消长,混元一体"风格的太极拳更是中国人特别喜爱的健身方式。就连中国的绘画里都融有《易经》、《道德经》的精髓。俄罗斯学者们注意到了这点,所以在研究中国时往往会从宗教的角度去探寻哲学,从哲学的角度去研究宗教。

"修身、齐家、治国、平天下"的理念是普通中国人追寻的目标。正是这种在中国人人都讲究的生活观、道德观,深深地吸引了无数域外人士的目光。俄罗斯学者同样对中国哲学,包括对中国宗教都抱有浓厚的兴趣。

在作者收集的 255 位俄罗斯著名汉学家中,有 23 位专门从事中国哲学、中国宗教的研究,几近十分之一。他们中有专门研究中国哲学的 А. И. 科勃泽夫,有专门研究中国哲学家冯友兰的 А. В. 洛曼诺夫,研究中国哲学渊源的 Л. Е. 卢基扬诺夫,著有《孔子》(1985)的 В. В. 马良文,撰写《古代中国哲学家墨子,其学派和学说》(1985)的 М. Л. 季塔连科院士,以及主要研究中国武术和气功的 А. А. 马斯洛夫教授,和《论语》的翻译者 И. И. 谢缅年科等。馆藏中的这类作品目录,详见"书目导引"。

2. 哲学类藏书书目导引

1) 阿尼西莫夫 О. С. (Анисимов, О. С. , 1943—)

阿尼西莫夫 О. С. (Анисимов, Олег Сергеевич, 1943—),心理学博士、教授,俄罗斯生态科学院、社会工艺学和地方自治科学院、社会学和教育学科学院成员。1974 年,毕业于莫斯科大学心理学系。1984 年获副博士学位,学位论文《大学生实现人生价值思维心理的形成》,1994 年以《反射自我教育的高峰学基础:创造与文化》通过博士学位答辩。著有 250 多部(篇)本学科的论著。

原文论著

1. "И-Цзин Чжоу И" как шедевр акмеологической мысли/Анисимов О. С. М. : ИПК Госслужбы, 2006. 311 с.【索书号:3С-2008\B84\1】

2. Схемы как средства мышления/Анисимов О. С. М. : ИПК Госслужбы, 2005. 439 с.【索书号:3-2007\H0\22】

3. Принятие государственных решений и методологизация образования/Анисимов О. С. М. , 2003. 420 с..【索书号:3-2004\G40\3】

4. Культура мышления и методология (к 25-летию ММПК): Методология/Анисимов О. С. М. , 2003. 742 с.【索书号:3-2004\B80\1/】

5. Методологический словарь: Для акмеологов и управленцев/О. С. Анисимов. М. : Агро-Вестник, 2001. 168 с.【索书号:3-2002\B026-61\A674\】

6. Язык теории деятельности: становление: Методология/О. С. Анисимов. М. : Агро-Вестник, 2001. 483 с.【索书号:3-2002\H0\A674】

7. Стратегия и стратегическое мышление: (Акмеологическая версия)/Анисимов О. С. ; Рос. акад. гос. службы при Президенте РФ. М. : Агро-Вестник, 1999. 605, [1] с.【索书号:3-2002\E81\A674】

8. "Метод работы с текстами" и интеллектуальное развитие: Методология/О. С. Анисимов. М. , 2001. 461 с.【索书号:3-2002\G301\A674\】

2) 鲍罗赫 Л. Н. (Борох, Л. Н. , 1933—2011)

鲍罗赫 Л. Н. (Борох, Лилия Николаевна, 1933. 8. 21—2011. 12. 20),历史学博士。1933 年出生于阿尔汉格尔斯克州。1957 年毕业于莫斯科大学东方语言学院。1957—1961 年在中国学研究所工作。从 1960 年起在东方学研究所工作。1970 年获历史学副博士学位,论文题目为《中国苏维埃的诞生》(莫斯科,1971)。1985 年获得历史学博士学位。出版论著 60 多部。

原文论著

1. Конфуцианство и европейская мысль на рубеже XIX-XX веков: Лян Цичао: теория обновления народа/Л. Н. Борох; Рос. акад. наук. Ин-т востоковедения. М. : Издат. фирма "Вост. лит. " РАН, 2001. 285, [2] с.【索书号:3-2004\B2\1】

2. От магической силы к моральному императиву: категория дэ в китайской

культуре/Сост. и отв. Редакторы Л. Н. Борох и А. И. Кобзев. М. : Издат. фирма "Вост. лит." РАН, 1998. 420 с.【索书号:3-99\B2\O-80】

3. Общественная мысль Китая и социализм (начало XX века)/Л. Н. Борох. М. : Наука, 1984. 294 с.【索书号:3-85\D092\Б835】

4. Союз возрождения Китая/Л. Н. Борох. М. : Наука, 1971. 201 с.【索书号:3-86\K257.1\Б835】

5. Союз возрождения Китая/Л. Н. Борох. М. : Наука, 1971.. 203 с.【索书号:T42-5\5】

3) 布罗夫 В. Г. (Буров, В. Г., 1931—)

布罗夫 В. Г. (Буров, Владилен Георгиевич, 1931.8.7—),哲学博士。1931年出生于哈尔滨职员家庭,莫斯科东方学院毕业(1954),1963年获副博士学位,学位论文《17世纪中国唯物主义者王船山的世界观》。1986年获博士学位,学位论文《现代中国哲学》。1959年起在俄罗斯科学院哲学所工作,现为高级研究员。与别人合著的作品有《古代中国哲学》(1972)等,独著《俄罗斯学者眼中的中国与中国人》(2000)、《现代中国哲学》(1980)等论著150余部。

原文论著

1. Китайско-русский словарь новых слов и выражений: более 15000 слов/В. Г. Буров, А. Л. Семенас. М. : Восточная книга, 2007. 733, [2] с.【索书号:3G-2008\H163\1】

2. Китай и китайцы глазами российского ученого/В. Г. Буров. М. : ИФРАН, 2000. 204 с.【索书号:3C-2005\D6\3】【索书号:3-2002\D6\Б916】

3. Философское наследие народов Востока и современность/Редколлегия: В. Г. Буров и др. М. : Наука, 1983. 243 с..【索书号:3\B1\Ф564】

4. Распространение марксизма-ленинизма во Вьетнаме/Пер. статей вьетнамских авт. Д. В. Летягина; Отв. ред. В. Г. Буров, Ле Ши Тханг. М. : Наука, 1983. 171 с.【索书号:3\D333.33\P243】

5. Современная китайская философия/В. Г. Буров. М. : Наука, 1980. 309 с..【索书号:3\B26\Б916】

6. Мировоззрение китайского мыслителя 17 века Ван Чуань-шаня/В. Г. Буров. М. : Наука, 1976. 221 с..【索书号:3\B249.2\Б916】

中文论著

一个俄罗斯学者眼中的中国[专著]/(俄)В.布罗夫著;李蓉译.—哈尔滨:黑龙江人民出版社,2004.—201页【索书号:2004\K92\33】

4) 戈尔布诺娃 С. А. (Горбунова, С. А., 1949—)

戈尔布诺娃 С. А. (Горбунова, Светлана Алексеевна, 1949.4.2—),历史学博士。1949年出生于莫斯科,莫斯科大学历史系毕业(1972),曾

来到中国,在上海复旦大学进修(1988—1989)。1980 年获副博士学位,2000 年完成博士学业,获博士学位。之后在远东研究所任职,主要著有《中共民族统一战线时期(1921—1927)的工人运动政策》(1982)、《共产国际与中共民族解放运动的政策(1919—1924)》(1989)、《中国历史上的佛教团体(世纪初至 90 年代)》(1998)等论著 60 余部。参加了《中国精神文化大典》宗教卷的撰写、注释工作。

原文论著

Китай: религия и власть: история китайского буддизма в контексте общества и государства:/С. А. Горбунова. Москва: Форум, 2008. 318, [1] с.
【索书号:3C-2009\B949.2\1】

5) 叶尔马科夫 M. E. (Ермаков, М. Е., 1947—2005)

叶尔马科夫 M. E.(Ермаков, Михаил Евгеньевич, 1947.2.23—2005.12.17),哲学博士。1947 年 2 月 23 日出生于列宁格勒。1974 年毕业于列宁格勒大学东方系,进入科学院东方研究所列宁格勒分所工作。1983 年获得副博士学位,学位论文《高僧传》。1998 年获哲学博士学位。是俄罗斯科学院东方学所圣彼得堡分所的科学工作者。有过两次在中国的经历,第一次是以奖学金的方式在中国学习(1989—1990),第二次是在新华社做记者(2003—2004)。出版论著 20 余部。

原文论著

1. Магия Китая. Введение в традиционные науки и практики/М. Е. Ермаков. Санкт-Петербург: Азбука-классика: Петербургское Востоковедение, 2008. 189 с.
【索书号:3C-2009\B992\2】

2. Магия Китая: Введ. в традиц. науки и практики/М. Е. Ермаков. СПб.: Азбука-классика: Петерб. Востоковедение, 2003. 201 с.【索书号:3C-2007\B992\1】

3. Мир китайского буддизма: По материалам коротких рассказов IV-VI вв. /М. Е. Ермаков. СПб.: Андреев и сыновья, 1994. 238 с.【索书号:3-96\B949.2\E721】

6) 伊凡诺夫 П. М. (Иванов, П. М., 1956—)

伊凡诺夫 П. М.(Иванов, Петр Михайлович, 1956.7.11—),1956 年 7 月 11 日出生于莫斯科。1978 年毕业于莫斯科大学亚非学院。1980 年获历史学副博士学位,1978 年起为东方研究所研究员,1984—1985 年来到中国,在北京大学进修。著有《香港历史与现状》(1990)、《基督教在台湾》(1999)、《基督教和世界宗教》(2000)等论著 70 余部。

原文论著

1. Из истории христианства в Китае/Свящ. Петр Иванов. М.: Ин-т востоковедения РАН: Крафт+, 2005. 222 с.【索书号:3C-2006\B979.2\1】

2. Малые партии Китая в борьбе за демократию (1928—1947 гг.)/П. М. Иванов. М. : ИД "Муравей", 1999. 387 с. 【索书号:3-2001\D693.74\И206】

3. Гонконг: История и современность/П. М. Иванов. М. : Наука, 1990. 277 с. 【索书号:3-91\K296.58\И206】

4. Австралия и Китай: История развития отношений/П. М. Иванов. М. : Наука, 1984. 【索书号:3\D829.611\И206】

7) 科勃泽夫 А. И. （Кобзев, А. И., 1953— ）

科勃泽夫 А. И. （Кобзев, Артем Игоревич, 1953.10.15—),哲学博士。1953年出生于莫斯科职员家庭,1975年毕业于莫斯科大学语文学系,1979年获副博士学位,学位论文《王阳明的哲学》,1989年获博士学位,学位论文《中国古典哲学的方法论》。1978年起在俄罗斯科学院东方学所任职。从1998年起任人文科学系主任。1990—1991年间,在中国北京大学进修。著有《王阳明学说与中国古典哲学》(1983)等论著600余部。

原文论著

1. Духовная культура Китая: энциклопедия: в 5 т. [Т. 4], Историческая мысль. Политическая и правовая культура / гл. ред. М. Л. Титаренко; редкол. : А. И. Кобзев [и др.] ; ред. тома М. Л. Титаренко [и др.]. Москва: Восточная литература, 2009. . 935 с. 【索取号:3С-2010\B2-61\1】

2. Духовная культура Китая: энциклопедия: в 5 т. [Т. 3], Литература. Язык и письменность/гл. ред. : М. Л. Титаренко; редкол. : А. И. Кобзев[и др.] ; ред. тома М. Л. Титаренко [и др.] Москва: Восточная лит., 2008. 855 с. 【索书号:3С-2009\B2-61\1】

3. Философия китайского неоконфуцианства/А. И. Кобзев. М. : Вост. лит., 2002. 605 с. 【索书号:3-2003\B2\1】

4. Цветы сливы в золотой вазе, или Цзинь, Пин, Мэй: Стихи из запрет. романа XVI в. /Пер. , коммент. О. М. Городецкой; Вступ. статья А. И Кобзева. СПб.; М. : Издат. дом "Нева"; ОЛМА-ПРЕСС, 2000. 252 с. 【索书号:3-2002\I222\Ц279】

5. От магической силы к моральному императиву: категория дэ в китайской культуре/Сост. и отв. редакторы Л. Н. Борох и А. И. Кобзев. М. : Издат. фирма "Вост. лит." РАН, 1998. 420 с. 【索书号:3-99\B2\O-80】

6. Учение о символах и числах в китайской классической философии/А. И. Кобзев. М. : Наука. Издат. фирма "Вост. лит.", 1994. 431 с. 【索书号:3-96\B2\K553】

7. Современные историко-научные исследования: наука в традиционном Китае: реферативный сборник/отв. ред. и сост. А. И. Кобзев. М. : ИНИОН АН СССР, 1987. 200 с. 【索书号:3-88\Z89;G322.9\C568】

8. Учение Ван Янмина и классическая китайская философия/А. И. Кобзев. М. : Наука, 1983. 351 с. 【索书号:3\B248.2\K553】

8) 库兹涅佐夫 B. C. (Кузнецов, В. С.,1932—)

库兹涅佐夫 B. C. (Кузнецов, Вячеслав Семенович, 1932. 8. 29—), 1932 年出生于基洛夫州。1955 年毕业于列宁格勒大学东方系。1962 年获历史学副博士学位,学位论文《19 世纪上半叶清政府的经济政策在新疆》。1985 年获历史学博士学位。1971 年为副教授。从 1968 年起在苏联科学院远东所工作,1970 年起在远东大学语文系任教。出版论著 200 余部。以研究中国宗教、中国边疆问题著称。著有《中国社会政治生活中的伊斯兰教》(2000)、《19 世纪上半叶清政府在新疆地区的经济政策》(1973)等。

原文论著

1. Походы за небесными лошадьми/В. С. Кузнецов. М.: Наука, 2007. 231, [2] с.【索书号:3С-2008\I512.45\3】

2. Буддийский фактор во внешней политике КНР/В. С. Кузнецов. М.: Ин-т Дальнего Востока РАН, 2006. 379 с.【索书号:3С-2006\D820\3】

3. Ислам в общественно-политической жизни КНР/В. С. Кузнецов. М.: Ин-т Дальнего Востока РАН, 2002. 296 с.【索书号:3-2004\B969.2\1】

4. Международный валютный фонд и мирохозяйственные связи:/В. С. Кузнецов; Моск. гос. ин-т междунар. отношений (Ун-т). М.: РОССПЭН, 2001. 430, [1] с 【索书号:3-2003\D813.7\1】

5. Последний правительИраншахра/В. С. Кузнецов. Новосибирск: Наука, 1991. 220 с.【索书号:3-93\K833.737\И30К】

6. Перу/В. С. Кузнецов. М.: Мысль, 1976. 165 с.【索书号:3\F177.8\К891】

7. От стен новой столицы до Великой стены/В. С. Кузнецов. Новосибирск: Наука, 1987. 175 с.【索书号:3-88\К249\К891】

8. Нурхаци/В. С. Кузнецов. Новосибирск: Наука, 1985. 187 с. 【索书号:3-86\К827.49\Н904К】

9. Амурсана/В. С. Кузнецов. Новосибирск: Наука, 1980. 175 с. 【索书号:3\К833.117\А629Л】

10. Чинская империя на рубежах Центральной Азии (вторая половина XVIII-первая половина XIX в.)/В. С. Кузнецов. Новосибирск: Наука, 1983. 124 с.. 【索书号:3\К249.2\К891】

11. Экономическая политика цинского правительства в Синьцзяне впервой половине XIX века/В. С. Кузнецов; Акад. наук СССР. Ин-т Дальнего Востока. М.: Наука, 1973. 180 с.【索书号:Т38-3\21】

12. Экономическая политика Цинского правительства в Синьцзяне в первой половине 19 века /В. С. Кузнецов. М.: Наука, 1973. 182 с. 【索书号:Т61-6\12】

13. Пути повышения урожайностильна-долгунца/В. С. Кузнецов. [Б. м.: б. и., б. г.]. 31 с..【索书号:И4-1\206】

9) 洛曼诺夫 А. В.（Ломанов, А. В., 1968— ）

洛曼诺夫 А. В.（Ломанов, Александр Владимирович, 1968.2.11— ），1968 年出生于莫斯科。1989 年毕业于莫斯科大学哲学系，1996 年在中国社科院进修。1994 年获哲学副博士学位，学位论文《冯友兰 20 世纪 20—40 年代著作对中国哲学传统的诠释与发展》。2001 年获史学博士学位。1989 年入俄罗斯科学院远东所工作。著有《现代儒学（冯友兰哲学）》(1996)、《东正教使团在中国活动的文化拓展问题》(2000)等。1994 年为远东所编《中国哲学百科词典》，撰写梁启超、冯友兰、熊十力、任继愈等 30 余个条目。出版论著近 80 部。

原文论著

1. Христианство и китайская культура/А. В. Ломанов. М.: Вост. лит., 2002. 446 с.【索书号:3-2004\B979.2\2】

2. Христианство в Китае: История культурной адаптации: Начало XIX в.- середина XX в./А. В. Ломанов. М.: Ин-т Дальнего Востока, 1999. 179 с. 初订

3. Современное конфуцианство: философия Фэн Юланя/А. В. Ломанов. М.: Издат. фирма "Вост. лит." РАН, 1996. 245 с.【索书号:3-98\B26\Л741】

10) 卢基扬诺夫 А. Е.（Лукьянов, А. Е., 1948— ）

卢基扬诺夫 А. Е.（Лукьянов, Анатолий Евгеньевич, 1948.10.28— ），俄罗斯—中国友好协会副主席、俄罗斯自然科学院院士、远东研究所东亚文明比较研究中心主任。现为俄国科学院远东研究所高级研究员。

1948 年出生于伊万诺沃。1975 年毕业于莫斯科大学哲学系。1979 年获哲学副博士学位，学位论文《古代中国哲学的形成》，1991 年获哲学博士学位，学位论文《道和德：早期道家哲学（黄帝—老子—庄子）》。1998 年起任俄中友协副主席。著有《〈易经〉之道》(1993)、《古代中国哲学的起源》(1994)、《老子与孔子》(2000)等。翻译《易经》(译并序, 2005)等。出版论著 60 余部。

原文论著

1. Чжоу Дуньи и ренессанс конфуцианской философии: переводы и исследования/Российская акад. наук, Ин-т Дальнего Востока, Исслед. о-во "Тайцзи"; сост. А. Е. Лукьянов. Москва: Стилсервис, 2009.. 374, [1] с.【索书号:3С-2010\B244.2\1】

2. Дао дэ цзин = 道德经/Российская акад. наук, Ин-т Дальнего Востока, Исследовательское о-во "Тайцзи"; прозоритмический пер. [с древнекит. и исслед.] Анатолий Евгеньевич Лукьянов; поэтический пер. Владимир Петрович Абраменко. Москва: Стилсервис, 2008. 449, [2] с.【索书号:3С-2010\B223.1\2】

3. Конфуцианский трактат "Чжун юн": Переводы и исследования/Сост. А. Е. Лукьянов; Пер. с кит. Д. Конисси и др. М.: Восточная литература РАН, 2003. 247 с.

【索书号:3С-2006\В222.12\1】

4. Человек и духовная культура Востока: Альманах. Вып. 2/Отв. ред. А. Е. Лукьянов. М.: ОГНИ, 2003. 171 с. 【索书号:3-2004\В3\2】

5. Лао-Цзы и Конфуций: Философия Дао/А. Е. Лукьянов. М.: Издат. фирма "Вост. лит." РАН, 2000. 383 с. 【索书号:3-2001\В223\Л844】

6. Лаоцзы: (Философия раннего даосизма)/А. Е. Лукьянов. М.: Изд-во Ун-та дружбы народов, 1991. 163 с. 【索书号:3-93\В223.1\Л844】

7. Становление философии на Востоке: (Древний Китай и Индия):/А. Е. Лукьянов. М.: Изд-во УДК, 1989. 186 с. 【索书号:3-91\В2\Л844】

11) 马良文 В. В. (Малявин, В. В., 1950—)

马良文 В. В. (Малявин, Владимир Вячеславович, 1950.9.13—), 历史学博士。1950年出生于莫斯科, 1972年毕业于莫斯科大学东方语言学院。汉学和文化学研究专家。先后在莫斯科大学、新加坡(1972)、日本(1982)、中国(1988)、美国、法国的大学里从事教学和研究工作。1977年获历史学副博士学位, 1988年获历史学博士学位。1975—1988年间在莫斯科大学亚非学院任教, 从1991年起在俄罗斯科学院远东所任职。目前是淡江大学(台湾)教授。著有《阮籍》(1978)、《跨进中世纪的中国民族》(1979)、《孔子》(1985)、《16—17世纪的中国传统与文化》(1995)等。出版论著130余部。

原文论著

1. Повседневная жизнь Китая в эпоху Мин/Владимир Малявин. Москва: Молодая гвардия, 2008. 448, [3] с. 【索书号:3С-2009\К248\1】

2. Конфуций/Владимир Малявин. М.: Молодая гвардия, 2007. 356, [1] с. 【索书号:3С-2008\В222.2\1】

3. Империя ученых/Владимир Малявин. М.: Европа, 2007..378, [1] с. 【索书号:3С-2007\К234\2】

4. Духовный опыт Китая/сост., пер. и комменти. В. В. Малявина. М.: Астрель: АСТ, 2006. 397, [1] с. 【索书号:3С-2008\В2\1】

5. Китай управляемый: Старый добрый менеджмент/Владимир-Малявин. М.: Европа, 2005. 303 с. 【索书号:3С-2006\F20\1】

6. Чжуан-цзы: Даос. каноны/Пер., вступ. ст. и коммент. В. В. Малявина. М.: АСТ: Астрель, 2004. 429 с. 【索书号:3С-2006\В223.5\1】

7. Боевые искусства: Китай, Япония/сост., пер., вступ. ст. и коммент. В. В. Малявина. Москва: Астрель: АСТ, 2004. 413 с. 【索书号:3С-2009\G85\1】

8. Искусство управления/Сост., пер., вступ. ст. и коммент. В. В. Малявина. М.: Астрель: АСТ, 2004. 430 с. 【索书号:3С-2006\D69\1】

9. Китайская военная стратегия/Сост., пер., вступ. ст. и коммент. В. В. Малявина. М.: Астрель: АСТ, 2004. 428, [1] с. 【索书号:3С-2006\Е892\4】

10. Китай: энциклопедия любви/Сост., пер. с. [кит.], вступ. ст. и коммент. В. В. Малявина. М.: Астрель: ACT, 2003. 461, [2] с.
【索书号:3C-2006\D669.1-61\1】

11. Сумерки Дао: Культура Китая на пороге Нового времени/Владимир Малявин. М.: Дизайн. Информ. Картография [и др.], 2003. 436 с.【索书号:3C-2006\K203\1】

12. Китайская цивилизация/Владимир Малявин. М.: Дизайн. Информ. Картогр. [и др.],2003.627, [4] с.【索书号:3-2004\K203\4】

13. Афоризмы старого Китая/Сост., пер., вступ. ст. и коммент. В. В. Малявина. М.: Астрель; ACT, 2003. 413, [2] с.【索书号:3-2004\H136.3\1】

14. Китайская военная стратегия/Сост., пер., вступ. ст. и коммент. В. В. Малявина. М.: Астрель; ACT, 2002. 428, [1] с.【索书号:3-2004\E892\1】

15. Сумерки Дао: Культура Китая на пороге Нового времени/В. В. Малявин. М.: Дизайн. Информация. Картография и др., 2000. 436 с.
【索书号:3-2002\K203\M219】

16. Китайская цивилизация/В. В. Малявин. М.: Изд-во Астрель; Дизайн. Информация. Картография, 2000. 627 с.【索书号:3-2002\K203\M219-3】

17. Книга Путешествий/Сост. В. В. Малявин. М.: Наталис, 2000. 399 с.
【索书号:3-2001\K931.9\K532】

18. Молния в сердце: Духовное пробуждение в китайской традиции/В. В. Малявин. М.: Наталис, 1997. 364 с.【索书号:3-98\K203\M219】

19. Книга Мудрых Радостей/Сост. В. В. Малявин М.: Наталис, 1997. 430 с.
【索书号:3-99\K203\K532】

20. Китай в XVI-XVII веках: Традиция и культура/В. В. Малявин. М.: Искусство,1995. 287, [1] с.【索书号:3C-2007\K248\1】

21. Конфуций/В. В. Малявин. М.: Мол. гвардия, 1992. 335 с.
【索书号:3-94\B222.2\M219】

22. Концепции человека в традиционной китайской культуре/Отв. ред. В. В. Малявин. М.: ИНИОН РАН, 1992. 42 с.【索书号:3-96\K203\K652\:1】

23. Чжуан-цзы/В. В. Малявин. М.: Наука, 1985. 306 с.
【索书号:3-86\B223.5\M219】

24. Гибель древней империи/В. В. Малявин. М.: Наука, 1983. 223 с.
【索书号:3\K23\M209】

25. Жуан Цзи/В. В. Малявин; Ин-т востоковедения. М.: Наука, 1978. 165 с.
【索书号:3\K825.6\Ж83】

中文译著

1. 老子[专著]/陈鼓应译;(俄)马良文,李英男译. —北京:外语教学与研究出版社, 2009. —79,264 页【索书号:2010\H359.4\10】

2. 庄子[专著]秦旭卿,孙雍长译;(俄)В. В. 马良文. —北京:外文出版社, 2009. —2册(599页)【索书号:2010/H359.4\16】

12) 马斯洛夫 А. А. (Маслов, А. А., 1964—　)

马斯洛夫 А. А. (Маслов, Алексей Александрович, 1964—　), 俄罗斯知名汉学家。俄罗斯人民友谊大学东方学院院长。同时, 他还是少林寺第三十二代弟子, 法号"释行鹰", 俄罗斯武术协会会长。

主要从事中国武术和气功研究。1986 年毕业于莫斯科大学亚非学院, 1993 年获史学副博士学位, 学位论文为《20 世纪中国政治文化中的秘密团体(20 年代末至 80 年代)》。1995 年获史学博士学位, 学位论文为《武术的社会性和理论观及其在中国文化传统中的作用》。1986 年起入科学院远东研究所工作, 现为研究员。发表著译 20 余部, 其中著有《长拳》(1991)、《中国武术文化的理论与实践》(1991)、《气功操》(1992)、《达摩与少林派武术》(1993)、《形意拳》(1994)、《武打艺术之天路·中国武术的精神艺术》(1995)等论著多部。翻译有《菩提达摩大师略辩大乘入道四行观》(2000)等。

原文论著

1. Лучшие притчи дзэн: обычные истории о людях необычайных/А. А. Маслов, Е. С. Логинова. Ростов-на-Дону: Феникс; Краснодар: Неоглори, 2009. 342 с. 【索书号：3C-2010\B946.5\1】

2. Китай: укрощение драконов: духовные поиски и сакральный экстаз/А. А. Маслов. М.: Алетейа: Новый Акрополь, 2006. 474 с. 【索书号：3C-2008\K207.8\1】

3. Китай: колокольца в пыли: странствия мага и интеллектуала/А. А. Маслов. М.: Алетейа, 2005. 374, [1] с. 【索书号：3C-2008\K2\4】

4. Загадки, тайны и коды "Дао дэ цзина" = Mysteries, Secret and Codes of "Dao dejing"/А. А. Маслов. Ростов н/Д: Феникс, 2005. 266, [2] с. 【索书号：3C-2006\B223.1\4】

5. Тайный смысл и разгадка кодов Лао-цзы = Toward the Secret meaning: cracking the Lao-zi' scodes/А. А. Маслов. Ростов н/Д: Феникс, 2005. 285, [2] с. 【索书号：3C-2006\B223.1\2】

6. Классические тексты дзэн/Вступ. ст., пер., коммент. А. А. Маслова. Ростов на/Д: Феникс, 2004. 479 с. 【索书号：3C-2006\B946.5\3】

7. Боевая добродетель: секреты боевых искусств Китая/А. А. Маслов. Ростов н/Д: Феникс: Эксперм. колледж Кубан. гос. акад. физ. культуры, 2004. 222 с. 【索书号：3C-2006\G852\1】

8. Дао дэ цзин: [Канон пути и благодати]/Лао Цзы; Вступ. ст., пер. и коммент. А. А. Маслова. Ростов н/Д: Феникс: Эксперимент. колледж Кубан. гос. акад. физ. культуры, 2003. 479 с. 【索书号：3C-2006\B223.1\3】

9. Танцующий феникс. Тайны внутренних школ ушу/А. А. Маслов. Ростов н/Д: Феникс: Эксперим. колледж Кубан. гос. акад. физ. культуры, 2003. 381 с. 【索书号：3C-2006\G852\2】

10. Китай: колокольца в пыли. Странствия мага и интеллектуала/А. А. Маслов. М.: Алетейа, 2003..374, [1] с.【索书号:3C-2005\K2\1】

11. Китай: укрощение драконов: Духовные поиски и сакральный экстаз/А. А. Маслов. М.: Алетейа, 2003.474, [1] с.【索书号:3C-2005\K207.8\1】

12. Встретить дракона: толкование изначального смысла "Лао-цзы"/А. А. Маслов. М.: Логос, 2003.358, [2] с.【索书号:3-2004\B223.1\2】

13. Свод судебной практики: [Сборник]/Авт.-сост.: А. А. Маслов и др. Кн. 1. Систематизированные решения, постановления и определениявысших судебных инстанций; Приложения. М.: Право и закон, 2001.907 с.
【索书号:3-2002\D951.209\C251\:1】

14. Непостоянство вечности. Лао-цзы: миф, человек и его книга/А. А. Маслов. Lewiston-Queenston-Lampeter: The Edwin Mellen Press, 1999.403 с.
【索书号:3-2001\B223.1\M316】

15. Невозможная цивилизация? Сборник/Сост. А. А. Маслов. М.: Знание, 1996. 462 с.【索书号:3-99\K103\H405】

16. Синъицюань: единство формы и воли/А. А. Маслов. М.: Оздоровительный и науч.-информ. центр "Здоровье народа" 1995.175 с.
【索书号:3-97\G852.14\M316\:2】

17. Синъицюань: единство формы и воли/А. А. Маслов. М.: Изд-во "Центр" Здоровье народа" при участии АО "Гарт", 1994.175 с.
【索书号:3-96\G852.14\M316\:1】

13) 波梅兰采娃 Л. Е. (Померанцева, Л. Е., 1938—)

波梅兰采娃 Л. Е. (Померанцева, Лариса Евгеньевна, 1938.8.12—),以研究《淮南子》著称。1938年出生于莫斯科一个职员家庭。1964年毕业于莫斯科大学东方语言学院。曾在中国北京大学实习(1962—1963)。1972年获语言学副博士学位,学位论文《〈淮南子〉——公元前2世纪的中国古代文献》。1965年起,在莫斯科大学东方语言学院任教。著有《民歌》(1962)、《淮南王刘安的生平与不同的处世方式》(1970)、《晚期道教论自然、社会与艺术》(1979)等论著30余部。

原文论著

Поздние даосы о природе, обществе и искусстве: ("Хуайнаньцзы"-2 в. до н. э.)/Л. Е. Померанцева. М.: Изд-во Моск. ун-та, 1979.240 с.【索书号:3\B223\П551】

14) 谢缅年科(西门诺科)И. И. (Семененко, И. И., 1947—)

谢缅年科 И. И. (Семененко, Иван Иванович, 1947.8.4—),毕业于莫斯科大学(1970),1973年起在该校的亚非学院任教,1983—1989年任历史语文系主任。先后在新加坡(1978—1979)和中国(1986—1987、

1991—1992)进修。获副博士学位(1975)。著有《稽康——中国 3 世纪的作家》(1973)、《孔子箴言》(1989)等论著 40 余部。翻译《论语》(2000)等。

原文论著

1. Луньюй: изречения/Конфуций; [пер. с кит. И. И. Семененко]. Москва: Эксмо, 2009. 398, [1] с. 【索书号:3C-2010\B222.2\1】

2. Книга о пути и добродетели (Даодэцзин)/Лаоцзы; [сост., предисл., коммент., пер. с древнекитайского и нем. И. И. Семененко]. Москва: Терра-Кн. клуб, 2008..524, [2] с. 【索书号:3C-2009\B223.1\1】

3. Обрести себя в Дао/Лаоцзы; Сост., авт. предисл., пер. с древнекитайскона и нем., коммент. И. И. Семененко. М.: Республика, 2000. 447 с. 【索书号:3-2003\B223.1\1】

4. Я верю в древность/Конфуций; Сост., авт. первого раздела, предисл. к разделам, пер. с древнекитайского и англ., коммент. И. И. Семененко. М.: Республика, 1995. 382 с. 【索书号:3-96\B222.2\K652】

5. Изречения/Конфуций; Пер., предисл. и коммент. И. И. Семененко. М.: Изд-во Моск. ун-та, 1994. 126 с. 【索书号:3-96\B222.1\K652】

6. Афоризмы Конфуция/И. И. Семененко. М.: Изд-во Моск. ун-та, 1987. 299 с. 【索书号:3-88\B222.1\C301】

15) 谢宁 Н. Г. (Сенин, Н. Г., 1918—2001)

谢宁 Н. Г. (Сенин, Николай Герасимович, 1918.6.2—2001.10.28), 哲学博士。1918 年出生于阿尔切夫斯克工人家庭。毕业于莫斯科大学哲学系(1943)。1953 年获哲学副博士学位,学位论文《孙中山的社会政治观和哲学观》。1964 年获哲学博士学位,学位论文《中国近代进步的社会政治和哲学思想》,1965 年晋升为教授。1943—1947 年在驻中国大使馆工作。1947—1951 年在苏联外交部工作。1951 年起为苏联科学院哲学研究所研究人员。主要著有《孙中山是伟大的中国革命民主主义者》(1956)、《19 世纪末中国的进步思想家》(1958)、《近代中国进步的政治思想和哲学思想》(1840—1919)》(1963)等论著 70 余部。译有《李大钊作品选》(1989)等。

原文论著

1. Избранные произведения: Пер. с кит./Ли Дачжао; Сост. и авт. предисл. Н. Г. Сенин. М.: Наука, 1989. 487 с. 【索书号:3-90\D2-0\Л55】【索取号:И4-7/287】

2. Избранные произведения прогрессивных китайских мыслителей нового времени, 1840—1898/пер. с китайского под общ. ред. Н. Г. Сенина, Ян, Хиншуна. М.: [б. и.], 1961. 299 с. 【索书号:Р1-7\19】

3. Общественно-политические и философские взгляды Сунь Ят-сена/Н. Г. Сенин. М.: Изд-во Акад. наук СССР, 1956. 214 с. 【索书号:Б6-5\14】

4. Прогрессивные мыслители Китая конца 19 века/Н. Г. Сенин. [Б. м. : б. и. , б. г.]. 39 с. 【索取号：И4-7/287\】【索取号：И4-7/286】

5. Сунь Ят-сен—великий китайский революционер-демократ/Н. Г. Сенин. [Б. м. : б. и. , б. г.]. 1 т. 【索取号：И4-4/277】【索取号：И4-4/278】

16) 索洛宁 К. Ю. （Солонин, К. Ю. ,1969—　）

索洛宁 К. Ю. （Солонин, Кирилл Юрьевич, 1969.8.22—　），1969年出生于列宁格勒。1992年毕业于圣彼得堡大学东方系。毕业后在彼得堡大学哲学系任教。1998年获副博士学位，学位论文为《西夏唐古特国的中国佛学校》。2008年获博士学位。

原文论著

Обретение учения: традиция Хуаянь-Чань в буддизме тангутского государства Си-Ся/ К. Ю. Солонин. Санкт-Петербург: Изд-во Санкт-Петербургского ун-та, 2007. 265 с. 【索书号：3С-2010\В949.2\1】

17) 斯皮林 В. С. （Спирин, В. С. ,1929—2002）

斯皮林 В. С. （Спирин, Владимир Семенович, 1929.5.5—2002.5.17），1929年出生于斯维尔特洛夫州贝加尔沃村，1952年毕业于列宁格勒大学东方系。在科学院东方学所列宁格勒分所任职。1970年获哲学副博士学位，学位论文《中国古代哲学研究的若干方法论问题》。1980年为主任研究员。发表著译30多种。主要有《古汉语文献的结构》(1976)、《〈西子传〉的形式结构》(1982)等。1963年起参与《敦煌文献(钞稿)》的著录工作。

原文论著

1. Построение древнекитайских текстов = The construction of ancient Chinese texts/В. С. Спирин. СПб. : Петербургское Востоковедение, 2006. 272, [3] с. 【索书号：3С-2008\В2\3】

2. Анализ экономического потенциала предприятия/В. С. Спирин. М. : Финансы и статистика, 1986. 110 с. 【索书号：3-87\F275\С722】

3. Построение древнекитайских текстов/В. С. Спирин. М. : Наука, 1976. 229 с. 【索书号：3\Н109.2\С722】

18) 季塔连科(基达连克) М. Л. （Титаренко, М. Л. ,1934—　）

季塔连科 М. Л. （Титаренко, Михаил Леонтьевич, 1934.4.27—　），俄罗斯科学院院士(2003)、著名汉学家。1934年出生于布良斯克州克里莫夫区农民家庭，毕业于莫斯科大学(1957)，1957—1959年在北京大学学习，师从冯友兰。1959—1961年在复旦大学学习。1965年和1979年先后获哲学副博士和博士学位。1997年当选为苏联科学院通讯院士，

2003年为院士。1961—1965年先后在苏联外交部及驻上海领事馆、驻华大使馆任职。1965—1985年在苏共中央任职,1985年起任科学院远东研究所所长,俄中友好协会理事会主席。著有《古代中国哲学家墨子,其学派和学说》(1985)、《俄罗斯与东亚》(1994)、《俄罗斯面向亚洲》(1998)等论著300余部。主编《中国精神文化大典》(六卷本,2006—2010)。

原文论著

1. Духовная культура Китая: энциклопедия: в 5 т. [Т. 4], Историческая мысль. Политическая и правовая культура/гл. ред. М. Л. Титаренко; редкол.: А. И. Кобзев [и др.]; ред. тома М. Л. Титаренко [и др.]. Москва: Восточная литература, 2009. 935 с.【索书号:3C-2010\B2-61\1】

2. Переписка И. В. Сталина и Г. В. Чичерина с полпредом СССР в Китае Л. М. Караханом: документы, август 1923 г.-1926 г./сост. и отв. ред.-подготовитель, авт. предисл.: А. И. Картунова; гл. ред. М. Л. Титаренко. Москва: Наталис, 2008. 704 с.【索书号:3C-2009\D829.512\3】

3. КНР: итоги социально-экономического развития в 2007 году и перспективы 2008 года: (материалы 1 сессии ВСНП 11-го созыва, Пекин, 5-15 марта 2008 года/[под общ. ред. М. Л. Титаренко]. Москва: Институт Дальнего Востока РАН, 2008. 104 с.【索书号:3C-2009\F12-532\2】

4. Духовная культура Китая: энциклопедия: в 5 т. [Т. 3], Литература. Язык и письменность/гл. ред.: М. Л. Титаренко; редкол.: А. И. Кобзеви [и др.]; ред. тома М. Л. Титаренко [и др.] Москва: Восточная лит., 2008. 855 с. 【索书号:3C-2009\B2-61\1】

5. Геополитическое значение Дальнего Востока: Россия, Китай и другие страны Азии/М. Л. Титаренко. Москва: Памятники исторической мысли, 2008. 623 с. 【索书号:3C-2009\D822\2】

6. Духовная культура Китая: энциклопедия: в 5 т. Т. 2, Мифология. Религия/гл. ред. М. Л. Титаренко; ред. тома М. Л. Титаренко [и др.]. М.: Вост. лит., 2007. 869 с.【索书号:3C-2008\B2-61\1】

7. Китайская Народная Республика в 2006 г.: политика, экономика, культура: [ежегодник]/[редкол.: Титаренко М. Л. (гл. ред.) и др.]; Российская акад. наук, Ин-т Дальнего Востока. Москва: Ин-т Дальнего Востока, 2007. 513 с. 【索书号:3C-2008\D6\3】

8. Духовная культура Китая: энциклопедия: в 5 т. [Т. 1], Философия/гл. ред. М. Л. Титаренко; ред. тома М. Л. Титаренко [и др.]. М.: Восточная лит., 2006. 727 с.【索书号:3C-2007\B2-61\1】

9. Китайская народная Республикав 2004-2005 гг.: Политика, экономика, культура/[Гл. ред. Титаренко М. Л.]. М.: Ин-т Дальнего Востока РАН, 2005. 549, [2] с.【索书号:3C-2007\D6\3】

10. Современная общественная мысль в КНР и западная философская синология/

[Редкол. : М. Л. Титаренко и др.]. М. : Ин-т Дальнего Востока РАН, 2004. 75 с. 【索书号：3C-2007\B2\1】

11. Китай в диалоге цивилизаций = China in the dialogue of civilization: К 70-летиюакад. М. Л. Титаренко/Рос. акад. наук, Ин-т Дал. Востока; [Редкол. : С. Л. Тихвинский (гл. ред.) и др.]. М. : Памятники ист. мысли, 2004. 835 с. 【索书号：3C-2007\K2\1】

12. Китайская Народная Республикав 1997 г. : Политика, экономика, культура/ [Редкол. : М. Л. Титаренко (гл. ред.) и др.]. М. : Институт Дальнего Востока РАН, 1999. 282 с. 【索书号：3C-2007\D6\1】

13. Китайская Народная Республика в 1989 году: Политика, экономика, культура/Редкол. : М. Л. Титаренко (гл. ред.) и др. М. : Наука, 1991. 399, [1] с. 【索书号：3C-2007\D6\5】

14. Китай на пути модернизации и реформ, 1949-1999 = China on the Way of Modernization and Reforms, 1949-1999/Отв. ред. М. Л. Титаренко. М. : Вост. лит. , 1999. 735 с. 【索书号：3C-2007\K27\3】

15. ВКП (б), Коминтерн и национально-революциионное движение в Китае: Документы. Т. 1. 1920-1925/Редкол. : Го Хэнъюй и М. Л. Титаренко. М. : Буклет, 1994. 768 с. 【索书号：3C-2006\D351. 27\1】

16. Как управляется Китай: эволюция власт. структур Китая в XX-начале XXI вв. /[Асланов Р. М. и др.]; подред. М. Л. Титаренко. М. : Памятники ист. мысли, 2004. 474, [1] с. 【索书号：3C-2006\D62\2】

17. Экономика Китая вступает в XXI век/[И. Н. Наумов [и др.]; Общ. ред. и предисл. М. Л. Титаренко]. М. : Ин-т Дал. Востока РАН, 2004. 308, [3] с. 【索书号：3C-2006\F12\4】

18. КНР 55 лет: Политика, экономика, культура/Редкол. : М. Л. Титаренко (гл. ред.) и др. М. : Ин-т Дальнего Востока РАН, 2004. 494 с. 【索书号：3C-2005\D619\1】

19. ВКП (б), Коминтерн и национально-революционное движение в Китае: Документы. Т. 2. 1926-1927: В 2-х ч. Ч. 1/Редкол. : М. Л. Титаренко, М. Лёйтнер (руководители работы) [и др.]; Рос. центр хранения и изучения док. новейшей истории [и др.]. М. : АО "Буклет", 1996. II-XVI, 524 с. 【索书号：3C-2006\D351. 27\2】

20. ВКП (б), Коминтерн и национально-революционное движение в Китае: Документы. Т. 2. 1926-1927: В 2-х ч. Ч. 2/Редкол. : М. Л. Титаренко, М. Лёйтнер (руководители работы) [и др.]; Рос. центр хранения и изучения док. новейшей истории [и др.]. М. : АО "Буклет", 1996. II-XVII, 527-1011 с. 【索书号：3C-2006\D351. 27\3】

21. Китайская Народная Республика в 2001 г. : Политика, экономика, культура/[Гл. ред. М. Л. Титаренко]. М. : Ин-т Дал. Востока РАН, 2002. 509 с. 【索书号：3C-2005\D6\1】

22. Китайская Народная Республика в 2002 г. : Политика, экономика, культура/[Редкол. : Титаренко М. Л. (гл. ред.) и др.]. М. : Ин-т Дал. Востока

РАН, 2003. 559 с.【索书号:3C-2005\D6\5】

23. Россия: безопасность через сотрудничество: Восточно-азиатский вектор/М. Л. Титаренко. М.: Памятники исторической мысли, 2003. 401 с. 【索书号:3-2004\D851.22\4】

24. Китай: Фундамент успехов XXI века: Аналит. обзор ГСУ достижений 9-й и перспектив 10-й пятилеток: По публ. газеты "Чжунго-шичанцзинцзи бао"/Рос. акад. наук. Ин-т Дальнего Востока. Центр науч. информ. и документации; [Отв. ред. М. Л. Титаренко]. М.: Ин-т Дальнего Востока РАН, 2002. 200 с. 【索书号:3C-2005\F12\1】

25. ВКП(Б), коминтерн и Китай: Документы. Т. 4 (Ч. 1). ВКП(б), коминтерн и советское движение в Китае, 1931-1937: В 2-х ч. Ч. 1/Редкол.:М. Л. Титаренко и др. М.: РОССПЭН, 2003. 854 с. 【索书号:3-2004\D351.27\1】

26. ВКП(б), коминтерн и Китай: Документы. Т. 4. (Ч. 2). ВКП(б), коминтерн и советское движение в Китае. 1931-1937. В 2-х ч. Ч. 2/Редкол.:М. Л. Титаренко и др. М.: РОССПЭН, 2003. 862-1231 с. 【索书号:3-2004\D351.27\2】

27. Китайская Народная Республика в 1999 г.: Политика, экономика, культура/Редкол.: М. Л. Титаренко (гл. ред.) и др. М.: Институт Дальнего Востока РАН, 2001. 421 с. 【索书号:3-2004\D6\1】

28. Китайская Народная Республика в 2000 г.: Политика, экономика, культура/ Редкол.: М. Л. Титаренко (гл. ред.) и др. М.: Восточная литература РАН, 2001. 433 с. 【索书号:3-2004\D6\2】

29. ВКП(Б), коминтерн и Китай: Документы. Т. 4 (Ч. 1). ВКП(б), коминтерн и советское движение в Китае, 1931-1937: В 2-х ч. Ч. 1/Редкол.: М. Л. Титаренко и др. М.: РОССПЭН, 2003. 854 с. 【索书号:3-2004\D351.27\1】

30. ВКП(б), коминтерн и Китай: Документы. Т. 4. (Ч. 2). ВКП(б), коминтерн и советское движение в Китае. 1931-1937. В 2-х ч. Ч. 2/Редкол.: М. Л. Титаренко и др. М.: РОССПЭН, 2003. 862-1231 с. 【索书号:3-2004\D351.27\2】

31. ВКП(б), Коминтерн и Китай: Документы/Редкол.: М. Л. Титаренко и др. Т. 3. ВКП(Б), коминтерн и советское движение в Китае. 1927-1931: В 2-х ч. Ч. 1. М.: АО 《Буклет》, 1999. 736 с. 【索书号:3-2003\D351.27\1】

32. ВКП(б), Коминтерн и Китай: документы. Т. 3, ВКП(Б), коминтерн и советское движение в Китае, 1927-1931: в 2 ч., ч. 2/редкол.: М. Л. Титаренко [и др.]. М.: АО 《Буклет》, 1999. 742-1598 с. 【索书号:3-2003\D351.27\2】

33. Стратегия превращения Китая в супериндустриальное государство: (1996-2050)/Отв. ред. М. Л. Титаренко. М.: Памятники ист. мысли, 2002. 198 с. 【索书号:3-2002\F424\C833】

34. Как управляется Китай: Эволюция властных структур Китая в 80-90-е гг. XX века/Подред. М. Л. Титаренко. М.: Ин-т Дальнего Востока РАН, 2001. 418 с. 【索书号:3-2002\D62\K16】

35. Россия лицом к Азии/М. Л. Титаренко. М.: Респ., 1998. 317 с.

【索书号:3-2002\D851.22\T45】

36. VI Всероссийская конференция "Философии Восточно-Азиатского региона и современная цивилизация". (Москва, 25-26 мая 2000 г.) /Редкол.: М. Л. Титаренко и др. М.: Печатно-множительная лаборатория Ин-та Дальнего Востока РАН, 2000. 151 с.【索书号:3-2001\В3-532\Ш514】

37. Китайская Народная Республика в 1998 г.: Политика, экономика, культура/Редкол.: М. Л. Титаренко (гл. ред.) и др. М.: Ин-т. Дальнего Востока РАН, 2000. 363 с. 【索书号:3-2001\D6\K451\:1998】

38. Китай: цивилизация и реформы/М. Л. Титаренко. М.: Республика, 1999. 237 с.【索书号:3-2001\D61\T45】

39. Китайская Народная Республика в 1995-1996 гг.: Политика, экономика, культура /Редкол.: М. Л. Титаренко (гл. ред.) и др. М.: Издат. фирма "Вост. лит." РАН, 1997. 494 с. 【索书号:3-2000\D6\K451\:1995-1996】

40. Востоковедение и мировая культура: К 80-летию акад. С. Л. Тихвинского: Сборник статей/Релкол.: М. Л. Титаренко и др. М.: Памятники ист. мысли, 1998. 414 с. 【索书号:3-2000\K207.8\B78】

41. Традиции в общественно-политической жизни и политической культуре КНР/Отв. ред. М. Л. Титаренко, Л. С. Переломов. М: Восточная литература, 1994. 325 с. 【索书号:3С-2006\K2\6】

42. Россия и восточная Азия: Вопросы международных и Межцивилизационных отношений: Сборник/М. Л. Титаренко. М.: Кучково поле, 1994. 318 с. 【索书号:3-97\D851.22\T45】

43. Китайская философия: Энциклопедический словарь/Гл. ред. М. Л. Титаренко. М.: Мысль, 1994. 573 с. 【索书号:3G-96\B2-61\K451】

44. Китайская Народная Республика в 1992 году: Политика, экономика, культура/Редкол.: М. Л. Титаренко (гл. ред.) и др. М.: Наука. Издат. фирма "Вост. лит." РАН, 1994. 411 с. 【索书号:3-96\D6\K451\:1992】

45. Китайская Народная Республикав 1991 году: Политика, экономика, культура/ Редкол.: М. Л. Титаренко (гл. ред.) и др. М.: Наука. Издат. фирма "Вост. лит.", 1994. 307 с. 【索书号:3-96\D6\K451\:1991】

46. Традиции в общественно-политической жизни и политической культуре КНР/ Отв. редакторы М. Л. Титаренко, Л. С. Переломов. М.: Наука. Издат. фирма "Вост. лит.", 1994. 325 с. 【索书号:3-96\K2\T65】

47. Китайская Народная Республика в 1990 году: Политика, экономика, культура/Редкол.: М. Л. Титаренко (гл. ред.) и др. М.: Наука, 1992. 332 с. 【索书号:3-94\D6\K451\:1990】

48. Китайская Народная Республика в 1988 году: Политика, экономика, культура/Редкол.: М. Л. Титаренко (гл. ред.) и др. М.: Наука, 1990. 383 с. 【索书号:3-91\D6\K451\:1988】

49. Китайская Народная Республика в 1987 году: Политика, экономика,

культура: Ежегодник/Редкол.: М. Л. Титаренко (гл. ред.) и др. М.: Наука, 1989. 359 c. 【索书号:3-90\D6\K451\:1987】

50. Развитие производительных сил Китая/Отв. ред. М. Л. Титаренко. М.: Наука, 1989. 245 c. 【索书号:3-90\F124\P17】

51. История китайской философии/Пер. с кит. В. С. Таскина; Общ. ред. и послесл. М. Л. Титаренко. М.: Прогресс, 1989. 551 c. 【索书号:3-89\B2\И907】

52. Китайская Народная Республика в 1986 году: Политика, экономика, культура/Редкол.: М. Л. Титаренко (гл. ред.) и др. М.: Наука, 1988. 295 c. 【索书号:3-89\D6\K451\:1986】

53. Китайская Народная Республика в 1985 году: Политика, экономика, культура/Редкол.: М. Л. Титаренко (гл. ред.) и др. М.: Наука, 1988. 350 c. 【索书号:3-89\D6\K451\:1985】

54. Новое в изучении Китая: История и историография/Редкол.: М. Л. Титаренко (отв. ред.) и др. М.: Наука, 1988. 204 c. 【索书号:3-89\K207\H74】

55. Международные отношения и актуальные проблемы обеспечения мира и безопасности на Дальнем Востоке: (Материалы междунар. науч. конференции. Ноябрь 1986 г.)/Отв. ред.: М. Л. Титаренко. М.: Ин-т Дальнего Востока АН СССР, 1988. Т. 【索书号:3-89\D815-53\M433\:1】

56. Китайская Народная Республика в 1984 году: Политика, экономика, идеология/Редкол.: М. Л. Титаренко (гл. ред.) и др. М.: Наука, 1987. 367 c. 【索书号:3-88\D6\K451\:1984】

57. Новое в изучении Китая/Редкол.: М. Л. Титаренко (отв. ред.) и др. М.: Наука, 1987-1988. Т. 【索书号:3-90\K207\H74-2\:1】

58. Коммунистический Интернационал и китайская революция: Документы и материалы/Отв. ред. М. Л. Титаренко. М.: Наука, 1986. 319 c. 【索书号:3-87\D165\K635-2】

59. Древнекитайский философ Мо Ди, его школа и учение/М. Л. Титаренко. М.: Наука, 1985. 244 c. 【索书号:3-86\B224\T45】

中文译著

1. 2050年:中国—俄罗斯共同发展战略 [专著]/(俄) Б. Н. 库济克(Б. Н. Куэык),(俄) М. Л. 季塔连科(М. Л. Титаренко)著;冯育民 [等] 译. —北京:社会科学文献出版社, 2007. —357页【索书号:2008\D822\8】

2. 俄罗斯与东亚 [专著]:国际关系问题和不同类型文明间关系问题/(俄)米·列·季塔连科著;宿丰林译. —哈尔滨:黑龙江人民出版社, 2002. —15,291页【索书号:2005\D851.2\3】

3. 马克思主义伦理学 [专著]/(苏)季塔连科主编;黄其才译. —北京:中国人民大学出版社, 1984. —269页【索书号:\B82\5-2】

4. 马克思主义伦理学 [专著]/(苏)季塔连科主编;愚生,重耳译. —上海:上海译文出版社, 1981. —342页【索书号:\B82\5】

19) 托尔琴诺夫 E. A. (Торчинов, Е. А.,1956—2003)

托尔琴诺夫 E. A.(Торчинов, Евгений Алексеевич, 1956.8.22—2003.7.12),哲学博士。毕业于列宁格勒大学东方系(1978)。1981—1984 年在宗教与无神论历史博物馆任职,1984—1994 年转入彼得堡东方学分所,1994 年之后在彼得堡大学任教。1985 年获史学副博士学位,学位论文为《葛洪〈抱朴子〉是一部历史民族学典籍》。1990—1991 年在北京大学进修。1993 年获哲学博士学位,学位论文《道教、历史宗教考察》。著有《大乘佛教哲学》(2002)等。译著有《房中术》(1993)、《修心要论》(1994)、《大乘齐心论》(1997)、《星云大师论经》(1998)、《道德经》(1999)、葛洪的《抱朴子》(1999)等。出版论著 150 余部。

原文论著

1. Краткая история буддизма: происхождение и развитие, философия и литература/Евгений Торчинов. Санкт-Петербург: Амфора, 2008. 429, [1] с. 【索书号:3-2009\B949.1\1】

2. Избранные сутры китайского буддизма = Fo jiao jing dian/[отв. ред. Е. А. Торчинов]; пер. с кит. Д. В. Поповцева, К. Ю. Солонина, Е. А. Торчинова. Санкт-Петербург: Наука, 2007. 461, [3] с.【索书号:3C-2009\B94\1】

3. Пути философии Востока и Запада: познание запредельного/Евгений Торчинов. СПб.: Азбука-классика: Петербургское Востоковедение, 2007. 473, [1] с. 【索书号:3-2008\B920\8】

4. Религии мира: опыт запредельного. Психотехника и трансперсональные состояния/ Евгений Торчинов. СПб.: Азбука-классика: Петербургское Востоковедение, 2007. 539, [1] с.【索书号:3-2008\B920\10】

5. Даосизм. "Дао-Дэ цзин"/Е. А. Торчинов. СПб.: Азбука-классика: Петерб. Востоковедение, 2004. 252 с.【索书号:3C-2007\B223.1\2】

6. Даосизм: Опыт историко-религиоведческого описания/Е. Торчинов. СПб.: Андреев и сыновья, 1993. 307, [2] с.【索书号:3C-2007\B959.2\2】

7. Даосские практики/Е. А. Торчинов. СПб.: Петербург. Востоковедение: Азбука-классика, 2004. 254 с.【索书号:3C-2006\B223\2】

8. Религия и культура. Россия. Восток. Запад: Сб. ст./С.-Петерб. гос. ун-т; Под ред. Е. А. Торчинова. СПб.: Изд-во С.-Петерб. ун-та, 2003. 309 с. 【索书号:3-2006\B91-53\1】

9. Даосская алхимия/[Пер. с кит., коммент., примеч. и вступ. ст. Е. А. Торчинова]. СПб.: Азбука: Петербург. Востоковедение, 2001. 467, [2] с. 【索书号:3C-2006\B959.2\1】

10. Философия буддизма Махаяны/Е. А. Торчинов. СПб.: Петерб. востоковедение, 2002. 315 с.【索书号:3-2005\B920\13】

11. Избранные сутры китайского буддизма/[Отв. ред. Е. А. Торчинов]; Пер. с кит. Д. В. Поповцева и др. СПб.: Наука, 1999. 461, [3] с.

【索书号:3-2004\B94\1】

12. Философия китайского буддизма/Вступ. ст., предисл. и коммент. Е. А. Торчинова; Пер. с кит. Е. А. Торчинова. СПб. : Азбука-классика, 2001. 241, [2] с. 【索书号:3-2003\B949. 2\2】

13. Даосские практики/Е. А. Торчинов. СПб. : Петербургское Востоковедение, 2001. 314 с. 【索书号:3-2002\B223\T619】

14. Хайдеггер и восточная философия: поиски взаимодополнительности культур/Отв. редакторы: М. Я. Корнеев и Е. А. Торчинов. СПб. : Изд-во С.-Петербург. философского о-ва, 2001. 323 с. 【索书号:3-2002\B516.54\X154-2】

15. Введение в буддологию: Курс лекций: Учеб. пособие для студентов вузов/ К. А. Торчинов. СПб. : С.-Петербургское философское о-во, 2000. 303 с. 【索书号:3-2002\B94-43\T619】

16. Даосизм. "Дао-Дэ цзин"/Е. А. Торчинов; Пер. с кит. Е. А. Торчинова. СПб. : Петербургское Востоковедение, 1999. 285 с. 【索书号:3-2000\B223.1\T619】

17. Даосская йога: Алхимия и бессмертие/К. Лу; Пер. с англ. Е. А. Торчинов. СПб. : ОРИС, 1993. 366 с. 【索书号:3-96\R212\Л82】

20）费奥克蒂斯托夫 В. Ф.（Феоктистов, В. Ф., 1930—2005）

费奥克蒂斯托夫 В. Ф.（Феоктистов, Виталий Фёдорович, 1930.8.17—2005.3.5）,毕业于莫斯科东方学院(1954),1972年获哲学副博士学位,学位论文《荀子的哲学和社会政治观点》。1954—1958年在中国外国专家局任翻译组组长,1965—1968年在马里,1971—1972年在中国从事外交工作,1968年起为远东所研究人员。主要著有《荀子的哲学观点和社会政治观点·研究和翻译》(1976),译有杨沫的《青春之歌》(1959)和曹禺的《北京人》(1960)等。出版论译著100余部。

原文论著

1. Философские трактаты Сюнь-цзы: Исследование. Перевод. Размышления китаеведа/В. Ф. Феоктистов. М. : Наталис, 2005. 431 с.
【索书号:3С-2006\B222.6\1】

2. Современная китайская философия и западная философская синология/Сост.: В. Ф. Феоктистов, Е. В. Якимова. М. : Институт Дальнего-Востока РАН, 2003. 54 с.
【索书号:3-2004\B2\2】

3. Китайская философия: история и современность/Рос. акад. наук. Ин-т Дальнего Востока. Центрнауч. информ. и документации; Сост.: В. Ф. Феоктистов, Е. В. Якимова. М. : Ин-т Дальнего Востока РАН, 2002. 78 с.
【索书号:3С-2005\B2\1】

4. "Философии Восточно-Азиатского региона и современная цивилизация": VII Всероссийская конференция. (Москва, 28-29 мая 2001 г.) /Сост. сборника В. Ф. Феоктистов. М. : Ин-т Дальнего Востока РАН, 2001. 200 с.

【索书号:3-2002\B31\Ф561】

5. Философские и общественно-политические взгляды Сюнь-цзы: Исследование и перевод/В. Ф. Феоктистов. М.: Наука, 1976. 293 с. 【索书号:3\B222.6\Ф424】

21) 什罗夫 А. П. (Шилов, А. П.)
原文论著

Конец древности: о духовном кризисе современного китайского общества и поиске новых ценностей/А. П. Шилов. Москва: ИДВ РАН, 2009. 235 с.
【索书号:3C-2010\D669\1】

22) 休茨基 Ю. К. (Щуцкий, Ю. К., 1897—1938)

休茨基 Ю. К. (Щуцкий, Юлиан Константинович, 1897.8.22—1938.2.18),主要从事汉语和经籍研究。1897 年生于叶卡捷林堡林务员家庭。列宁格勒大学社会科学系民族语言班毕业(1922)。1935 年获语言学副博士学位。1937 年获语文学博士学位,学位论文为《中国的〈易经〉·语文学研究和翻译经验》。1935 年起为教授。曾在列宁格勒大学任教(1922—1937)。1936—1937 年在国立艾尔米塔什博物馆、1920—1937 年在亚洲博物馆——科学院东方学研究所从事研究工作。译有《7至 9 世纪中国诗选》(1923)和《易经》(1936)等。出版论译著近 30 部。

原文论著

1. И цзин ("Канон перемен"): Перевод и исследования/Сост. А. Е. Лукьянов; [Пер с китайского: Ю. К. Щуцкий, А. Е. Лукьянов (коммент.)]. М.: Восточная литература, 2005. 245 с. 【索书号:3C-2007\B221\1】

2. Китайская классическая "Книга перемен"/Ю. К. Шуцкий; Под ред. А. И. Кобзева; [Сост., ст., био- и библиогр. А. И. Кобзева]. М.: Вост. лит., 2003. 604 с..
【索书号:3C-2005\B221\3】

3. Китайская классическая "Книга перемен"/Ю. К. Щуцкий; Сост., статьи, био- и библиографии А. И. Кобзева; Предисл. к 1-му изданию Н. И. Конрада; Статьи В. М. Алексеева; Примеч. А. И. Козбева и Н. И. Конрада. М.: Наука. Издат. фирма "Вост. лит.", 1993. 604 с. 【索书号:3-95\B221\Щ989=2】

4. Китайская классическая "Книга Перемен"/Ю. К. Щуцкий. СПб.: Алетейя, 1992. 473 с. 【索书号:3-97\B221\Щ989】

5. Китайская классическая "Книга Перемен"/Ю. К. Щуцкий. М.: Изд. вост. лит., 1960. 423 с. 【索书号:B84-7\35】【索书号:B84-7\36】

6. Китайская классическая книга перемен. М. Наука. Издательская фирма Восточная литература 1997. 607 с.. 初订

23) 杨兴顺（Ян Хин-шун, 1904—1989）

杨兴顺（Ян Хин-шун, 1904.12.1—1989.10.18），主要从事中国哲学史研究。1904年出生于中国浙江省宁波。毕业于社会科学教育共产主义大学（1933）。1948年以学位论文《〈道德经〉的哲学学说》获哲学副博士学位。1968年获哲学博士学位，学位论文为《古代中国的唯物主义思想》。1951年获高级研究员职称。1933—1939年在海参崴中国列宁学校任教。后在国际革命援助中央委员会任教（1939—1940）。1914—1946年在广播委员会工作。1948年起为苏联科学院哲学研究所研究员。主要著有《中国哲学史片断》（1956）、《中国近代进步思想家作品选（1840—1896）》（1961）、《中国古代的唯物主义思想》（1981）等。出版论著近70部。

原文论著

1. Из истории китайской философии/Ян Хин-шун. [Б. м.：б. и., б. г.].38 с.【索书号：И4-4\237】

2. Дао дэ цзин/[пер. и примеч. Ян Хин-Шуна]. Санкт-Петербург：Азбука-классика, 2008.136, [2] с.【索书号：3С-2010\B223.1\1】

3. Искусство управления：Труды китайских мыслителей. /[пер. с кит. Ян Хин-шун] Москва：Медковс.б., 2006.270 с..【索书号：3С-2010\B2\2】

4. Из истории борьбы за победу марксизма-ленинизма в Китае/Ян Хин-Шун. М.：Госполитиздат, 1957.174 с.【索书号：Б28-3\8】

5. Древнекитайский философ Лао-Цзы и его учение/Ян Хин-шун. М.：Издательство Акад. наук СССР, 1950.158 с.【索书号：Б6-2\50】【索书号：B33-1\51】

中文译著

1. 关于中国哲学史中的唯物主义传统［专著］/（苏）杨兴顺著；李恒，汪国训译.—北京：科学出版社, 1957.—40页【索书号：\120.9\274】

2. 中国古代哲学家老子及其学说［专著］/杨兴顺著；杨起译.—北京：科学出版社, 1957.—144页【索书号：\121.317\274】

(五) 经济

1. 经济类藏书综述

经济,是一个国家发展的脉搏,是制约、影响其意识形态发展的基础。对一个国家的探究,其脉搏的跳动必然会是首先要探究的主题。所以,不论是出于学科基础理论研究,还是为国家效力,中国经济的历史、现状及其中国经济的发展趋势,历来都是世界汉学界极为关注的焦点。俄罗斯汉学亦然,在这个学科领域里从事研究的学者最多,作品也最多。

国图收藏的比丘林撰写的《中华帝国统计概要》(1842),应是最早的俄国学者对中国经济问题的研究专著。在此之后,有20世纪40年代出版的В. А. 马斯连尼科夫的《中国政治经济概况》(1946),50年代出版的Я. М. 别尔格尔的《中国经济地理概述》(1959)、《中国北部的经济地理》(1958),70年代出版的历史学博士О. Е. 涅波姆宁的《中国经济史(1864—1894)》(1974)等。

苏联对中国问题(特别是经济、经济史)的研究十分重视,尤其是在中苏断交之前,成立了诸多专门研究中国的机构,其主要的研究方向就是中国经济。如1928年成立的中国学研究所(Институт Китаеведения),历经几次改组成为一个极具实力的研究所,即今日的俄罗斯科学院远东研究所(Институт Дальнего Востока Российской Академии наук),这个研究所的主要研究对象是中国。它与1930年在亚洲博物馆基础之上成立的东方研究所,即今日的俄罗斯科学院东方学研究所(Институт Востоковедения РАН)一样是俄罗斯汉学研究的重要基地。

从新中国成立,到上世纪70年代中期,苏联对中国经济的研究,可以分为几个阶段:

1. 50年代,主要以收集、整理有关中国经济的资料为主,叙述辅之。其特点是"一再把中国经济的发展描绘为一幅太美丽的图画,而略去了发展中所遇到的困难以及中国经济管理中不以为然的错误估计"。据不完全统计,1946—1965年间,苏联有近千种研究中国的专著出版,专门从事汉学研究的人数已近800人,其中有科学院院士、通讯院士、教授、博士等。

这个阶段的馆藏文献有汉学家、历史学博士Я. М. 别尔格尔撰写的《中国:经济地理概览》(1959)和他译自中文的《中国北部的经济地理》(1958),以及马斯连尼科夫的《中华人民共和国的经济体制》(1958)等。

2. 60年代,中苏关系恶化。此时,专门从事中国问题的研究机构和研究人员相继减少,造成苏联对中国经济问题以及相关问题的研究整体水平下降,这是苏联中国学的低谷期。馆藏中这个时期的文献,有苏联著名汉学家、苏联科学院通讯院士斯拉德科夫斯基的《与中国关系中的列宁的经济政策》(1968),汉学家、历史学家涅波姆宁的《中国农村经济中的资本起源》(1966)等。

3.70年代以后,对中国经济的研究重新得到重视。一批年轻的经济学家脱颖而出,许多研究机构中增设了专门用于研究中国农业、工业、运输以及其他相关社会问题的机构。这个时期专门的学科研究专著也多了起来。如有关新中国经济史方面的研究课题主要有:中国工业化的主要特征,经济发展、人口压力与不断增长的军事问题之间的关系,农业的落后状况以及人民福利的偏低等。穆罗姆采娃的《中华人民共和国的工业化问题》(1971)是这个时期的代表作品。

20世纪下半叶,中国在经济发展、改革开放中取得的突飞猛进的成绩,吸引了俄罗斯汉学家们的目光,日新月异的当代中国成为其研究的焦点,而且研究兴趣越来越浓。关注于这一领域、专门从事研究的学者也越来越多,越来越活跃,其作品数量也空前的丰富。80年代特别是进入90年代以来,俄罗斯学者对中国经济改革的经验进行了一系列的研究。俄罗斯学者对中国经济的研究,特别是中国改革开放以后中国国民经济发生的巨大变化,以及由此带来的国民精神上的改变,更激发了学者们的研究兴致,并且都取得了斐然的成绩。

在对中国经济探究的同时,必然会对由此带来的国际地位的变化、社会风气的变化、人们精神面貌的变化等都有所关注和研究。因此,当代俄罗斯学者们的专著往往在探究中国经济问题的同时,也论述中国的对外政策以及中俄双边关系,更多地会涉及中国的社会政治、执政党在其中所起的作用,以及领袖人物等课题。

俄罗斯学界对中国经济问题的研究,无论是对中国经济本身的研究,还是对中国经济发展史的探究,都是俄罗斯学者们长期感兴趣的课题。1998年5月,在莫斯科大学举办了题为"20世纪下半叶中国究竟该走哪条发展道路"的科学研讨会。会后,此次会议论文编撰成册,于1999年出版了名为《20世纪下半叶中国历史发展的可能选择》的论文集。

В.Н.波尔加科夫撰写的《邓小平时代的中国经济政策》(1998)一书,即对中国领导层人士在邓小平时期对中国社会经济发展所作的贡献作了分析,就邓小平理论对中国经济现代化形成的影响,以及中国经济体制改革中的相关问题进行了深入的讨论,也对中国经济未来的发展趋势做出了预测。

总体来看,俄罗斯汉学界对近30年来中国的经济增长与经济改革是持肯定态度的。

在本《目录》中,编者收集的256位俄罗斯汉学家中,有25位是专门

经 济

从事中国经济问题研究的学者。他们中有常年驻华的领事、记者,有大学教授,有专门从事中国研究的科学院的研究员。他们的作品从对中国经济的总结《中国经济提纲》(Г. В. 阿斯塔菲耶夫,1952)、《中国经济的全球性》(В. В. 米赫耶夫,2003),到对中国经济系统的研究《中国的工业》(Л. И. 康德拉绍娃,1980)、《现代中国农村的集体与农民》(Я. М. 别尔格尔,1984)、《中国的人口》(Е. С. 巴热诺娃,1991),以及对中国现代经济状况的研究《中国的现代化模式》(А. В. 维诺格拉多夫,2005)、《中国特色的社会主义建设》(Э. П. 皮沃瓦罗娃,1992)和对中国经济制度进行研究的《中华人民共和国的经济制度》(В. А. Масленников,1958)等。与中国经济有关的领域都有学者做专门的研究,也都出版有书著。

本《书目》"经济"类中,共收有 25 位学者的 172 部论著和 4 部中译本。其作者和书目,详见"经济类藏书书目导引"。

2. 经济类藏书书目导引

1) 阿博尔京 В. Я.〔Аболтин(Аварин),В. Я.,1899—1978〕

阿博尔 В. Я.(Абортин,Владимир Яковлевич,1899.10.1—1978.11.8),经济学家。1899 年 10 月 1 日出生于拉脱维亚的农民家庭。毕业于伏龙芝军事科学院东方系(1925)。1935 年获经济学博士学位。1955 年获教授职称。1927—1928 年任驻中国总领事。1929—1930 年任莫斯科东方学院教员、副校长。1935—1937 年为塔斯社驻中国工作人员。1931—1935 年在全苏东方学会、苏联科学院民族问题研究所、世界经济和世界政治研究所的研究人员,1948—1956 年为经济研究所研究人员,世界经济和国际关系研究所副所长(1956 年起)。发表作品 300 余部。主要著有《中华人民共和国》(1950)、《殖民主义体系的瓦解》(1957)等。

原文论著

1. Международный ежегодник, 1975: Политика и экономика/Глав. ред. Аболтин В. Я. М.: Политиздат, 1975. 319 с..【索书号:3\D5-54\M433\:1975】

2. Международный ежегодник: Политика и экономика: Вып. 1968 г. /Гл. ред. В. Я. Аболтин. М.: Политиздат, 1968. 279 с.【索书号:3-90\D5-54\M433\:1968】

3. Социалистическая революция и совреманный капитализм /редколлегия: В. Я. Аболтин (глав. ред.) и др. М.: Мысль, 1968. 397 с.【索书号:T60-1\5】

4. СССР, США в разоружение/В. Я. Аболтин и др; под общ. ред. В. Д. Аболтина. М.: Наука, 1967. 192 с.【索书号:T41-1\44】

5. Международный ежегодник 〈Политика и экономика〉. Вып. 1965 г., [Сведения за 1964 г.]/[глав. ред. В. Я. Аболтип]. М.: Политиздат, 1965.【索书号:C\П1-7\25】

6. Китай в период перехода к социализму/В. Аварин. 31 с.【索书号:И4-2\247】

7. Успехи Китайской Народной Республики /В. Я. Аварин. 30 с.

【索书号：И3-6\269】

8. Образование Китайской Народной Республики-великая победа китайского народа/В. Я. Аварин. 29 с.【索书号：И3-6\510】

9. Экономические проблемы страны Латинской Америки/[под ред. д-ра экон. наук. В. Я. Аварина и д-ра экон. наук М. В. Данилевич]. М. : Изд-во Акад. наук СССР, 1963. 512 с.【索书号：П59-6\37】

10. Распад колониальной системы/В. Я. Аварин. М. : Госпо-литиздат, 1957.. 459 с.【索书号：Б20-4\58】

11. Борьба за Тихий океан: агрессия США и Англии, их противоречия и освободительная борьба народов/В. Я. Аварин. М. : Госполитиздат, 1952. 670 с.【索书号：\30\А18】

12. Борьба за Тихий океан: японоамериканские противоречия/В. Аварин. Л. : Госполитиздат, 1947. 466 с.【索书号：\32Б\А18】

13. Китай в огъня на гражданската война: публична лекция, четена на 12 декември 1946 г. в лекционната зала в Москва/В. Я. АВАРИН. С. : Изд. на Бълг. Работническа партия (комунисти), 1947. 51 с.【索书号：Б1\296】

14. Политические изменения на Тихом океане после второй мировой войны: Стенограмма публичной лекции, прочитанной 2 июля 1947 года в Лекционном зале в Москве/В. Я. Аварин. М. : Правда, 1947. 29 с.【索书号：3\D5\А182】

15. Китай в огне гражданской войны/В. Я. Аварин М. : Правда, 1947. 30 с.【索书号：3\K266\А182】

16. Империализм в Манчжурин. Т. 1, Этапы империалистической борьбы за Манчжурию/ В. Аварин. М. ; Л. : Соцэкгиз, 1934. 414 с.【索书号：\327.2\А18\2-е\:1】

17. Империализм в Манчжурии. Т. 2. Империализм и производительные силы Манчжурии/В. Аварин. М. : Соцэкгиз, 1934. 559 с.【索书号：3-2002\K25\А182\:2】

2) 阿列克桑德罗娃 М. В. (Александрова, М. В.)

阿列克桑德罗娃 М. В. ,俄中关系研究专家。长期致力于俄中关系、俄中经济关系的研究,对俄中关系有自己独到的见解。著有《中国与俄罗斯:改革期间区域经济互补的特性》(2003)等论著多部。

原文论著

1. Российско-китайские приграничные экономические отношения/ М. В. Александрова. М. : Огни, 2005. 259 с.【索书号：3С-2006\F125.551.2\2】

2. Китай и Россия: особенности регионального экономического взаимодействия в период реформ/М. В. Александрова; Рос. акад. наук. Ин-т Дал. Востока. М. : Ин-т Дальнего Востока РАН, 2003. 179 с.【索书号：3-2004\F127\1】

3) 阿斯塔菲耶夫 Г. В. (Астафьев, Г. В. ,1908—1991)

阿斯塔菲耶夫 Г. В. (Астафьев, Геннадий Васильевич, 1908.8.25—

1991.4.1),经济学博士。苏联科学院远东研究所副所长(1966年起)。1908年出生于赤塔州。1930年毕业于国立远东大学东方系。1944年获经济学副博士学位,学位论文《新疆政治经济概论》。1951年获高级研究员职称,1961年获教授职称。1960年任莫斯科大学教员。1960年获经济学博士学位,学位论文为《美国对中国的干涉及其失败》。1960—1968年任莫斯科国际关系学院教员。1974—1976年兼国立莫斯科大学亚非学院社会经济系经济和地理教研室主任。1966年起任苏联科学院远东研究所副所长。发表著作100余部。主要著有《中国经济提纲》(1952)、《中国人民建设社会主义的伟大胜利》(1956)等。

原文论著

1. Интервенция США в Китае: 1945-1949/ Г. В. Астафьев. М.: Мысль, 1985. 397 с.【索书号:3-86\K266\A91=2】

2. Китай и капиталистические страны Европы: Сборник статей/Редкол.: Г. В. Астафьев(отв. ред.) идр. М.: Наука,1976. 167 с.
【索书号:3-89\D822.35\K451】

3. Интервенция США в Китае и ее поражение, 1945-1949 гг./Г. В. Астафьев. М.: Госполитиздат, 1958. 611 с.【索书号:Б41-4\43】

4) 阿什穆巴耶夫 M. C.（Ашимбаев, M. C.）

阿什穆巴耶夫 M. C.,著名经济学家,对世界经济有深刻的研究、独到的见解。著有《哈萨克斯坦与中国》(2006)等论著多部。

原文论著

1. Состояние мировой экономики и политики в 2006 году и прогноз на 2007 год/ подред. М. С. Ашимбаева. Алматы: Институт мировой экономики и политики при Фонде Первого Президента РК, 2007. 75 с.【索书号:3-2008\F11\6】

2. Казахстан и Китай: стратегическое партнерство в целях развития: материалы международной конференции (Алматы, 2 марта 2006 г.) /［под ред. М. Ашимбаева］. Алматы: Институт мировой экономики и политики при Фонде Первого Президента РК, 2006. 137 с.【索书号:3C-2008\F136.154-532\1】

3. Сотрудничество стран Центральной Азии и США по обеспечению безопасности в регионе: Материалы междунар. конф. (Алматы, 17 марта 2005 г.)/［Под ред. М. Ашимбаева и Дж. Меннути］. Алматы: Ин-т мировой экономики и политики при Фонде Первого Президента РК: Посольство США в РК, 2005. 149 с.
【索书号:3-2007\D815.5-532\1】

4. Современные проблемы мировой экономики: Сборник научных трудов/Под ред. Ашимбаева М. С. Алматы: Дайк-Пресс, 2004. 285 с.【索书号:3-2007\F11\4】

5) 巴热诺娃 Е. С. (Баженова, Е. С. , 1949—)

巴热诺娃 Е. С. (Баженова, Елена Степановна, 1949. 7. 15—),经济学副博士、俄罗斯科学院远东所中国现代史与政策中心科学工作者。1949 年出生于哈巴罗夫斯克州。1971 年毕业于莫斯科大学经济系。1975 年考入俄罗斯科学院远东研究所。1976 年以论文《中国的人口问题与人口政策》获副博士学位。1975—1976 年在俄罗斯科学院远东所(海参崴)工作。1988—1989 年在中国社会科学院经济研究所(北京)工作。著有有关中国人口发展和社会问题的论著 40 余篇(部)。基本研究方向为中国人口发展与政策。著有《中国的人口》(1991),译有《中国的人口问题》(1989)等。

原文论著

1. Китай в демографическом измерении/Е. С. Баженова. М. : Наука, 1992. 141 с.【索书号:3-94\C924.2\Б163】

2. Население Китая/Е. С. Баженова, А. В. Островский. [М. : Мысль, 1991. 235 с.【索书号:3-93\C924.25\Б163】

3. Проблемы народонаселения КНР: Пер. с китайского и англ. яз. /Под ред. и с предисл. Е. С. Баженовой и А. П. Судоплатова. М. : Прогресс, 1989. 307 с. 【索书号:3-90\C924.2\П781】

6) 别尔格尔 Я. М. (Бергер, Я. М. , 1929—)

别尔格尔 Я. М. (Бергер, Яков Михайлович, 1929. 9. 12—),历史学博士。1929 年 9 月 12 日出生于乌法。1952 年毕业于莫斯科东方研究所。在苏联科学院地理所工作。地理学副博士(1962 年)。1987 年获历史学博士学位。2000 年任独联体文化教育中心主任。1993 年起为《远东问题》杂志主编。出版论著 100 余部。著有《现代中国农村的集体与农民》(1984)、《中国农业经济的管理》(1985)、《中国经济的全球性》(2003)等。

原文论著

1. Экономическая стратегия Китая/Я. М. Бергер. Москва: Форум, 2009. 559 с. 【索书号:3С-2010\F120.4\1】

2. Китай: инвестиционная стратегия и перспективы для России/[Я. М. Бергеридр. ; отв. ред. Л. В. Новоселова]. Москва: Ин-т Дальнего Востока, 2008. 252, [1] с.【索书号:3С-2010\F832.48\1】

3. Китай на пути к рынку: модель развития, демография, образование: Сборник обзоров/Отв. ред. и сост. сборника Я. М. Бергер. М. : ИНИОН РАН, 1996. 134 с. 【索书号:3-98\F121\К451】

4. Китай: отзакрытого общества к открытому миру: Сб. обзоров/Отв. ред. и сост. сб. Я. М. Бергер. М. : ИНИОНРАН, 1995. 130 с.

经 济

【索书号:3-97\D6\K451-5】

5. Переход к рынку в КНР: Общество, политика, экономика: Сборник обзоров/ Отв. ред. и сост. Я. М. Бергер. М.: ИНИОН РАН, 1994. 121 с.
【索书号:3-96\F121\П272-2\】

6. Переход к рынку в КНР: наследие прошлого и прорывв будущее: Сборник обзоров/Отв. ред. Я. М. Бергер. М.: ИНИОН РАН, 1994. 151 с.
【索书号:3-96\F121\П272】

7. Экономическая реформа в КНР: Преобразования в деревне: 1978-1988: Документы/Редкол.: Я. М. Бергеридр. М.: Наука, 1993. 246 с.
【索书号:3-96\F320.2\Э40】

8. Социализм и нравственность: реферативный сборник/ редкол.: Я. М. Бергер (отв. ред.) и др. М.: ИНИОН АН СССР, 1991. 191 с. 【索书号:3-93\Z89:DO-0\C691】

9. Социально-политические и социокультурные предпосылки перехода к социализму: реферативный сборник/редкол.: Я. М. Бергер и др. М.: ИНИОН АН СССР, 1991. 167 с. 【索书号:3-93\Z89:DO-0\C692】

10. Экология культуры: Научно-аналитический обзор/Отв. ред. Я. М. Бергер. М.: ИНИОН АН СССР, 1990. 50 с. 【索书号:3-91\G0\Э40】

11. Человек и социокультурная среда: Научно-аналит. обзор/Отв. ред. Я. М. Бергер. М.: ИНИОН АН СССР, 1989. 50 с. 【索书号 3-90\C912.4\Ч391-3】

12. Эволюция семьи в современном обществе: реферативный сборник/редкол.: Я. М. Бергер и др. М.: ИНИОН АН СССР, 1989. 172 с.
【索书号:3-90\Z89:C913.1\Э158】

13. Социальные процессы в современной китайской деревне/Я. М. Бергер. М.: Наука, 1988. 268 с. 【索书号:3-89\F321\Б48】

14. Информатизация общества и отратегия ускорения социально-экономического развития СССР: Научно-аналитический обзор/Отв. ред. Я. М. Бергер. М.: ИНИОН АН СССР, 1988. 97 с. 【索书号:3-89\G350\И741-2】

15. Научно-технический прогресс при социализме и молодежь: Сборник обзоров/ Редкол.: Я. М. Бергер (отв. ред.), И. Ф. Рековская (ред.-сост.). М.: ИНИОН АН СССР, 1987. 161 с. 【索书号:3-89\N1\H346-9】

16. Современные буржуазные теории общественного развития/Отв. ред. Я. М. Бергер. М.: Наука, 1984. 254 с. 【索书号:3-85\K02\C568】

17. Китай: экон.-геогр. очерк/Я. М. Бергер. М.: Географгиз, 1959. 112 с.
【索书号:K7-3\41】

18. Китай: экономико-географический очерк/Я. М. Бергер. М.: Географгиз, 1959. 110 с. 【索书号:П6-5\6】

19. Северный Китай: экон. география/[Дэп Цзип-чжуп, Цао Ваиь-жу, Ли Сун-шэн и др.]; отв. ред. Сунь Цзнпчжи; [пер. с китайск; предисл. и ред. Я. М. Бергера].: Географгиз, 1958. 352с. 【索书号:И32-2\45】

7) 沃伊京斯基 Г. Н. (吴廷康) (Войтинский, Г. Н., 1893—1953)

沃伊京斯基 Г. Н. (Войтинский, Григорий Наумович, 1893.2.21—1953.4.11),经济学家。1893 年出生于涅维尔职员家庭。1935 年获经济学博士学位。1935 年获教授职称。1929—1935 年为东方劳动者共产主义大学、红色教授学院、莫斯科东方学院、国立莫斯科大学教员。1929—1948 年为苏联科学院世界经济和世界政治研究所、太平洋研究所、历史研究所研究人员。1918—1922 年参加地下工作和国内战争。1922—1927 年任共产国际执委会远东部主任。著有《在中国的帝国主义分子》(1924)、《中国共产党为争取国家独立与民主的斗争》(1950)等 80 余部。

原文论著

1. Коммунистическая партия Китая в Борьбе за независимость и демократизацию страны: тенограмма публичной лекции, прочитанной вцен-тральном лектории Общества в Москве/Г. Н. Войтинский. Ann Arbor: UMI. A Bell & Howell Company, 2001. 31 с.; 23 с.【索书号:3-2002\D231\B654】

2. Китай и великие державы/Г. Н. Войтинский. М.: Правда, 1947. 21 с. 【索书号:3\K26\B654】

3. Коммунистическая партия Китая в борьбе за независимость и демократизацию страны/Г. Н. Войтинский. 31 с.【索书号:И3-5\422】

8) 杰伊奇 Т. Л. (Дейч, Т. Л., 1936—)

杰伊奇 Т. Л. (Дейч, Татьяна Лазаревна, 1936.8.19—),1936 年出生于莫斯科,1958 年毕业于莫斯科大学历史系。1971 年获历史学副博士学位。1958—1963 年间在国家公共历史图书馆任职。1967 年起进入科学院非洲研究所。著有《中国与非洲.80 年代改革时期》(1992)、《中非经济合作考察》(1998)、《中国与南非》(1999)等论著 50 余部。

原文论著

1. Африка в стратегии Китая/Т. Л. Дейч. Москва: Ин-т Африки РАН, 2008. 326 с.【索书号:3C-2010\D822.34\1】

2. Опыт китайско-африканского экономического сотрудничества/РАН. Ин-т Африки; Дейч Т. Л. М.: Институт Африки РАН, 1998. 94 с. 【索书号:3C-2008\F125.4\1】

3. Африка в современном мире и российско-африканские отношения: /[Т. Л. Дейч, В. Г. Шубин, Л. Л. Фитуни и др.; Отв. ре Т. Л. Дейч]; Рос. акад. наук. Ин-т Африки. М.: Ин-т Африки, 2001. 244 с.【索书号:3-2004\D84\1】

4. Россия и Африка: взгляд в будущее/[Т. Л. Дейч, В. В. Лопатов]; Рос. акад. наук. Ин-т Африки РАН. М.: Издат. дом "XXI век-Согласие", 2000. 93, [1] с.【索书号:3-2004\D851.22\3】

5. Интеграция Китая в мировую экономику: уроки для России/Т. Л. Дейч.

М. : Эдиториал УРСС, 1999. 70 с. 【索书号:3-2000\F12\Д278】

6. Китай и Южная Африка: эволюция взаимоотношений/Т. Л. Дейч, В. Г. Шубин. М. : Ин-т Африки РАН, 1999. 48 с.
【索书号:3С-2006\D822.347\1】【索书号:3-2001\D822.347\Д278】

7. Некоторые аспекты политики западных держав в Африке/М. Л. Вишневский, Е. А. Тарабрин, И. Л. Лилеев, Н. И. Высоцкая; Отв. ред. Т. Л. Дейч; РАН. Ин-т Африки. М. : Ин-т Африки РАН, 1998. 65 с. 【索书号:3-2001\D871.22\H479】

8. Опыт китайско-африканского экономического сотрудничества/РАН. Ин-т Африки; Т. Л. Дейч. М. : ПМЛ Ин-та Африки РАН, 1998. 94 с.
【索书号:3-2000\F125.4\Д278】

9. Китай и Африка: Время перемен (80-е годы)/Т. Л. Дейч. М. : Наука, 1992. 165 с. 【索书号:3-94\D822.34\Д278】

9) 科任 П. М. （Кожин, П. М. , 1934— ）

科任 П. М.（Кожин, Павел Михайлович, 1934.9.18— ），1934 年出生于莫斯科。1959 年毕业于莫斯科大学历史系。1959—1976 年为苏联科学院人类学研究所科技工作者,从 1976 年起为俄罗斯科学院远东研究所研究员。1967 年获历史学副博士学位,学位论文题目为《Происхождение Фатьяглвск. Культуры》。1991 年获历史学博士学位。资深科技工作者。2002 年起为俄罗斯自然科学院正式成员。2003 年为俄罗斯远东研究所学部名誉成员。出版论著近 340 部。长期致力于中国经济研究,主持了《中国共产党第 17 届代表大会前的中国》(2008)、《中国经济改革的理论与实践》(2000)等多部中国经济论丛的编撰工作。

原文论著

1. Китай. Проблемы гармоничного и устойчивого развития/[отв. ред. В. Г. Ганшин, П. М. Кожин]. Москва: Институт Дальнего Востока РАН, 2009. 96 с.
【索书号:3С-2010\X22\1】

2. КНР перед XVII съездом КПК: (материалы ежегодной конференции Центра современной истории и политики Китая, ИДВ РАН, январь 2007). Вып. 22/[сост. П. М. Кожин]. Москва: ИДВ РАН, 2008. 381 с. 【索书号:3С-2009\D6-532\1】

3. КНР: проблемы социально-экономического развития/[сост. : П. М. Кожин, Е. Н. Румянцев]. Москва: Ин-т Дальнего Востока РАН, 2007. 96 с.
【索书号:3С-2009\F12\1】

4. КНР: итоги социально-экономического развития в 2006 году и перспективы 2007 года: (материалы 5-й сессии ВСНП 10-го созыва, Пекин, 5-16 марта 2007 года)/[сост. : П. М. Кожин, Е. Н. Румянцев]. Москва: ИДВ РАН, 2007. 88 с.
【索书号:3С-2009\F12-532\1】

5. Командно-политические кадры вооруженных сил КНР/[отв. ред. П. М. Кожин]. М. : Институт Дальнего Востока РАН, 2006. 67 с.

【索书号:3C-2008\E263\1】

6. Национальная оборона Китая в 2000 году: "Белаякнига". Управление информации ГС КНР/Рос. акад. наук. Ин-т Дальнего Востока. Центр науч. информ. и документации; Отв. за выпуск: П. М. Кожин, Д. А. Смирнов. М.: Ин-т Дальнего Востока РАН, 2001. 60 с.【索书号:3C-2005\E25\4】

7. КНР: итоги и перспективы экономического развития (2001-2002 гг.)/Сост. сборника и реферирование работ: В. В. Жигулева; Авт. предисл.: А. В. Островский; Подгот. рукописи кпечати: П. М. Кожин. М.: Ин-т Дал. Вост. РАН, 2002. 94 с 【索书号:3-2004\F12\3】

8. Теория и практика экономических реформ в КНР/Ред. П. М. Кожин, Д. А. Смирнов. М.: Ин-т Дальнего Востока РАН, 2000. 85 с. 初订

9. Россия и Китай: перспективы партнерства в АТР в XXI в.: Материалы III российско-китайской конференции "Россия-КНР: Стратегическое партнерство в XXI веке", Пекин, октябрь 1998 г. /Ред. П. М. Кожин, Д. А. Смирнов. М.: Ин-т Дальнего Востока РАН, 2000. 99 с. 初订

10) 康德拉绍娃 Л. И. (Кондрашова, Л. И., 1933—)

康德拉绍娃 Л. И. (Кондрашова, Людмила Ивановна, 1933. 1. 27—), 经济学博士。先后就读于莫斯科大学地理系(1951—1957)、北京大学(1957—1960)。1966年获经济学副博士,1986年获经济学博士学位。现为远东研究所中国经济社会研究中心资深研究员。发表著作100余种。主要有《中华人民共和国工业发展的特点》(1949—1985)(博士论文,1985)、《中国的工业》(1980)、《新千年伊始中国工业发展的战略和策略》(2001)和《道德经》(诗体翻译)(2003)等。

原文论著

1. Региональная политика: опыт России и Китая/Российская акад наук, Ин-т Дальнего Востока; [отв. ред. Л. И. Кондрашова]. Москва: Ин-т Дальнего Востока, 2007. 202 с.【索书号:3C-2009\F151. 27\1】

2. Китай ищет свой путь /Л. И. Кондрашова. М.: Ин-т Дальнего Востока РАН, 2006. 316, [2] с.【索书号:3C-2008\F120. 3\1】

3. Дао-Дэ цзин, или Трактат о Пути и Морали/Лаоцзы; пер. с древнекит. Л. И. Кондрашовой. М.: РИПОЛ классик, 2005. 22 с.【索书号:3C-2007\B223. 1\1】

4. 30 лет экономической реформы в КНР: научный доклад (обсужден на Ученом совете ОМЭПИ РАН 29 мая 2008 г.)/Людмила Ивановна Кондрашова. Москва: Ин-т экономики, 2008. 49 с.【索取号:3C-2011\F121\1】

11) 科尔库诺夫 И. Н. (Коркунов, И. Н., 1924—)

科尔库诺夫 И. Н. (Коркунов, Игорь Николаевич, 1924. 12. 6—),

1924年出生于莫斯科。1952年毕业于莫斯科东方学院。1956年获经济学副博士学位。1967年获得资深科技工作者称号。1971—1974年任苏联驻华使馆工作人员。1957—1961年为中国学研究所科技工作者,1961—1971年为苏联科学院社会体系经济研究所科技工作者,从1974年起为远东研究所科技工作者。出版论著近150部。1942—1943年参加卫国战争。长期致力于中国经济研究,主持了《80年代中华人民共和国的经济》(1991)、《中华人民共和国的农村经济》(1978)等多部中国经济论丛的编辑工作。1942—1945年参加卫国战争,是苏联勋章和奖章获得者。

原文论著

1. Продовольственная безопасность КНР и роль государственного регулирования/ [Отв. ред. И. Н. Коркунов]; Рос. акад. наук. Ин-т Дал. Востока. М. : Ин-т Дал. Востока РАН, 2002.199 с.【索书号:3С-2005\TS201.6\1】

2. Экономика КНР в 80-е годы: стратегия, проблемы и тенденции развития/ Отв. редакторы И. Н. Коркунов, В. И. Потапов. М. : Наука, 1991.252 с. 【索书号:3-93\F12\Э40-3】

3. Сельское хозяйство КНР. 1949-1974/Отв. ред. И. Н. Коркунов, В. И. Потапов. М. : Наука, 1978.266 с.【索书号:3\F32\C398-2】

12)库利平 Э. С.(Кульпин, Э. С., 1939—)

库利平 Э. С.(Кульпин, Эдуард Сальманович, 1939.9.28—),1939年出生巴库。1975年获经济学副博士学位,学位论文《中国的技术经济政策与中国工人》。1992年获哲学博士学位。1991年起在俄罗斯科学院东方学研究所工作。1999年获教授职称。出版有《中国的人与自然》等论著近300部(篇)。

原文论著

1. Природа и ментальность/Под ред. Э. С. Кульпина. М. : Моск. лицей, 2003. 288 с.【索书号:3-2006\B031\1】

2. Китай: истоки перемен: Образование и мировоззрение в 1980-х годах/Э. С. Кульпин, О. А. Машкина. М. : Моск. лицей, 2002. 250 с. 【索书号:3С-2006\G521\1】

3. Человек и природа в Китае/Э. С. Кульпин. М. : Наука, 1990. 247 с. 【索书号:3-93\K2\K906】

4. Технико-экономическая политика руководства КНР и рабочий класс Китая/Э. С. Кульпин. М. : Наука, 1975. 196 с. 【索书号:3-85\F420\K906】

13)马斯连尼科夫 В. А. (Масленников, В. А., 1894—1968)

马斯连尼科夫 В. А. (Масленников, Вячеслав Александрович, 1894.10.8—1968.11.4),主要研究中国经济。1894年出生于斯维尔德

洛夫斯克州库什瓦市职员家庭。1935年毕业于红色教授学院。1939年获经济学副博士学位,学位论文《中国：政治经济概况》。1948年获经济学博士学位。1940年起为高级研究员。1949年为教授。1935—1947年在科学院世界经济和世界政治研究所、经济研究所、东方学研究所任研究员。1957—1958年在中国国际关系学院任教。1957—1965年为莫斯科国际关系学院世界经济教研室主任,1962年以前任副校长,后在莫斯科市立师范学院、莫斯科大学任教。著有《中国政治经济概况》(1946)、《中华人民共和国的经济制度》(1958)等论著100余部。苏联勋章和奖章获得者。

原文论著

1. Социально-экономические преобразования в Китайской Народно Республике/В. А. Масленников. 30 с. 【索书号：И3-6\220】

2. Борьба монгольского народа за построение социализма/В. А. Масленников. 1 т. 【索书号：К4-4\31】

3. Строительство основ социализма в Монгольской Народной Республике/В. А. Масленников. 31 с. 【索书号：И4-2\248】

4. Распад единого мирового рынка и углубление общего кризиса мировой капиталистической системы/В. А. Масленников. 31 с. 【索书号：И4-1\323】

5. Институт международных отношений：ученые записки. Вып. 9, Серия экономическая/[отв. ред. В. А. Масленников]. М.：Изд-во ИМО, 1962. 230 с. 【索书号：П41-3\39】

6. Ученые записки. Вып. 6/серия экономическая. орв. ред. В. А. Масленников М.：Изд. ИМО, 1961. 102 с. 【索书号：М7-7\29】

7. Экономический строй Китайской Народной Республики/В. А. Масленников. М.：Акад. наук СССР, 1958..390 с. 【索书号：И18-2\34】

8. Кризис и распад колониальной системы империализма：учебный материал/В. А. Масленников. М.：[б. и.], 1956. 34 с. 【索书号：Б43-4\29】

9. Углубление кризиса колониальной системы империализма/В. А. Масленников. М.：Госполитиздат, 1952. 66 с. 【索书号：\32Б\М31】

10. Китайский народ в борьбе за свободу и независимость/В. А. Масленников. М.：Госкультпросветиздат, 1948. 74 с. 【索书号：\32НД(51)\М31】

11. Китай：политико-экономический очерк/В. Масленников. М.：Госполитиздат, 1946. 263 с. 【索书号：В33-5\12】

中文译著

蒙古人民共和国社会主义基础的建设 [专著]/(苏)马斯连尼科夫(В. А. Масленников)著；周宏溟译. —上海：新知识出版社, 1956. —31页 【索书号：\732.38\412-4】

14) 米赫耶夫 B. B. （Михеев, В. В. ,1954— ）

米赫耶夫 B. B.（Михеев，Василий Васильевич，1954.4.16— ），俄罗斯经济学家。1976 年毕业于苏联外交部莫斯科国际关系学院。1978 年获经济学副博士学位。1992 年获经济学博士学位。2003 年当选俄罗斯科学院通讯院士。在俄罗斯科学院国际经济政策研究所工作（1976—1981,1984—1993）。1999—2005 年在俄罗斯科学院远东研究所任副主任。著有《中国经济的全球性》(2003)等论著 200 余部。

原文论著

1. Глобализация экономики Китая = Globalization of Chinese Economy：/[В. В. Михеев, М. А. Потапов, О. Н. Борох и др.]；Под ред. В. В. Михеева. М.：Памятники ист. мысли, 2003. 390 с.【索书号：3C-2006\F12\2】

2. Глобализация и азиатский регионализм: Вызовы для России/В. В. Михеев. М.：Ин-т Дальнего Востока РАН, 2001. 219 с.【索书号：3-2002\D81\M695】

3. Хождение на Тайвань: "Островная цивилизация" глазами русского журналиста/В. В. Михеев. М.：Междунар. отношения, 2000. 108 с.【索书号：3-2001\K925.8\M695】

4. В поисках альтернативы：Азиатские модели развития: социалистические и "новые индустриальные страны"/В. В. Михеев. М.：Междунар. отношения, 1990. 214 с.【索书号：3-91\F112\M695】

5. Страны СЭВ: выравнивание уровней развития: Проблемы и суждения/В. В. Михеев. М.：Наука, 1989. 154 с.【索书号：3-90\F116\M695】

15) 穆罗姆采娃 З. А.（Муромцева, З. А. , 1934— ）

穆罗姆采娃 З. А.（Муромцева，Зоя Андреевна，1934.8.22— ），1959 年毕业于莫斯科大学经济系。1957 年在北京大学进修,1958—1961 年为中国学研究所科技工作者。1961—1971 年为苏联科学院社会体系经济研究所科技工作者。从 1971 年起为俄罗斯科学院远东研究所科技工作者。1968 年获得经济学副博士学位,1975 年为资深科技工作者。出版有《中华人民共和国工业化问题》(1971)、《经济改革条件下中华人民共和国的工业发展》(1992)等专著 100 余部。

原文论著

Китайская Народная Республика: путь к индустриализации нового типа/З. А. Муромцева. Москва: ИДВ РАН, 2009. 263 с.【索书号：3C-2010\F420\1】

16) 纳乌莫夫 И. Н.（Наумов, И. Н. ,1924—2010）

纳乌莫夫 И. Н.（Наумов，Иван Николаевич，1924.1.17—2010.12.12），经济学博士。1942 年中学毕业后参加了苏联红军,获得多枚奖章。1954 年

毕业于军事外国语学院。1965 年获经济学副博士学位,1990 年获经济学博士学位。1971 年起在俄罗斯科学院远东所工作。中国经济问题专家,长期致力于中国经济问题研究。著有《进入 21 世纪的中国经济》(2004)、《1996—2020 年中国经济发展战略及其现实问题》(2001)等。出版论著 150 余部。

原文论著

1. Экономика Китая вступает в XXI век/[И. Н. Наумов [и др.]; Общ. ред. и предисл. М. Л. Титаренко]. М. : Ин-т Дал. Востока РАН, 2004. 308, [3] с.
【索书号:3С-2006\F12\4】

2. Стратегия экономического развития КНР в 1996-2020 гг. и проблемы её реализации/И. Н. Наумов;М. : Ин-т Дал. Востока РАН, 2001. 200 с.
【索书号:3-2002\F120.4\H342】

3. Проблемы формирования и полъема уровня жизни населения КНР/И. Н. Наумов. М. : Наука Издат. фирма "Вост. лит. ", 1993. 299 с.
【索书号:3-96\F126\H342】

17) 涅波姆宁 О. Е. (Непомнин, О. Е. , 1935—)

涅波姆宁 О. Е. (Непомнин, Олег Ефимович, 1935. 5. 3—),俄罗斯汉学家,历史学家,是中国历史与经济领域里的专家。1935 年出生于莫斯科。1958 年毕业于莫斯科大学。1965 年获历史学副博士学位。1984 年获历史学博士学位,学位论文为《中国社会经济史(1894—1914)》。俄罗斯科学院远东研究所资深研究员。著有《中国经济史(1864—1894)》(莫斯科,1974)、《中国历史. 清朝》(莫斯科,2005)等。出版论著 50 余部。

原文论著

1. История Китая:Эпоха Цин, XVII-начало XX в. /О. Е. Непомнин. М. : Вост. лит. РАН, 2005. 711, [1] с. 【索书号:3С-2006\K249\5】

2. Синтез в переходном обществе:Китай на грани эпох/О. Е. Непомнин, В. Б. Меньшиков. М. : Издат. фирма "Вост. лит. " РАН, 1999. 333 с.
【索书号:3-2000\K25\H535】

3. Социально-экономическая история Китая, 1894-1914/О. Е. Непомнин. М. : Наука, 1980. 365 с. 【索书号:3\F129.52\H535】

4. Экономическая история Китая (1864-1894 гг.)/О. Е. Непомнин. М. : Наука, 1974. 303 с. 【索书号:3\F129.5\H535】

5. Генезис капитализма в сельском хозяйстве Китая/О. Е. Непомнин. М. : Наука, 1966. 272 с. 【索书号:T27-3\47】

18) 尼基福罗夫 Л. В. (Никифоров, Л. В.)

尼基福罗夫 Л. В. ,经济学博士、教授。长期致力于中国与俄罗斯经济比较研究。主持编写了《中国和俄罗斯:社会经济的转换》(2007)、《中国与俄罗斯:社会经济发展中的普遍性与特殊性》(2005)、《中国与俄罗斯:经济改革的发展》(2003)等论著多部。

原文论著

1. Китай и Россия: социально-экономическая трансформация / Российская академия наук, Ин-т экономики; [под ред. Л. В. Никифорова, Т. Е. Кузнецовой, М. Б. Гусевой]. Москва: Наука, 2007. 314, [1] с.【索书号:3C-2008\F121\1】

2. Китай и Россия: Общее и особенное в соц.-экон. развитии/Под ред. Л. В. Никифорова, Т. Е. Кузнецовой, М. Б. Гусевой. М.: Наука, 2005. 223, [1] с.【索书号:3C-2006\F12\6】

3. Китай и Россия: развитие экономических реформ/Под ред. Л. В. Никифорова и др. М.: Ин-т экономики РАН, 2003. 203 с.【索书号:3C-2007\F121\2】

4. Китай и Россия: Развитие экономических реформ\Под ред. Л. В. Никифорова, Т. Е. Кузнецовой, М. Б. Гусевой. М.: Наука, 2003. 157 с.【索书号:3C-2005\F121\1】

5. Реформирование аграрных отношений/Отв. ред. Л. В. Никифоров. М.: ИЭ РАН, 2002. 269 с.【索书号:3-2004\F351.2\3】

6. Смешанное общество: Российский вариант/Отв. ред. Л. В. Никифоров. М.: Наука, 1999. 326 с.【索书号:3-2001\F151.2\C503】

7. Аграрные отношения: выход из тупика/Отв. ред. Л. В. Никифоров. М.: Наука, 1991. 242 с.【索书号:3-93\F351.2\A354-4】

8. Социалистическая кооперация: история и современность/Отв. ред. Л. В. Никифоров. М.: Наука, 1989. 224 с.【索书号:3-90\F276.2\C691】

9. Социально-экономическая интеграция города и села: (Содержание, цели, пути, уголовия/Л. В. Никифоров. М.: Наука, 1988. 287 с.【索书号:3-89\C912.8\H627】

10. Социально-экономический потенциал села: Проблемы развития и использования/Отв. ред. Л. В. Никифоров. М.: Наука, 1986. 205 с.【索书号:3-87\F151.23\C692】

11. Дело всего народа/Л. В. Никифоров. М.: Знание, 1963. 39 с.【索书号:Б98-2\73】

19) 皮沃瓦罗娃 Э. П. (Пивоварова, Э. П., 1937—)

皮沃瓦罗娃 Э. П. (Пивоварова, Элеонора Петровна, 1937. 9. 10—),经济学博士,教授,俄罗斯科学院远东所资深科学工作者,俄罗斯科学院自然科学院院士。1959年毕业于莫斯科大学经济系,曾在北京大学中文系和中国人民大学政治经济系进修(1959—1960,1985—1986,1990—1991)。1966年获经济学副博士学位,学位论文《中国工业发展的速度问题》。1982年获经济学博士学位。1991年晋升为教授。研究方向:中华人民共和国的经济理论与经济政策,中国改革的社会经济问题。著有《中国特色的社会主义建设》(1992)等论著多部。

原文论著

1. Социальные последствия рыночных преобразований в КНР (1978-2002 гг.) / [Э. П. Пивоварова и др.; Отв. ред. Пивоварова Э. П.]. М.: Ин-т Дал. Востока РАН, 2004. 279 с. 【索书号：3C-2006\F123.9\1】

2. Социализм с китайской спецификой: итоги теоретического и практического поиска/Э. И. Пивоварова; Рос. акад. наук. Ин-т Дал. Востока. М.: Издат. фирма; "Химия и бизнес", 1999. 272 с.【索书号：3-2001\F120.2\П32】

3. Социальное измерение экономической реформы в КНР: (1978-1997 гг.)/Отв. ред. Э. П. Пивоварова. М.: Ин-т Дальнего Востока РАН, 1998. 217 с. 【索书号：3-2002\F121\С692】

4. Строительство социализма со спецификой Китая: Поиск пути/Э. П. Пивоварова. М.: Наука, 1992. 326 с.【索书号：3-94\F121\П32】

20) 波尔佳科夫 В. Я. (Портяков, В. Я., 1947—)

波尔佳科夫 В. Я. (Портяков, Владимир Яковлевич, 1947. 10. 16—), 经济学博士。1947年出生于诺夫哥罗德市，1970年毕业于莫斯科大学。1978年获历史学副博士学位，1999年获经济学博士学位，学位论文为《中华人民共和国社会经济发展道路探索（70年代末—90年代上半期）》。1992年起在远东研究所工作，1999—2003年曾短期调任俄驻华大使馆经贸参赞。近著有《中国的经济改革（1979—1999）》（2002）、《俄罗斯发展前景预测：2015年最佳方案》（2001）等论著多部（篇）。《远东问题》杂志的主编。出版论著80余部。

原文论著

1. Развитие углубление стратегического взаимодействия России и Китая: Доклады участников международной научной конференции (Москва, 9-10 октября 2007 г.)/Российская акад. наук, Учреждение Российской акад. наук, Ин-т Дальнего Востока РАН; [подгот.: В. Я. Портяков (рук.) и др.; ред. Н. И. Иванова]. 【索书号：3C-2010\D822.351.2-532\1】

2. От Цзянь Цзэминя к Ху Цзиньтао: Китайская Народная Республика в начале XXI века: очерки/В. Я. Портяков. Москва: Ин-т Дальнего Востока РАН, 2006. 246 с.【索书号：3C-2008\D609.9\1】

3. Экономическая реформа в Китае (1979-1999 гг.)/В. Я. Портяков; Рос. акад. наук. Ин-т Дал. Востока. М.: Ин-т Дал. Востока РАН, 2002. 177 с. 【索书号：3-2003\F121\1】

4. Экономическая политика Китая в эпоху Дэн Сяопина/В. Я. Портяков. М.: Издат. фирма "Вост. лит." РАН, 1998. 236 с.【索书号：3-99\F120\П601】

5. Опыт рыночных преобразований в Китае/Отв. редакторы: А. В. Остров-ский, В. Я. Портяков. М.: Институт Дальнего Востока РАН, 1996. 171 с. 【索书号：3C-2006\F121\5】

6. Китайская Народная Республика: поиск путей социально-экономического развития: (Конец 70-х-первая половина 90-х годов). Ч. 2. "Золотой век" экономической реформы в Китае (проблемы и процессы 80-х годов)/В. Я. Портяков. М.: Институт Дальнего Востока РАН, 1995. 192 с.【索书号:3C-2005\F121\5】

7. Китайская Народная Республика: поиск путей социально-экономического развития: (Конец 70-х—первая половина 90-х годов). Ч. 3. Проблемы и процессы 90-х годов/В. Я. Портяков. М.: Институт Дальнего Востока РАН, 1995. 195 с.【索书号:3C-2005\F121\6】

8. Китайская Народная Республика: поиск путей социально-экономического развития: (Конец 70-х-первая половина 90-х годов). Ч. 1. Изистории зарождения экономической реформы в Китае (1978-1982)/В. Я. Портяков. М.: Институт Дальнего Востока РАН, 1995. 193 с.【索书号:3C-2005\F121\4】

21) 萨利茨基 А. И.（Салицкий, А. И. ,1955— ）

萨利茨基 А. И.（Салицкий, Александр Игоревич,1955.6.8— ），俄罗斯科学院资深科学工作者,经济学博士。1955年出生于莫斯科。1977年毕业于苏联莫斯科国立国际关系学院。1985—1986、1989—1990年间在中国人民大学进修。1981年获经济学副博士学位。曾在东方学所工作(1981—1987、1993—2001),1987—1992年间在俄罗斯科学院世界经济与国际关系研究所任职。著有《中国与世界经济的相互关系》(2001)等论著近70部。

原文论著

1. Взаимодействие КНР с мировым хозяйством/А. И. Салицкий. М.: Моск. обществ. науч. фонд, 2001. 228 с.【索书号:3-2002\F125\C162】

2. Китай и кризисы 90-х годов/А. И. Салицкий и В. И. Фисюков. М.: Моск. обществ. науч. фонд; ООО "Издат. центр науч. и учеб. программ", 1999. 103 с.【索书号:3-2001\F12\C162】

22) 斯拉德科夫斯基 М. И.（Сладковский, М. И. ,1906—1985）

斯拉德科夫斯基 М. И.（Сладковский, Маил Иосифович, 1906.11.21—1985.9.24),苏联著名汉学家,苏联科学院通讯院士(1972)。经济学博士(1958)、教授(1961)。主要从事中国和远东国家的经济、苏中和俄中经济关系研究。1906年出生于叶尼塞省工人家庭。1930年毕业于远东大学东方系(1930)。1952年获经济学副博士学位,学位论文《中国和世界主要国家的对外经济关系》。1926—1927年在中国上海闸北区共产主义大学任教员,1945年在苏联驻中国东北苏军司令部任顾问,1946—1948年在中国哈尔滨负责东北解放区经济援助工作,1951—1958年为苏联对外贸易部外贸学院学员,1951—1954年在莫斯科东方学院、莫斯科国际关系学院任教员。

1961—1965 年为苏联驻中国的商务代表。1957—1961 年在科学院中国学研究所工作,1967 年起为远东研究所所长。主要著作有《中国对外经济发展概论》(1953)、《苏中经济关系概述》(1957)、《中华人民共和国》(1970)、《1917—1970 年的中国现代史》(1972 年)等。出版论著 100 余部。

原文论著

1. Знакомство с Китаем и китайцами/М. И. Сладковский. М. : Памятники ист. мысли, 2006. 375 с.【索书号:3C-2007\K25\1】

2. Китайская Народная Республика в 1983 году: Политика, экономика, идеология/Редкол. : М. И. Сладковский (гл. ред.) и др. М. : Наука, 1986. 350 с. 【索书号:3-87\D6\K451\:1983】

3. Китайская Народная Республика в 1982 году: Политика, экономика, идеология/Редкол. : М. И. Сладковский (гл. ред.) и др. М. : Наука, 1986. 374 с. 【索书号:3-87\D6\K451\:1982】

4. Китайская Народная Республика в 1980 году: Политика, экономика, идеология/Редкол. : М. И. Сладковский (гл. ред.) и др. М. : Наука, 1984. 255 с. 【索书号:3-85\D6\K451\:1980】

5. Гегемонистская политика Китая — угроза народам Азии, Африки и Латинской Америки/Отв. ред. М. И. Сладковский. М. : Политиздат, 1981. 287 с. 【索书号:3\D82\Г277】

6. Гегемонистская политика Китая-угроза народам Азии, Африки и Латинской Америки / Отв. ред. М. И. Сладковский. М. : Политиздат, 1981. . 287 с. . 【索书号:3\D82\Г277】

7. Китайская Народная Республика в 1979 году: Политика, экономика, идеология/Редколлегия: М. И. Сладковский (гл. ред.) и др. М. : Наука, 1981. 350 с. 【索书号:3\D6\K451\:1979】

8. Китай и Англия/М. И. Сладковский. М. : Наука, 1980. 350 с. 【索书号:3\D829.561\C471】

9. Китайская Народная Республика в 1978 году: Политика, экономика, идеология/Редколлегия: М. И. Сладковский (гл. ред.) и др. М. : Наука, 1980. 366 с. + 1【索书号:3\D6\K451\:1978】

10. Китайская Народная Республика в 1977 году: Политика, экономика, идеология/Редколлегия: М. И. Сладковский и др. М. : Наука, 1979. 324 с. 【索书号:3\D6\K451\:1977】

11. Китайская Народная Республика в 1976 году: политика, экономика, идеология/Редколлегия: М. И. Сладковский (глав. ред.) и др. М. : Наука, 1978. 357 с.【索书号:3\D6\K451\:1976】

12. Китайская Народная Республика в 1975 году: Политика, экономика, идеология/Редкол. : М. И. Сладковский (гл. ред.) и др. М. : Наука, 1978. 374 с. 【索书号:3-85\D6\K451\:1975】

13. Китай: основные проблемы истории, экономики, идеологии/М. И. Сладковский. М.: Мысль, 1978. 300 с.【索书号:3\K20\C471】

14. История торгово-экономических отношений СССР с Китаем: (1917-1974)/ М. И. Сладковский. М.: Наука, 1977. 367 с.【索书号:3\F151.25\C471-2】

15. Великодержавная политика маоистов в национальных районах КНР/ Редколлегия: М. И. Сладковский (отв. ред.) и др. М.: Политиздат, 1975. 126 с. 【索书号:3\D609.9\B274】

16. Китайская Народная Республика: политическое и экономическое развитие в 1973 году/Редколлегия: М. И. Сладковский и др. М.: Наука, 1975. 439 с. 【索书号:3\D6\K451-3】

17. История торгово-экономических отношений народов России с Китаем (до 1917 года)/М. И. Сладковский; Акад. наук СССР. Ин-т Дальнего Востока. М.: Наука, 1974. 436 с.【索书号:3\F151.25\C471】

18. Новейшая история Китая: 1917-1970 гг./Редкол.: ... М. И. Сладковский (отв. ред.) и др. М.: Мысль, 1972. 436 с.【索书号:3-96\K26\H727-2】

19. Ленин и проблемы современного Китая: сборник статей/под ред. М. И. Сладковского и др. М.: Политиздат, 1971. 286 с..

20. Ленинская политика СССР в отношении Китая: сборник статей\отв. ред. М. И. Сладковский. М.: Наука, 1968. 257 с.【索书号:T38-3\13】

21. Семилетка и экономическое сотрудничество стран социалистического лагеря/М. И. Сладковский. М.: Изд-во ИМО, 1959. 32 с.【索书号:П14-4\27】

22. Очерки экономических отношений СССР с Китаем/М. И. Сладковский. М.: Внешторгиздат, 1957. 454 с.【索书号:Б16-4\37】

23. Очерки развития внешнеэкономических отношений Китая/М. И. Сладковский. М.: Внешторгиздат, 1953. 302 с.【索书号:\33И(51)\C47】

中文译著

1. 俄国各民族与中国贸易经济关系史［专著］:1917年以前/(苏)米·约·斯拉德科夫斯基著；宿丰林译.—北京:社会科学文献出版社,2008.—526页【索书号:2009\F125\sld】

2. 中国:历史、经济、意识形态的基本问题［专著］/(苏)米·伊·斯拉德科夫斯基［著］；中共中央对外联络部苏联研究所［译］.—北京:中共中央对外联络部苏联研究所,1980.—303页【索书号:\D609.9\46】

3. 中国对外经济关系简史［专著］/(苏)斯拉德科夫斯基著；郏藩封等译.—北京:财政经济出版社,1956.—276页【索书号:\552.2098\179】

23) 乌沙科夫 И. В.（Ушаков, И. В., 1951— ）

乌沙科夫 И. В.（Ушаков, Игорь Владимирович, 1951.4.22— ），1951年出生于莫斯科。1986年进入远东所,他是俄罗斯科学院远东研究所中国现代史与政策研究中心资深科学工作者。1998年起任《思想》杂志主编。基本研究方向:中国生态问题、中国经济地理。著有《中国:经济地理概论》(2004)等专著20余部。

原文论著

1. Экологический лабиринт: социально-экономические аспекты природопользования в Китае/И. В. Ушаков. Москва: Форум, 2008. 173, [2] с.【索书号:3C-2010\F124.5\1】

2. Китай: Экон.-геогр. очерк/Г. А. Ганшин, И. В. Ушаков. М.: Мысль, 2004. 269, [1] с.【索书号:3C-2006\F129.9\1】

3. Философы из Хуайнани: Хуайнаньцзы/[сост.: И. В. Ушаков; пер. с кит. Л. Е. Померанцевой; вступ. ст., примеч., указ. Л. Е. Померанцевой]. М.: Мысль, 2004. 427 с.【索书号:3C-2005\B234.4\1】

24) 丘弗林 Г. И. (Чуфрин, Г. И., 1935—)

丘弗林 Г. И. (Чуфрин, Геннадий Илларионович, 1935.7.21—),俄罗斯科学院通讯院士、教授、经济学博士。1958年,毕业于列宁格勒国立大学。1965年,完成论文答辩获副博士学位。1982年,获苏联科学院东方研究所经济学博士学位。1994年晋升为俄罗斯科学院通讯院士。在俄罗斯和世界各国用俄文、英文、法文、日文和朝鲜语出版论著近100部。

原文论著

1. Китай в XXI веке: глобализация интересов безопасности/подред. Г. И. Чуфрина. М.: Наука, 2007. 324 с.【索书号:3C-2008\D822\1】

2. Политика Китая в АТР нарубеже столетий: Материалы науч. конф., июнь 2004 г./Рос. акад. наук, Ин-т мировой экономики и междунар. отношений; Отв. ред. Г. И. Чуфрин]. М.: ИМЭМО РАН, 2004. 125, [1] с.【索书号:3C-2006\D82-532\1】

3. Модернизация Тайваня и перспективы отношений с КНР: Сборник материалов науч. конф. ИМЭМО/[Отв. ред. Г. Чуфрин]. М.: ИМЭМО РАН, 2003. 89 с.【索书号:3-2004\D618-532\1】

4. Интеграционные процессы в Азии в конце XX столетия/Отв. ред. Г. И. Чуфрин. М.: Ин-т востоковедения РАН, 1995. 125 с.【索书号:3-98\D73\И73】

5. Лаос: справочник/Рос. АН, Ин-т востоковедения; [редкол.: Г. И. Чуфрин (отв. ред.) и др. М.: Наука; Издат. фирма "Вост. лит. РАН", 1994. 276 с.【索书号:3-2005\K933.4-62\1】

6. Ядерный фактор как источник новых конфликтных ситуаций и угроз национальной безопасности России на южном направлении/Чуфрин Г. И., Москаленко В. Н., Шаумян Т. Л. М.: Рос. центр стратегических и межд. исследований, 1994. 86 с.【索书号:3C-2007\D851.2\1】

7. Традиционный мир Юго-Восточной Азии: Малая группа и социальная динамика/Отв. ред. Г. И. Чуфрин. М.: Наука, 1991. 254 с.【索书号:3-94\D733.06\T65】

8. Наука и техника в странах АСЕАН/Г. И. Чуфрин и др. М. : Наука, 1990. 188 с. 【索书号:3-90\F133\Ч959】

9. Внешняя политика Сингапура/Э. М. Гуревич, Г. И. Чуфрин. М. : Наука, 1989. 165 с. 【索书号:3-90\D833.90\Г951】

10. Экономическая интеграция развивающихся стран Азии: Возможности, трудности, пределы/Г. И. Чуфрин. М. : Наука, 1983. 163 с. 【索书号:3\F112.1\Ч959-2】

11. Сверхмонополии в Юго-Восточной Азии/Отв. ред. Г. И. Чуфрин, Г. С. Шабалина. М. : Наука, 1983. . 219 с. 【索书号:3\F133.05\C242】

12. Внешнеэкономические связи современной Индии/Г. И. Чуфрин. М. : Междунар. отношения, 1978. 158 с. 【索书号:3\F135.15\Ч959】

13. Экономическая интеграция в Азии: Проблемы и перспективы регионального экономического сотрудничества развивающихся стран Азии/Г. И. Чуфрин. М. : Междунар. отношения, 1975. 166 с. 【索书号:3\F112.1\Ч959】

25) 施泰因 В. М. (Штейн, В. М. , 1890—1964)

施泰因 В. М. (Штейн, Виктор Морицович, 1890. 10. 5—1964. 10. 9), 1890 年出生于尼科拉耶夫市一个律师家庭。毕业于圣彼得堡综合技术学院经济系(1913)。后又就读于彼得格勒大学法律系, 1915 年毕业。1936 年获经济学博士学位。1945 年晋升为教授。1926—1927 年在中国国民政府财政部任顾问。1917—1947 年在列宁格勒大学任教。1935—1964 年在苏联科学院东方研究所任职。著有《〈管子〉研究和译文》(1959)、《古代中国和印度的经济与文化联系(公元前 3 世纪以前)》(1960)等专著 130 多部(篇)。苏联勋章和奖章获得者。

原文论著

1. Экономические и культурные связи между Китаем и Индией в древности: до 3 в. н. э. /В. М. Штейн. . М. : Изд. восточной лит. , 1960. 174 с. 【索书号:П25-4\15】

2. Гуань-цзы: исследование и перевод/В. М. Штейн. М. : Изд. восточной лит. , 1959. 379 с. 【索书号:Д9-5\68】

3. Экономическая география Азии: Учеб. пособие для географ. факультетов ун-тов и пед. ин-тов/В. М. Штейн. Л. : Гос. учеб.-пед. изд-во, 1940. 510 с. 【索书号:3\F130.99-43\Ш881】

4. Развитие экономической мысли/В. М. Штейн. Л. : Сеятель, 1924. 270 с. 【索书号:3\F091\Ш881\:1】

(六) 政治

1. 政治类藏书综述

俄罗斯汉学从萌芽期起,对中国的研究就是从国家利益出发的。1818年,沙俄政府向驻北京的宗教使团发出的指令"不是宗教活动,而是对中国的经济和文化进行全面研究,并及时向俄国外交部报告中国政治生活的重大事件"①。对俄中关系、中国的政治制度、中国历代帝王领袖的研究,特别是俄中关系中丰富的历史内涵、跌宕起伏的发展轨迹,以及近现代国际关系的不断变化形成的格局、产生的深远影响,都是俄罗斯汉学领域中"生命力"持久而又极其复杂的课题。

所以,研究这一学科的人很多。在本《目录》中收集的255位学者中,有54位是专门从事这一学科研究的学者,作品有350余部,中译本22部。著者中有多年驻华外交官、译员,有研究所的研究员,有报社编辑、驻外记者以及大学教授等。年龄上,既有老一辈资深研究人员,也有近年来不断出版专著的新一代学者。

该类作品呈现出强烈的时代气息,印证着不同历史时期俄罗斯学者对中国的认知与了解。这里既有对当代中国的论著,如《改革进程中中国的法律与政治体制(1978—2005)》(2007),也有对中国历史变迁的记录,如《中国农村的巨大变化》(1957)等。就目前收集到的作品,可以分为几类:

1. 对中国政治制度的论述。这类作品有《中华人民共和国国家制度的演变》(1971)、《如何管理中国(20世纪末21世纪初)》、《中国政权结构的演变》(2004)、《中国:从中等帝国到21世纪的现代强国》(2007),以及《世界政治中的中国》(2001)等。

2. 有论述中俄、中苏关系研究的专著,如《俄中关系(19世纪末—21世纪初)》(2007)、《在列宁和孙中山之前的尼古拉二世沙皇与清王朝的皇帝们》(1999)、《俄罗斯与中国:从对峙到伙伴》(1999)、《日中战争期间(1937—1945)苏中关系》(1980)、《苏中关系》(1956)等。

3. 有论述现代中国改革开放的研究专著,如《中国改革30年:经验、问题、教训》(2008)、《改革与改革者:希望与幻想》(2008)、《走向市场经济的中国模式》(2007)以及《邓小平与中国的社会主义改革》(2003)、《中国经济改革的理论与实践》(2000)等。

4. 有关中国台湾、香港、澳门问题的书著,如《现代香港的若干社会经济问题》(1963)、《美蒋统治下的台湾》(1963)、《苏联对台湾问题的原则

---

① 蔡鸿生:《俄罗斯馆纪事》,广东人民出版社,1994。

方针》(1982)、《论台湾与中华人民共和国的统一问题》(1984)、《中国的统一战略：澳门》(2000)等。

5. 有对中国革命的专门论述，如《中国共产党英勇奋斗的十五年》(1936)、《中国的革命》(1932)等。这两部书的作者是 20 世纪 20 年代末至 30 年代中期在共产国际和中国共产党的联系中起重要作用的人物米夫，其作品反映了那个时代的汉学家用马列主义对俄国汉学做的革命性的改造，真实反映了中国革命的那段历史。这些作品的评价有褒有贬，但都反映了不同时代俄苏汉学的倾向、作者的观点，均是历史的印证。从这些作品中，可以辨析出历史风云的变化、时局的动荡，以及域外学者眼中不同时期的中国形象。

本《目录》编辑的宗旨是收集、整理俄罗斯汉学家的作品，以揭示馆藏，为学界服务，所以将馆藏中的藏品照原目录展示，仅供学者们做研究时参考。

2. 政治类藏书书目导引

1) 安东诺夫 В. И.（Антонов, В. И., 1923— ）

安东诺夫 В. И.（Антонов, Владимир Иванович, 1923.11.28— ），1923 年 11 月 28 日出生于弗拉基米尔州。1948 年毕业于军事外语学院，曾在驻大连、平壤的苏军新闻局任职翻译和记者。后在大连《诗画报》(1948—1952)、北京《中国》画报(1952—1955)任编辑。1955 年起，在东方学院新苏中央任职。发表著译 150 余种。主要译作有《中华人民共和国新法规》(1994 年)、《澳门特别行政区的组成》(1993)，编写《台湾（商务手册）》(1993)等。

原文论著

1. Краткий русско-китайский и китайско-русский словарь/[Ред. У Кэли и др.; Пер. с кит. В. И. Антонов]. М. : Вече, 2006. 357 с.【索书号：3G-2006\H356\16】

2. Китайско-русский словарь/Гл. ред. Ся Чжунъи; Пер. с кит. пояснительных текстов: В. И. Антонов. М. : Вече, 2003. 1250 с.【索书号：3G-2004\H164\1】

2) 阿尔诺里朵夫 Л. В.（Арнольдов, Л. В., 1894—1946）

阿尔诺里朵夫 Л. В.（Арнольдов, Лев Валентинович, 1894.6.23—1946），新闻记者、编辑。1915—1916 年间在《伊尔库茨克生活报》工作。1920 年 8 月移居哈尔滨，之后在此地生活了四五年。曾在《俄罗斯之声报》、《光芒报》、《哈尔滨霞光报》工作。1925 年到上海与 М. С. 莱姆比奇一起创办《上海霞光报》。1933 年出版了专著《中国之现状》(见右图)。之后，有多部论著出版。

原文论著

1. Китай как он есть: быт и политика: наблюдения, факты, выводы/Л. В. Арнольдов. Шанхай: [рус. типт "График", 1938. 371 с.
【索书号:Б93-3\51】

2. Жизнь и революция: гроза пятого года белый Омск/Л. В. Арнольдов. Шанхай: Книгоиздательство А. П. Малыки В. П. Камкина, 1935. 278 с..
【索书号:В35-2\21】

3. Изстраны белого солнца: Этюды о Китае/Л. В. Арнольдов. Шанхай: Малык и Камкин, 1934. 438 с.【索书号:3\D693.1\A841】

3) 阿斯拉诺夫 P. M. (Асланов, Р. М., 1937—)

阿斯拉诺夫 P. M. (Асланов, Рустам Мамедович, 1937.7—), 1962 年毕业于塔什干大学东方系,后留在系里任教。长期从事当代中国问题、中俄关系的研究,特别关注中国的改革开放。现任俄罗斯科学院远东研究所副所长之一。主持编辑的有《中国改革的 30 年:经验、问题、教训》(2008)、《中国,中国的民主与和平》(1993)等。

原文论著

1. 30 лет реформ в КНР: опыт, проблемы, уроки: тезисы докладо XVII Международной конференции "Китай, китайская цивилизация мир. История, современность, перспективы" (Москва, 22-24 октября 2008 г.). Ч. 1/[Р. М. Асланов (рук.)]. Москва: Ин-т Дальнего Востоко РАН, 2008. 207 с.
【索书号:3С-2010\F121-532\2】

2. Россия и Китай: взаимное восприятие (прошлое, настоящее, будущее): тезисы докладов XVI Международной научной конференции "Китай, китайская цивилизация и мир. История, современность, перспективы" (Москва, 25-27 октября 2006 г.) Ч. 1/[подгот. Р. М. Асланов и др.]. М.: Ин-т Дальнего Востока РАН, 2006. 242 с.
【索书号:3С-2008\D822-532\1】

3. Россия и Китай: взаимное восприятие (прошлое, настоящее, будущее): тезисы докладов XVI международной научной конференции "Китай, китайская цивилизация и мир. История, современность, перспективы" (Москва, 25-27 октября 2006 г.) Ч. 2/[подгот. Р. М. Асланов и др.]. М.: Ин-т Дальнего Востока РАН, 2006. 186 с. 【索书号:3С-2008\D822-532\2】

4. Как управляется Китай: эволюция власт. структур Китая в XX-начале XXI вв. /[Асланов Р. М. и др.]; под ред. М. Л. Титаренко. М.: Памятники ист. мысли, 2004. 474, [1] с【索书号:3С-2006\D62\2】

5. Китай, китайская цивилизация и мир. История, современность, перспективы: Тезисы докладов IV Международной научной конференции(Москва, 6-8 октября 1993 г.). Ч. 1/Рабочая группа по подгот. материалов к печати: Р. М. Асланов и др. М.: Ин-т Дальнего Востока РАН, 1993. 237 с.【索书号:3-99\K207.8\K451\:1】

6. Китай, китайская цивилизация и мир. История, современность, перспективы: Тезисы докладов Ⅳ Международной научной конференции(Москва, 6-8 октября 1993 г.) Ч. 2/Рабочая группа по подгот. материалов к печати: Р. М. Асланов и др. М.: Ин-т Дальнего Востока РАН, 1993. 203 с. 【索书号:3-99\K207.8\K451\:2】

4) 巴扎诺夫 Е. П. (Бажанов, Е. П. ,1946—)

巴扎诺夫 Е. П. (Бажанов, Евгений Петрович, 1946.11.6—), 历史学家。1946年11月6日出生于利沃夫。1970年毕业于苏联外交部莫斯科国际关系学院,1981年获得苏联外交科学院文凭。1968—1970年间在民族大学(新加坡)进修,主攻中文方言。1973年完成历史学副博士论文答辩。1988年通过历史学博士论文答辩。1999年,获中国人民大学荣誉教授称号。论著有800余部。主要有《俄中关系》(莫斯科,1999)、《中国:从中等帝国到21世纪的现代强国》(莫斯科,2007)等。

原文论著

1. Китайская грамота: о китайском языке, иероглифах, каллиграфии, "иероглифическом" видении мира /Е. П. Бажанов. Москва: Восток-Запад, 2008. 74 с. 【索书号:3С-2010\H12\2】

2. Страна веселых богов: религиозный мир китайцев/Е. П. Бажанов, Н. Е. Бажанова. Москва: Восток-Запад, 2008. 187, [1] с. 【索书号:3С-2010\B928.2\1】

3. Восточный экспресс с остановками на Западе: запискиочевидца Т. 1/Е. П. Бажанов. Москва: Восток-Запад, 2008. 614, [1] с. 【索书号:3С-2009\D81\1】

4. Китай: от Срединной империи до сверх державы XXI века = China: from the middle kingdom to a superpower of the XXI century/Е. П. Бажанов. М.: Известия, 2007. 350, [1] с. 【索书号:3С-2008\D829\1】

5. Современный мир: Избранные труды/Е. П. Бажанов. М.: Известия, 2004. 421 с. 【索书号:3-2005\D5\5】

6. Россия и АСЕАН: (Тематический сборник)/Дипломат. акад. МИД России, Ин-т актуал. междунар. проблем; [Редкол.: Е. П. Бажанов и др.]. М.: Науч. кн., 2004. 234 с. 【索书号:3-2005\D851.22\9】

7. Актуальные проблемы международных отношений в начале XXI века: Материалы 4-й науч.-практ. конф. молодых ученых (27 февр. 2001г.)/[Редкол.: Е. П. Бажанов(отв. ред.) и др.]. М.: Дипломат. акад. МИД России, 2002. 203 с. 【索书号:3-2004\D81-532\2】

8. Азиатско-Тихоокеанский регион в условиях глобализации: (Тематический сборник)/Редкол.: Е. П. Бажанов (отв. ред.) и др. М.: Дипломатическая академия МИД России, 2001. 315 с. 【索书号:3-2004\D81\1/】

9. Китай и внешний мир/Е. П. Бажанов. М.: Междунар. отношения, 1990. 351 с. 【索书号:3-91\D829\Б161】

10. Движущие силы политики США в отношении Китая/Е. П. Бажанов. М.:

Наука, 1982. 240 с.【索书号:3\D822.371.2\Б161】

5) 巴雷什尼科夫 В. Н.（Барышников, В. Н., 1929—　）

巴雷什尼科夫 В. Н.（Барышников, Виктор Николаевич, 1929.7.18—　），出生于梁赞州。1954年毕业于莫斯科东方研究所中国部,1965年获历史学副博士学位,学位论文为《中美关系中的台湾问题》(1965)。曾于1973—1979年和1986—1989年在苏联驻华使馆任职。发表著译100余部。主要有《现代香港的若干社会经济问题》(1963)、《美蒋统治下的台湾》(1963)、《苏联对台湾问题的原则方针》(1982)、《论台湾与中华人民共和国的统一问题》(1984)等。

原文论著

1. Китайские политологи о новом балансе сил в мире: "после олимпийская эпоха" и российско китайские отношения/[сокращенный перевод, сост. сб. и рефератов, авт. предисл. В. Н. Барышников. Москва: Институт Дальнего Востока РАН, 2009. 92 с.【索书号:3C-2010\D822\2】

2. Китайские политологи о предвыборной ситуации в России и российско-китайских отношениях/[сост.: В. Н. Барышников]. Москва: Ин-т Дальнего Востока РАН, 2007. 80 с.【索书号:3C-2009\D822\1】

3. Китайские политологи о войне в Ираке и корейский ядерный кризис/Сост. и авт. предисл. В. Н. Барышников. М.: Ин-т Дальнего Востока РАН, 2004. 71 с.【索书号:3C-2006\D820\1】

4. Санкт-Петербург и страны Северной Европы＝Saint petersburg and the countries of northem europe: Материалы пятой ежегодной-Меджународной научной конференции/Под ред. В. Н. Барышникова, С. Ю. Трохачева. Санкт-Петербург: РХГИ, 2004. 381.【索书号:3-2006\K512.9-532\3】

5. Китайские аналитики о современном состоянии китайско-российских отношений и о политическом и экономическом положении в России: Тираж-150 экз. / Сост., предисл.: В. Н. Барышников. М.: Институт Дальнего Востока РАН, 2002. 83 с.【索书号:3C-2006\D822.351.2\1】

6. США, 11 сентября 2001 года: оценки специалистов КНР/Сост. предисл. и рефераты: В. Н. Барышников. М.: Ин-т Дальнего Востока РАН, 2002. 94 с. 【索书号:3-2005\D871.2\2】

7. Президент Путин: внутренняя и внешняя политика России и российско-китайские отношения: (Оценка китайских политологов)/Сост. И авт. предисл. В. Н. Барышников. М.: Институт Дальнего Востока РАН, 2001. 81 с. 【索书号:3C-2006\D851.20\1】

8. Возможности и вызовы глобализации (взгляды китайских ученых)/Сост. В. Н. Барышников. М.: Институт Дальнего Востока РАН, 2001. 83 с 【索书号:3C-2005\F114.41\1】

政　治

9. Аналитический центр Госсовета КНР о внутри политической и экономической ситуации в России, подвижках в ее отношениях с НАТО и осостояниии перспективах китайско-российских связей: (Реферативный обзор)/[Сост., авт. предисл. и рефератов В. Н. Барышников]. М.: Ин-т Дальнего Востока РАН, 2000. 60 с. 【索书号：3C-2007\D751.2\1】

10. Китайские политологи о характере и результатах перестройки в России в "Эпоху Ельцина"/Рос. акад. наук. Ин-т Дальнего Востока. Центр науч. информ. и документации；Сост.: В. Н. Барышников. М.: Ин-т Дальнего Востока РАН, 2000. 65 с. 【索书号：3C-2005\F121\3】

11. Китайские политологи о геополитической борьбе в современном мире, ее влиянии на ситуацию в Северо-Восточной Азии и огеополитической стратегии России. Сост. и авт. предисл.: В. Н. Барышников. М. Ин-т Дальнего Востока РАН. 1998. 78 с. 【索书号：3-2002/D81\K451-2】

6) 别斯普洛兹瓦内赫 Е. Л. (Беспрозванных, Е. Л.)

别斯普洛兹瓦内赫 Е. Л.，历史学博士、教授。在伏尔加国立大学外国史与国外政策教研室任教。主要从事俄中关系、西藏问题的研究。著有相关论著多部。

原文论著

1. Тибето-китайские отношения в XVII-XVIII веках: Учеб. пособие/Е. Л. Беспрозванных. Волгоград: Изд-во Волгогр. гос. ун-та, 2005. 118, [1] с. 【索书号：3C-2008\K297.5\1】

2. Приамурье в системе русско-китайских отношений, XVII-середина XIX в. /Е. Л. Беспрозванных. М.: "Наука", 1983. 206 с. 【索书号：3\D829.512\Б534】

7) 鲍克尚宁 А. А. (Бокщанин, А. А., 1935—)

鲍克尚宁 А. А. (Бокщанин, Алексей Анатольевич, 1935.11.7—)，历史学家，俄罗斯著名汉学家，著有多部研究中国中世纪的著作。1935年11月7日出生于莫斯科一个知识分子家庭，1953年考入莫斯科大学历史系东方专业。1958年大学毕业后，到苏联科学院中国研究所工作。1965年以《16—17世纪中国与南太平洋国家的外交》完成历史学副博士论文答辩。1985年获历史学博士学位，论文题目为《14世纪末至15世纪初中国分封制度的演变》。1958年在中国学研究所工作。从1961年起在东方学所任职，曾任中国部主任。从1990年起主持俄罗斯科学院东方研究所中国部的工作。著有《15世纪初期的中华帝国(对内政策)》(1976)等论著100余部。

原文论著

1. Лики Срединного царства: Занимат. и познават. сюжеты средневековой истории

173

Китая/А. А. Бокщанин, О. Е. Непомнин; Рос. акад. наук. Ин-т востоковедения. М. : Вост. лит. , 2002. 429, [1] с.【索书号：3-2004\K248\1】

2. Современные историки КНР о проблемах феодализма в Китае/А. А. Бокщанин. М. : ИВ РАН, 1998. 137 с.【索书号：3-2001\K23\Б789】

3. Удельная система в позднесредневековом Китае, 1368-1644: Период Мин/А. А. Бокщанин. М. : Наука, 1986. 261 с.【索书号：3-87\K248\Б789】

4. Императорский Китай в начале 15 века: (Внутренняя политика)/А. А. Бокщанин. М. : Наука, 1976. 322 с.【索书号：3\K248.1\Б789】

5. Китай и страны Южных морей в 14-16 вв. /А. А. Бокщанин. М. : Наука, 1968. 212 с.【索书号：T43-2\23】

8) 鲍罗季奇 В. Ф.（Бородич, В. Ф. , 1948— ）

鲍罗季奇 В. Ф.（Бородич, Владимир Федорович, 1948.1.20— ），政治理论家。1948年1月20日出生于巴尔瑙尔。1972年毕业于莫斯科大学中国史专业。1989年获法学副博士学位。2001年起，在俄罗斯科学院远东所中国政治与现代史中心工作。曾就读于远东大学（1966—1968）。毕业后，在远东大学教授中文并承担一系列国家制度研究课程。著有60余部论著。

原文论著

1. Проблемы трансформации политических систем России и Китая（конец XX-начало XXI вв.）: опыт сравнительного анализа/В. Ф. Бородич. Москва: Ин-т Дальнего Востока РАН, 2008. 247 с.【索书号：3С-2009\D751.221\1】

2. Русско-китайский и китайско-русский политико-политологический словарь/В. Ф. Бородич, М. Н. Титов. М. : Флинта: Наука, 2004. 191 с.【索书号：3-2006\D-61\2】

9) 布尔拉茨基 Ф. М.（Бурлацкий, Ф. М. , 1927— ）

布尔拉茨基 Ф. М.（Бурлацкий, Федор Михайлович, 1927.1.4— ），作家、政治活动家。1927年出生于乌克兰首都基辅。1947年毕业于塔什干政法学院。1951年获法学副博士学位，1965年获哲学博士学位。1969年成为教授。苏联作家协会会员、记者协会会员。曾任《共产党人》杂志副主编、《真理报》政治评论员和《文学报》主编等职。主要著作有《自由的涌动》（1997）、《改革与改革者》（2008）等。

原文论著

1. Мао Цзэдун и его советник Дэн Сяопин/Федор Бурлацкий. Москва: Собрание, 2008. 229, [1] с.【索书号：3С-2010\A752\1】

2. Никита Хрущев и его советники—красные, черные, белые/Федор Бурлацкий. Москва: Собрание, 2008. 285, [1] с.【索书号：3-2009\K835.127\37】

3. Реформы и реформаторы: надежды и иллюзии/Федор Бурлацкий. Москва: Собрание,

政　治

2008. 318, [1] c.【索书号:3-2010\D751.209\6】

4. Мао Цзэдун/Ф. М. Бурлацкий. М.: РИПОЛ КЛАССИК, 2003. 254, [1] c.【索书号:3C-2006\A752\1】

5. Глоток свободы: В 2-х кн. /Ф. М. Бурлацкий. М.: РИК "Культура", 1997. 559 c.【索书号:3-98\K817\Б915\:1】

6. Глоток свободы: В 2-х кн. /Ф. М. Бурлацкий. М.: РИК "Культура", 1997. 464 c.【索书号:3-98\K817\Б915\:2】

7. Новое политическое мышление и процесс демократизации/Редкол.: Ф. М. Бурлацкий и др. М.: Наука, 1990. 324 с.【索书号:3-93\D5\H74】

8. Мао Цзэдун и его наследники/Ф. М. Бурлацкий. М.: Междунар. отношения, 1979. 397 с.【索书号:3\D6\Б915】

9. Мао Цзэдун: "Наш коронные номер — это война, диктатура…"/Ф. М. Бурлацкий. М.: Междунар. отношения, 1976. 390 c.【索书号:3\A84\Б915】

10. Маоизм или марксизм? /Ф. М. Бурлацкий. М.: Политиздат, 1967. 128 c. 【索书号:T37-3\3】

中文论著

1. 赫鲁晓夫和他的时代 [专著]：一位高级顾问的回忆/(苏)布尔拉茨基著；赵敏善等译. —北京：中共中央党校出版社, 1993. —234 页【索书号：95\K835.127.5\11】

2. 当代巨魔 [专著]：资本主义政治社会学概要 /(苏)布尔拉茨基(Бурлацкий, ф. М.),(苏)加尔金(Галкин, A. A.)著；陈山, 林扬译. —北京：社会科学文献出版社, 1992.4. —360 页【索书号：94\D033.3\10】

3. 领袖和谋士 [专著]：关于赫鲁晓夫、安德罗波夫和其他人……/(苏)布尔拉茨基(Бурлацкий, Федор)著；徐锦栋等译. —北京：东方出版社, 1992. —439 页【索书号：94\K835.120.5\1】

4. 杜勃罗留波夫的政治观点 [专著]/(苏)布尔拉茨基(Бурлацкй, Ф. М.)著；南致善, 南顿译. —北京：商务印书馆, 1992.4. —272 页【索书号：92\D095.12\1】

5. 改革新思维对话录 [专著]/(苏)布尔拉茨基(Бурлацкий, M.)著；张毅杰等译. 哈尔滨：哈尔滨出版社, 1989.1. —371 页

6. 新思维 [专著]：关于科技革命和我国改革的对话和议论/(苏)布尔拉茨基(Бурлацкий, Ф. М.)著；孙庆凤等译. —北京：求实出版社, 1989.1. —332 页【索书号：2000\D751.2\5】

7. 新思维 [专著]：有关工艺革命和苏联改革的对话和讨论/(苏)布尔拉茨基(Ф. Бурлацкий)著；贾泽林等译. —北京：东方出版社, 1989. —331 页 【索书号：\D751.2\26】

8. 我看赫鲁晓夫 [专著]/(苏)布尔拉茨基等著；思谋选编. —北京：世界知识出版社, 1988. —177 页【索书号：K835.127.5\4-9】

9. 当代的政治体制 [专著]/(苏)布尔拉茨基,(苏)齐尔金编；李方仲译. —广州：广东人民出版社, 1984. —304 页【索书号：\D52\1】

10. 国家和共产主义 [专著]/(苏)费·米·布尔拉茨基, Ф. М. 著；中国科学院

法学研究所译. —北京:法律出版社,1964. —187 页
【索书号:\571\353\lgj\】【索书号:\571\353】

10) 沃斯克列先斯基 А. Д. (Воскресенский, А. Д. ,1960—)

沃斯克列先斯基 А. Д. (Воскресенский, Алексей Дмитриевич, 1960.5.14—),历史学家。1960 年出生于莫斯科。1982 年毕业于莫斯科亚非研究所。曾在俄罗斯/苏联、东方(新加坡、中国)和西方(美国、法国、英国)求学,政治学博士(俄罗斯远东研究所),哲学博士(曼彻斯特大学)。中俄友好协会核心成员,《俄罗斯—中国》报编委会成员等。1989 年获得历史学副博士学位,论文题目《1881 年俄中圣彼得堡谈判外交史》。1999 年获得政治学博士学位。1983—1985 年在东方学所、1993—1997 年在"俄中"中心、1995—1999 年在俄罗斯科学院远东所等单位任职。出版论著 200 余部。

主要著作有:博士论文《俄罗斯与中国:国际关系中的发展与连续》(莫斯科,1998)。与别人合著《第一份中文文件》(莫斯科,1990)等。

原文论著

1. Литературный Китай в XVII веке: судьбы истории, философии и социального бытия в китайской классической литературно-художественной традиции/ Алексей Дмитрий Воскресенский. Москва: Аспект Пресс, 2009. 172, [2] с.
【索书号:3С-2010\I206.2\1】

2. Политические системы и политические культуры Востока/Московский гос. ин-т международных отношений (ун-т) МИД России; [Л. Б. Алаев и др.]; под ред. А. Д. Воскресенского. М.: АСТ: Восток-Запад, 2007. 829 с.
【索书号:3-2008\D5\13】

3. Политические системы и модели демократии на Востоке: учебное пособие для студентов, обучающихся по специальностям и направлениям "Международные отношения" и "Регионоведение"/А. Д. Воскресенский. Москва: Аспект Пресс, 2007. 188, [2] с.【索书号:3-2009\D73\1】

4. Российско-китайское стратегическое взаимодействие и мировая политика/А. Д. Воскресенский. М.: Восток-Запад, 2004. 124 с.【索书号:3С-2007\D822.351.2\3】

5. Китай и Россия в Евразии: Ист. динамикаполит. взаимовлияний/А. Д. Воскресенский. М.: Муравей, 2004. 600, [3] с.【索书号:3С-2006\D822.351.2\8】

6. Китай в мировой политике: [Учеб. по специальностям "Междунар. отношения" и "Регионоведение"/В. Я. Белокреницкий, А. Д. Воскресенский, Ю. М. Галенович и др.; Редкол.: А. В. Торкунов (отв. ред.) и др. М.: РОССПЭН; Моск. гос. ин-т междунар. отношений (Ун-т), 2001. 527 с.【索书号:3-2002\D82\K451】

7. Китай в мировой политике: [Учеб. по специальностям "Междунар. отношения" и "Регионоведение"/В. Я. Белокреницкий, А. Д. Воскресенский, Ю. М. Галенович и др.;

Отв. ред.-сост. А. Д. Воскресенский]. М.: РОССПЭН, 2001. 527 с.
【索书号:3-2004\D82\1】

8. Политическая наука в России: интеллектуальный поиск и реальность: Хрестоматия/Отв. ред.-сост. А. Д. Воскресенский. М.: Моск. обществ. науч. фонд; Издат. центр науч. и учеб. программ, 2000. 683 с.
【索书号:3-2004\D095.12\1】

9. Чудаки, шуты и пройдохи Поднебесной: Кит. притчи и анекдоты/Сост., общ. ред., предисл. и коммент. А. Воскресенского; Пер. с кит. А. Воскресенского и В. Ларина. М.: Гудьял-Пресс, 1999. 201, [2] с【索书号:3-2004\I276.8\1】

10. Россия и Китай: теория и история межгосударственных отношений/А. Д. Воскресенский; Моск. обществ. науч. фонд и др. М.: Моск. обществ. науч. фонд; ООО "Издат. центр науч. и учеб. программ", 1999. 405 с. 【索书号:3-2000\D822.351.2\B764】

11. Дипломатическая история русско-китайского Санкт-Петербургского договора 1881 года/А. Д. Воскресенский; РАН, Ин-т Дал. Востока, Центр "Россия-Китай". М.: Памятники ист. мысли, 1995. 439,[2] с. 【索书号:3-2003\D829.512\1】

11) 加列诺维奇 Ю. М.（Галенович, Ю. М., 1932— ）

加列诺维奇 Ю. М.（Галенович, Юрий Михайлович, 1932.4.20— ），毕业于莫斯科东方学院(1954)。1963年获副博士学位,学位论文为《现代汉语中简单句的语调》。1982年以《"文革"时期中共领导层关于对苏政策问题的斗争》(1981)完成博士论文答辩。曾任科学院汉学家学会副会长、俄中友协副主席等职。1982年起入远东所任职,在1982—1988年间任副所长。有著述200余部,包括介绍中俄两国领导人的系列论著。

1999年起,四川人民出版社出版了 Ю. М. 加列诺维奇的系列丛书《20世纪的俄罗斯与中国》的中译本。丛书总共由六本书组成:《在列宁和孙中山之前的尼古拉二世沙皇与清王朝的皇帝们》、《两位元帅:斯大林与蒋介石》(1999)、《两大领袖:斯大林与毛泽东》(1999)、《两位一把手:赫鲁晓夫与毛泽东》(1999)、《勃列日涅夫与毛泽东、戈尔巴乔夫与邓小平》(1999)、《世纪之交的俄罗斯与中国》(1999)等。

原文论著

1. Взгляд на Россию из Китая: прошлое и настоящее России и наших отношений с Китаем в трактовке китайских ученых/Юрий Галенович. Москва: Время, 2010. 302 с. 【索书号:3C-2010\D275.12\2】

2. Возвращение Лю Шаоци /Ю. М. Галенович. Москва: Русская панорама; Калуга: Облиздат, 2008. 407 с. 【索书号:3C-2010\K827\1】

3. Два генералиссимуса: И. В. Сталин и Цзян Чжунчжэн (Чан Кайши):/Ю. М. Галенович. Москва: Ин-м Дальнего Востока РАН, 2008. 371 с.
【索书号:3C-2010\D822.351.2\1】

4. Дао Ху-Гуна: в 2-хкн. Кн. 1, Жизненный путь Ху Яобана/Ю. М. Галенович. Москва: Русская панорама, 2008. 447 с.【索书号:3C-2009\K827\2】

5. Дао Ху-Гуна: в 2-хкн. Кн. 2, Подвиг Ху Яобана/Ю. М. Галенович. Москва: русская панорама, 2008. 539 с.【索书号:3C-2009\K827\3】

6. Российско-китайские отношения (конец XIX-начало XXI в.)/Ю. М. Галенович. Москва: Ин-т Дальнего Востока РАН, 2007. 271 с. 【索书号:3C-2009\D829.512\2】

7. История КПСС и СССР в трактовке китайских учёных/Ю. М. Галенович. М.: Ин-т Дальнего Востока РАН, 2007. 132 с.【索书号:3-2008\D351.23\4】

8. Китайские метаморфозы: Китай на пороге XXI века/Ю. М. Галенович. М.: Муравей, 2006. 382, [1] с.【索书号:3C-2008\K27\1】

9. Мао Цзэдун в близи/Ю. М. Галенович. М.: Русская панорама, 2006. 324 с. 【索书号:3C-2007\A752\1】

10. Пэн Дэхуай и Мао Цзэдун = Peng De huai and Mao Tse Tung: [полит. лидеры Китая XX века/ Галенович Ю. М. М.: Огни, 2005. 262 с 【索书号:3C-2007\K27\1】

11. Девиз Ху Цзиньтао: социальная гармония в Китае/Ю. М. Галенович. М.: Памятник и ист. мысли, 2006. 390 с.【索书号:3C-2007\D616\1】

12. Россия и Китай в XX веке: граница/Ю. М. Галенович. М: Изограф, 2001. 335 с.【索书号:3C-2007\D851.231\1】【索书号:3-2002\D851.231\Г155】

13. Прав ли Дэн Сяопин, или Китайские и накомыслящие на пороге XXI века/ Ю. М. Галенович. М.: Изограф, 2000. 287. 【索书号:3C-2007\D6\2】【索书号:3-2001\D6\Г155】

14. Наказы Цзян Цзэминя: принципы внешней и оборонной политики современного Китая: [Абсолютная власть, новый порядок, возрождение Китая]/Ю. М. Галенович. М.: Муравей, 2003. 334 с.【索书号:3C-2006\D820\2】

15. Россия-Китай-Америка: От соперничества к гармонии интересов? /Ю. М. Галенович. М.: Рус. панорама, 2006.573, [2] с【索书号:3C-2006\D822.351.2\7】

16. Смерть Мао Цзэдуна/Ю. М. Галенович. М.: Изографъ, 2005. 671 с 【索书号:3C-2006\K27\1】

17. Китай в мировой политике: [Учеб. по специальностям "Междунар. отношения" и"Регионоведение"/В. Я. Белокрениций, А. Д. Воскресенский, Ю. М. Галенович и др.; Отв. ред. -сост. А. Д. Воскресенский]. М.: РОССПЭН, 2001.527 с.

18. Наказы Цзян Цзэминя: принципы внешней и оборонной политики современного Китая: [Абсолютная власть, новый порядок, возрождение Китая]/Ю. М. Галенович. М.: Муравей, 2003. 334 с【索书号:3C-2006\D820\2】

19. Противостояние: Пекин, Тяньаньмень, 1989 год. Ч. 1. Студенчество и интеллигенция/Ю. М. Галенович. М.: Институт Дальнего Востока РАН, 1995. 119 с.【索书号:3C-2005\D654\1】

20. Противостояние: Пекин, Тяньаньмень, 1989 год. Ч. 2. Студенчество и

интеллигенция/Ю. М. Галенович. М. : Институт Дальнего Востока РАН, 1995. 167 с. 【索书号:3C-2005\D654\3】

21. Противостояние: Пекин, Тяньаньмень, 1989 год. Ч. 3. Студенчество и интеллигенция/Ю. М. Галенович. М. : Институт Дальнего Востока РАН, 1995. 167 с. 【索书号:3C-2005\D654\2】

22. Китай в мировой политике: [Учеб. по специальностям "Междунар. отношения" и "Регионоведение"/В. Я. Белокреницкий, А. Д. Воскресенский, Ю. М. Галенович и др. ; Редкол. : А. В. Торкунов (отв. ред.) и др. М. : РОССПЭН; Моск. гос. ин-т междунар. отношений (Ун-т), 2001. 527 с.
【索书号:3-2002\D82\K451】【索书号:3-2004\D82\1】

23. Россия - Китай: Шесть договоров/Ю. М. Галенович. М. : Муравей, 2003. 405 с. 【索书号:3-2004\D826\1】

24. От императора Николая II и императрицы Цыси до Ленина и Сунь Ятсена/ Ю. М. Галенович. М. : Ин-т Дальнего Востока РАН, 2003. 198 с.
【索书号:3-2004\D829.512\1】

25. Москва—Пекин, Москва—Тайбэй/Ю. М. Галенович... : Изографус, 2002. 655 с. 【索书号:3-2004\D822\1】

26. Китай и сентябрьская трагедия Америки = China and the 9/11 tragedy of America/Ю. М. Галенович; Науч.-образоват. форум по междунар. отношениям. М. , 2002. 167 с. 【索书号:3-2004\D822\2】

27. Китайское чудо или китайский тупик? /Ю. М. Галенович. Муравей, 2002. 143 с. 【索书号:3-2004\F32\1】

28. Заметки китаеведа/Ю. М. Галенович. М. : Муравей, 2002. 27 с.
【索书号:3-2004\K26\1】

29. Призрак Мао/Юрий Галенович. М. : Время, 2002. 202, [5] с.
【索书号:3-2003\D6\2】

30. Россия и Китай в XX веке: граница/Ю. М. Галенович. М. : Изограф, 2001. 335 с. 【索书号:3-2003\D829.512\2】

31. Самоутверждение сыновей Тайваня/Ю. М. Галенович. М. : Муравей, 2002. 196 с. 【索书号:3-2002\D675.8\Г155】

32. Нации и государства: Сборник статей о китайско-американских отношениях/Ю. М. Галенович; Рос. акад. наук. Ин-т Дал. Востока. М. : Ин-т Дал. Востока РАН, 2001. 183 с. 【索书号:3-2002\D822\Г155】

33. Цзян Чжунчжэн, или неизвестный Чан Кайши/Ю. М. Галенович. М. : ИД "Муравей", 2000. 357 с. 【索书号:3-2001\K827\Ц559Г】

34. Гибель Лю Шаоци/Ю. М. Галенович. М. : Издат. фирма "Вост. лит." РАН, 2000. 142 с. 【索书号:3-2001\K827\Л93Г】

35. Рубеж перед стартом: китайская проблема для России и США на пороге XXI века/Ю. М. Галенович. М. : Моск. обществ. науч. фонд; ООО "Издат. центр науч. Иучеб. программ", 1999. 314 с. 【索书号:3-2000\D822.351.2\Г155】

36. 40 лет КНР/Редкол.: Ю. М. Галенович и др. М.: Наука, 1989. 567 с.【索书号:3-90\D619\C654】

中文译著

1. 两大领袖［专著］:斯大林与毛泽东/(俄)尤·米·加列诺维奇著;部彦秀,张瑞璇译. —成都:四川人民出版社,1999. —485 页【索书号:2000\D829.512\24】

2. 勃列日涅夫与毛泽东、戈尔巴乔夫与邓小平［专著］/(俄)尤·米·加列诺维奇著;孙黎明,吕东明译. —成都:四川人民出版社,1999. —204 页【索书号:2000\D829.512\25】

3. 尼古拉与慈禧、列宁与孙中山［专著］/(俄)尤·米·加列诺维奇著;周绍珩译. —成都:四川人民出版社,1999. —21,243 页【索书号:2000\D829.512\23】

4. 两个一把手［专著］:赫鲁晓夫与毛泽东/(俄)尤·米哈伊洛维奇·加列诺维奇著;飞舟等译. —成都:四川人民出版社,1999.—21,294 页【索书号:2000\D829.512\21】

5. 世纪之交的俄罗斯与中国［专著］/(俄)尤·米·加列诺维奇著;刘朝平等译. —成都:四川人民出版社,1999. —21,338 页【索书号:2000\D829.512\22】

6. 两大元帅［专著］:斯大林与蒋介石/(俄)尤·米哈伊洛维奇·加列诺维奇著;侯成德译. —成都:四川人民出版社,1999. —21,287 页【索书号:2000\D829.512\20】

12) 格利布拉斯 В. Г.（Гельбрас В. Г., 1930— ）

格利布拉斯 В. Г.（Гельбрас, Витя Гдалевич, 1930.1.19— ），主要从事中国经济问题研究。1930 年出生于弗拉基米尔州科利丘金诺职员家庭。1953 年毕业于莫斯科东方学院。1980 年获历史学博士学位,学位论文《1950 年代至 1960 年代中国社会政治结构中的工人阶级》。1967 年获高级研究员职称。1967 年起为苏联科学队国际工人运动研究所研究人员。从 1992 年起在莫斯科大学亚非学院任教授。著有《中国社会政治结构(1950 年代至 1960 年代)》(1980)、《1950 年代至 1970 年代中国居民的社会结构》等论著 200 余部。

原文论著

1. Экономика Китайской Народной Республики. Важнейшие этапы развития 1949—2008: Курс лекций в двух частях. Квадрига, 2010. . 643 с..

2. Мир социализма в цифрах и фактах: справочник. 1964 г./[под ред. А. Ф. Кудряшова]; [авт. Н. В. Волков, В. Г. Гельбрас, Л. Н. Каршинов и др.]. М.: Политиздат, 1965. 160 с.【索书号:C\Б73-5\74】

3. Китайская Народная Республика. Законы и постановления.: Конституция и основные законодательные акты Китайской Народной Республики (1954-1958): пер. с китайского/[сост. В. Г. Гельбрас, Г. С. Остроумов, М. В. Пушковаидр.]; под ред. испредисл. [с. 5-25] канд. ист. наук А. Г. Крымова и канд. юрид. наук М. А.

Шафира. М.：Изд. иностр. лит.，1959. 727 с.【索书号：П7-6\38】

13) 金斯 Г. К.（Гинс，Г. К.，1887—1971）

金斯 Г. К.（Гинс，Георгий Константинович，1887.4.15—1971.9.24），俄国学者、政治活动家。1909 年毕业于圣彼得堡大学法律系,后留校任教。十月革命和苏联卫国战争期间,成为高尔察克政府成员。1920 年高尔察克政府溃散后,逃亡到哈尔滨,以民法专家身份在哈尔滨法政大学任教。抗日战争爆发后,曾打算参加谢苗诺夫政府。曾在《新杂志》上发表文章（1942年）,当年被称为"哲学家和时评家、教授"。著有《西伯利亚、盟国和高尔察克》（1921）、《现代中国的伦理问题》（1927）等。

原文论著

1. Европейская катастрофа/Г. К. Гинс. Харбин: Т-во Заря，1941. 335 с.【索书号：3\K505\Г496】

2. Предприниматель/Г. К. Гинс，Л. Г. Цыкман. Харбин：[б. и.]，1940. 282 с.【索书号：3\F270\Г496】

3. Учение о праве и политическая экономия/Г. К. Гинс. Харбин：Заря，1933. 105 с.【索书号：3\D90\Г496\:1】

4. Новые законы и правила регистрации в Китае/Г. К. Гинс，Ван. Цзэн-Жун. Харбин：Тип. Изд-ва "Гун-Бао"，1930. 79 с.【索书号：3\D923\Г496】

5. Очерки торгового права Китая/Г. К. Гинс. Харбин：[б. и.，б. г.]. 160 с.【索书号：3\D929\Г496\:1】

6. Этические проблемы современного Китая/Г. К. Гинс. [Б. м.]：Заря，1927. 80 с.【索书号：3\B821.2\Г496】

7. Сибирь, союзники и Колчак，1918-1920 гг/Г. К. Гинс. Пекин.：Типоли-тография Русской духовной миссии，1921. 606 с.【索书号：3\K512.52\Г496\:2(2-3)】

8. Сибирь, союзники и Колчак：Поворотный момент русской истории，1918-1920 гг. ：（Впечатления и мысли члена Омского правительства）/Г. К. Гинс. Пекин. ：Типолит. Рус. духовной миссии，1921. 325 с.【索书号：3\K512.52\Г496\:1(1)】

14) 格拉祖诺夫 О. Н.（Глазунов，О. Н.）

格拉祖诺夫 О. Н.，近现代史学家。长期从事中国史、国际关系史研究,著有《国家的转折》（2006）等论著多部。

原文论著

1. Китайская угроза. М：ООО Издательство Эксмо，2010. 256 с.【索书号：初订】

2. Китайская разведка/Олег Глазунов. . Москва：Алгоритм，2008. 252，[2] с.【索书号：3С-2009\D631\1】

3. Государственный переворот. Стратегия и технологии：Новейшая история：

безопасность государства/Олег Глазунов. М. : ОЛМА-ПРЕСС Образование, 2006. 445, [2] с.【索书号:3-2008\D033\2】

15) 冈恰罗夫 С. Н. (Гончаров, С. Н. ,1955—)

冈恰罗夫 С. Н. (Гончаров, Сергей Николаевич, 1955.5.8—)，著名汉学家、外交家。

1977年毕业于列宁格勒东方系。1984—1985年为北京大学留学生。从1986年起为俄罗斯科学院远东研究所的科技工作者。1992年起为俄罗斯联邦外交部工作人员。长期从事中国史、中国外交史的研究，著有《中国中世纪的外交》(1986)等论著40多部。俄联邦勋章获得者。

原文论著

1. О Китае средневековом и современном: записки разных лет/С. Н. Гончаров; под общ. ред. А. А. Кокошина. Новосибирск: Наука, 2006. 380, [2] с. 【索书号:3С-2009\D829\1】

2. Китайская средневековая дипломатия: отношения между империями Цзинь и Сун: 1127-1142/С. Н. Гончаров. М. : Наука, 1986. 295 с. 【索书号:3-87\K245.05\Г657】

16) 古陀什尼科夫 Л. М. (Гудошников, Л. М. ,1927—)

古陀什尼科夫 Л. М. (Гудошников, Леонид Моисеевич, 1927.12.6—)，1927年出生于彼得罗扎沃斯克。1950年在莫斯科外贸学院法律系毕业，1953年获法学副博士学位，1972年获得博士学位。1980年晋升为教授。先后在国家与法研究所、远东研究所任职。获颁"功勋科学家"衔，著有专著270余种，主要著有《中华人民共和国国家制度的演变》(1971)、《如何管理中国(20世纪末21世纪初)，中国政权结构的演变》(2004)以及《澳门特别行政区的建立》(1993)、《过渡时期的香港》(1994)、《中华人民共和国的政治体制》(1996)等。

原文论著

1. Политическая система и право КНР в процессе реформ (1978-2005)/[Л. М. Гудошников (рук. авт. коллектива) и др.] Москва: Рус. панорама, 2007. 464 с. 【索书号:3С-2008\D6\4】

2. Новое законодательство Китайской Народной Республики/[сост. сб.: Л. М. Гудошников; отв. редакторы: Е. Н. Румянцев, П. М. Кожин]. М. : Институт Дальнего Востока РАН, 2006. 【索书号:3С-2008\D920.9\1】

3. Гонконг (Сянган): Справочник/[Гудошников Л. М. (рук.) и др.]. М. : Огни, 2004. 258 с. 【索书号:3С-2006\K926.58-62\1】

4. Новое законодательство Китайской Народной Республики/Отв. за выпуск: А. В. Островский, П. М. Кожин; Пер. Л. М. Гудошников и др. М. : Институт

Дальнего Востока РАН, 2004.【索书号:3C-2007\D920.9\2】

5. Современное законодательство Китайской Народной Республики: Сборник нормативных актов/Сост., ред. и авт. предисл. Л. М. Гудошников. М.: Зерцало-М, 2004. 430 с.【索书号:3C-2005\D920.9\1】

6. Новое законодательство Китайской Народной Республики (продолжение)/[Сос. Л. М. Гудошников]. М.: Институт Дальнего Востока РАН, 2003. 73 с 【索书号:3C-2005\D920.9\2】

7. Актуальные проблемы внутреннего положения в Китае/Сост. Л. М. Гудошников. М.: Институт Дальнего Востока РАН, 2003. 191 с 【索书号:3C-2006\D6\1】

8. Китай: актуальные проблемы внутренней политики, права, административных и политических реформ/Сост. Л. М. Гудошников. М.: ИДВ РАН, 2002. 167 с. 【索书号:3-2004\D6\3】

9. Современный Тайвань: Справочно-аналитические материалы. Вып. 4(13)/Сост. сборника: Л. М. Гудошников, А. Г. Ларин. М.: Институт Дальнего Востока РАН, 2002. 142 с.【索书号:3-2004\D675.8\1】

10. Стратегия объединения Китая: Аомэнь/[Отв. за вып. Л. М. Гудошников и др.]. М.: Ин-т Дальнего Востока РАН, 2000. 74 с.【索书号:3C-2007\D618\1】

11. Гонконг особая автономия Китая/Л. М. Гудошников, К. А. Кокарев. М., 1999. 187 с.【索书号:3-2003\D676.58\1】

12. Китай: политика реформ и проблемы стабильности: Материалы конференции Центра ист. и полит. исслед. ИДВ РАН (декабрь 2000 г.) /Сост. Л. М. Гудошников. М.: Ин-т Дальнего Востока РАН, 2001. 177 с.【索书号:3-2002\D6\K451-4\】

13. Малые народности и Великий Китай/Отв. ред. Л. М. Гудошников. М.: Институт Дальнего Востока РАН, 1994. 198 с.【索书号:3C-2005\D633\1】

14. Правовые аспекты модернизации в КНР: (Экономика и научно-технический прогресс)/Отв. ред. Л. М. Гудошников. М.: Наука, 1990. 313 с. 【索书号:3-90\D92\П685】

15. Государственный строй Китайской Народной Республики/Отв. ред. Л. М. Гудошников. М.: Наука, 1988. 230 с.【索书号:3-89\D62\Г727】

16. Советские районы Китая: Законодательство Китайской Советской Республики, 1931-1934/Пер. с китайского З. Е. Майстровой. Отв. ред Л. М. Гудошников. М.: Наука, 1977. 138 с.【索书号:3\K263.4\C561】

17. Политический механизм Китайской Народной Республики/Л. М. Гудошников. М.: Наука, 1974. 206 с.【索书号:3-85\D62\Г935】

18. Государственный строй Цейлона/Л. М. Гудошников. М.: Госюриздат, 1961. 61 с.【索书号:Р2-6\5】

19. Высшие органы государственной власти и государственного управления Китайской Народной Республики/Л. М. Гудошников. М.: Акад. наук СССР, 1960. 108 с..【索书号:П35-7\12】【索书号:П35-7\13】

20. Местные органы государственной власти и государственного управления Китайской Народной Республики/Л. М. Гудошников. М. : Акад. наук СССР, 1958. 186 с. 【索书号：Б28-1\14】

21. Судебные органы Китайской Народной Республики/Л. М. Гудошников. М. : Госюриздат, 1957. 134 с. 【索书号：Б22-3\1】【索书号：Б19-2\2】

17) 杰柳辛 Л. П. （Делюсин, Л. П. ,1923— ）

杰柳辛 Л. П.（Делюсин，Лев Петрович，1923.11.26— ），主要从事中国现代史研究。1923年出生于莫斯科职员家庭。1950年莫斯科东方学院中文专业毕业。1961年获历史学副博士学位，学位论文《土地改革时期中国中南地区农民的阶级斗争（1950—1952）》，1971年以学位论文《中国共产党政策中的农民土地问题》获历史学博士学位。1969年4月晋升为高级研究员。1950—1953年为《真理报》驻中国记者。1958—1959年在《和平与社会主义问题》杂志社工作。世界社会主义体系经济研究所研究人员（1965—1966），国际工人运动研究所副所长（1966—1967）。1970—1972年任社会科学图书情报研究所所长。从1967年起任苏联科学院东方学研究所中国室主任。主要著有《中国农村的巨大变化》(1957)、《中国的传统和现代》(1976)等论著近170部。1942—1944年参加卫国战争，是苏联勋章和奖章获得者。

原文论著

1. Китай в поисках путей развития/Л. Делюсин. М. : Муравей, 2004. 444 с. 【索书号：3-2004\D092.6\1】

2. Дэн Сяопин и реформация китайского социализма/Л. П. Делюсин. М. : Муравей, 2003. 206 с. 【索书号：3-2004\A849\1】

3. Китай：полвека-две эпохи/Л. П. Делюсин. М. : ИВРАН, 2001. 293 с. 【索书号：3-2002\D6\Д298】

4. Россия и Китай: От конфронтации к партнерству/Делюсин Л. П. М. : Ин-т междунар. экон. иполит. исслед. РАН (ИМЭПИ), 1999. 75 с. 初订

5. Личность в традиционном Китае/Редкол. : Л. П. Делюсин（отв. ред.）и др. М. : Наука, 1992. 325 с. 【索书号：3-94\B2\Л666】

6. Общественно-политическая мысль в Китае: (Конец XIX-начале XX в.)/Редкол. : Л. П. Делюсин（отв. ред.）и др. М. : Наука, 1988. 241 с. 【索书号：3-93\D092\O-284】

7. Буддизм и государство на Дальнем Востоке: Сб. ст. /Отв. ред. Л. П. Делюсин. М. : Наука, 1987. 225 с. 【索书号：3-89\B949.31\Б903】

8. Китайские социальные утопии/Отв. ред. Л. П. Делюсин, Л. Н. Борох. [М. : Наука, 1987. 308 с. 【索书号：3-88\D092\K451-2】

9. Шицзин: Книга песен и гимнов/Редколлегия : Л. П. Делюсин и др. ; Пер. с кит. А. Штукина；Подготовка текста и вступ. статья Н. Федоренко；Коммент. А.

Штукина. М. : Худож. лит. , 1987. 350 с. 【索书号:3-87\I222.2\Ш654】

10. Революция 1925-1927 гг. в Китае: проблемы и оценки/Л. П. Делюсин, А. С. Костяева. М. : Наука, 1985. 281 с. 【索书号:3-86\K262\Д298】

11. Конфуцианство в Китае: Проблемы теории и практики/Отв. ред. Л. П. Делюсин; АН СССР, Ин-т востоковедения. М. : Наука, 1982. 262 с. 【索书号:3\B222\K652】

12. Общество и государство в Китае/Редколлегия: Л. П. Делюсин (отв. ред.) и др. М. : Наука, 1981. 254 с. 【索书号:3\D092\O-285】

13. Спор о социализме: Из истории общественно-политической мысли Китая в начале 20-х годов/Л. П. Делюсин. М. : Наука, 1980. 150 с. 【索书号:3\D693\Д298=2】

14. Китай: Поиски путей социального развития: (Из истории общественно-политической мысли XX в.)/Редколлегия: Л. П. Делюсин (отв. ред.) и др. М. : Наука, 1979. 243 с. 【索书号:3\D092\K451】

15. Китай: государство и общество: Сб. ст. /Редкол. : Л. П. Делюсин (отв. ред.) и др. М. : Наука, 1977. 309 с. 【索书号:3\K207\K451-2】

16. Китай: традиции и современность: Сборник статей/Редколлегия: Л. П. Делюсин (отв. ред.) др. М. : Наука, 1976. 333 с. 【索书号:3\K207\K451】

17. Аграрно-крестьянский вопрос в политике КПК (1921-1928)/Л. П. Делюсин. М. : Наука, 1972. 464 с. 【索书号:T5-7\28】

18. Движение 4 мая 1919 года в Китае = Wu si yun dong: документыи материалы/ [отв. ред. Л. П. Делюсин]. М. : Главная редакция восточной литературы изд-ва "Наука", 1969. 358 с. 【索书号:3C-2008\K261.1\1】

19. Кантонская коммуна: (к сорокалетию восстания в Гуанчжоу)/отв. ред. Л. П. Делюсин. М. : Наука, 1967. 240 с. 【索书号:T27-2\16】

20. Борьба Коммунистической партии Китая за разрешение аграрного вопроса/Л. П. Делюсин. М. : Наука, 1964. 184 с. 【索书号:P10-4\61】

21. Мир социализма и освобождение угнетенных народов/Л. П. Делюсин. М. : Знание, 1962. 40 с. 【索书号:Б90-3\62】

22. Земля тому, кто ее обрабатывает/Л. П. Делюсин. . М. : Изд. вост. лит. , 1961. 117 с. 【索书号:Д45-7\64】

23. Борьба с правыми элементами буржуазии в Китае (1957 год)/Л. П. Делюсин. М. : Изд. вост. лит. , 1961. 80 с. 【索书号:Д50-4\20】

24. Агрессия империалистических держав в Китае/Ху Шэн; пер. с китайск. Л. П. Делюсина, А. В. Котова. М. : Изд-во иностр. лит. , 1951. 302 с. 【索书号:\9(51)\X98】

18) 季卡廖夫 А. Д. (Дикарёв, А. Д. ,1958—)

季卡廖夫 А. Д. (Дикарёв, Андрей Дмитриевич, 1958. 5. 4—), 1958 年出生于莫斯科。1980 年毕业于莫斯科大学亚非国家研究所。

1984—1985 年为中国人民大学留学生。1984 年获历史学副博士学位。从 1980 年起为俄罗斯科学院远东研究所科技工作者。俄罗斯科学院东方学研究所中国部的研究员。长期从事中国问题的研究。著有《中华人民共和国少数民族问题》(1996)、《在中国的三次旅行》(与 А. В. 卢金合著,1989)等 25 部。

原文论著

1. Общество и государство в Китае: специальный выпуск: к 80-летию Льва Петровича Делюсина/[сост. А. Д. Дикарёв и др. М.: Вост. лит., 2004. 160 с.【索书号:3C-2006\K2\3】

2. Демографические проблемы национальных меньшинств Китайской Народной Республики/А. Д. Дикарев. М.: Издат. фирма "Вост. лит." РАН, 1996. 176 с.【索书号:3-98\C924.21\Д465】

3. Три путешествия по Китаю/А. Д. Дикарев, А. В. Лукин. М.: Молодая гвардия, 1989. 238 с.【索书号:3-89\K928.9\Д451】

19) 杜宾斯基 А. М. (Дубинский, А. М., 1906—1982)

杜宾斯基 А. М(Дубинский, Александр Маркович, 1906.2.11—1982.7.11),1938 年毕业于哲学、文学与历史研究所历史系。1943 年获历史学副博士学位,学位论文题目为:《太平洋战争的起因》。1966 获历史学博士学位,1967 年获教授职称。苏中关系研究专家。长期关注中国人民争取解放的斗争、国际关系的研究。出版《中日战争期间(1937—1845)的苏中关系》(1980)、《远东的国际关系》(1973)、《亚洲的觉醒》(1958)等论著 70 余部。

原文论著

1. Советско-китайские отношения в период японо-китайской войны 1937-1945/А. М. Дубинский; Отв. ред. иавт. вступ. ст. М. С. Капица. М.: Мысль, 1980. 278 с.【索书号:3\D851.29\Д793】

2. Международные отношения на Дальнем Востоке. М.: Мысль, 1973. 2 т.【索书号:T50-4\1】

3. Пробуждение Аэии; Буржуазные революции в Иране, Трурции и Китае; Национально-освободительная борьба народов Индии в кон-19—начале 20 века: лекции, прочитанные в Высшей партийной школе при ЦК КПСС/А. М. Дубинский, Н. М. Лавров. М.: Изд. ВПШ и АОН при ЦК КПСС, 1958. 62 с.【索书号:И27-6\4】

4. Революционно-освободительная борьба в Индии и Китае в середине 19 века: лекции, прочитанные в Высш. партийной школе при ЦК КПСС/А. М. Дубинский. М.: [б. и.], 1957. 41 с.【索书号:Б28-3\4】

5. Международные отношения и внешняя политика СССР на Дальнем Востоке в годы второй мировой войны (1939-1945 гг.): Лекции прочит. в Высш. парт. школе

при ЦК КПСС/А. М. Дубинский. М. : [б. и.], 1953. 58 с.
【索书号:3\D819\Д793-2】

6. Народная антиимпериалистическая и антифеодальная революция в Китае: Первая и вторая гражданские революционные войны: Лекции, прочитанные в Высш. парт. школе при ЦК КПСС/А. М. Дубинский. М. : [б. и.], 1953. 59 с.【索书号:3\K26\Д793】

7. Индия, Китай и Япония в 40—60-х годах 19 века: Лекции, прочитанные в Высш. парт. школе при ЦК ВКП(б)/А. М. Дубинский. М. : [б. и.], 1952. 31 с. 【索书号:3\K304\Д793】

8. Международные отношения и внешняя политика СССР на Дальнем Востоке (1931-1939 гг.): Лекции, прочит. в Высш. парт. школе при ЦК ВКП(б)/А. М. Дубинский. М. : [б. и.], 1951. 56 с. 【索书号:3\D819\Д793】

9. Изготовление сборного железобетона на полигонах/А. М. Дубинский, А. Л. Либерман. 1 т. 【索书号:E19-4\73】

20) 杜勃罗夫斯卡娅 Д. В. (Дубровская, Д. В. ,1961—)

杜勃罗夫斯卡娅 Д. В. (Дубровская,Динара Викторовна,1961.5.22—),历史学家,俄罗斯科学院东方学研究所东方史部资深研究员。1961年出生于莫斯科。1982年毕业于莫斯科大学亚非国家研究所。1988年获历史学副博士学位。1982年起为俄罗斯科学院东方学研究所科技工作者。出版论著10余部。长期从事中国问题的研究,著有《新疆的命运》(1998)等。

原文论著

1. Миссия иезуитов в Китае: Маттео Риччи и другие: 1552—1775 годы / Д. В. Дубровская. М. : Крафт+; ИВ РАН, 2001. 251 с. 【索书号:3-2002\B979.2\Д797】【索书号:3-2004\B979.2\1】

2. Судьба Синьцзяна: обретение Китаем "Новой границы" в конце XIX в. /Д. В. Дубровская. М. : ИВ РАН, 1998. 202 с.
【索书号:3С-2008\K294.5\2】【索书号:3-2001\K294.5\Д797】

21) 扎勃罗夫斯卡娅 Л. В. (Забровская, Л. В. ,1951—)

扎勃罗夫斯卡娅 Л. В. (Забровская,Лариса Вячеславовна,1951.4.1—),1951年4月1日出生于乌克兰。1973年毕业于远东国立大学东方系。1979年获历史学副博士学位,学位论文《19世纪后半叶至1919年间的中朝关系》。俄罗斯科学院远东研究所资深研究员(1973年起)。出版论著30余部。

原文论著

1. Историографические проблемы японо-китайской войны 1894-1895 гг. /Л. В. Забровская. Владивосток: Ин-т истории, археологии и этнографии народов Дальнего Востока, ДВО РАН, 1993. 123 с. 【索书号:3С-2008\K256.3\1】

2. Китайский миропорядок в Восточной Азии и формирование межгосударственных границ: (На примере китайско-корейских отношений в XVII-XX вв.)/Л. В. Забровская. Владивосток: Изд-во Дальневост. ун-та, 2000. 89 с. 【索书号:3C-2007\D82\1】

3. Политика Цинской империи в Корее, 1876-1910/Л. В. Забровская. М. : Наука, 1987. 131 с. 【索书号:3-88\D831.22\З-127】

22) 卡缅诺夫 П. Б. (Каменнов, П. Б.)

卡缅诺夫 П. Б. ,政治学副博士,俄罗斯科学院远东研究所中国经济与社会研究中心资深科技工作者。著有《中华人民共和国的军事政策》(2007)等多部论著。

原文论著

1. XVII съезд КПК и проблемы социально-экономического развития КНР на современном этапе/Российская акад. наук. Ин-т Дальнего Востока; [сост. П. Б. Каменнов]. Москва: Учреждение Российской акад. наук. Ин-т Дальнего Востока, 2009. 271 с. 【索书号:3C-2010\F120-532\1】

2. КНР: военная политика на рубеже веков /П. Б. Каменнов. Москва: Ин-т Дальнего Востока РАН, 2008. 224 с. 【索书号:3C-2010\E201\1】

3. Экономическая реформа в КНР: на рубеже веков: [сборник статей]/Российская акад. наук, Ин-т Дальнего Востока; [сост. П. Б. Каменнов]. Москва: Ин-т Дальнего Востока РАН, 2008. 287 с. 【索书号:3C-2009\F121\1】

4. Проблемы экономического роста и развития производительных сил в КНР/Российская акад. аук, Ин-т Дальнего Востока; [сост. П. Б. Каменнов]. Москва: Ин-т Дальнего Востока РАН, 2007. 183 с. 【索书号:3C-2008\F124\1】

5. КНР: Военно-технические аспекты модернизации обороны/П. Б. Каменнов. М. : Ин-т Даль. Вост. РАН, 2001. 63 с. 【索书号:3-2004\E25\1】

23) 卡皮察 М. С. (贾丕才) (Капица, М. С. ,1921—1995)

卡皮察 М. С. (Капица, Михаил Степанович, 1921. 11. 5—1995. 11. 15),主要从事中苏关系研究。1921 年出生于乌克兰赫美尼茨基州农民家庭。毕业于国立莫斯科外国语言学院(1941)。1948 年毕业于外交部高等外交学校。1953 年以《1931—1945 年的苏中关系》获历史学副博士学位。1958 年获历史学博士学位,学位论文为《1917—1932 年的苏中关系》。1960 年晋升为教授。1943 年起为苏联外交部工作人员,曾被授予特命全权大使特衔。有在中国工作的经历,1943—1946 年和 1950—1952 年在驻中国大使馆工作。1962 年起任莫斯科大学东方语言学院东方国家经济和地理教研室主任。1966—1970 年任苏联外交部东南亚司司长。1970 年起为苏联外交部远东司司长。1983 年起为苏联外交部副部长,主管中国和东南亚事务。1987 年起任科学院东方学研究所所长。著有《苏中关系》(1956)、《苏联外交政策史》(1976)、《远东国际关系史》(1978)等论著 170 余部。

原文论著

1. История Востока: В 6-тит. /Гл. редкол. : М. С. Капица и др. М. : Издат. фирма "Вост. лит." РАН, 1995. 716 с. 【索书号：3-97\K300\И907-2\：2】

2. Республика Кипр: Справочник/Отв. ред. М. С. Капица. М. : Наука; Вост. лит. , 1992. 304 с. 【索书号：3-94\K937.5-62\P437＝3】

3. Межгосударственные региональные организации Азии в международных отношениях/Отв. ред. М. С. Капица. М. : Наука, 1991. 222 с. 【索书号：3-91\D814.1\M43】

4. Азия и Северная Африка: Проблемы безопасности/Редкол. : М. С. Капица (отв. ред.) и др. М. : Наука, 1989. 239 с. 【索书号：3-90\D815\A355】

5. Мирный выбор Азии/М. С. Капица, М. П. Исаев. М. : Политиздат, 1988. 50 с. 【索书号：3-89\D815\K202】

6. Сукарно: Политическая биография/М. С. Капица, Н. П. Малетин. М. : Мысль, 1980. 330 с. 【索书号：3\K833.427\C895K】

7. КНР: три десятилетия - три политики/М. С. Капица. М. : Политиздат, 1979. 575 с. 【索书号：3\D82\K202】

8. Международные отношения в Южной, Юго-Восточной Азии и на Дальнем Востоке (1955-1965)/Редколлегия: В. И. Данилов, М. С. Капица(отв. ред.) и др. М. : Наука, 1978. 269 с. 【索书号：3\D819\M433-3】

9. Дружба, завоеванная в борьбе: (советско-монгольские отношения)/М. С. Капица, В. И. Иваненко. М. : Междунар. отношения, 1965. 219 с. 【索书号：P33-3\14】

10. Братская дружба двух великих народов/М. С. Капица. М. : Знание, 1959. 31 с. 【索书号：Д30-5\11】

11. Советско-китайские отношения/М. С. Капица. М. : Госполитиздат, 1956. 142 с. 【索书号：Б6-3\32】

12. Мы победили: рассказы о Народно-освободительной армии Китая/[сост. М. С. Капица]. Москва: Военное изд-во Военного Министерства Союза ССР, 1950. 166 с. 【索书号：Д20-296】

13. Великая дружба народов Советского Союза и Китай/М. апица. Алма-Ата: Казгосиздат, 1955. 124 с. 【索书号：Ka130】

14. Сборник китайских рассказов: пер. с китай. /сост. М. Капиц. Л. : Изд. Иностр. лит. , 1950. 296 с. 【索书号：\89(51)\K20】

15. Мы победили: рассказы о Народно-освободительной армии Китая/[сост. М. С. Капица]. Москва: Военное изд-во Военного Министерства Союза ССР, 1950. 166 с. 【索书号：Д20-296】

中文译著

1931—1945 年的中苏关系 [专著]/（苏）卡比察(М. С. Капица)著；赵承先,忻鼎明译. —北京：世界知识出版社, 1957. —133 页【索书号：\578.248\486.2】

24) 卡尔涅耶夫 А. Н.（Карнеев, А. Н., 1964— ）

卡尔涅耶夫 А. Н.（Карнеев, Андрей Ниязович, 1964.10.9— ），历史学家。1964 年出生于莫斯科。1987 年毕业于莫斯科大学亚非学院。1985—1986 年间在北京大学进修语言，1990—1991 年间在南京大学进修。1996 年获历史学副博士学位。2000 年获评副教授。1989—1999 年间在大学任教。从 2003 年起任莫斯科大学亚非国家研究所副主任。2004 年起任《远东问题》杂志社历史部主任。出版论著近 30 部。主要论著有：副博士论文《国民党统治时期的农民与地方的权利》（莫斯科，1995）、论文《上海合作组织中的俄罗斯与中国》（《区域组织》，莫斯科，2003）等。

原文论著

1. На пути к созданию механизма обеспечения мира и стабильности в Тайваньском проливе/Моск. гос. ун-т им. М. В. Ломоносова, Ин-т стран Азии и Африки；[Ред.-сост.：А. Н. Карнеев]. М.：Гуманитарий Акад. гуманит. исслед., 2005.166 с.
【索书号：3C-2007\D675.8\2】

2. Гоминьдан и Тайвань：история и современность：Материалы науч. конф., 23 апр. 1999 г. /[Ред.-сост.：А. Н. Карнеев, В. А. Козырев]. М.：ИСАА при МГУ им. М. В. Ломоносова, 1999.166 с.【索书号：3C-2005\D675.8-532\1】

3. Президентские выборы 2000 г. на Тайване и проблемы безопасности в Дальневосточном регионе：Материалы научной конференции 4 мая 2000 г. /Ред.-сост.：А. Н. Карнеев и В, А. Козырев. М.：Гуманитарий, 2000.303 с.
【索书号：3-2002\D675.8\П714】

4. Тайвань на рубеже веков：новые условия и новые вызовы/Сост. и отв. ред.：А. Н. Карнеев. М.：ИСАА при МГУ им. М. В. Ломоносова, 2001.344 с.
【索书号：3-2002\D675.8\T14】

25) 卡特科娃 З. Д.（Каткова, З. Д., 1932— ）

卡特科娃 З. Д.（Каткова, Зоя Дмитриевна, 1932.2.2— ），1932 年出生于莫斯科。1955 年毕业于苏联外交部莫斯科国际关系学院。1972 年获历史学副博士学位。1957—1971 年间在学校教育科学研究所任职，从 1971 年起转入苏联科学院东方学所。出版论著近 50 部。著有《中国与强国：1927—1937》（1995）、《抗日战争期间中国国民党政府的对内政策》（1978）等。

原文论著

1. Китай и державы：1927-1937 гг. /З. Д. Каткова. М.：Издат. фирма "Вост. лит." РАН, 1995.276 с.【索书号：3-97\K262.34\K295】

2. Китай-Япония：любовь или ненависть?：К пробл. эволюции социал.-психол. и полит. стереотипов взаимовосприятия (VII в. н. э. - 20-е гг. XX в.)/Ю. В.

Чудодеев, З. Д. Каткова. М.: Упрполиграфиздат Администрации Моск. области, 1995. 230, [2] с.【索书号：3C-2007\D829.313\1】

3. Внешняя политика гоминьдановского правительства Китая в период антияпонской войны (1937-1945)/З. Д. Каткова. М.: Наука, 1978. 239 с. 【索书号：3\D829\K295】

4. Восточный Китай/Ху Сюй-Вэй др.; Пер. с китайского А. В. Котова и др. М.: Изд-во Иностранной лит., 1962. 393 с.【索书号：3-94\F129.95\B784】

26) 科卡列夫 К. А. (Кокарев, К. А., 1948—)

科卡列夫 К. А. (Кокарев, Константин Анатольевич, 1948—), 历史学博士。1948年出生。毕业于外国语军事学院东方系(1974), 1985年为苏联远东研究所研究生。著有《政治改革与中国的现代化》(2004)、《澳门——中国政治体系中的特殊机制》(2005)等多部论著。

原文论著

1. Россия в Азии: проблемы взаимодействия/под общ. ред. Кокарева К. А.; Российский ин-т стратегических исследований. М.: РИСИ, 2006. 436, [2] с. 【索书号：3-2007\D851.22\5】

2. Политический режим и модернизация Китая /К. А. Кокарев. М.: Ин-т Дальнего Востока РАН, 2004. 319 с.【索书号：3C-2006\D62\1】

3. Политический механизм особых автономий Китая/К. А. Кокарев. М.: Ин-т Дальнего Вост. РАН, 2004. 134 с.【索书号：3C-2005\D67\1】

27) 库兹涅佐夫 А. В. (Кузнецов, А. В.)

1. Овощеводство в Китае/А. В Кузнецов, Е. Н. Сагалович. М.: Сельхозгиз, 1959. 359 с.【索书号：Г15-2\9】

2. Новый Китай/А. Кузнецов. Алма-Ата: Казгосиздат, 1953. 147 с. 【索书号：Ка70】

3. Создание Китайской Народной Республики — великая победа китайского народа\А. Кузнецов. М.: Госполитиздат, 1951. 57 с.【索书号：\32НД(51)\К89】

28) 库兹克 Б. Н. (Кузык, Б. Н., 1958—)

库兹克 Б. Н. (Кузык, Борис Николаевич, 1958.10.19—), 俄罗斯科学院通讯院士、经济学博士、教授。经济战略研究所(ИНЭС)所长, 俄罗斯科学院氢能源委员会副主席, 俄罗斯科学院地区发展科学委员会成员。专业从事地区经济理论、市场理论研究, 在俄罗斯经济领域研究高层管理和改革系统。俄罗斯联邦的著名社会活动家。科学技术领域的国家级勋章获得者。

发表科学论文200多篇(部), 论著10部。其中有《俄罗斯防御工业指标:21世纪的突破口》(1999)、《世纪的抉择》(2000)、《俄罗斯经济中的高端管理》(2002)、《俄罗斯发展的最佳途径——自力更生》(2003),与别人合著有《俄罗斯—2050:改革战略》(2004)、《中国—俄罗斯2050:共同发展战略》(2005)等。

原文论著

1. Индия-Россия: стратегия партнерства в XXI веке/Б. Н. Кузык, Т. Л. Шаумян. Москва: Ин-т экономических стратегий: Ин-т востоковедения РАН, 2009. 1222,[1] с.【索书号:3-2010\K935.1\1】

2. Китай - Россия 2050: стратегия соразвития/Б. Н. Кузык, М. Л. Титаренко. М.: Ин-т экономических стратегий, 2006. 652,[2] с.【索书号:3C-2008\D82\1】

29) 库里克 Б. Т. (Кулик, Б. Т., 1928—2007)

库里克 Б. Т(Кулик, Борис Трофимович, 1928.7.23—2007.6.24),历史学博士,苏俄外交家。出生于阿尔泰边疆区。1951年毕业于莫斯科国际关系学院。之后在外交部供职,1951—1953年、1959—1963年间在苏联驻华使馆工作,1953—1956年间在上海总领事馆任职。1989年起为俄罗斯科学院远东所资深科技工作者。1995年成为俄罗斯自然科学院院士。出版有《在世界政治和区域政治中的中国》等一系列论述国际关系、苏中关系的论著多部。

原文论著

1. Китай в мировой и региональной политике: [История и современность]/[Отв. ред. Кулик Б. Т.]. М.: Ин-т Дал. Востока РАН, 2003. 189 с. 【索书号:3C-2006\D82\3】

2. Советско-китайский раскол: причины и последствия/Б. Т. Кулик; Рос. акад. наук. Ин-т Дал. Востока. М.: Изд-во Ин-та Дал. Востока РАН, 2000. 639 с. 【索书号:3-2002\D822.351.2\K903】

30) 屈沙强 Л. С. (Кюзаджян, Л. С., 1932—)

屈沙强 Л. С.(Кюзаджян, Липарит Саркисович, 1932.5.22—),历史学博士。1932年出生于第比利斯职员家庭,国立莫斯科大学历史系毕业(1955),1969年获历史学副博士学位,1975年获历史学博士学位。1957年为苏联科学院中国学研究所研究人员。在《苏联中国学》杂志编辑部任责任秘书(1957—1959),东方文学出版社远东国家编辑部主任(1959—1962)。1962—1965年在《真理报》任驻中国记者。1970年起为苏联科学院社会科学研究所副所长。著有《中华人民共和国的思想运动(1949—1966)》(1970)、《国外东方和现代》(1974)等论著100余部。苏联勋章和奖章获得者。

原文论著

1. Россия и Китай в Азиатско-Тихоокеанском регионе: Науч. -аналит. обзор/Л. С. Кюзаджян. М.: ИНИОН РАН, 1996. 50 с. 【索书号: 3-98\D851.120\К99】

2. Безопасность и сотрудничество в азиатско-тихоокеанском регионе: Научно-аналитический обзор/Л. С. Кюзаджян. М.: ИНИОН РАН, 1995. 52 с. 【索书号: 3-97\D815\К99】

3. Маоизмът на запад-развенчан мит/Л. С. Кюзаджян. София: Партиздат, 1978. 316 с. 【索书号: Б6\451】

4. Идеологические кампании в КНР (1949-1966)/Л. С. Кюзаджян. М.: Наука, 1970. 237 с. 【索书号: 3-89\D65\К99】

31) 列多夫斯基 А. М. (Ледовский, А. М., 1914—2007)

列多夫斯基 А. М. (Ледовский, Андрей Мефодиевич, 1914.10.3—2007.11.29),外交家、学者、历史学副博士。1914 年出生于阿斯特拉罕州一个农民家庭。1938 年毕业于阿斯特拉罕师范学院,1942 年毕业于高等外交学校。1977 年获历史学副博士学位。1943—1944 年任驻兰州(中国)总领事,1946—1947 年任驻北京总领事。1980 年起为俄罗斯科学院远东研究所资深科技工作者。出版有《美国的对华政策与苏联外交(1942—1954)》(1985)、《1937—1949 年间的苏联与中国》(1990)等论著近百部。

原文论著

1. СССР, США и китайская революция глазами очевидца, 1946-1949 = USSR, USA and Chinese revolution as seen by an eye-witness, 1946-1949/Андрей М. Ледовский. М.: Ин-т Дал. Востока РАН, 2005. 189, [2] с. 【索书号: 3С-2006\К153\1】

2. Русско-китайские отношения в XX веке: Материалы и документы/Сост.: А. М. Ледовский и др. Т. 4. Советско-китайские отношения. 1937-1945. Кн. 1. 1937-1944 гг. М.: Памятники ист. мысли, 2000. 869 с. 【索书号: 3-2001\D851.29\Р895-4\:4】

3. Русско-китайские отношения в XX веке: Документы и материалы/Сост.: А. М. Ледовский и др. Т. 4. Советско-китайские отношения: 1937-1945. Кн. 2. 1945 г. М.: Памятники ист. мысли, 2000. 703с. 【索书号: 3-2001\D851.29\Р895-4\:4(2)】

4. СССР и Сталин в судьбах Китая: Док. и свидетельства участника событий: 1937-1952/А. М. Ледовский; Рос. акад. наук. Ин-т Дал. Востока. М.: Памятники ист. мысли, 1999. 339, [1] с. 【索书号: 3-2001\D822.351.2\Л395】

5. Китайская политика США и советская дипломатия, 1942-1954/А. М. Ледовский. М.: Наука, 1985. 286 с. 【索书号: 3-86\D851.29\Л395】

6. Видные китайские демократы и коммунисты о Советском Союзе/Сост. А. М. Ледовскийидр. М.: Изд-во Агентства печати Новости, 1981. 108 с. 【索书号: 3\D851.209\B423】

7. СССР, США и народная революция в Китае/А. М. Ледовский. М. : Наука, 1979. 214 с.【索书号:3\D819\Л395】

中文译著

斯大林与中国［专著］/（俄）А. М. 列多夫斯基（А. М. Ледовский）著；陈春华,刘存宽等译. —北京:新华出版社,2001. —402 页【索书号:2001\D829.512\29】

32) 列伊特涅尔 М.（Лейтнер, М.）

原文论著

1. ВКП(б), Коминтерн и Китай: документы. Т. 5, ВКП(б), Коминтерн и КПК в период антияпонской войны, 1937-май 1943/редкол. : ... М. Лейтнер（рук. работы）［и др. ］. М. : РОССПЭН, 2007. 751 с【索书号:3С-2009\D351.27\1】

2. ВКП (б), Коминтерн и национально-революционное движение в Китае: Документы. Т. 2. 1926-1927: В 2-х ч. Ч. 2/Редкол. : М. Л. Титаренко, М. Лёйтнер（руководители работы）［и др. ］; Рос. центр хранения и изучения док. новейшей истории［и др. ］. М. : АО "Буклет", 1996. II-XVII, 527-1011 с.【索书号:3С-2006\D351.27\3】

3. ВКП (б), Коминтерн и национально-революционное движение в Китае: Документы. Т. 2. 1926-1927: В 2-х ч. Ч. 1/Редкол. : М. Л. Титаренко, М. Лёйтнер（руководители работы）［и др. ］; Рос. центр хранения и изучения док. новейшей истории［и др. ］. М. : АО "Буклет", 1996. II-XVI, 524 с.【索书号:3С-2006\D351.27\2】

33) 卢齐亚宁 С. Г.（Лузянин, С. Г., 1956— ）

卢齐亚宁 С. Г.（Лузянин, Сергей Геннадьевич, 1956. 7. 23— ），东方学家。1956 年出生于伊尔库茨克州。1977 年毕业于伊尔库茨克国立师范学院。1984 年,在俄罗斯科学院东方所以《1911—1919 年间俄蒙关系中的中国》论文获历史学副博士。1997 年获历史学博士学位,学位论文《俄罗斯—蒙古—中国(1911—1946)》。1992 年晋升为副教授。俄罗斯科学院远东所"俄罗斯—中国"中心副所长(1999—2001)。著有《世界政治中的中国》(莫斯科,2001)等论著 100 余部。

原文论著

1. Россия и Китай в Евразии: международно-региональные измерения российско-китайского партнерства/С. Г. Лузянин. Москва: Форум, 2009. 287 с. 【索书号:3С-2010\D822.351.2\2】

2. Восточная политика Владимира Путина: возвращение России на "Большой Восток" (2004-2008 гг.)/С. Г. Лузянин. М. : АСТ: Восток-Запад, 2007. 446, [1] с.【索书号:3-2008\D851.20\4】

3. Россия-Монголия-Китай в первой половине XX века: Политические взаимоотношения в 1911-1946 гг. /С. Г. Лузянин. М. : ОГНИ, 2003. 319 с. 【索书号:3-2004\D851.29\11】

4. Россия-Монголия-Китай в первой половине XX в. : Политические взаимоотношения в 1911-1946 гг. /С. Г. Лузянин; Рос. акад. наук. Ин-т Дал. Востока. М. : ИДВ РАН,2000. 268 с.【索书号：3-2001\D851.29\Л838】

34) 卢金 A. B. (Лукин, А. В., 1961—)

卢金 A. B. (Лукин, Александр Владимирович, 1961. 10. 13—),政治理论家。1961年出生于莫斯科。1984年毕业于莫斯科国际关系学院,1999年获政治学副博士学位。2006年获博士学位。曾来北京大学进修(1984—1985)、在俄驻华使馆任职(1986—1988),后入东方学研究所,当选过莫斯科市人民代表。著有《中国形象在俄国的演变及俄中关系(18—20世纪)》(2006)、《中国在俄国形象的演变以及俄中关系(1985—1991)》(2005)等论著50余部。

原文论著

1. Медведь наблюдает за драконом: образ Китая в России в XVII-XXI веках/А. В. Лукин. М. : АСТ: Восток-Запад, 2007. 598 с.【索书号：3С-2008\D829.512\1】

2. Три путешествия по Китаю/А. Д. Дикарев, А. В. Лукин. М. : Молодая гвардия, 1989. 238 с.【索书号：3-89\K928.9\Д451】

中文译著

俄国熊看中国龙[专著]：17—20世纪中国在俄罗斯的形象(简缩本)/(俄)亚·弗·卢金著；刘卓星[等]译. —重庆：重庆出版社,2007. —23,354页【索书号：2008\D822\15】

35) 玛加拉姆 Э. Е. (Магарам, Э. Е.)

原文论著

1. Современный Китай / Э. Е. Магарам. Берлин: Гутнов, 1923. 66 с.【索书号：3\D693.1\M123】

2. Желтый лик: литературно-художественный альманах, посвященный Китаю: (с иллюстрациями) / редактор-издатель Э. Е. Магарам. Шанхай: [б. и.], 1921. 82 с. : ил. ; 24 см.【索书号：B59-138\】

3. Горный, Сергей. . Янтарный Кипр / С. Горный. Берлин: Мысль, 1922. 64 с. ; 14 см.【索书号：3-91\I512.453\Г699-3】

4. Дальний Восток: Литературно-художественный альманах, посвященный Китаю / Ред. Э. Е. Магарам. Шанхай: Изд. Рус. благотворительного о-ва в Шанхае, 1920. . 92 с. .【索书号：3\C-52\Л156】

36) 马列维奇 И. А. (Малевич, И. А.)

马列维奇 И. А. ,著名作家、政论家、世界知名学者。长期在中国和韩国任外交官。互联网上出现频率较高的作者。著有《关注中国》等论著。

原文论著

1. Азиатский треугольник драконов/Игорь Малевич. М.: ACT；Минск：Харвест，2006. 637 с.【索书号：3C-2008\D6\2】

2. Внимание，Китай/И. А. Малевич. Минск：Харвест；М.：ACT，2001. 317，[1] с【索书号：3C-2005\D6\6】

3. Внимание，Китай/И. А. Малевич. Минск：Харвест，2000. 174 с.【索书号：3-2001\D6\M184】

37) 玛玛耶娃 Н. Л. (Мамаева，Н. Л. ，1945—)

玛玛耶娃 Н. Л. (Мамаева，Наталья Леонидовна，1945.10.26—)，历史学博士。1945 年出生于布列斯特州。1968 年毕业于莫斯科大学历史系。1986—1987 年在辽宁大学(中国，沈阳)、1990—1991 年在人民大学(中国，北京)进修。1977 年获历史学副博士学位，1993 年获历史学博士学位，学位论文《1923—1927 年间中国民族革命运动中的国民党》。1968 年起在俄罗斯科学院远东所任职。俄罗斯科学院远东研究所中国政策研究中心副主任。主要研究方向：近现代中国历史和历史学、中国的政治体系。发表论著 100 余部(篇)。

原文论著

1. Образ Китая в современной России：некоторые проблемы китайской истории и современной политики КНР в исследованиях российскихи зарубежных ученых / Российская акад. наук，Ин-т Дальнего Востока；[сост. А. Л. Верченко，Н. Л. Мамаева]. Москва：Русская панорама，2007. 335 с.【索书号：3C-2009\D829.512\1】

2. Партия и власть：Компартия Китая и проблема реформы политической системы/Н. Л. Мамаева. М.：Русская панорама，2007. 230 с.【索书号：3-2008\D2\1】

3. Гоминьдан в национально-революционном движении Китая：(1923-1927)/Н. Л. Мамаева. М.：Наука，1991. 208 с.【索书号：3-96\K26\M22】

38) 米夫 П. А. (Миф，П. А. ，1901—1938)

米夫 П. А. (Миф，Павел Александрович，1901.8.3—1938.7.28)，主要从事中国新民主主义革命史研究。1901 年出生于俄国赫尔松省的一个职员家庭。1918 年志愿参加红军，赴察里津前线。1921 年毕业于斯拉维尔德洛夫共产主义大学。1922—1923 年在斯维尔德洛夫共产主义大学任教。1926 年任中国劳动者共产主义大学副校长，1927—1929 年任校长。1928—1937 年在红色教授学院任教，同时在苏联科学院世界经济和世界政治研究所任研究人员。1929 年起为中国学研究所所长，1930—

政　治

1935年在苏联中国学的机关刊物《中国问题》任责编。1937年起任民族殖民地问题研究所所长。1928—1937年在共产国际执行委员会工作，1928—1935年任共产国际东方部书记处副主任，1935年起任共产国际执委会总书记季米特洛夫的政治助手。著有《中国革命》（1932）等论著 50余部。

原文论著

1. 15 лет героической борьбы: К 15-летию коммунистической партии Китая: （Июль 1921 г. -июль 1936 г. ）/П. Миф. Ann Arbor: UMI. A Bell & Howell Company, 2001. 118 с.【索书号:3-2002\D231\M68】

2. Китайская революция/П. Миф. М. : Партиздат, 1932. 322 с.【索书号:3-87\K262\M68】

中文译著

1. 米夫关于中国革命言论［专著］/(俄)米夫(П. А. Миф)著；王福曾等译. —北京：人民出版社，1986. —593 页【索书号:87\D231\31】

2. 中国共产党英勇奋斗的十五年［新善本］/米夫著. 1936 年。【索书号:sc02761\D23】

39）莫伊谢耶夫 В. А.（Моисеев, В. А.,1948—2007）

莫伊谢耶夫 В. А.（Моисеев, Владимир Анисимович, 1948.3.25—2007），1973年毕业于哈萨克斯坦国立大学，后在苏联科学院东方研究所进修并完成研究生学业。1978年获历史学副博士学位。1991年，完成博士学位。从1986年起在哈萨克斯坦科学院历史所工作。从1993年起，在阿尔泰国立大学任教。2000年起为东方学教研室主任。著有《在中亚的俄罗斯与中国》（2003）等论著100余部。

原文论著

1. Актуальные проблемы Центральной Азии и Китая: история и современность: сборник научных статей памяти Б. П. Гуревича/Алтайскийгос. ун-т, Kаф. востоковедения, Алтайский центр востоковедных исслед. ; ［отв. ред. В. А. Моисеев］. Барнаул: Азбука, 2006. 468, ［1］ с.【索书号:3C-2009\D829\2】

2. Россия и Китай в Центральной Азии (Вторая половина XIX в.-1917 г.)/В. А. Моисеев. Барнаул: АзБука, 2003. 345, ［1］ с.【索书号:3C-2007\D829.512\2】

3. Россия и международные отношения в Центральной Азии (региональный аспект): Сб. науч. ст./Алт. гос. ун-т. Ист. фак., Алт. центрвостоковед. исслед. ; ［Отв. ред. В. А. Моисеев］. Барнаул: Изд-во Алт. гос. ун-та, 2001. 195 с.【索书号:3 2004\D851.29\1】

4. Джунгарское ханстве и казахи: XVII-XVIII вв./В. А. Моисеев. Алма-Ата: Гылым, 1991.. 236 с.【索书号:3-93\K303\M748】

5. С позиций социального прогресса/В. А. Моисеев. М. : Мысль, 1988. 122 с.

197

【索书号:3-89\G219.512\M748】

6. Цинская империя и народы Саяно-Алтая в XVIII в./В. А. Моисеев. М.: Наука, 1983. 147 с.【索书号:3\K249\M748】

7. Манящие зори: Записки натуралиста/В. А. Моисеев. Ташкент: Узбекистан, 1980. 110 с.【索书号:3\S866\M748】

40) 奥斯特洛夫斯基 А. В.（Островский，А. В.，1949—　）

奥斯特洛夫斯基 А. В.（Островский, Андрей Владимирович, 1949.12.19—　），博士、汉学史专家、翻译。1972 年毕业于莫斯科大学亚非国家研究所。1975 年苏联远东研究所研究生毕业，毕业论文为《世界经济与国际经济关系》。曾在中国人民大学进修（1984—1985）。2003年起，任远东研究所副主任。俄罗斯科学院、俄罗斯汉学协会成员。著有《向市场转型的中国模式》（2007）等论著 150 余部。

原文论著

1. Китайская модель перехода к рыночной экономике/А. В. Островский. Москва: Ин-т Дальнего Востока РАН, 2007. 205, [2] с.【索书号:3C-2009\F123.9\1】

2. Социальные процессы в КНР/Ин-т Дальнего Востока РАН; [сост. А. В. Островский, Е. Н. Румянцев]. М.: ИДВ, 2006. 100 с.【索书号:3C-2008\D6\1】

3. Люди и идеи: [К 50-летию ИДВ РАН]/Российская акад. наук, Ин-т Дальнего Востока; отв. ред. А. В. Островский М.: Памятники ист. мысли, 2006. 382, [1]с.【索书号:3C-2008\K360.07\1】

4. КНР-ВТО. Итоги первых лет/[сост.: А. В. Островский, П. М. Кожин]; Ин-т Дальнего Востока (Москва) Центр научной информации и документации. Москва: Ин-т Дал. Востока РАН, 2005. 59 с.【索书号:3C-2009\F752.0\1】

5. Китайские оценки внешнеполитической стратегии Буша и китайско-американских отношений/Сост., авт. предисловия и рефератов В. И. Барашников; Отв. за выпуск: А. В. Островский, П. М. Кожин. М.: Ин-т Дальнего Востока РАН, 2005. 90 с.【索书号:3C-2007\D822.371.2\1】

6. Внешнеполитически и идеологические проблемы в странах Азиатско-Тихоокеанского региона/Отв. за вып. А. В. Островский, П. М. Кожин. М.: Ин-т Дальнего Востока РАН, 2004. 96 с.【索书号:3C-2007\D801\1】

7. Перечень законов и постановлений Китайской Народной Республики за 2002 год/Отв. за выпуск А. В. Островский, П. М. Кожин. М.: Ин-т Дальнего Востока РАН, 2004. 102 с.【索书号:3C-2007\D920.9\1】

8. Новое законодательство Китайской Народной Республики/Отв. за выпуск: А. В. Островский, П. М. Кожин; Пер. Л. М. Гудошников и др. М.: Институт Дальнего Востока РАН, 2004. 75 с.【索书号:3C-2007\D920.9\2】

9. Иностранные инвестиции в КНР: проблема и современная ситуация/[Ответственные за выпуск: А. В. Островский, П. М. Кожин]. М.: Институт Дальнего

Востока РАН, 2004. 79 с. 【索书号：3C-2005\F832.6\1】

10. Формирование рынка рабочей силы в КНР/А. В. Островский. М. : Ин-т Дальнего Востока РАН, 2003. . М. : Ин-т Дальнего Востока РАН, 2003. 455 с. 【索书号：3-2004\F249.21\1】

11. Пути реформ и их перспективы в Китае и России: (По материалам международной конференции "Сравнительное исследование китайских и российских реформ", Цзинаньский университет (г. Гуанчжоу), ноябрь 2002 г./[Ответственные за выпуск: А. В. Островский, П. М. Кожин]. М. : Институт Дальнего Востока РАН, 2003. 61 с. 【索书号：3C-2006\F121-532\1】

12. XVI Всекитайский съезд КПК: приход к власти четвертого поколения руководителей/[Сост. А. В. Островский и др.]. М. : Ин-т Дальнего Востока РАН, 2003. 128 с. 【索书号：3C-2005\D220\1】

13. Новое законодательство Китайской Народной Республики/Отв. за вып. А. В. Островский, П. М. Кожин. М. : Институт Дальнего Востока РАН, 2002. 131 с. 【索书号：3C-2006\D920.9\1】

14. Социально-политические и идеологические процессы в КНР накануне XVI съезда КПК/Отв. за выпуск: А. В. Островский, П. М. Кожин. М. : Ин-т Дальнего Востока РАН, 2002. 72 с. 【索书号：3C-2005\D220\3】

15. Перечень Законов и постановлений Китайской Народной Республики (2000-2001 гг.)/Рос. акад. наук. Ин-т Дальнего Востока. Центрнауч. информ. и документации; Отв. за выпуск: А. В. Островский, П. М. Кожин. М. : Ин-т Дальнего Востока РАН, 2002. 107 л. 【索书号：3C-2005\D920.99\1】

16. Современный Тайвань: Справочно-аналитические материалы. Вып. 3 (12)/Отв. за выпуск А. В. Островский, П. М. Кожин. М. : Рос. Акад. наук ин-т Дальнего Востока, 2001. 109 с. 【索书号：3C-2007\D675.8\1】

17. Новое законодательство Китайской Народной Республики/Отв. за выпуск А. В. Островский, П. М. Кожин. М. : Ин-т Дальнего Востока РАН, 2001. 91 с. 【索书号：3C-2005\D922.28\2】

18. Проблемы, состояние и перспективы российско-китайского сотрудничества: (Материалы II междунар. конф. по региональному сотрудничеству и развитию)/Отв. за вып. А. В. Островский, П. М. Кожин. М. : Ин-т Дальнего Востока РАН, 2003. 96 с. 【索书号：3C-2005\F125.551.2-532\1】

19. Иностранные инвестиции в КНР: проблема и современная ситуация/[Ответственные за выпуск: А. В. Островский, П. М. Кожин]. М. : Институт Дальнего Востока РАН, 2004. 79 с. 【索书号：3C-2005\F832.6\1】

20. Перечень законов и административно-правовых актов КНР за 1999 год. Островский, А. В. и П. М. Кожин, ред. М. Институт Дальнего Востока РАН 2001. 80 с. 初订

21. Северо-Восток КНР в системе экономического развития Северо-Восточной Азии: Материалы 9-й международной конференции "Мир и развитие в регионе Северо-Восточной

Азии" Институт Северо-Восточной Азии Цзилиньского университета. Чанчунь, 2000/Сост. сборника и авт. предисл. : А. В. Островский. М. : Ин-т Дальнего Востока РАН, 2001. 125 с. 【索书号:3-2003\F131-532\1】

22. Тайвань накануне XXI века/А. В. Островский. М. : Издат. фирма "Вост. лит." РАН, 1999. 220 с. 【索书号:3-2001\K295.8\O-777】

23. Опыт рыночных преобразований в Китае/Отв. редакторы: А. В. Островский, В. Я. Портяков. М. : Институт Дальнего Востока РАН, 1996. 171 с. 【索书号:3C-2006\F121\5】

24. Рассказы о спортсменах/Сост. А. В. Островский. М. : ДОСААФ, 1982. 190 с. 【索书号:3\G815.12\P244】

41) 罗加乔夫 И. А. (Рогачёв, И. А., 1932—2012)

罗加乔夫 И. А. (Рогачёв, Игорь Алексеевич, 1932.3.1—2012.4.7), 罗加乔夫 А. П. 之子。1932年出生于莫斯科。1955年毕业于莫斯科国际关系学院。1958年起长期从事外交工作,曾任苏联驻华大使(1958—1961,1969—1972),苏联驻美大使(1961—1965)。1965年获历史学副博士学位,主要著作:《论美中关系》(1977)、《美帝国主义对越南的侵略》(1986)等论著80余部。苏联勋章和奖章获得者。

原文论著

Российско-китайские отношения в конце XX-начале XXI века/И. А. Рогачев. М. : Известия, 2005. 277 с. 【索书号:3C-2006\D822.351.2\10】

42) 鲁缅采夫 E. H. (Румянцев, Е. Н.)
原文论著

1. Китайские исследователи-американисты об особенностях современной фазы развития отношений между Китаем и США/[отв. ред. Е. Н. Румянцев, П. М. Кожин]. Москва: Ин-т Дальнего Востока РАН, 2008. 88 с. 【索书号:3C-2009\D822.371.2\1】

2. Китай: актуальные проблемы внешней политики в освещении политологов КНР, Тайваня и Сингапура/[сост. Е. Н. Румянцев]. Москва: ИДВ РАН, 2007. 88 с. 【索书号:3C-2009\D820\1】

3. КНР: итоги социально-экономического развития в 2006 году и перспективы 2007 года: (материалы 5-й сессии ВСНП 10-го созыва, Пекин, 5-16 марта 2007 года)/[сост. : П. М. Кожин, Е. Н. Румянцев]. Москва: ИДВ РАН, 2007. 88 с. 【索书号:3C-2009\F12-532\1】

4. Китай-Россия: отголоски прошлых противоречий/[отв. редакторы: Е. Н. Румянцев, П. М. Кожин]. М. : Ин-т Дальнего Востока РАН, 2006. 112 с. ; 20 с. 【索书号:3C-2008\D823\2】

5. География национальной безопасности Китая/[отв. ред. Е. Н. Румянцев, П. М. Кожин]. М. : Институт Дальнего Востока РАН, 2007. 112 с. 【索书号:3C-2009\D6\1】

6. Китай: внутриполитические и социальные проблемы/[отв. ред.: Е. Н. Румянцев, П. М. Кожин]. Москва: Институт Дальнего Востока РАН, 2006. 96 с. 【索书号:3C-2009\D6\4】

7. Китай: проблемы внешней и военной политики/[отв. ред.: Е. Н. Румянцев, П. М. Кожин]. М.: Ин-т Дальнего Востока РАН, 2006. 85 с. 【索书号:3C-2009\E201\1】

8. КНР: государственные и партийные органы провинциального уровня: биографии руководителей/Ин-т Дал. Востока РАН; [отв. ред. Е. Н. Румянцев, П. М. Кожин]. М.: Ин-т Дал. Востока РАН, 2006. 101 с. 【索书号:3C-2009\K827\1】

9. Китайские аналитики о новых моментах в развитии китайско-американских отношений/[отв. редакторы: Е. Н. Румянцев, П. М. Кожин]. М.: ИДВ РАН, 2006.. 81 с. 【索书号:3C-2008\D822.371.2\1】

10. Военная мощь КНР: (доклад Министерства обороны США)/[отв. ред.: Е. Н. Румянцев, П. М. Кожин]. Москва: Институт Дальнего Востока РАН, 2005. 75 с. 【索书号:3C-2009\E25\1】

11. Военно-политические проблемы и вооруженные силы Китая/[Сос. Е. Н. Румянцев]. М.: Институт Дальнего Востока РАН, 2004. 96 с. 【索书号:3C-2005\E2\1】

12. Острые проблемы китайской политики/Е. Н. Румянцев. М.: Русина-Пресс, 2003. 158 с. 【索书号:3-2003\D60\1】

13. Военная политика и военное строительство в Китае: современные проблемы/Сост. авт. предисл., переводчик и референт Е. Н. Румянцев. М.: Ин-т Дал. Вост. РАН, 2002. 83 с. 【索书号:3-2004\E2\1】

14. Китай, каким я его знаю/Лю Сумэй, Румянцев, Е. Н. М.: ЮПАПС, 1999. 142 с. 【索书号:3-2000\D6\Л93】

43) 萨波日尼科夫 Б. Г. (Сапожников, Б. Г., 1907—1986)

萨波日尼科夫 Б. Г. (Сапожников, Борис Григорьевич, 1907.12.12—1986.10.19),1935年毕业于军事政治科学院东方系。1941年毕业于伏龙芝军事科学院。1943年获历史学副博士学位。1960年获历史学博士学位,学位论文《中国的第二次国内革命战争(1927—1937)》。1939—1940年在军事政治科学院任教。1958—1986年在苏联科学院东方所任职。专事中国近代史与远东的关系研究,发表论著200余部。主要有《1924—1917年间中国第一次国内战争》(莫斯科,1954)、《日中战争与日本在中国的殖民政策(1937—1941)》(莫斯科,1970)、《战火中的中国(1931—1950)》(莫斯科,1977)等。苏联勋章和奖章获得者。

原文论著

1. Народно-освободительная война в Китае (1946-1950 гг.)/Б. Г. Сапожников. М.: Воениздат, 1984. 158 с. 【索书号:3-85\K266.6\C195】

2. Китай в огне войны. (1931-1950)/Б. Г. Сапожников. М.: Наука, 1977. 350 с.【索书号:3\K26\C195】

3. Китайский фронт во второй мировой войне/Б. Г. Сапожников. М.: Наука, 1971. 229 с.【索书号:3-2000\K265\C195】

4. Китайский фронт во второй мировой войне/Б. Г. Сапожников. М.: Наука, 1971. 230 с.【索书号:T61-5\48】

5. Краткие сообщения Института народов Азии. 60, Турция/[ред. коллегия: Б. Г. Сапожников (отв. ред.) идр.]. М.: Изд. вост. лит., 1962. 135 с.【索书号:A24-1\22】

6. Краткие сообщения Института народов Азии. [No] 52/[ред. коллегия: Б. Г. Сапожников (отв. ред.) идр.]. М.: Изд. вост. лит., 1962. 103 с.【索书号:A6-1\54】

7. Борьба народов Азии за мир. (1945-1961)/[ред. коллегия: ... Б. Г. Сапожников (отв. ред.) и др.]. М.: Изд-во вост. лит., 1962. 244 с.【索书号:C3-7\42】

8. Краткие сообщения Института народов Азии: [сборник статей. 49, Сборник по экономике КНР/ред. коллегия: Б. Г. Сапожников (отв. ред.) идр.]. М.: Изд. вост. лит., 1961. 124 с.【索书号:Б91-1\12】

9. Первая гражданекая революционная война в Китае 1924-1927 гг.: военно-исторический очерк/Б. Г. Сапожников. М.: Госполитиздат, 1954. 98 с. 【索书号:\9(51)\C19】

44) 谢明 A. B. (Семин, А. В., 1936—)

谢明 A. B. (Семин, Анатолий Васильевич, 1936.4.26—),俄罗斯科学院远东研究所资深研究员。1936年出生于普斯科夫州。1964年毕业于莫斯科巴乌曼获高等技术学校。1994年获政治学副博士学位。出版论著130余部。

原文论著

1. Японо-китайские отношения: состояние, проблемы и тенденции (конец XX-начало XXI века)/А. В. Семин. Москва: Ин-т Дальнего Востока РАН, 2008. 280, [1] с. 【索书号:3C-2010\D831.32\1】

2. Внешнеполитические ориентиры Японии и Китай: (90-е гг.)/А. В. Семин. М.: Ин-т Дальнего Востока РАН, 2001.. 176 с.【索书号:3-2002\D831.30\C306】

3. Эволюция и проблемы японо-китайских отношений (1972-1992 гг.)/А. В. Семин. М.: Институт Дальнего Востока РАН, 1995.. 117 с. 【索书号:3C-2005\D822.331.3\1】

45) 西季赫麦诺夫 В. Я. (Сидихменов, В. Я., 1912—)

西季赫麦诺夫 В. Я. (Сидихменов, Василий Яковлевич, 1912—), 1912年出生于哈巴罗夫斯克的一个工人家庭。1935年毕业于远东大学东方系。1961年以《中国的社会主义变革》通过副博士答辩,后在苏联科学院东方研究所任职。其成名作为《中国的满洲政权》,著有论著、论文100余部(篇)。

原文论著

1. Китай: страницы прошлого/В. Я. Сидихменов. Смоленск: Русич, 2003. 460, [2] с. 【索书号:3С-2006\K249\3】

2. Китай: страницы прошлого/В. Я. Сидихменов. Смоленск: Русич, 2000. 460 с. 【索书号:3-2001\K249\C347】

3. Эволюция представлений о социализма в КНР (1953-1994)/В. Я. Сидихменов. М.: Ин-т Дальнего Востока РАН, 1996. 165 с. 【索书号:3-98\D61\C347】

4. Китай: страницы прошлого/В. Я. Сидихменов. М.: Наука, 1987. 446 с. 【索书号:3-88\K892\C347=3】

5. Маньчжурские правители Китая/В. Я. Сидихменов. М.: Наука, 1985.. 299 с. 【索书号:3-86\K249\C347】

6. Китай: страницы прошлого/В. Я. Сидихменов. М.: Наука, 1978.. 382 с. 【索书号:3\K892\C347=2】

7. Китай: страницы прошлого/В. Я. Сидихменов. М.: Наука, 1974. 278с. 【索书号:3\K892\C347】

8. Великая победа/В. Я. Сидихменов. М.: Госполидиздат, 1959. 112 с. 【索书号:Б65-2\31】

46) 西莫尼亚 Н. А. (Симония, Н. А., 1932—)

西莫尼亚 Н. А. (Симония, Нодари Александрович, 1932.1.30—),教授,俄罗斯科学院院士。1932年出生于第比利斯。1955年毕业于苏联外交部国际关系学院。1959年获经济学副博士学位,学位论文《中国人在东南亚经济生活中的作用》。1974年获历史学博士学位。1980年晋升为教授。1990年起为苏联科学院通讯院士。1997年起为俄罗斯科学院院士。1958—1988年间在苏联科学院东方学所任职。1988年起任俄罗斯科学院世界经济与国际关系研究所副主任,2000—2006年间任主任。从2007年起为俄罗斯科学院顾问。

主要研究方向:苏联与第三世界、中世纪到现在的俄罗斯政治历史、现代俄罗斯社会经济发展。著有《21世纪初期的俄罗斯与世界》(2007)、《东方国家的发展道路》(1975)等论著150余部。

原文论著

1. Россия и мир в начале XXI века: новые вызовы и новые возможности:/ [Марцинкевич В. И. и др.]; [отв. ред.: Н. А. Симония, А. И. Семенов, Г. Ю. Ознобищева]. Москва: Наука, 2007. 291 с. 【索书号:3С-2008\D851.22\1】

2. Ежегодник СИПРИ, 2005 = Sipri yearbook, 2005: Вооружения, разоружение и

междунар. безопасность/Редкол. : Н. А. Симония и др. ; Пер. с англ. : В. И. Владимиров и др. М. : Наука, 2006. 909 с. 【索书号：3-2007\D815.1-54\1】

3. Ежегодник СИПРИ, 2004 = Sipri yearbook, 2004：Вооружения, разоружение и междунар. безопасность/Редкол. : Н. А. Симония и др. ; Пер. с англ. : В. И. Владимиров и др. М. : Наука, 2005. 969 с. 【索书号：3-2006\D815.1-54\1】

4. Энциклопедия стран мира/Рос. акад. наук, Отд-ние обществ. наук, Науч.-произв. об-ние "Экономика"; Гл. ред. Симония Н. А. М. : Экономика, 2004. 1319 с. 【索书号：3G-2007\K91-61\1】

5. Ежегодник СИПРИ, 2002：Вооружения, разоружение и междунар. безопасность/Редкол. : Н. А. Симония и др. ; Пер. с англ. В. И. Владимирова и др. М. : Наука, 2003. 931 с. 【索书号：3-2005\D815.1-54\1】

6. Город в формационном развитии стран Востока/Отв. ред. Н. А. Симония. М. : Наука, 1990. 509 с. 【索书号：3-91\C912.81\Г701-2】

7. Страны Востока: пути развития/Н. А. Симония. М. : Наука, 1975. 384 с. 【索书号：3\D73\C375】

8. Об особенностях национально-освободительных революций/Н. А. Симония. М. : Наука, 1968. 90 с. 【索书号：Т54-6\80】

9. Остров большой реки/Н. А. Симония. М. : Изд. вост. лит. , 1962. 158 с. 【索书号：Б67-3\15】

10. Чунцин/Чжао Тин-цзянь; сокр. пер. с китайского Н. А. Симония; под ред. Е. А. Афанасьевского. М. : Изд. иностр. лит. , 1960. 115 с. 【索书号：П36-3\2】

11. Население китайской национальности в странах Юго-Восточной Азии/Н. А. Симония. М. : Изд. ИМО, 1959. 172 с. . 【索书号：Д36-3\36】

47）斯米尔诺夫 Д. А. （Смирнов, Д. А. , 1952—   ）

斯米尔诺夫 Д. А. （Смирнов, Дмитрий Анатольевич, 1952.6.2—   ），1952年出生于莫斯科。1975年毕业于莫斯科大学亚非国家研究所。1986—1987年在山东大学（中国）进修，1990—1991年在北京大学（中国）留学，1998年在中国社会科学院工作。1985年获历史学副博士学位。1975年起，在俄罗斯科学院远东研究所攻读研究生，后留在该所工作。科研方向为中国现代化理论和中华人民共和国内部政策。发表《中国现代化的理论政策规划》(2005)等科研论著60余部（篇）。

原文论著

1. Идейно-политические аспекты модернизации КНР：от Мао Цзэдуна к Дэн Сяопину/Д. А. Смирнов. М. : Ин-т Дальнего Востока РАН, 2005. . 323 с. 【索书号：3C-2007\D61\1】

2. Экономические составляющие "комплексной государственной мощи" Китая/Рос. акад. наук. Ин-т Дальнего Востока. Центр науч. информ. и документации; Сост. сборника: Д. А. Смирнов, П. М. Кожин. М. : Ин-т Дальнего Востока

РАН, 2002.. 92 с. 【索书号:3C-2005\F12\2】

3. Проблемы "комплексной государственной мощи" и динамика устойчивого развития КНР/Сост. сборника: Д. А. Смирнов, П. М. Кожин. М.: Ин-т Дальнего Востока РАН, 2001. 80 с. 【索书号:3C-2006\F12\7】

4. Национальная оборона Китая в 2000 году: "Белая книга". Управление информации ГС КНР/Рос. акад. наук. Ин-т Дальнего Востока. Центр науч. информ. и документации; Отв. за выпуск: П. М. Кожин, Д. А. Смирнов. М.: Ин-т Дальнего Востока РАН, 2001. 60 с. 【索书号:3C-2005\E25\4/】

5. Итоги экономического и социального развития КНР в 1999 г. и планы на 2000 г.: Материалы 3-й сессии всекитайского собрания народных редставителей 9-го созыва/Отв. за вып.: Д. А. Смирнов, А. М. Круглов. М.: Ин-т Дальнего вост., 2000..85 с. 【索书号:3C-2006\F12-532\1】

6. Идеологический курс КПК на современном этапе проведения реформ/Сост. борника: Д. А. Смирнов и П. М. Кожин. М.: Ин-т Дальнего Востока РАН, 2000. 126 с. 【索书号:3-2003\D24\1】

7. Теория и практика экономических реформ в КНР/Ред. П. М. Кожин, Д. А. Смирнов. М.: Ин-т Дальнего Востока РАН, 2000.. 85 с. 初订

8. Россия и Китай: перспективы партнерства в АТР в XXI в.: Материалы III российско-китайской конференции "Россия-КНР: стратегическое партнерство в XXI веке", Пекин, октябрь 1998 г./Ред. П. М. Кожин, Д. А. Смирнов. М.: Ин-т Дальнего Востока РАН, 2000. 99 с. 初订

9. Звездный дождь: стихи/Д. А. Смирнов. М.: Сов. писатель, 1959. 84 с. 【索书号:П40-2\76】

48) 斯捷潘诺夫 Е. Д. (Степанов, Е. Д., 1931—2008)

斯捷潘诺夫 Е. Д. (Степанов, Евгений Дмитриевич, 1931.8.1—2008.12.17),历史学博士、俄罗斯科学院远东研究所资深研究员。1931年出生于下新城。1955年毕业于莫斯科大学东方系。1975年获历史学副博士学位,1988年获历史学博士学位。1957—1958年间在哲学所任职,从1970年起先后在俄罗斯科学院中国学所、亚洲所、远东所任职。主要研究方向:国际关系史和中华人民共和国边防政策。著有《中国的海上扩张》(莫斯科,1980)、《中国的边境形成史》等论著近50部。

原文论著

1. Политика начинается с границы: некоторые вопросы пограничной политики КНР второй половины XX в./Е. Д. Степанов. Москва: Ин-т Дальнего Востока РАН, 2007. 243 с. 【索书号:3C-2008\D829.13\1】

2. Китай на морских рубежах/М. Институт Дальнего Востока РАН 1994. 197 с. 初订

3. Экспансия Китая на море/Е. Д. Степанов. М.: Междунар. отношения,

1980. 156 c.【索书号：3\D820\C794】

4. ФРГ и Китай：(К истории отношений. 1949-1974 годы)/А. И. Степанов. М.：Междунар. отношения，1974. 208 c.【索书号：3\D851.82\C794】

49）瑟罗耶日金 К. Л.（Сыроежкин，К. Л.，1956— ）

瑟罗耶日金 К. Л（Сыроежкин，Константин Львович，1956.6.19— ），东方学家、政治学博士。1956 年出生于阿拉木图。1981 年毕业于莫斯科大学亚非研究所。以《中国各民族间的关系：理论与实践（50—80 年代）》获政治学博士学位（1995）。

原文论著

1. Регламентация межэтнических отношении В КНР Теория и практика（50-е-80-е году）М. Панорама. Информационно-экспертная группа 1997. 238 c.【索书号：3C-2009\D6\2】

2. Китай：военная безопасность/ Сыроежкин，Константин Львович. Казахстанский институт стратегических исследований 2008. 初订

3. Политическая роль рабочего класса в КНР Проблемы становления（1949-1957 гг.）Almaty Ghylym 1992. 224 c.. 初订

50）图日林 А. В.（Тужилин，А. В.）

原文论著

1. Современный Китай. Т. 1/А. В. Тужилин. СПб：Тип. Императорского Училища глухонемых（М. Аленевой），1910. 430 с.【索书号：T43-2\28】

2. Современный Китай/А. В. Тужилин. Спб.：Тип. Императорского училища глухонемых（М. Аленевой），1910. 341 с.【索书号：3-91\K20\T816\:2】

3. Китай：Очерки из современной жизни Китая. 1. Фуцзяньский совещательный комитет/А. В. Тужилин. Харбин：Тип. газ. "Юань-дунь-бао"，1910. 53 с.【索书号：3\D693\T816】

51）乌索夫 В. Н.（Усов，В. Н.，1943— ）

乌索夫 В. Н.（Усов，Виктор Николаевич，1943.1.5— ），俄罗斯著名汉学家，历史学博士，高级研究员。1943 年出生于莫斯科。1967 年毕业于莫斯科大学，先后在北京外国语学院（1966，1986）、新加坡国立大学（1975）、中国人民大学（1989）进修。1974 年获历史学副博士学位，1998 年以《中国在 60 年代末期：探索发展之路（1960—1966）》通过博士论文答辩，获历史学博士学位。现为俄罗斯科学院远东研究所当代中国历史研究中心主任、高级研究员。著有《中国共产党历史》两卷集（1987）、《苏联间谍在中国（20 世纪 20 年代）》（2002）、《邓小平和他的时代》（2009）等论著近 200 部。

原文论著

1. Советская разведка в Китае, 30-е годы XX века/В. Н. Усов. М. : Т-во науч. изд. КМК, 2007. 453, [31] с.【索书号：3C-2008\D829.512\3】

2. Жены и наложницы Поднебесной/В. Н. Усов. М. : Наталис: Рипол классик, 2006. 479 с.【索书号：3C-2008\D669.1\1】

3. История КНР: Учебник: В 2-х т. Т. 1. 1949-1965 гг. /В. Н. Усов. . М. : АСТ: Восток-Запад, 2006. 812 с.【索书号：3C-2006\K27-43\1】

4. История КНР: Учебник: В 2-х т. Т. 2. 1966-2004 гг. /В. Н. Усов. М. : АСТ: Восток-Запад, 2006. 718 с.【索书号：3C-2006\K27-43\2】

5. Китайский Берия Кан Шэн: [На службе "великого дела"]/Виктор Услов. М. : ОЛМА-Пресс: Крас. пролетарий, 2004. 477, [2] с.【索书号：3C-2006\D65\1】

6. КНР: от "культурной революции" к реформам и открытости (1976-1984 гг.)/ В. Н. Усов. Москва: Институт Дальнего Востока РАН, 2003. 189 с. 【索书号：3-2003\K27\1】

7. Советская разведка в Китае: 20-е годы XX века/Виктор Усов. М. : ОЛМА-ПРЕСС, 2002. 381 с.【索书号：3-2003\D751.29\12】

中文译著

20世纪20年代苏联情报机关在中国［专著］/（俄）维克托·乌索夫著；赖铭传重译；焦广田，冯炜初译. —北京：解放军出版社，2007. —307页
【索书号：2008\D751.23\1】

52）霍多罗夫 А. Е.（Ходоров, А. Е.，1886—1949）

霍多罗夫 А. Е.（Ходоров, Абрам Евсеевич，1886.5.1—1949.8.12），苏联中国学家。1886年出生于敖德萨。1912年毕业于新罗西斯克大学（敖德萨）法律系。1947年获历史学副博士学位，1949年晋升为副教授。1919—1922年间在中国工作。从1923年起在莫斯科东方研究所任教。苏共中央东方协会成员。出版论著70余部。

原文论著

1. Китай и Марокко в борьбе с мировым империализмом/А. Е. Ходоров, П. В. Китай городский; Предисл. А. А. Иоффе. Ann Arbor: UMI. A Bell & Howell Company, 2001. 87 с.【索书号：3-2002\K25\X694】

2. Мировой империализм и Китай: (Опыт политико-экономического исследования)/ А. Е. Ходоров. Шанхай: Шанхайская жизнь, 1922. 448 с.【索书号：3\K25\X694】

53）沙巴林 В. И.（Шабалин, В. И.，1931— ）

沙巴林 В. И.（Шабалин, Вадим Иванович，1931— ），苏联和俄罗斯著名的驻外大使。经济学博士，俄罗斯科学院远东研究所资深研究员。1954年毕业于莫斯科大学，1957—1959年在北京大学和中国人民大学进

修。1961 年获经济学副博士学位,1976 年获经济学博士学位。1960—1961 年在莫斯科大学任教。1960—1967 年在苏联驻中国大使馆工作。著有一系列研究中国经济和国际关系的论著和文章。出版论著 60 余部。

原文论著

1. Аграрная проблема Китая: (конец XX-начало XXI века)/[отв. ред. В. И. Шабалин]. Москва: ИДВ РАН. 2009. 303 с.【索书号:3C-2010\F32\1】

2. О времени и о себе/В. И. Шабалин. Котельнич, [б. и.], 2008. 615 с.【索书号:3-2009\K835.127\30】

3. Россия и Китай: Сотрудничество в условиях глобализации /Рос. акад. наук, Ин-т Дальнего Востока; [Отв. ред. В. И. Шабалин]. М.: Ин-т дальнего Востока РАН, 2005. 398, [1] с【索书号:3C-2006\D822\1】

4. Российско-китайские отношения: Состояние, перспективы /Рос. акад. наук, Ин-т Дал. Востока; [Отв. ред. В. И. Шабалин]. М.: Ин-т Дал. Востока РАН, 2005. 409, [2] с.【索书号:3C-2006\D822.351.2\11】

54) 爱伦堡 Г. Б. (Эренбург, Г. Б., 1902—1967)

爱伦堡 Г. Б. (Эренбург, Георгий Борисович, 1902.11.24—1967.9.28), 1902 出生于伊尔库茨克。1927 年毕业于莫斯科东方学研究所。1945 年获历史学副博士学位,学位论文《第一次和第二次世界大战之间的中国革命运动》(1945)。1927—1932 年在孙中山大学、1932—1936 年在莫斯科东方学研究所任教。出版论著近 70 部。

原文论著

1. Советский Китай/Г. Эренбург. Ann Arbor: UMI. A Bell & Howell Company, 2001. 139 с.【索书号:3-2002\K26\Э763】

2. Очерки национально-освободительной борьбы Китайского народа в новейшее время/ Г. Б. Эренбург; под общ. ред. А. А. Губера. Москва: Учпедгиз, 1951. 238 с.【索书号:\32НД(51)\Э76】

3. Национально-освободительное движение в Китае после Великой-Октябрьской социалистической революции, 1918-1924 гг/Г. Эренбург. [Б. м.: б. и., б. г.]. 30 с.【索书号:И3-6\54】

4. Гражданская война и национально-освободительное движение в Китае в 1928-1936 годах/Г. Б. Эренбург. [Б. м.: б. и., б. г.]. 22 с.【索书号:И3-6\366】

5. Революция 1905-1907 годов в России и революционное движение в Китае/Г. Б. Эренбург. [Б. м.: б. и., б. г.]. 31 с..【索书号:И4-2\327】

(七) 艺术

1. 艺术类藏书综述

艺术类图书涵盖的范围很广。她可以广义地理解为绘画艺术、戏剧艺术、造型艺术等等的总和,也可以指一门单一艺术学科。在本《书目》中,收集到的仅有绘画艺术、舞台艺术、电影艺术以及对中国历代服饰研究的书著。对这一学科有研究的学者仅为 8 位,收集到的作品也仅有 30 余部(其中还包括 3 部中译本)。但俄罗斯学者对中国艺术的研究同样很精彩,其传播史、研究史同样源远流长。

1) 对中国绘画的研究

对中国画的收集,一直没有离开俄罗斯学者们的视野。早在 18 世纪,就有俄国宗教使团成员将中国的绘画带回国,从而引起了欧洲对中国绘画艺术的关注,但大都是停留在绘画作品交流本身上,真正将其写成专著的研究成果不是很多,专门从事中国绘画艺术研究的学者更是凤毛麟角。

1898 年,弗·列·科马罗夫(В. Л. Комаров,1869—1945)在圣彼得堡的俄国地理学会做报告时,展示了他在中国收集到的中国民间版画作品。之后,又有众多俄苏学者成为中国画的收集者和研究者,并取得了令人瞩目的成就。

苏联新汉学的奠基人阿列克谢耶夫院士对中国的研究是全方位的。对中国年画的关注表现在:(1) 生前做了大量而持久的搜集工作;(2) 搜集与研究并重。为此,他专门撰写了《中国民间艺术中愿望的表达》(1922)等一批专著,向世人展现自己的研究成果。他去世后,他的女儿班科夫斯卡娅(Баньковская,М. В.)和他的门生将他的搜集与研究加以整理并编辑成册,出版了《中国民间年画——民间画中所反映的旧中国的精神生活》(1966)。

苏联著名汉学家 Е. В. 扎瓦茨卡娅是专事中国绘画艺术研究的学者之一。她的多部论著彰显着她在这一学科领域里取得的成绩。特别是她的《中国古代绘画美学问题》(1975)一书,出版不久即被中国学者翻译成中文(1987),广为流传。

Е. В. 扎瓦茨卡娅以汉学家的视角、哲学家的眼光、女性特有的敏锐嗅觉深入到中国画的内涵中,对中国绘画艺术做了全新的诠释。作者在论述中国绘画美学时,没有单纯从中国画的分期上平铺直叙。而是"通过中国绘画的外部特点揭示其本质,阐明这门艺术的特殊美学现象"①,将

---

① (苏)叶·查瓦茨可娅:《中国古代绘画美学问题》,陈训明译,湖南美术出版社,1987,"自序",第 3 页。

其提升到意识形态范畴来研究。

1991年,当代俄罗斯学者李福清院士与中国学者王树村、刘玉山合作编写了《苏联藏中国民间年画珍品集》,集中编辑了200余幅在中国已失传的中国年画。这是首部将俄苏所藏中国民间画公布于世的中国年画集。

2) 对中国戏曲的研究

1829年(道光九年),俄国《雅典娜神庙》杂志上就刊登了介绍关汉卿的《窦娥冤》的文章。这应是中国戏剧首次在俄的介绍。直到十月革命胜利之后,其间虽不断有剧本在俄翻译发表,如1839年在俄国《读书丛刊》上发表的《婪素(又名巧嘴丫鬟)》(应是译自中国元代杂剧家郑光祖的《邹梅香翰林风月》),В. П. 瓦西里耶夫院士翻译的《西厢记》等,但都没有在两国间引起大的反响。

1935年,中国京剧大师梅兰芳率团应邀出访苏联,才使苏联观众真正认识到中国戏剧的魅力。这次出访成为中苏两国文化生活中的大事,更是苏联重视中国戏剧艺术研究的开端。① 馆藏中这类作品有В. В. 彼得罗夫编选并作序的《元曲》(1966)、Б. Л. 李福清的《海外孤本晚明戏剧选集三种》(1993)、С. А. 谢罗娃的《中国戏剧与传统的中国社会(16—17世纪)》(1990)等。

2. 艺术类藏书书目导引

1) 维诺格拉多娃 Н. А. (Виноградова, Н. А. , 1923—)

维诺格拉多娃 Н. А. (Виноградова, Надежда Анатольевна, 1923.7.27—),艺术研究家。1923年7月2日出生于塔鲁萨。1945年毕业于莫斯科大学语言系。1962年获艺术研究学副博士。1967年成为资深科学工作者。1949—1950年间为《苏联大百科全书》的科学工作者。1950年起任苏联艺术科学院造型艺术理论与历史科研所科学工作者,现代艺术展主任(中国,1957;蒙古,1967)。出版论著近120部。

主要著作有:参加了六卷本《艺术通史》(1956—1966)的编纂,撰写了《古代印度艺术》(第一卷,1956)、《古代中国艺术》(第二卷,1961)、《蒋兆和》(莫斯科,1959)、《中世纪的中国艺术》(莫斯科,1962)、《中国的风景画》(莫斯科,1972)、《徐悲鸿》(莫斯科,1980)、《中国园林》(莫斯科,2004)等。

原文论著

1. "Цветы-птицы" в живописи Китая/[авт. текста Н. Виноградова]. Москва: Белый город, [Б. г.]. 47, [1] с. 【索书号:3С-2010\J212.27\1】

2. Искусство средневекового Китая/Н. А. Виноградова. М. : Изд-во Акад.

---

① 高莽:《妈妈的手》,中国华侨出版社,1994。

художеств СССР,1962. 102 с.【索书号:Б60-3\20】

2) 扎瓦茨卡娅 Е. В. (Завадская,Е. В. ,1930—2002)

扎瓦茨卡娅 Е. В. (Завадская, Евгения Владимировна, 1930. 5. 29—2002.5.25),苏联著名汉学家。1930 年出生于莫斯科一个职员家庭。主要从事中国古典艺术研究。1953 年毕业于莫斯科大学历史系,1962 年以学位论文《新中国的国画(论传统与创新)》获艺术学副博士学位。1950—1954 年为东方文化博物馆研究人员。1954—1957 年在苏联科学院哲学研究所工作。1957 年起为东方学研究所研究人员。对中国绘画艺术有很深的研究和独特的见解。著有《中国古代绘画美学问题》(1975)、《东方文化在当代西方》(1977)、《石涛的〈苦瓜和尚画语录〉》(1978)、《米芾》(1983)、《齐白石》(1982)等论著近 200 部。

原文论著

1. Василий Васильевич Верещагин/Е. В. Завадская. М. :Искусство, 1986. 111 с.【索书号:3-87\K835.125.7\B317-2】

2. Мудрое вдохновение: Ми Фу, 1052-1107/Е. В. Завадская. М. :Наука, 1983. 198 с.【索书号:3\K825.7\M57】

3. Ци Бай-ши/Е. В. Завадская. М. :Искусство, 1982. 287 с.【索书号:3\J221.8\Ц56】

4. "Беседы о живописи" Ши-тао/Е. В. Завадская. М. :Наука, 1978. 205 с.【索书号:3\J212\3-131】

5. Культура Востока в современном заподном мире/Е. В. Завадская. М. :Наука, 1977. 167 с.【索书号:3\K103\3-131】

6. Эстетические проблемы живописи старого Китая/Е. В. Завадская. М. :Искусство, 1975. 471 с.【索书号:3\J209\3-131】

中文译本

1. 中国古代绘画美学问题[专著]/(苏)查瓦茨卡娅著;陈训明译. —长沙:湖南美术出版社,1987.8. —277 页【索书号:\J20\16】

2. 外国学者论中国画[专著]/(苏)扎瓦茨卡娅(Завазская,Е. В.)等著;高名潞等译. 长沙:湖南美术出版社,1986.9. 216 页【索书号:87\J212\22】

3) 马卡罗夫 С. М. (Макаров, С. М.)

马卡罗夫 С. М.,艺术研究学博士,俄罗斯著名艺术活动家,中国民间杂技顾问,杂技艺术科学院主任,国家艺术学研究所资深工作者。从事中国杂技研究 20 年,多次向国际科学会议提交论文。著有《俄罗斯杂技的中国元素:中俄杂技艺术的互补性》(2009)等论著多部。

原文论著

1. Китайская премудрость русского цирка: взаимовлияние китайского и русского

цирка/С. М. Макаров. Москва：URSS：КРАСАНД, 2009. . 218 с.
【索书号:3C-2010\J828\1】

2. Театр. Эстрада. Цирк: /Рос. акад. наук, Федер. агентство по культуре и кинематографии РФ, Гос. ин-т искусствознания, Акад. циркового искусства; [отв. ред. С. М. Макаров]. М. : URSS:Ком. Книга, 2006. 270 с.【索书号:3-2008\J809.512\4】

4）萨莫秀克 К. Ф. (Самосюк, К. Ф. , 1938—)

萨莫秀克 К. Ф. (Самосюк, Кира Федоровна, 1938.11.8—)，毕业于列宁格勒大学东方系(1960)，后进入冬宫博物馆东方部工作。1973 年获副博士学位，学位论文为《郭若虚的绘画笔记〈图画见闻志〉（研究与翻译）》。后出版了《郭若虚〈图画见闻志〉（翻译并注释)》(1978)一书。出版论著近 30 部。

原文论著

1. Буддийская живопись из Хара-Хото XII-XIV веков: между Китаем и Тибетом: коллекция П. К. Козлова = Buddhist painting from Khara-Khoto. XII-XIVth centuries: between China and Tibet: P. K. Kozlov's Collection/К. Ф. Самосюк. СПб. : Изд-во Гос. Эрмитажа, 2006. . 423 с. 【索书号:3С-2008\J209.23\1】

2. Го Ои/К. Ф. Самосюк. Л. : Искусство, 1978. 101 с. 【索书号:3\K825.7\Г57С】

5）谢罗娃 С. А. (Серова, С. А. , 1933—)

谢罗娃 С. А. (Серова, Светлана Андреевна, 1933.1.29—)，俄罗斯著名戏剧家、汉学家，俄罗斯科学院院士、东方学研究所研究员。主要从事中国戏剧研究。1933 年出生于莫斯科。毕业于莫斯科国际关系学院(1957)。1966 年以论文《传统戏剧（京剧）与中国争取新文化运动的斗争(19 世纪至 20 世纪中叶)》获历史学副博士学位。1990 年获历史学博士学位。苏联科学院中国学研究所研究员(1957—1961)。1961 年起为苏联科学院东方学研究所研究员。著有《京剧(19 世纪至 20 世纪 40 年代)》(1970)等论著多部。出版论著 70 余部。

原文论著

1. Китайский театр-эстетический образ мира/С. А. Серова; Рос. акад. наук, Ин-т востоковедения. М. : Вост. лит. , 2005. . 166, [2] с.【索书号:3С-2006\J82\1】

2. Театральная культура Серебряного века в России и художественные традиции Востока (Китай, Япония, Индия)/С. А. Серова. М. : ИВ РАН, 1999. 217 с. 【索书号:3-2000\J809\С329】

3. Китайский театр и традиционное китайское общество (XVI-XVII вв.)/С. А. Серова. М. : Наука, 1990. 276 с.【索书号:3-94\J809\С329-2】

4. "Зеркало Просветленного духа" Хуан Фань-чо и эстетика китайского

классического театра/С. А. Серова. М. : Наука, 1979. 222 с.
【索书号：3\J809\C329】

6）思乔夫 Л. П.（Сычёв, Л. П. ,1911— ）

思乔夫 Л. П.（Сычёв, Лев Павлович, 1911. 4. 29— ），画家。苏联艺术家联合会成员。1911年出生于圣彼得堡。毕生致力于中国服饰史研究,与其子 В. Л. 思乔夫(也是汉学家)合著《中国服装》(1975)一书。编辑《中国明代服饰》和《中国服饰词典》。发表《论〈红楼梦〉服饰》论文多篇。出版论著120余部。1941—1945年参加了卫国战争。苏联勋章和奖章获得者。

原文论著

1. Китайский костюм: Символика. История. Трактовка в литературе и искусстве/Л. П. Сычев, В. Л. Сычев. М. : Наука, 1975. 196 с.
【索书号：3\K892.23\C958】

2. Мифы древнего Китая/К. Юзнь; [пер. текста Е. И. Лубо-Лесниченко, Е. В. Пузицкого; под ред. и. с. послесл. , с. 449-477, Б. Л. Рифтина; илл. : Л. П. Сычев]. М. : Наука, 1965. 496 с. 【索书号：Б72-2\47】

7）托洛普采夫 С. А.（Торопцев, С. А. ,1940— ）

托罗普采夫 С. А.（Торопцев, Сергей Аркадьевич, 1940. 4. 23— ），俄罗斯科学院远东研究所研究员。1940年出生于列宁格勒。1963年毕业于莫斯科大学东语学院,先后在北京大学(1962—1963)、北京电影学院(1987—1988)进修。1971获语言学获副博士学位,学位论文《中国电影剧作50年(题材、方式、思维)》,1992年获历史学博士学位,博士论文《中华人民共和国的电影制片事业(1949—1989)》(1991)。1967年起在俄罗斯科学院远东所任职。从1988年起被《喜剧世界》杂志(中国)聘为特邀编辑。著有《中国电影史略》(1979)、《台湾的电影制片事业》(1998)。翻译《王蒙诗选》(1988)等。出版论著200余部。

原文论著

1. Окно. Россия и Китай смотрят друг на друга = Chuang: рассказы, очерки, эссе/сост. С. А. Торопцев. Москва: Академкнига: Pleiades publishing, Inc. , 2007. 208 с.
【索书号：3C-2009\I11\1】

2. Ван Мэн в контексте соврменной китайской литературы: /Рос. акад. наук, Ин-т Дал. Востока; [Сост. и отв. ред. С. А. Торопцев]. М. : ИДВ РАН, 2004. 192 с. 【索书号：3C-2006\I206, 7\1】

3. Дух старины: Поэтический цикл: Перевод и исследования/Ли Бо; Сост. , пер. с кит. , коммент. , примеч. С. А. Торопцева. М. : Вост. литература, 2004. 224 с. 【索书号：3C-2006\I207.22\1】

4. Книга о Великой Белизне: Ли Бо: Поэзия и Жизнь/Сост.: С. А. Торопцев. М.: Изд-во "Наталис", 2002. 476, [1] с. 【索书号:3С-2006\I207.22\2】
【索书号:3-2002\I207.22\K532】

6. Кинематография Тайваня/С. Торопцев. М.: Эдиториал УРСС, 1998. 198 с. 【索书号:3С-2005\J909.2\1】

7. Китайское кино в "социальном поле", 1949-1992/С. А. Торопцев. М.: Наука. Издат. фирма "Вост. лит.", 1993. 189 с. 【索书号:3-96\J905.2\T612】

8. Свеча на закатном окне...: Заметки о китайском кино/С. А. Торопцев. М.: Всесоюз. бюро пропаганды киноискусства, 1987. 121 с. 【索书号:3-89\J992\T612-2】

9. Очерк истории китайского кино, 1896-1966/С. А. Торопцев. М.: Наука, 1979. 228 с. 【索书号:3\J992\T612】

中文译著

中国电影史概论［专著］：1896—1966/(苏)托罗普采夫(С. А. Торопцев)著；志刚等译.—北京：中国电影家协会资料室，1982.—1册【索书号:\J992\3】

8) 齐宾娜 Е. А. (Цыбина, Е. А., 1928—)

齐宾娜 Е. А. (Цыбина, Елизавета Александровна, 1928.11.4—1988.10.2), 主要从事中国戏剧研究。1928年出生于阿尔泰边疆区。1951年毕业于列宁格勒大学东方系。1955年以论文《抗日战争时期郭沫若的剧作》获副博士学位。1956年起在莫斯科大学东方语言学院任教，很快获得博士学位。1970年获高级研究员职称。著有《抗日战争时期的郭沫若文选(1937—1945)》(1961)、《中国语文学问题》(1974)等。出版论著20余部。

原文论著

Драматургия Го Мо-жо в период антияпонской войны, 1937—1945 / Е. А. Цыбина. М.: Изд. Моск. ун-та, 1961.. 142 с.. 【索书号:B85-6/23】

附录 1：

馆藏俄国东正教在华宗教使团出版物目录

1. Китайско-русский словарь / Составленный А. Палладием П. С. Поповым. Пекин: Тип. Тунь Вэнь-гуань, 1888.. 666 с.: портр. ; 31 см.. 【索取号：C12-3/9】

2. Русская грамматика в китайском языке = Han yi e luo si wen fa jiao ke shu. Пекин: 京师译学馆, 1904.. 30 с. ; 22 см.. 【索取号：B59-178】

3. Краткая китайская грамматика / Иеромонах Исаия. Пекин: Тип. Пекинской духовной миссии, 1906.. 50 с. ; 22 см.. 【索取号：3\H14\И852＝3】

4. Изложение сущности конфуцианского учения / К. Крымский. Пекин: Тип. Успенского монастыря при Русской духовной миссии, 1906.. 45 с.. 【索取号：3\B222.2\K852】

5. Записка Архимандрита Петра об Албазинцах, 9 генваря 1831 года в Пекине. Пекин: Тип. Успенского монастыря при Рус. духовной миссии, 1906.. 17 с. ; 27 см.. 【索取号：3-96\D829.512\З-324】

6. Русско-китайский переводчик / Сост. Я. Брандт. Пекин: Тип. Пекинской духовной миссия, 1906.. 142 с.. 【索取号：3\H359.9\Б874＝2】

7. Почин: Опыт учебной хрестоматии для преподавания русского языка в начальных китайских школах: В 3-х ч. / Сост. Я. Брандт. Пекин: Тип. Успенского монастыря при Русской духовной миссий, 1906.. 171 с.. 【索取号：3\H359\Б874/:3(1)】

8. Кое-что о китайской банковской системе / Сочин. Джона Фергюсона ; Пер. с англ. Поручика Шаренберга. Пекин: Тип. Успенского монастыря при Рус. духовной миссии, 1907-1920.. 1 т.: табл. ; 25 см.. 【索取号：3\F832.2\Ф431】

9. Переезд из Пекина в Или: (Путевой дневник Китайского вельможи Ци-хэ-чао, сосланного в Или) / Ци-хэ-чао ; Пер. с кит. Г. П. Цветков. Пекин: Тип. Успенского монатыря при Русской духовной миссии, 1907.. 45 с. ; 27 см.. 【索取号：3\K928.9\Ц56】

10. Китайская грамматика / Н. Я. Бичурин. Пекин: Тип. Успенского Монастыря при Русской Духовной Миссии, 1908.. 118, 30 с. ; 28 см.. 【索取号：3\H195\Б675】

11. Брак у китайцев / И. Г. Кульчицкий. Пекин: Тип. Успенского Монастыря при Рус. духовной миссии, 1908.. 67 с.: 13 л. ил.. 【索取号：1147-1/34】

12. Кое-что о Китайской банковской системе / Д. Фергюсон ; Пер. сангл. П. Шаренберг. Пекин: Тип. Успенского монастыря при Русской духовной миссии, 1908.. 20 с.. 【索取号：3\F832.2\Ф431-2】

13. Сань-цзы-цзинь или троесловие с китайским текстом: Пер. с китайского. Пекин: Тип. Пекинской духовной миссии, 1908..【索取号:3\H194.1\C189】

14. Самоучитель китайского разговорного языка по методе Туссэна и Лангеншейдта. Ч. 1. (Общая). Вып. 1-10 / Сост. Я. Брандт. Пекин: Тип. Рус. духовной миссии, 1908-1909.. 447 с.: табл. ; 27 см..【索取号:3\H195\Б874/:1】

15. Французские католические миссии в девятнадцатом столетии / Пер. с фр. Ю. Васильева. Пекин: Тип. Монастыря, 1909.. 146 с. ; 28 см..
【索取号:3\K251\Ф845】

16. Краткое описание китайских праздников и относящихся к ним поверий и обычаев /Извлечено из соч. История Религий. Пекин: Тип. при Пекинской Рус. Духовной Миссии, 1909. 16 с.【索取号:Б93-3/81】

17. Труды членов Российской духовной миссии в Пекине. Пекин: Тип. Успенского монастыря при Русской духовной миссии, 1909-1910.. 1 т. : ил. ; 27 см..【索取号:3\K207\P763/:1-4】

18. Труды членов Российской духовной миссии в Пекине / Российская духовная миссия. Пекин: Тип. Успенского монастыря при Русской духовной миссии, 1910.. 262 с..【索取号:3\K207\P763/:3】

19. Труды членов Российской духовной миссии / Российская духовная миссия. Пекин: Тип. Успенского монастыря при Русской духовной миссии, 1910.. 211 с. + 1 отд. л. илл..【索取号:3\K207\P763=2/:4】

20. Жизнеописание Будды. Пекин: Изд. Пекинской духовной миссии, 1910.. 52 с. ; 27 см..【索取号:3\B94\Ж712】

21. Статистическое описание Китайской Империи: В 2-х ч. / Н. Я. Бичурин, (Иакинф). Пекин: Изд. Пекинской духовной миссии, 1910.. 311 с. : ил..
【索取号:3\K92\Б675】

22. Образцы китайского оффициального языка с русским переводом и примечаниями. Ч. 1 / Собраль и обработаль Я. Брандт. Пекин: Тип. Усп. монастыря при Русской духовной миссии, 1910.. 154 с. ; 25 см..
【索取号:3\H194\О-233/:1】

23. Современная политическая организация Китая / И. С. Бруннерт, В. В. Гагельстром ; Под ред. Н. Ф. Колесова. Пекин: Тип. Успенского монастыря при Рус. духовной миссии, 1910.. 532 с. ; 27 см..【索取号:3\K252-62\Б891】

24. Почин: опыт учеб. хрестоматии для преподавания рус. яз в нач. китайских школах: в 3 ч. Ч. 1 / сост. Яков Брандт. Пекин: Тип. Усп. Монастыря при Русской Духовной Миссии, 1910.. 87, IV с. ; 25 см..【索取号:Д24-6】

25. Почин: опыт учебной хрестоматии для преподавания русского языка в начальных Китайских школах: в 3 частях. Ч. 1 / [сост. ЯковБрандт]. Пекин: Тип. Усп. Монастыря при Русской Духовной Миссии, 1910.. 87 с. ; 24 см..
【索取号:B17-40】

26. Дипломатические беседы: Текст китайского изд. с русским переводом,

словами и примечаниями / Я. Брандт. Пекин: Тип. Усп. мон. при Русской духовной Миссии, 1911.. 111 с.. 【索取号：3\H359.9\Б874-2】

27. Почин: опыт учебной хрестоматии для преподавания русского языка в начальных китайских школах: в 3 частях. Ч. 2 / сост. Я. Брандт. Пекин: Тип. Уст. Монастыря при Русской Духовной Миссии, 1911.. 170 с. ; 25 см.. 【索取号：B47-452】

28. Почин: Опыт учебной хрестоматии для преподавания русского языка в начальных китайских школах: В 3-х ч. / Сост. Я. Брандт. Пекин: Тип. Успенского монастыря при Русской духовной миссий, 1911.. 170 с.. 【索取号：3\H359\Б874＝3/:2】

29. Русский в Китае и Китаец в России ＝ Han yi e wen you yao lu lie biao: пособие для русских-путешественников в Китае и Китайцев-путешественников в России, заслючающее в себе самое необходимое в путешествии / сост. Вэй-Бо. Пекин: [б. и.], 1911.. 52 с. ; 22 см.. 汉译俄文优要律列表【索取号：Д21-41】

30. Китай в гражданском и нравственном состоянии: в 4-х ч. Ч. 1. Пекин, 1912.. 87 с. ; 27 см.. 【索取号：Б71-4/44】

31. Изложение сущности конфуцианского учения / К. Крымский. Пекин: Тип. Успенского монастыря при Русской духовной миссии, 1913.. 45 с.. 【索取号：3\B222.2\K852＝2】

32. Самоучитель китайского письменного языка ＝ hua wen zi jie. Т. 1 / сост. Я. Брандт. Пекин: Тип. Русской духовной Миссии, 1914.. 417 с. ; 26 см.. 【索取号：Д26-304】【索取号：Д26-363】【索取号：3\H195\Б874-2】

33. Очерк истории Китая / Х. Потт ; Пер. с англ. К. Ловцов. Пекин: Тип. Успенского монастыря при Русской духовной миссии, 1914... 230 с.. 【索取号：3\K20\П645】

34. Синтаксис русского языка: для преподавания в Институте русского языка при Министерстве иностранных дел / сост.: Я. Бралдт. Пекин: Тип. Русской Духовной Миссии, 1915.. 68 с.. 【索取号：P37-4/37】

35. Сборник трактатов России в Китаем (начиная с Кульджинского трактата 1851 г.): для чтения в Институте Русского Языка при Министерстве Иностранных Дел / Я. Брандт. [Пекин: Типография Русской Духовной Миссии, 1915.. 104 с. ; 26 см.. 【索取号：\327\B87c】【索取号：Д21-45】

36. Сборник Арифметических задач / сост.: Н. Верещагин. Пекин: Типо-литография Русской Духовной Миссии, 1919.. 389 с.. 【索取号：B26-7/26】

37. История древнего мира / К. А. Иванов ; с рисунками и хронологическое таблицей по истории Греции и Рима. Пекин: Вост. ж. д., 1919. 265 с.: ил. 24 см.. 【索取号：B63-342】【索取号：3\K12\И203＝8】

38. История древнего мира: с рисунками и хронологическою таблицей по истории Греции и Рима / сост. К. А. Иванов. Пекин: Изд. Школьной Секции общества Возрождения Россия, 1919.. 265 с. : ил. ; 24 см.. 【索取号：Д13-189】

39. История древнего мира / К. А. Иванов. Пекин: Тип. Рус. духовной миссии, 1919.. 265 с.. 【索取号:3\K12\И203=8】

40. Элементарная геометрия для средних учебных заведений / А. Киселев. Пекин: Типо-литогр. Русской Духовной Миссии, 1919.. 392 с..
【索取号:B28-3/54】

41. Учебник русской истории для средней школы: курс систематический: в двух частях: с приложением восьми карт / С. Ф. Платонов. Пекин: Типо-лит. Русской Духовной Миссии, 1919.. 501 с.: карт.; 23 см.. 【索取号:Д19-389】

42. Учебник русской истории: в 2 ч.: для сред. школы. Ч. 1 / С. Ф. Платонов. Пекин: Типо-лит. Рус. духовной миссии, 1919.. 501 с.: 8 л. карт..
【索取号:A14-4/36】

43. "Отблески": Книга для чтения и изучения родного языка / Сост. В. И. Попов. Пекин: Тип.-лит. Русской духовной миссии, 1919.. 585 с..
【索取号:3\H359.4\П58/:3(1)】

44. "Отблески": Книга для чтения и изучения родного языка: Часть приготовительная: Для учеников приготовит. класса сред. учеб. заведений и соответствующих классов гор. и нач. училищ / В. И. Попов. Пекин: Типо-лит. Рус. духовной миссии, [б. и.], 1919.. 264, 46 с.. 【索取号:3\H359.4\П58】

45. Отблески: книга для чтения и изучения родного яз. Ч. 1. Вып. 1 / В. И. Попов; сост. В. И. Попов. Пекин: Типо-литография Рус. духовной миссии, 1919.. 221, 196, 43 с.. 【索取号:П49-3/22】

46. "Отблески": книга для чтения и изучения родного языка. Ч. 2. Вып. 1, Издание Школьной Секции Общества Возрождения России: адрес: г. Харбин, Комерческое училище Кит. Вост. ж. д... / сост. В. И. Попов. Пекин: Типо литография Русской Духовной Миссии, 1919.. 501 с.; 24 см.. 【索取号:B56-202】
【索取号:Д10-1/20】

47. История средних веков: (курс систематический) / К. А. Иванов. Пекин: Издание В. В. Носскова, 1920.. 160 с.; 23 см.. 【索取号:B63-341】

48. Православный царь Мученик / И. Серафим. Пекин: Рус. тип. при Духовной миссии, 1920.. 177 с.: ил.. 【索取号:3\K835.127\H635C】

49. Собрание документов, относящихся до интернирования атамана Калмыкова в Гирине и его побега при посещении Консульства, февраль-сентябрь 1920 г. Пекин: Рус. тип. при Духовной миссии, [б. и.], 1920.. 35 с.. 【索取号:3\D693.62\C955】

50. Сибирь, союзники и Колчак, 1918-1920 гг / Г. К. Гинс. Пекин.: Типоли-тография Русской духовной миссии, 1921.. 606 с.; ил..
【索取号:3\K512.52\Г496/:2(2-3)】

51. Сибирь, союзники и Колчак: Поворотный момент русской истории, 1918-1920 гг.: (Впечатления и мысли члена Омского правительства) /Г. К. Гинс. Пекин.: Типолит. Рус. духовной миссии, 1921..325 с.; ил..
【索取号:3\K512.52\Г496/:1(1)】

52. Голодный поход Оренбургской армии：（из воспоминаний участника похода） / И. Еловский. Пекин：Тип. Успенского монастыря при Русской Духовной Миссии, 1921.. 24 с. ；22 см..【索取号：T5-6/26】【索取号：B47-444】

53. Судебное дело русской духовной миссии в Китае：Документы / Пер. с китайского. Пекин：[б. и.], [1922].[110] с..【索取号：3\K206\C892】

54. Китайско-русский словарь юридических и политических терминов / Н. Ф. Колесов, И. С. Бруннерт. Пекин：Тип. Рус. духовной миссии, 1923.. 462 с..【索取号：3G\D9-61\K603】【索取号：C9-3/21】

55. Страница из истории русской дипломатии：Русско-японские переговоры в Портсмуте в 1905 г. / И. Я. Коростовец；Дневник И. Я. Коростовец. Пекин：Типо-лит. Рос. духовной миссии, 1923.. 138 с.：ил..【索取号：3\D851.29\K686＝2】

56. Очерки по истории русской литературы XIX-го века. Ч. 1,（С портретами русских писателей）：перепечатано с восьмого издания / В. Саводник. Пекин：Тип.-лит. Российской Духовной Миссии, 1923.. 414 с.：ил. ；21 см..【索取号：B64-32】

57. Русский путеводитель по Пекину и его окрестностям. Пекин：Тип. Рос. дух. миссии, 1923..67 с..【索取号：3\K928.5-62\P894】

58. Карманный китайско-русский словарь / А. Иннокентий. Пекин：Типо-лит. при Российской духовной миссии, 1926.. 128 с..【索取号：3G\H164\И667】

59. Встранемяо / И. А. Дьяков. Пекин：Типография Духовной Миссии, 1927..90 с..【索取号：B25-7/38】

60. Мысли о буддизме / А. Лейтон-Клэтер；Пер. с англ. Б. Жирар-де-Сукантон. Пекин：Рус. б-ка, 1927.. 29 с..【索取号：3\B94\Л427】

61. Китайский благовестник. [№ 7-8]. Июль-август 1939 г. / Ред. Д. Пантелеев. Пекин：Российская духовная миссия, 1939.. 40 с. ；26 см..【索取号：3\B976.2\K451/:7-8】

62. Китайский благовестник. [№ 5-6]. Май-июнь 1939 г. / Ред. Д. Пантелеев. Пекин：Российская духовная миссия, 1939.. 50 с. ；26 см..【索取号：3\B976.2\K451/:5-6】

63. Китайский благовестник. [№ 3-4]. Март-апрель 1939 г. / Ред. Д. Пантелеев. Пекин：Российская духовная миссия, 1939.. 42 с.：портр. ；26 см..【索取号：3\B976.2\K451/:3-4】

64. Китайско-русский словарь юридических политических терминов /Н. Ф. Колесов, И. С. Бруннерг. [Б. м. б. и, б. г.]. 462 с..【索取号：C9-3\21】

附录2:

中国国家图书馆馆藏俄罗斯汉学文献概览

高尔基曾经说过:书籍是人类进步的阶梯。

图书馆是收藏这一阶梯的场所。走过百年的中国国家图书馆作为综合性、研究型图书馆和中国国家总书库,始终履行着收集、整理、存储和传播知识信息的职能。2009年,国家图书馆新馆北区馆舍落成,并正式开馆接待读者。馆舍面积增至25万平方米,跃居世界国家图书馆第三位。

截止到2010年,"馆藏文献总量达2880万册(件),数字资源总量达450TB",形成"传统文献与数字资源有机结合的馆藏体系"。丰富的馆藏使它当之无愧地成为了全球中文文献中心、全国外文文献中心。这里有诸多有别于其他图书馆的特色馆藏,海外汉学(中国学)研究文献即是其中之一。俄罗斯汉学文献作为国家图书馆海外汉学研究文献的一部分,在其中占有很重要的位置。这里既收藏有早至1771年起的俄罗斯学者对中国问题的研究专著《谈谈中国的花园》(1771),也有最新版的《中国精神文化大典》(2010)。这里是海外汉学(中国学)研究文献的史料基地、文献中心。

国图俄文文献收藏概述

俄文文献(包括苏联各加盟共和国的各种语言,以及保加利亚语、马其顿语和塞尔维亚语)是国家图书馆外文馆藏的重要组成部分。百年来,受两国关系、社会局势等因素的影响,国家图书馆俄文文献的采购历经曲折,年入藏数量多少不一。含在其中的俄罗斯汉学文献的收藏也随之受到影响。大的影响有三:

1. 受社会局势的影响

1909年建馆的中国国家图书馆,初称京师图书馆。建馆初期,馆藏以中文、古籍文献为主。所藏图书均来自国子监南学和内阁大库以及常熟瞿氏进呈书等[①],其中包括有明代皇家图书馆文渊阁藏书和南宋辑熙殿珍本,同时还采进了敦煌石室所藏唐人写经本八千卷以及一些著名私家藏书,总量约十万册。原拟请调拨《四库全书》、《永乐大典》等典籍,当年因未办理移交手续而未果。之后的新增馆藏主要依靠清廷和北洋政府的调拨、征集和外省选送。

在中华大地上,刚刚崭露头角的京师图书馆就经历了清朝亡覆、民国

---

① 李致忠:《中国国家图书馆馆史资料长篇(上)》,第25—30页。

建立、军阀混战等社会不稳定的局面,面临购书经费匮乏、员工拿不到工资、三易馆址的困境。到1929年(即建馆20年后)京师图书馆的馆藏总量为14.8万册,而其中的外文文献仅有西文图书672册,东文图书178册,而且主要是在华的外籍人士和国外的赠书。1929年与北平北海图书馆合组后,外文文献才有所增加。

北平北海图书馆,1926年由中华教育文化基金会筹建,馆址选在北海内。由于是庚子赔款做后盾,此时的购书经费充足。为有别于京师图书馆的藏书,书籍的采购侧重外文文献。1929年,合组前的北平北海图书馆共有西文图书21050册,小册子33082册,日文图书746册。

1949年新中国成立之后,馆里加大了俄文图书的采购力度。1950—1960年间,俄文图书的入藏量就达25万册,几近当年全苏年出版物总量的1/2。这是国家图书馆入藏俄文文献的颠峰期。究其原因,一是,馆藏俄文文献的底子薄,的确急需大量补充馆藏。二是,当时西方国家对新中国的封锁与禁运,除苏联之外的各国出版物的进口几乎为零。三是,苏联是新中国成立后,第一个承认中华人民共和国国际地位的国家,这种"兄弟加战友"的情谊,在全国范围内掀起了又一轮学习俄语的热潮,俄文文献需求激增。

这种良好状态一直延续到"文革"前。1961—1965年,新增俄文图书10万册,平均2万册/年。"文革"开始后,外文文献的采访[1]受到很大影响。1966—1980年间俄文图书的到馆数量仅为11万册,年平均入藏量只有7千多册。80年代以后,随着中国改革开放的不断深化以及中苏关系的正常化,俄文文献的采访数量开始回升,1981—1990年俄文图书的入藏量达到10万册,年平均1万册。90年代以后,由于受苏联解体和俄罗斯图书贸易市场混乱的影响,到馆俄文书数量急剧下滑,1991—1998年间仅有18030册登记入藏,年平均量为2253册。低于中苏两国关系"冰冻期"的六、七十年代,成为馆入藏俄文文献史上的最低点。1999年以后,俄文文献的入藏状况才逐渐恢复正常,年平均入藏量达6000册左右。到2009年,馆藏俄文图书达63万余册,约占外文藏书总量的1/5。

2. 受俄罗斯汉学学科发展的影响

肇始于18世纪的俄罗斯汉学,经历了时间的冲刷、沉淀,历经几代人的努力,已经走过了三百年的历史(1741年起)。每代人亲临、看到的中国不尽相同,其笔下的作品也同样带有别样的时代气息。三百年来,俄罗斯对中国的研究无论是受政治的影响,政权变更的影响,还是学术上的革新,俄罗斯汉学始终含有两个方面的内容:一是基础理论研究,包括对中

---

[1] 采访:图书馆工作术语。采:采购、购买;访:调研。

国古代史、文学经典的翻译、研究以及汉学研究人才的培养;二是实践,主要任务是服务于俄国的东方政策。纵观三百年来俄罗斯汉学的发展,可以大致分为三个阶段①,带有历史、时代烙印的馆藏文献也随之呈现着不同。

1) 18—19 世纪旧俄时期

19 世纪上半叶之前的很长的一段时期,从事汉学研究的学者多为俄国东正教驻北京的宗教使团成员。这是因为,一是沙俄政府对其下达指令,尽一切可能收集有关中国的情报;二是厚重而神秘的中国文化对其的影响:长期在华的生活经历,使他们有机会、有可能深入了解中国。这个时期,对中国研究卓有成就的有一大批人,著名的有第 2 届驻北京宗教使团成员 И. К. 罗索欣(18 世纪中期)②、第 3 届宗教使团成员 А. Л. 列昂季耶夫、第 13 届宗教使团学员 К. А. 斯卡奇科夫等。因此,也就有了俄国东正教驻北京的宗教使团所在地——俄罗斯馆的"俄国汉学摇篮"的称谓。

此时的俄罗斯汉学,侧重于对中国古典文化的研究。以研究中国古代历史、文学经典译介为主。同时,开办汉满语言培训学校也是这一时期的重要任务。初创期的俄罗斯汉学,没有明显的学科划分。以第 9 届宗教使团领班 Н. Я. 比丘林的研究为例。他一生中翻译了大量的中国作品,内容涉及中国历史、地理、哲学以及中国文学等,而且还创办学校,并亲自授课教授汉满语。他提出的一些理念,在后人对中国文学的研究上得到了充分的证实,在俄罗斯汉学史上被尊为汉学研究的鼻祖。人们将他所处时代的汉学研究活动称为"比丘林时期"③。他成为 19 世纪上半叶,俄罗斯汉学的标志性人物。

馆藏中,这个时期的文献有比丘林(1777—1853)的作品 9 部 20 本以及中国学者对其的研究专著等多部。其作品上有用比丘林署名,也有用其法号亚金夫神甫的,有时还会两个名字同时署上。如:《Ради вечной памяти》Н. Я. Бичурин(Иакинф)(馆藏索书号:3-94/I512.142/Б625)。他的作品还有:编著的《汉语语法》(1908)、《蒙古人史》(2008),翻译的《三字经》(1908)、《西藏、青海史》(1833)等。

馆藏中有俄国 19 世纪的汉学家 А. 巴拉第(1817—1878)的作品 3 部,中国学者对其的研究专著 3 部。有 К. А. 斯卡奇科夫(1821—1883)的作品 1 部 2 册,以及后来学者 А. И. 麦尔纳尔克斯尼斯的对他的研究

---

① 李明滨:《俄罗斯汉学史》,大象出版社,2008,第 42 页。

② 1741 年 3 月 23 日是 И. К. 罗索欣进入科学院的日子。这天被视为俄国汉学研究的开端。И. К. 罗索欣也因此被称作俄国第一位汉学专家。

③ Скачков П. Е. Очерки истории русского китаеведения. М. 1977。

专著和最近将麦氏作品译成中文的译著《康·安斯卡奇科夫所藏漢籍写本和地图题録［专著］》(2010)。有俄国科学院名誉院士、俄国东正教驻北京宗教使团第13届监督官 E. K. 科瓦列夫斯基(1811—1868)的作品和中译本《窥视紫禁城》(2004),以及在1909—1910年间由俄国东正教驻北京宗教使团的圣母安息教堂印刷所印刷出版的刊物《俄国东正教驻北京的宗教使团成员著作集》等。

到了19世纪下半叶,喀山大学汉语教研室1837年的设立,成为了俄国汉学重点转移的转折点。这一转折,表现在两方面:"一是汉学基地由俄国国外转移到俄国国内"①,这是俄国汉学研究深入的标志;二是汉语教学由罗索欣、比丘林等人开办的汉满语学校的初期教育,转为在高等学府中培养高层次人才。这个时期,著名的汉学家有编写俄国第一部《汉语文选》的 Д. П. 西维洛夫(Сивиллов, Д. П.,1798—1871)、研究佛教史的 И. П. 米纳耶夫(Минаев И. П.,1840—1890)、乌克兰汉学家 О. П. 沃伊采霍夫斯基(Войцеховский О. П.,1793—1850)等。这个时期的代表人物为 В. П. 瓦西里耶夫(1818—1900)院士。

馆藏中,有瓦西里耶夫院士的作品6部,如:《佛教教义:历史与文献》(1857)、《中国文学史资料》等。还有以编辑《俄华辞典》和增补完成卡法罗夫的《汉俄合璧韵编》而驰名的俄国外交官 П. С. 波波夫(1842—1913)的多部作品等。

2) 20世纪上半叶

十月革命的胜利带来了俄罗斯汉学研究的新时期。俄国汉学更名为苏联汉学,其表现不仅是名称的变更,还导致对中国的研究作为一门受欢迎的学科在苏联赢得了诸多的优先。由此带来的是实质上的变化,一是多家专门的研究机构相继成立,如1921年成立的全俄东方学家学会、1925年成立的中国研究所、1930年成立的苏联科学院东方学研究所等。二是各大学纷纷开设中国语、中国历史、中国文化、中国哲学等课程。三是苏联对中国的研究以一个全新的视角开始。

这个时期,涌现出了以 В. М. 阿列克谢耶夫(1881—1951)院士为代表的一批知名的汉学家。如编写《实践汉语词典》的 А. В. 鲁达科夫,撰写《现代汉语口语语法》的 А. Н. 伊凡诺夫,注重研究《孙吴兵法》的 Н. И. 康拉德,《易经》的研究者 Ю. К. 休茨基(1897—1938)和 В. М. 阿列克谢耶夫的门生、在西夏和契丹文研究上卓有成就的 Н. А. 涅夫斯基(1892—1945)等人。另外,这个时期著名的学者还有 А. В. 格列宾什奇科利、Н. В. 吉乌诺尔等。

---

① 李明滨:《俄罗斯汉学史》,大象出版社,2008,第42页。

馆藏中有阿列克谢耶夫院士的专著20部23册,并且多为各类图书馆藏书中的珍本、孤品。如:《中国考古学的命运》(Судьбы китайской археологии,1924)、《书法家银河诗人谈书法艺术的奥秘》(Артист-каллиграф и поэт о тайнах в искусстве письма,出版年代不详)和《在旧中国:1907年旅行日记》(В старом Китае: Дневники путешествия 1907 г., 1958)。这三部藏书,应该是阿列克谢耶夫院士作品中的孤本,否则,在2003年版的 B. M. 阿列克谢耶夫作品集中,首次公开出版的阿列克谢耶夫院士的研究档案资料里不会没有体现。

国家图书馆收藏的阿列克谢耶夫院士的专著、论文集可分为两部分。一是他生前入藏的8部,其中《Артист-каллиграф и поэт о тайнах в искусстве письма》系抽印本,是从俄文杂志《苏联东方学》1947年第四卷上刊登的作者长篇论文上抽印后,另做装帧的。书上既无出版页,也没有完整有序的页码(所以,在我馆的馆藏目录上,出版地一栏标注的是:出版地不详)。但在扉页上有作者的亲笔赠言,赠送时间为1947年。此书分为三部分:(1)作者的论文《书法家银河诗人谈书法艺术之奥秘》;(2)杨景曾《书品》的俄译文,共24品;(3)《书品》的原文。书后还附有"虎、龙(均为善庆书)、寿(马德昭书)"三字的书法展示图。属于抽印本的还有《中国诗人论诗:司空图(837—908)〈诗品〉》(Китайская поэма о поэте: Стансы Сыкун Ту(837—908):Пер. ииследование.)、《合和二仙,列海戏金蟾》(Безсмертные двойники и даос с золотою жабой в свите бога богатства)两部著作。前一部书系作者的硕士学位论文,也是作者的成名作。该书的出版,在当时的俄罗斯汉学界引起了极大的反响,也使作者不仅跻身于俄罗斯,乃至世界上造诣最深、最有影响力的汉学家行列。这部书现已是国内唯一的俄文原版本。

二是后人编辑的集子,这是阿列克谢耶夫院士去世后,由他的后人、学生为纪念他而编辑、出版的。其中《在旧中国:1907年旅行日记》(В старом Китае: Дневники путешествия 1907 г.)(1958),国内已出中译本《1907年中国纪行》(2004)。《中国民间年画:民间绘画中所表现的旧中国精神生活》(Китайская народная картина: духовная жизнь смарого Китая в народных изображениях)(1966)一书是由著名汉学家列·艾德林任主编并为之作序的。

此外,馆中还收藏有经济学家 B. Я. 阿博尔京(1899—1978)教授的《社会主义转型期的中国》、《中华人民共和国的成就》等的作品多部。Г. Н. 沃伊京斯基(1893—1953)的《中国共产党为争取国家独立与民主的斗争》(1950)的多部作品以及 Д. M. 波兹涅耶夫(1865—1942)等诸多学者的著作。

3) 20世纪下半叶

中华人民共和国的成立,成为促使苏联新汉学发展的契机之一。中苏关系进入"蜜月期",两国间的文化、经济、政治交流十分密切。在文化领域中充当媒介作用的是 B. C. 科洛科洛夫和 M. И. 奥沙宁等人。他们成为了苏联新汉学发展的领军人物。这些人与事都促成了俄罗斯汉学蓬勃兴盛期的形成。这个时期被李明滨先生形象地称为"群星璀璨时期"(见《俄罗斯汉学史》一书)。此时的中国,在俄罗斯汉学家们的眼中,已经不仅仅是有着几千年历史文化的文明古国,而是一个"从中等帝国到21世纪现代强国"的国家。"中华人民共和国的成就"、"社会主义转型期的中国"等成为了俄罗斯学者关注的热点。

这个时期,俄罗斯汉学学科的领军人物已经不是一位,而是数位。他们都是在汉学研究领域里极具影响力的专家。仅科学院院士就有:

主要研究中国历史、日本史的康拉德(1891—1970)院士;

主要研究中国近、现代史,俄中关系,苏中关系及日本近、现代史的齐赫文斯基(1918—　)院士;

长期致力于中国近代史、俄国汉学史以及俄中关系史研究的米亚斯尼科夫(1931—　)院士;

主要研究中国哲学、中国政治与中俄关系等的季塔连科(1934—　)院士;

研究中国文学、俄(苏)中文化渊源的李福清(1932—　)院士;

专事中国文学研究的费德林(1912—　)通讯院士;

主要研究中国经济、苏中经济关系的斯拉德科夫斯基(1906—1985)通讯院士;

毕生研究汉语的宋采夫(1928—1999)通讯院士等。

他们的著作以及国内学者翻译、研究他们的作品馆里均有收藏。另外,还收藏有专门从事中国经济研究的 B. A. 马斯连尼科夫(1894—1968)的《中国政治经济概况》(1946)、《中华人民共和国的经济制度》(1958)等多部专著,还有 B. B. 米赫耶夫(1954—　)的《中国经济的全球性》(2003)、Э. П. 皮沃瓦罗娃的《中国特色的社会主义建设》(1992)等。另外,还有专门研究中国社会政治的 E. П. 巴扎诺夫(1946—　)的《中国:从中等帝国到21世纪的现代强国》(2007);Ф. M. 布尔拉茨基(1927—　)的《毛泽东和他的继承人》(1978)、《毛泽东》(2003年)、译成中文的专著《国家和共产主义》(1964)等。在汉语研究方面,有杰出人物苏联汉学家龙果夫(1900—1955)的《现代汉语语法研究——词类》(1952)、《现代汉语口语语法体系》(1962)以及译成中文的《八思字与古汉语》(1959),汉学家 И. M. 鄂山荫(1900—1982)的《华俄辞典》(1959),龙果夫的弟子 C. E. 雅洪托夫（1926— ）的《古汉语》（1965）。文学上，有 В. А. 帕纳秀克（1924—1990)翻译的《三国演义》（1984）、《红楼梦》（1995），В. В. 彼得罗夫（1929—1987）的《艾青评传》（1954）、《鲁迅生平与创作概述》（1960），А. П. 罗加乔夫（罗高寿）（1900—1981）翻译的《水浒传》（1955）、《西游记》（1959）等等。

3. 受国内俄罗斯汉学研究的影响

国家图书馆俄罗斯汉学文献的收藏还受到国内学界的影响。其收藏沿革大致可分为三个阶段：

1）重点收藏阶段（建馆——20世纪80年代）；

宣统二年（1910年），学部颁布了京师图书馆及各省图书馆通行章程。其中有一条，"海外各国图书，凡关系政治学艺者，均应随时搜采，渐期完备。惟宗旨学说偏驳不纯者，不得采入"。可见，这是当年国图搜采"海外各国图书"的标准。

为此，国图人做了许多不懈的努力。突出的举措有：

第一，选派专人到海外工作。从民国18年（1929年）起，按教育部的指令，国立北平图书馆委员会不断选派专人去海外图书馆工作，并影印敦煌写本及中国古佚书。这些被派出的人员，在一定意义上讲，是在从事海外汉学资源的调查工作。

第二，聘请中外知名学者为馆内编外专家。民国十八年（1929年）九月，国立北平图书馆委员会函聘了数名中外知名学者为名誉编撰委员、通讯员、名誉调查员。内称："敬启者，本馆改组成立建设事业于焉发轫，深虑弗胜致贻讥诮，夙仰先生斗山望重学识宏通，兹特聘为本馆通讯员名誉编撰委员、通讯员、名誉调查员。庶凿匡壁而增辉。祗承明教，允望鸿篇之是锡，借照他山。谨肃芜牋，伏希惠允是幸。"① 函中所列的内容包括，通过"学识宏通"人士了解、掌握中外典籍的出版状况和学科的发展，还有就是祈请诸位先生有"新刊图籍"即"一部寄赠"。

当年，同批聘任的中外名人有，名誉编纂委员：余绍宋、纲和泰、吴其昌、张陈卿；通讯员：长泽规矩也（日）、王光祈（德）、阿理克（俄）、张凤举（法）、耶慈（英）、斯永高（美）；名誉调查员：庄严、郭玉堂②。1930年，又增聘了伯希和（法）及劳佛（美）任国立北平图书馆通讯员。

这几位外籍人士大多为知名汉学家。如：阿理克，俄文名 В. М. 阿列克谢耶夫（Василий Михайлович Алексеев，1881—1951），俄苏著名汉学家，1923年当选为苏联科学院通讯院士，1929年当选为院士，是苏联新

---

① 《北京图书馆馆史资料汇编》，北京图书馆出版社，1994。
② 同上。

汉学的奠基人。同年,他接到北平图书馆副馆长袁同礼先生(当年行使代馆长之职)签署的公函,被正式聘请为北平图书馆"通讯员"。

至今在位于圣彼得堡的阿列克谢耶夫档案馆中,仍保存有当年北平图书馆副馆长袁同礼先生写给阿列克谢耶夫的书信。他曾被郭沫若先生尊称为"阿翰林"和"苏联首屈一指的汉学家",是俄苏汉学史上三个划时代的人物之一。

作为被研究的对象国,我们自己对俄罗斯汉学的研究起步较晚。虽说在18世纪已经有了图理琛的《异域录》(1715),但对俄国的探究没有得到应有的重视。藏书量有限也是制约研究的因素之一。1909年建馆的京师图书馆,收藏的外文文献也仅有几百册,且含在西文图书里的俄文文献的具体数字并无详细记载(即使有数量也不会很多)。

十月革命的胜利,给刚刚苏醒的中国带来了希望。大批有识之士纷纷学习俄语,发表文章介绍新兴的苏维埃国家。著名的有瞿秋白(1899—1935)的《饿乡纪程》、《赤都心史》(1924),曹靖华(1897—1987)翻译的《铁流》(1932)等。为适应国人学习、查阅俄文资料的需求,北平图书馆于1934年增设了馆史上的第一个俄文阅览室,之后又于1935年在远东研究室内特"划出一部为苏俄研究室云"①。

2) 主动收集阶段(20世纪80年代——20世纪末)

20世纪以后,为适应国际汉学研究的转型,国内的海外汉学研究也于20世纪70年代末80年代初全面展开。1975年,中国社会科学院情报研究所成立了国内第一个专门研究海外汉学机构——国外中国学研究室;1983年,北京大学成立了北京大学比较文学和比较文化研究所;1996年,北京外国语大学汉学研究中心成立。

为配合国内学界的研究,国家图书馆对海外汉学(中国学)文献的收集、整理工作也做了相应的、积极主动的调整,使其更加符合现代海外汉学(中国学)研究的发展和需要。具体措施有:

a. 加大海外汉学(中国学)文献的采访力度。1996年第三十次馆长办公会议通过的《北京图书馆书刊文献采选条例》通则中规定:"国外出版的中文书刊文献,海外华人撰著、翻译、编辑的书刊文献,以及各国出版的专论中国的书刊文献,应着力采集入藏。"

b. 编制专题目录。1989年,馆里在原参考部成立了中国学文献研究室,并选派有丰富工作经验的馆员负责专题目录的编制。这个研究室编制的海外汉学(中国学)研究的文献目录(卡片),在国内享有很高的声誉。这套目录不仅将中国国家图书馆所藏海外汉学(中国学)研究文献编在其

---

① 李致忠:《中国国家图书馆馆史资料长篇(上)》,第25—30页。

中,而且还包括了国内各图书馆的汉学文献的馆藏以及所有能收集到的、国外出版的、国内尚未收藏的有关汉学研究文献的目录,并以卡片目录的形式珍藏至今。

20世纪90年代以来,国家图书馆加快了对海外中国学文献的数字化工作进程。目前已逐渐形成规模,如国家图书馆的网页上,增设"国外中国学"专栏。"本着尽可能地为读者提供专业化数字信息资源的初衷,在借鉴大量相关研究文献的基础上,专注于对海外中国学家及其文献的介绍,其中包括海外中国学研究机构、学术研究简介、大事年表、主要学术成果等部分。"这个专栏,第一阶段的数据就涵盖了美、法、英、俄等十几个国家。读者可以在中国国家图书馆的网页上,直接链接到"海外中国学导航"查询。

c. 在书刊加工过程中,将有关海外汉学(中国学)研究的文献单独编制索书号。从上世纪80年代起,馆里把新入藏的、有关海外汉学(中国学)研究的书籍单独编制索书号,如:ZGWX/2009/A752/wex;2C-2008/J909.2/C552;3C-2005/G239.296/1等,以区分于其他文献,旨在方便学界专家学者们的检索。

这一阶段,国家图书馆对海外汉学(中国学)文献的收藏意识更加强烈,收藏的理念趋于成熟。由原来的有就藏的被动收藏,到此时的从"采"到"编"的主动收集,这无疑是国家图书馆收藏海外汉学(中国学)研究文献的一个质的飞跃。

3) 系统收藏阶段(21世纪初—   )

2009年,是中国国家图书馆走过百年历程的一年,这一年同样也是国图海外汉学(中国学)文献收藏史的百年。百年来,国图人在海外汉学(中国学)文献的收集、整理上积累了许多经验,形成了在国内外极具影响力的特色馆藏。在此基础上,馆里又将近年出版的3万余种(册)海外中国学研究的中外文图书〔西文图书27175种(册)、日文图书2640种(册)、俄文图书742种(册)、中文图书690种(册)〕和近百种外文期刊(西文62种、日文22种、俄文5种)汇集到一起,成立了"海外中国学文献研究中心",并开馆迎接读者。这个中心的成立标志着国家图书馆海外中国学文献的收藏、整理进入了一个新阶段——文献系统收藏阶段。

系统收藏,即预示着国家图书馆不但担当起了海外汉学(中国学)研究文献的收藏任务,而且正向着海外汉学研究文献的研究方向进展。同时,这一时期也是国内学界的研究走向纵深的阶段。学科研究走向深入,就意味着国图海外汉学文献将会有更多新品种的增加。

2010年12月25日

参考文献:

1. 国家图书馆网页。

2. 李致忠:《中国国家图书馆馆史资料长编》,国家图书馆出版社,2009。
3. 邵文杰:"九十年来外文文献的采访",《北京图书馆学刊》1999 年 No.3。
4. 李镇铭:"京师图书馆的基础藏书及其渊源",《北京图书馆学刊》1995 年 No.3/4。
5. 张芳:"国家图书馆俄文图书采选工作浅议",《国家图书馆学刊》2001 年 No.3。
6. 陈蕊:"馆藏海外汉学(中国学)文献收藏辨析",《中国图书馆学年会论文集(2010年卷)》,2010。

附录3：

国图藏俄国东正教宗教使团印制的出版物及其著者

走过百年的中国国家图书馆，收藏有大量地海外汉学（中国学）研究文献，这源于其建馆之初制订的收藏原则。俄国东正教驻北京宗教使团印制的出版物就是其中的一部分。究其成因，一是这个宗教使团是俄罗斯汉学的发源地，这里培养出了俄罗斯汉学的第一代专门人材。俄罗斯早期汉学著作有很大部分诞生于此。二是这部分藏品中有众多专事研究中国的文献。这部分文献虽然数量不是很多，但多为俄罗斯早期汉学的传世之作，是研究俄罗斯汉学史不可多得的珍贵文献。所以，它历来是中外学者关注的焦点。然而，馆里收藏有此类文献的信息，知道的人少之又少。否则，研究这段历史的学者就不会千辛万苦地远渡重洋去异国他乡寻觅原书，而不用存放在自家库房中的资料！因此，很有必要将其揭示，提高它的使用率，让其为科研服务。

1. 俄国东正教驻北京宗教使团印制的出版物及主要内容

1.1 俄国东正教驻北京宗教使团；

东正教，又称希腊正教，属基督教三大教派之一。10世纪前后传入俄国，公元988年，俄国将基督教定为国教，之后逐渐成为俄罗斯的正教。到18世纪时，俄国建立了隶属于政府管辖的东正教事物委员会，最高首脑由沙皇直接任命。至此，东正教成为了沙俄国家机器的一环，是沙俄对内压迫、对外扩张的工具。俄国东正教是沙俄以宗教传播为名侵略中国的重要工具。

明末清初，东西伯利亚的哥萨克人不断滋扰我国黑龙江流域，烧杀抢掠，向清朝辖界内的当地民众强行收取实物税，构筑堡寨屯驻。清政府被迫多次派兵清剿。在进剿中，一些被俘的俄罗斯人陆续被送至京城。到1684年（康熙24年），在北京的俄罗斯人已有近百名。清朝政府将这些战俘编入满洲镶黄旗第4参领第17佐领中，史称"俄罗斯百人队"，并将其安置在北京东北角的镶黄旗驻地①，按旗人待遇领取俸禄，得到住房，并帮他们取妻安家。不仅如此，康熙帝还允许他们信仰自由，赐庙宇一座，称为"圣尼古拉教堂"（北京人称"罗刹庙"或"北馆"）。1715年（康熙

---

① 阿·马·波兹德涅耶夫：《蒙古及蒙古人》，张梦玲等译。

54年),由修士大司祭伊拉里昂等10人组成的正式宗教使团到达北京,受到清朝政府的礼遇,定居于圣尼古拉教堂。1727年,中俄《恰克图条约》的签订,让俄国政府取得了向中国派遣宗教使团的特权。从此,俄国向北京派遣的宗教使团以每届10人,每10年轮换一届的频率,一直延续了近250年(1715—1956)。俄国政府向北京派遣宗教使团"始终抱有两个目的:第一,让被俘的哥萨克人保持东正教信仰;第二,从各方面研究中国,并培养在两国交往中必不可少的操汉、满两种语言的译员"①。

在这近250年的时间里,先后有20届200多人做为宗教使团成员来华。宗教使团成员的构成较为复杂,每届中有4名神职人员、6名世俗人员。神职人员有大司祭、司祭、辅祭,世俗人员包括执事和来华学习的学生、医生、画家以及科研人员等。1809年起又增加了一名政府的监督官。除此之外,还有外交官、军官、海军将领和督办。这些人长期在京居留,"从各方面研究中国"是他们在华的任务之一(在很长的一段时间里是主要任务),从而留下了大量研究中国的论著、论文、日记、书信等史料,这些史料有相当一部分是在宗教使团印制出版。对这部分文献进行整理、研究,一可以从新的视角认知那段历史,二可以提高这批文献的使用率,为从事这一学科研究的学者服务,从而最大限度地提升这批文献的史料价值。

1.2. 俄国东正教驻北京宗教使团印制的出版物:

俄国东正教驻北京宗教使团印制出版物的活动,最早始于1858年以后。这之前一切的书籍、资料的获取主要靠抄写,有许多史料中都有关于宗教使团成员手抄书籍的记载。第10届(1821—1830)宗教使团的修士大司祭卡缅斯基,就十分注重各种图书的收集和抄写。自他到京后,立即开始从耶酥会士的藏书中抄写各种汉译的神学书籍,并亲手抄写汉文版和满文版的《圣经》一式两份,还将其中的一份寄回俄国,"以备皇家圣经协会参考"。

在宗教使团出版物的印制活动中,有两个人在其中起了很大的作用。一是伊萨亚(Исаия Поликин,1833—1871)——第14届(1858—1864)和第15届(1865—1878)宗教使团的修士,他是在宗教使团设立印书房的积极倡导者之一。在任期内,他积极在俄罗斯馆(俄国东正教驻北京宗教使团驻地的别称)筹建刻板、装订和印刷作坊,使宗教使团具备了印制汉字书刊的能力。刊印活动成为了这个时期宗教使团最突出的业绩。伊萨亚修士是第一位尝试用汉语主持圣事的俄国修士。国图馆藏中,收有他编撰的、在传教士团印制的文献有《简明汉语语法》(1906,北京),他翻译成

---

① 阿·马·波兹德涅耶夫:《蒙古及蒙古人》,张梦玲等译。

中文的《聖教會要課》(1866,北京)等。这个时期,宗教使团印制的主要是其成员为传教而翻译的经书,如:固礼翻译的《新约》(1864年印制)、巴拉第翻译的《圣咏经》(1879年印制)、伊萨亚翻译的《新约与旧约圣史》(1867年和1879年印制)等。

宗教使团大规模地印制书刊始于 1900 年以后。Ф. 英诺肯提乙(Фегуровский Иннокентий,1863—1931)——俄国东正教驻北京宗教使团第18届领班,是宗教使团出版物在京印刷活动中起很大作用的另一个人。他于1898年到北京,在北京居住30余年。十月革命后他被流亡南斯拉夫的塞尔维亚教庭任命为都主教。在华期间,为沙皇俄国效力,曾在俄国侵略军的护卫下,将从万寿山、雍和宫所劫古玩、玉器、细软陈设、图书(其中包括《古今图书集成》)装载50余车运往俄国。1932年客死于北京。在京任职期间,他从谢尔基圣三一修道院请调来一名修士辅祭——尼康,专门负责管理印刷房的工作。1911年,印刷房增设了石印车间。为提高宗教使团的印制效率,他派尼康专程回圣彼得堡参观印刷厂,学习铸字技术,回北京后立即在宗教使团内成立了铸字车间。

早在1897年,在天津经商的俄罗斯商人斯塔尔采夫的资助下,宗教使团就有了现代化的印刷设备:一台价值2000卢布的印刷机和2万余个木刻的汉字摸,并增设了装订房。活字印刷技术提高了印制的速度,仅印字房成立的头6年里,就印制了20多种汉语译作。

馆藏中的这部分文献,出版于1888—1939年间。这个时期,正值俄国东正教驻北京宗教使团的转型期①。此时期的出版物多以学术研究为主,也有部分带有浓重政治色彩的作品。从内容上看,以研究中国历史、地理、宗教、文化、风俗习惯为主,兼有对中国政治、外交的研究。文献类型有图书、字词典,以及期刊、丛书等。著者大多为宗教使团成员:领班、司祭、监督官,也有俄国驻中国的外交官、在华的教师,以及著名的俄国汉学大师比丘林和巴拉第等人的作品。文献以原著为主,也有部分译自中文、英文、法文的译作。

2. 馆藏俄国东正教宗教使团印制的出版物及其著者

馆藏这批文献的特点:(1)明确标有"俄国宗教使团"、"圣母安息堂"出版的字样,出版地"北京";(2)出版时间为1888—1939年间;(3)俄文文献以汉学研究著作为主,也有部分教科书。署名的作者有20余人,构成了从事中国研究的作者群。其中既有宗教使团的成员,也有世俗人员。

---

① 综观俄国东正教驻北京宗教使团在中国的活动史,可以十月革命为界划分为两个阶段:前一阶段身兼传教、外交和文化交流的三重重任;后一阶段,除宗教的作用外,其他两种作用逐渐消退或消失。——(作者注)

附录3：国图藏俄国东正教宗教使团印制的出版物及其著者

作品涉及的学科范围很广,它们从不同角度见证着俄罗斯早期汉学的成果。

2.1. 作者之一：比丘林（1777—1853，Бичурин，Н. Я.）

又译俾丘林,法号亚金甫（Иакинф,又译夏真特、雅撒特、亚金夫）。1777年出生于喀山省齐维利斯克县阿库列沃村楚瓦什族的一个神父家庭。1799年毕业于喀山神学院,以修道士资格留校任教教授法语,取法号亚金夫。1801年任喀山约阿诺夫斯基修道院院长。1807年任俄国东正教驻北京第9届宗教使团领班,在京居留14年,习汉、满、蒙、藏语,先后编纂多部双语和多语辞典、汉语语法,编译大量经籍文献等。1821年回国后,因未能完成宗教使命等原因受东正教事务管理总局法庭审判。1823年9月4日至1826年11月1日被关押在瓦拉姆修道院。获释后,任外交部亚洲司译员。1828年12月,当选为俄国科学院东方文学和古文物通讯院士。1829年为圣彼得堡公共图书馆名誉馆员,负责汉、满文图书分类编目工作。1830年随科学考察队赴俄中贸易中心喀尔喀蒙古区搜集资料,1831年被选为巴黎亚洲协会会员。同年1月,应商人们的要求,比丘林在恰克图创办了第一所汉语学校(1831—1861)。

有史料记载,比丘林在京期间,搜集了大量中国的文化典籍。1821年回国时,带走了12箱中文、满文书籍,一箱手稿,一箱染料等。后据此撰写了几十部有关中国历史、民族、宗教、地理民俗的著作。其主要作品有《中国——其居民、风俗、习惯与教育》(1840)、《中华帝国统计概要》(1842)、《中国的民情和风尚》等,译作《成吉思汗家系前四汗史》(1829)、《三字经》(1829)、《西藏志》、《北京志》、《准噶尔和东土耳其斯坦志》、《公元前2282至公元1227年西藏和青海史》、《中国及其居民、风俗习惯与教育》等,其中《15世纪至今卫拉特人,即加尔梅克人评述》、《汉文启蒙,汉语语法》、《中华帝国详志》、《中国的民情与风尚》及《古代中亚各民族历史资料》先后五次获杰米多夫奖①。

在馆藏这批出版物中,笔者找到了他的三部作品：《中华帝国统计概要》、《汉语语法》和他翻译的《三字经》。

1)《中华帝国统计概要》（Статистическое описание Китайской империи）,1910,北京,俄国宗教使团印书馆印制,两卷本(馆藏索书号：3/K92/Б675)。书中详细记述了有关中国的情况。全书分为"中国政府统计概要"和"满洲、蒙古、东土耳其斯坦和西藏"两部分,介绍了这些地区的边境、自然环境、物产、人口、民族、宗教、教育、军事、工业、贸易、度量

---

① 杰米多夫奖,是1832—1865年间圣彼得堡科学院设立的科学奖,专门用来奖励科学、技术和艺术领域里的优秀作品。

衡、货币、交通、财政、国家制度、政党、刑法等诸多方面的问题,称得上是名副其实的"详志"。这部书,后又多次再版。馆藏中还有新版的《中华帝国统计概要》(莫斯科,东方书屋,2002,第463页)。此书是俄罗斯"祖国和境外东方学研究经典"系列丛书之一,是比丘林的第一部著作的再版。

2)《汉文启蒙》(Китайская граматика),1908,北京,俄国宗教使团圣母安息堂印制(见下图)。这部书是比丘林最重要的汉语语言学著作。最初,这本书是专为恰克图华文馆编写的学习汉语的教材。后经作者多次修改、补充,最终成为一本很经典的汉语启蒙教科书。1830年第一次出版时,书名为《汉语语法基础》,圣彼得堡石印版,印数极少。经修改后,1835年在圣彼得堡出版了第二版,书名为《汉文启蒙·汉语语法》。出版后即获圣彼得堡科学院设立的奖项——杰米多夫奖。1835年版的《汉文

《汉文启蒙》书名页,1908,北京,俄国宗教使团圣母安息堂印制

启蒙·汉语语法》成为历史上"第一部比较完整和系统的汉语语法著作"①,它的出版奠定了俄国汉语语法教学的基础。后比丘林又对其进行了不断地增补、修改,并于1836年完成了《汉文启蒙》第二部分的编写,在之前的版本中加入了新内容。待1838年再版时,第二次获杰米多夫奖。馆藏的这个版本应是此书的第四版,也是《汉文启蒙》在境外出版的唯一版本。这个版本,是当年为俄国东正教驻华宗教使团成员学习汉语选定的参考书。全书除"前言"外,分为两部分,每部分又分成若干章节。第1部分,是对汉语、汉语的音韵、汉字、汉字的构成、汉字的书写方法,以及书写六体、正字标点等的讲解。
第2部分,详细地阐述了汉语语法规则。书后附有10个附录,附录为表格的形式。这本内容很丰富的《汉文启蒙》在今日看来,也仍然是一本质量很高的学习汉语的启蒙读本。

3)《三字经》(Сань-цзы-цзинь или троесловие с китайским текстом),这本书是比丘林在瓦拉姆监狱里坐牢时翻译的诸多中国典籍之一。它最早出版于1829年的圣彼得堡。馆藏的这部是1908年在北京宗教使团印制的再版本。1829年出版的俄中②对照的《三字经》,使18世纪的俄国真正认识了《三字经》的精髓。从这点来说,比丘林是将《三字经》介绍给俄国社会的第一人。《三字经》全文并不长,只有千余字,但却包含了厚重的儒家文化,"将其内容译成外文并不困难,然而严格遵守三言诗的形式却

---

① 李伟丽:《尼·雅·比丘林及其汉学研究》,学苑出版社,2007。
② 为方便俄国人阅读,书中是以俄文在前,中文在后的形式印刷出版的。

非易事"。比丘林不但完全按照三言诗的形式翻译了全文,而且还对其中的历史背景、文化典故做了详解,在其译文后共有附注 103 条,作为对正文的补充。所以,该译本出版后,先后被喀山大学和圣彼得堡大学选作汉语教材。

2.2. 作者之二:卡法罗夫 П. И. (1817.9—1878.12, Кафароф, Петр Иванович);法号巴拉第(Палладий А)。

修士大司祭,俄国东正教驻北京宗教使团第 13 届、15 届领班。出生于今俄罗斯鞑靼斯坦的契斯托波尔市的一个神学世家。1838 年毕业于喀山传教士学校,后进入彼得堡神学院学习。1839 年自愿参加第 12 届宗教使团(1840—1847),为修士辅祭,取法号鲍乃迪·巴拉第。之后,他的作品多以巴拉第署名。1840 年到北京,1847 年回国。次年升任大司祭。1849 年出任第 13 届宗教使团领班(1850—1859)。1864 年由驻罗马大使馆教堂住持出任第 15 届宗教使团领班(1864—1878),1878 年退休回国。途中客死于马赛。他曾先后 3 次来中国,前后共居留 30 余年。其间,1870—1871 年曾参加俄国地理学会组织的阿穆尔河及南乌苏里江考古与民族考察队约一年。他是 19 世纪俄国宗教使团汉学研究中具有代表性的人物。其主要作品有:《汉俄合璧韵编》、《俄罗斯东正教驻北京布道团成员著作集》、《佛陀传》,译有《关于成吉思汗的蒙古古老传说》等。

1)《汉俄合璧韵编》(Китайско-русский словарь)(1888,北京),同文馆。该书是巴拉第的绝笔之作,也是他"在其生平的最后几年里,集中精力编辑"的,最终未来得及完成和出版的作品。他身后,另一位汉学家波波夫加工整理了这部书的手稿,并于 1888 年在北京同文馆出版。馆藏的这部,正是这个年代的版本。所以,馆藏目录上著者一栏标注的是 А. 巴拉第、П. С. 波波夫编。

2)《俄罗斯东正教驻北京布道团成员著作集》(Труды членов Российской духовной миссии в Пекине),1910,北京,圣母安息教堂。这是 19 世纪中叶俄国汉学界的第一部连续出版物。其首倡编辑者即是巴拉第。它的出版不仅在俄国引起轰动,其影响更遍及"欧洲汉学界,乃至整个科学界",马克思在《资本论》中提到的唯一的中国人"王茂荫",就是出自这份刊物。《著作集》先后出版了四辑,首次出版时间为:第一辑,1852 年;第二辑,1853 年;第三辑,1857 年;第四辑,1866 年。出版地是圣彼得堡。巴拉第的许多传世的作品都收在这部《著作集》中。如《佛陀传》收在第一辑中,《古代佛教史纲要》收在第二辑中,而第四辑中编入的则完全是巴拉第的作品。馆藏的是《著作集》的第二辑、第四辑和第一全四辑的合刊,均是 1909—1910 年间俄罗斯东正教驻北京宗教使团圣母安息教堂印制所印刷出版,应是《著作集》的第二版。2004 年,中国学者张琨等人将《著作集》翻译成了中文,书名为《19世纪中叶俄罗斯驻北京布道团人员关于中国问题的论著》(北京，中华书局)。

3)《佛陀传》(Жизне описание Будды)，1911，北京，圣母安息教堂。最早收在1852年圣彼得堡出版的《俄罗斯东正教驻北京布道团成员著作集》第一辑中。馆藏中的这本书是《著作集》1910年再版后，于1911年在俄国东正教驻北京宗教使团的圣母安息教堂印制所印制，单独出版的。书名页上有"北京东正教宗教使团出版物"字样，出版地"北京城"，定价：50戈比。

2.3. 其他著者及作品：

在馆藏俄国东正教驻北京宗教使团印制的出版物中，署名的作者有20余位。作品中有专著、译著、教科书、字词典等。其中，语言文化类文献占有很大部分，有第18届领班英诺肯提乙(Иннокентий Ф.)编撰的《华俄词典》(1926)，修士司祭伊萨雅的《简明汉语语法》(1906)，俄国汉语学校校长、哈尔滨法政大学副校长 Я.勃兰特编写的《汉字书面用语自修课本》(1914)，《华言初阶》(第1册)、《俄语句法》(Синтаксис русского языка，1915)等。

历史类的有：В.萨沃德尼克撰写的专著《19世纪俄罗斯文学史概论》(Очерки по истории русской литературы XIX-го века. Ч. 1，1923)，在中东铁路商业学校任校长的К. А.伊万诺夫撰写的《古代世界史》(История древнего мира，1919)、《中世纪史》(История средних веков，1920)，С. Ф.普拉托诺夫编写的《俄罗斯历史·中学专用课本》(1919)，К.罗夫佐夫译自英文的《中国历史概况》(1814)等。

宗教研究，是俄国东正教驻北京宗教使团的工作之一。馆藏中宗教类的文献有，巴拉第的《佛陀传》(1911)、《俄罗斯东正教驻北京宗教使团成员著作集》(1909—1910)，Ю.瓦西里耶夫译自法文的《法国天主教教会190周年》(Французские католические миссии в девятнадцатом столетии，1909)等。

经济类的有：П.沙连贝尔格译自英文的《中国银行制度浅议》(Кое-что о Китайской банковской системе，1908)等。风俗习惯类的有第14届传教士团司祭 И. Г.库利奇茨基的《中国人的婚礼》(Брак у китайцев，1908)。游记类的有：Г. П.茨维特科夫译自中文的《从京城到伊犁》(Переезд из Пекина в Или，1907)等。

涉及到政治、外交的有：金斯的《西伯利亚，盟国和高尔察克》(Сибирь, союзники и Колчак, 1918—1920 гг, 1921)；还有记述1905年日俄旅顺口谈判的《俄国外交史的一页》(Страница из истории русской дипломатии，1923)和《俄国在远东》(1922)，作者是十月革命后逃亡国外

的 И. Я. 科罗斯托维茨；以及 Я. 勃兰特编辑的中俄对照本《交涉问答》(Дипломатические беседы,1911)等。

此外还有 1907 年创刊的《中国福音报》(Китайский благовестник)。此刊是俄国东正教驻北京宗教使团的机关刊物，封面上有"北京东正教总会出版物"的字样，为双月刊。专门刊登该团成员的作品，及译自中国报刊上的文章。初创时刊名为《中国东正教会通报》,1904 年创刊，第 1、3 期在哈尔滨印制，从 1907 年起改为现名，由英诺肯提乙主教主持出版，直到 1954 年宗教使团的大主教维克多和大批白俄东正教教徒返苏前夕才停止出版。馆藏有此刊的 1939 年 no.3—8。其中有对北京修道院的介绍，有对俄国宗教使团在华印制出版物的报道，以及记述俄国东正教宗教使团史料的文章。

还有期刊《俄罗斯评论》(Русское обозрение),创刊于 1921 年，月刊。这是一部大型文学、科学并带有政治色彩的杂志。刊物主编金斯(Гинс Г. К.,1887—1971),由东方启蒙出版社出版，俄国宗教使团印书馆印制，主办方是"远东自由和人权同盟"。此刊有很规整的现代出版物的特征：刊名页、目次页、广告页等。此刊专门发表俄侨作家的作品，内容包括诗歌、小说、文学评论以及研究远东自然财富、经济前景、司法制度和苏联法律、历史、哲学等相关问题的文章。

在馆藏中，还有在哈尔滨等地印制出版的该时期的俄文文献，如金斯的《中国商法概述》(1933,哈尔滨)等，但已偏离本文，故待以后再做探讨。

参考文献：
1. 中国国家图书馆馆藏目录。
2. 李伟丽：《尼·雅·比丘林及其汉学研究》,学苑出版社,2007。
3. 陈开科：《巴拉第的汉学研究》,北京：学苑出版社,2007。
4. 阎国栋：《俄国汉学史(迄于 1917 年)》,北京：人民出版社,2006。
5. www.nlc.gov.cn。

附录4：

北平图书馆特聘通讯员"阿翰林"

2009年,是中国国家图书馆走过百年历程的一年。在庆幸作为国家图书馆的一员赶上百年庆典之余,笔者自然会对国图历史产生兴趣。在《北京图书馆馆史资料汇编》中,笔者见到了"阿理克"(俄)的名字。因笔者素来对俄苏汉学感兴趣,所以对这位与我馆有过不平凡交往的"阿理克"知晓一二。

阿理克,俄文名 В. М. 阿列克谢耶夫(Василий Михайлович Алексеев,1881—1951),俄苏著名汉学家,苏联科学院院士。他曾被郭沫若先生尊称为"阿翰林"和"苏联首屈一指的汉学家",是俄苏汉学史上的三个划时代的人物之一。

纵观俄苏汉学的发展进程,可以概括为四个划时代的时期。

第一个时期,为僧侣时期。从18世纪下半叶至19世纪上半叶。代表人物为 Н. Я. 比丘林(Нитита Яковлевич Бичурин,1777—1853),俄罗斯科学院通讯院士,俄罗斯汉学的奠基人。俄国东正教驻北京第9届传教士团领班。

第二个时期,被称为学院时期,即19世纪下半叶。代表人物为 В. П. 瓦西里耶夫(Василий Павлович Васильев,1819—1900),俄国科学院院士,俄国汉学学院派的集大成者。

第三个时期,是苏联新汉学时期,从苏联十月革命后起。代表人物就是这位有个中文名字"阿理克"的 В. М. 阿列克谢耶夫。

第四个时期,可以称作是群星璀璨时期,从20世纪下半叶起。此时期有多位代表人物。他们均在不同程度上受到了 В. М. 阿列克谢耶夫的指导和影响。

1."阿翰林"的生平

В. М. 阿列克谢耶夫,1881年1月2日出生于圣彼得堡的一个小职员家庭。公费进了喀琅施塔得中学。后考入圣彼得堡大学,靠助学金完成学业。1902年毕业于圣彼得堡大学东方语言系。1916年获硕士学位,学位论文《中国诗人论长诗·司空图(837—907)的〈诗品〉》。1918年晋升为教授。1919年未经答辩获语文学博士学位。

1923年当选为苏联科学院通讯院士,1929年当选为院士,被尊为"阿翰林",是苏联新汉学的奠基人。同年,他接到北平图书馆副馆长袁同礼先生签署的公函,被正式特聘为北平图书馆"通讯员"(阿列克谢耶夫为该馆同期聘任的六位外籍学者之一)①。这表明,阿列克谢耶夫的学术成就同时得到两国的承认。一个年仅44岁的汉学家登上了学术界高位,一是因为年轻的阿列克谢耶夫研究成就确实显赫,二也说明汉学在苏联学术界的影响和地位。

1910—1951年,他在列宁格勒大学、地理学院、俄国艺术史学院、东西方语言和文学比较史学院、列宁格勒历史、语文和语言学院、莫斯科东方学院任教。1933—1951年任亚洲博物馆中国部(后为苏联科学院东方学研究所)主任。1904—1905、1910、1926年在中国,1911、1923、1928年在英国,1911、1926年在法国进修和讲学。1907年曾参加挖掘河南新石器时代遗址的工作。1912年曾到中国东南部,为苏联科学院人类学和民族学博物馆收集民族学资料。

他主要从事中国语文学和中国考古学、民族学以及文化史的研究。发表著作260多种。主要著作有:《中国论诗人的长诗·司空图(837—907)的〈诗品〉》(1916)、《中国文学》(1978)、《东方学》(1982),译作有《聊斋志异》等。

2. 北平图书馆的特聘通讯员

阿列克谢耶夫受聘的决议,见于国立北平图书馆委员会民国十八年(1929年)9月2日。同年10月25日该馆向"通讯员"发出公函,内称"敬启者,本馆改组成立建设事业于焉发轫,深虑弗胜致贻讥诮,夙仰先生斗山望重学识宏通,兹特聘为本馆通讯员。庶凿匡壁而增辉。祗承明教,允望鸿篇之是锡,借照他山。谨肃芜牋,伏希惠允是幸。"函中除希望其接受聘任外,还有一项内容就是祈请通讯员有"新刊图籍"、"一部寄赠"。

当年,北平图书馆决定同批聘任的六名任通讯员的外籍人士有:长泽规矩也(日)、王光祈(德)、阿理克(俄)、张凤举(法)、耶慈(英)、斯永高(美)②。

据阿氏的门生李福清院士讲,在位于圣彼得堡的阿列克谢耶夫档案馆里,至今仍保存有北平图书馆副馆长袁同礼先生写给阿列克谢耶夫的书信。

3. 馆藏"阿翰林"的著作

在国家图书馆的藏书中,收藏有"阿翰林"的专著、文集14部17本,多为各类图书馆藏书中的珍本、孤品。如:

1. Судьбы китайской археологии. 1924.. 80 с..《中国考古学的命运》【索书号:3\K87\A471】

2. Артист-каллиграф и поэт о тайнах в искусстве письма. 33 с. 出版不详《书法

---

① 《北京图书馆史文献汇编》,北京图书馆出版社,1994年,第306—307页、第310页。
② 同上。

家银河诗人谈书法艺术之奥秘》
【索书号:3\J292\A471】

3. В старом Китае: Дневники путешествия 1907 г. 1958.. 310 с.【索书号:3-85\K928.5\A471】

这部分藏书,已经是阿列克谢耶夫院士作品的孤本,否则,在2003年版 В. М. 阿列克谢耶夫作品集中首次公开的阿列克谢耶夫院士的研究档案资料里不会没有体现。

国家图书馆收藏的阿列克谢耶夫院士的专著、论文集可分为两部分:

一是"阿翰林"生前入藏的,有8部;它们是:

1. Артист-каллиграф и поэт о тайнах в искусстве письма 33 с.: 出版不详《书法家银河诗人谈书法艺术之奥秘》【索书号:3\J292\A471】

2. Заметки об изучении Китая в Англии, Франции и Германии 1906. 104 с..《英、法、德中国研究概况》【索书号:3\K203\A471】

3. Описание китайских монет и монетовидных амулетов, находящихся в Нумизматическом отделении Императорского Эрмитажа 1907.. 74 с..《帝俄艾尔米塔什博物馆古钱币部收藏的中国钱币与钱币护身符著录》【索书号:3\K875.6\A471】

4. О разговорном обозначении китайских так называемых ключевых знаков 1910. 313 с..《论汉字几个所谓部首符号的口语表示》【索书号:3\H124.5\A471】

5. Китайская поэма о поэте: Стансы Сыкун Ту (837—908): Пер. и исследование. (С прил. кит. текстов) 1916.. 9, 140, 481, 155 с.《中国诗人论长诗·司空图(837—908)的《诗品》(翻译与研究))【索书号:П52-1\23】

6. Безсмертные двойники и даос с золотою жабой в свите бога богатства 1918.. 254—318 с..《合和二仙,刘海戏金蟾》【索书号:3\I27\A471】

7. Судьбы китайской археологии. 1924.. 80 с..《中国考古学的命运》【索书号:3\K87\A471】

8. Китайская иероглифическая письменность и ее латинизация. 1932.. 178 с..《中国方块字及其拉丁化》【索书号:3\H125.1\A471】

其中,第1部书系抽印本[①],是从俄文杂志《苏联东方学》上刊登的作者长篇论文上抽印后,另做装帧的。书上即无出版页,也没有完整有序的页码(所以,在我馆的馆藏目录上,出版地一栏标注的是:出版地不详)。但在扉页上有作者的亲笔赠言,是作者于1947年赠予我馆的。此书分为三部分:1)、作者的论文《书法家银河诗人谈书法艺术之奥秘》;2)、杨景曾《书品》的俄译文,共24品;3)、《书品》的原文。书后还附有"虎、龙(均为善庆书)、寿

---

① 从原发表在刊或书中的文章,单独抽出来再编成的小册子,称为抽印本。这是一种在俄苏使用较普遍的印刷书籍的方法。

(马德昭书)"三字的书法示图。

属于抽印本的还有第5、6部著作。其中,第5部书系作者的硕士学位论文,也是作者的成名作。该书的出版,在当时的苏联汉学界引起了极大的反响,也使作者跻身于苏联乃至世界上造诣颇深、极具影响力的汉学家行列。这部书现已是国内唯一的俄文原版本。

二是后人编辑的集子。这部分是阿列克谢耶夫院士去世后,由他的后人、学生为纪念他而编辑、出版的。它们有:

9. В старом Китае: Дневники путешествия 1907 г. 1958.. 310 с. 【索书号:И25-5\57】

此书已译成中文,中文书名是《1907年中国纪行》(2001)(馆藏索书号:2001/K928.9/A113)。

10. Китайская классическая проза: В переводах акад. В. М. Алексеева 1959.. 386 с.: портр.; 21 см.【索书号:П16-2\44】

11. Китайская народная картина: духовная жизнь старого Китая в народных изображениях. 1966.. 258 с.《中国民间年画——民间绘画中所表现的旧中国精神生活》【索书号:T60-7\2】

此书由著名汉学家列·艾德林任主编并为此书作序。之所以翻译成"年画",是因为原书名用的是"Картина"一词。然而,实际上这本书中收入的有阿列克谢耶夫院士有关中国民间绘画、民间戏剧、传说、神话、宗教、迷信等的论文。可以说,这本书是一部描写中国民间文化的论文集。书中还收入了105幅民间绘画(其中有五幅为彩色),这些画全部是艾尔米塔什和宗教及无神论历史博物馆的藏品。

12. Китайская литература: Избранные труды 1978. 594 с.《中国文学(选集)》【索书号:3\I206-52\A471】

13. Наука о Востоке: Статьи и документы. 1982.. 534 с.《东方学(文章与文件)》【索书号:3-89/\K207\A471】

14. Труды по китайской литературе: В 2-х кн. Кн. 2 2003.. 511 с. 【索书号:3-2004\I2\1】

2003年版的《Труды по китайской литературе》(《中国文学论文集》),是阿列克谢耶夫院士的女儿 М. 班科夫斯卡娅为展现 В. М. 阿列克谢耶夫最后的研究成果而编辑的,是 В. М. 阿列克谢耶夫1978年版的《中国文学》的补充本。在这本书里首次公开了 В. М. 阿列克谢耶夫院士的学术研究档案以及他的千余篇从未发表过的译文、译著、论著等。此书由作为 В. М. 阿列克谢耶夫院士学生的 Б. Л. 里弗京(中文名,李福清。李福清院士曾多次在我馆做讲座)负责编辑、整理。这套书由1、2卷构成,在我馆均有收藏。

在馆藏的 B. M. 阿列克谢耶夫的这 17 部书中,有作者本人赠送给我馆的《书法家银河诗人谈书法艺术之奥秘》等,有作者的女儿 M. 班科夫斯卡娅赠送的《中国民间年画》等;有作者的学生赠送的《东方学》等。这些书不但丰富了国家图书馆的馆藏,而且也为我国从事俄罗斯学研究的人员提供了极为珍贵的文献资源。

在百年馆庆之际,我们深切缅怀为馆藏建设作出贡献的国人及友人。

参考资料:

1. 《北京图书馆馆史资料汇编》,北京图书馆出版社,1994。
2. 李明滨:《中国文学在俄苏》,花城出版社,1990。
3. Алексеев,Василий Михайлович:《Труды по китайской литературе》М.：Вост. лит.，2003 [M] 2009.2.25.

附录5：

波兹涅耶娃教授的鲁迅研究

2008年,是享有世界声誉的苏联著名汉学家、莫斯科大学教授波兹涅耶娃诞辰100周年。为此,北京外国语大学中国海外汉学研究中心、北京大学中俄比较文学研究会、北京外国语大学俄语学院、北京大学俄语系特为她举办了纪念活动。在纪念、缅怀这位伟大女性的日子里,我们不禁为她在中苏两国文化交流上做出的成绩感到震惊和仰慕。特别是她的长达56万字的《鲁迅评传》,不仅见证了她二十余年的研究成果,而且在国际国内鲁迅研究界都极具影响力。《鲁迅评传》的中文译者、鲁迅研究专家颜雄教授在肯定了这本书的学术地位后,盛赞波兹涅耶娃"勤奋谨严、实事求是的学风铸就了本书的学术品位"①。

柳鲍芙·德米特里耶夫娜·波兹涅耶娃(Любовь Дмитриевна Позднеева,1908—1974)出生于俄国圣彼得堡的一个汉学世家。其父德·波兹涅耶夫毕业于圣彼得堡大学东方系满蒙专业,长期任教于东方语言各专业,曾任海参崴东方学院院长(1904—1906),并获得中国颁授的双龙勋章②。其伯父阿·波兹涅耶夫是蒙古学家,创办了海参崴东方学院并任第一任院长(1899—1903)。

正是在浓郁的汉学家庭环境的影响下,幼小的柳芭(波兹涅耶娃的爱称)在中学和中等音乐学校毕业后,报考了列宁格勒大学东方系,并在此完成了大学学业。在这里,她受业于被郭沫若先生赞誉为"阿翰林"和"苏联首屈一指的汉学家"阿列克谢耶夫院士,和当年在列宁格勒大学任教的、中国著名苏联文学翻译的先驱曹靖华教授。天资聪颖、勤奋好学的她很快成了曹靖华先生的得意门生。曹先生曾不止一次地夸奖她是"难得的多面手,很有才气",说她是开卷能读古文,开口能讲白话,提笔能写很好中文文章的能手。因此,当她于1956年进行博士论文答辩时,恰巧在莫斯科出差的曹先生,应邀欣然出席了她的答辩仪式。

---

① 见颜雄的文章"'中俄之交'又一页——兼本书的由来及评介",载于波兹涅耶娃著,《鲁迅评传》,吴兴勇、颜雄译,湖南教育出版社,2000。

② 双龙勋章:清朝对有"勋劳"于国家的臣民所给予的荣誉标识。起初专用于颁发给外国人,后对国人也有颁发。见:王道瑞的《清代的"双龙宝星"勋章》。

一、《鲁迅评传》的写作

1932年,波兹涅耶娃毕业于列宁格勒大学东方系,而她《鲁迅评传》的写作始于1933年。也就是说,大学毕业后的第二年,她已经着手构思《鲁迅评传》,而书稿的结稿时间是1958年。波兹涅耶娃教授用了二十余年的时间在了解、探询、挖掘、研究鲁迅。她是将毕生最好的时间都用在了这部书上。

波兹涅耶娃教授的《鲁迅评传》(Лу Синь. Жизнь и творчество)1959年由莫斯科大学出版社出版。全书分为三编:上编(1881—1917)新的探索;唯物主义者、启蒙思想家、革命者;辛亥革命和"沉没的年代"。中编(1918—1927)摆脱思想的困境;《呐喊》、《彷徨》、《野草》;厦门——广州——上海。下编(1928—1936)鲁迅和中国左翼作家联盟;后期杂文;讽刺小说。全书共九章,56万字,共570页。作者严格按编年排列,从不同时期,分别论述了时代对鲁迅先生创作的影响,以及鲁迅是如何用笔做武器来反映时代、抨击现实社会的。书中作者力图用马克思主义观点评价鲁迅,这点完全与当年苏联的学术指导思想相吻合。

"他没有丝毫的奴颜和媚骨,这是殖民地半殖地人民最宝贵的性格。"波氏在《鲁迅评传》中,用毛泽东主席的这段话作为本书的开场白。而也正是鲁迅的这种"没有丝毫奴颜和媚骨"的精神吸引着她,让她不停地去钻研、去探询。1956年,在她的博士论文《鲁迅的创作道路》答辩会上,她曾深情地说:"我要再次去中国学习,去研究她古老的文化,研究没有丝毫奴颜媚骨的伟大的中国作家——鲁迅。"

深厚的中文功底,为波氏的鲁迅研究提供了有力的保障。工欲善其事,必先利其器。语言是阅读外国文学的最大障碍,更何况是鲁迅先生的作品。历史上就曾有人将鲁迅杂文集中最为锋利的《二心集》,一度译为《两颗心》、《两面人》等等。而做为一名外国人,波氏不但读懂了鲁迅的作品,还有叙有议地将研究成果集结成书。这部书是同时代中外学者中关于鲁迅研究的"一部篇幅最大的评传式专著"(1959年,56万字),而此前出版的同类著作也仅有:"曹聚仁:《鲁迅评传》(1937年),约20万字;小田夫:《鲁迅传》(范泉译,1946年),不到10万字;王士:《鲁迅传》(1948年),近35万字;朱正:《鲁迅传略》(1956年),约10万字。"[①]

与中国的密切交往,促进了波氏的鲁迅研究。1933年,波氏与在国际师范大学任校长兼中国部主任的中国学者张锡俦相识、相爱并步入婚姻的殿堂,开始了她一生不平凡的感情经历。跨国婚姻使波氏有机会经常往来于中苏两国之间,结识、访问了众多伟大作家的朋辈和战友,从而

---

① 《鲁迅评传》中译本后记。

促进了她的鲁迅研究。1950年来华时,她被安排在中央编译局俄译组从事翻译和校阅工作,同时参加《人民画报》俄文版的校阅和翻译,在中国人民大学的俄语教师进修班教授俄语。工作之余,她经常向曹靖华、冯雪峰、黎树、肖三等人请教,讨论关于鲁迅的创作及中国的现代文学等方面的问题。曹靖华先生就她提出的问题,建议她访问相关人士。于是,她先后拜访了许广平、丁玲等人,为她日后《鲁迅评传》的写作积累了丰富的一手资料,也加深了波氏对中国现代文学的了解和认识。

勤奋好学的性格,成就了波氏的鲁迅研究。1956年,她以《鲁迅的创作道路》的论文获得博士学位。此时,她已年近五十。据她生前好友的后人回忆,波氏时时刻刻都不忘鲁迅研究,就连去北戴河休假,也要带上研究资料,有空就坐下来写。在她拜访许广平时,"她像一名小学生一样聚精会神地听许广平的讲述"。

严谨的治学风格,铸就了56万字的《鲁迅评传》。治学严谨,贯穿于波氏一生的学术研究。这一特点在《鲁迅评传》中,体现得更加完美。翻开《鲁迅评传》,每一页都有长长的"注脚"(没有注脚的极少),每章的后面都有"本章注"。

二、鲁迅研究是波氏毕生的奉献目标

中俄两国的文化交流源远流长。中国人民对俄罗斯文化始终怀着"美好的感情",俄罗斯人对中国的文学、文艺也充满了"热情关注的目光"。俄国汉学,始于18世纪的沙皇时代。从20世纪20年代末起,鲁迅的作品就被陆陆续续译成俄文,这个时期出现了以龙果夫、费德林、艾德林、索洛金为代表的鲁迅作品的翻译家,和以波兹涅耶娃、彼得罗夫、谢曼诺夫为代表的鲁迅研究专家。波兹涅耶娃教授正是用自己不懈的努力,以自己的聪明、智慧,成为了同时代人中鲁迅研究的代表。她的鲁迅研究包括的范围很广,既有翻译、评论,也有专著。

鲁迅研究是波兹涅耶娃教授毕生研究的重点之一,《鲁迅评传》是她的代表作。应"波兹涅耶娃百年诞辰座谈会"组委会的邀请,笔者搜集、翻译、整理了波兹涅耶娃教授一生的著译篇目,并为《波兹涅耶娃汉学论集》一书选稿。从波兹涅耶娃长长的百余篇(本)的著译清单中,笔者从中感受到了她的勤奋、她的执著,她对鲁迅作品的热爱与痴迷。人们永远铭记她在鲁迅研究上所做出的成就。

除这部56万字的《鲁迅研究》外,波兹涅耶娃教授还编辑过一部作品集。1935年出版的波氏作品集中收录了鲁迅、丁玲、老舍等现代作家的翻译作品、评论等。这部作品集出版时,距波氏大学毕业仅三年。之后她也一刻不息地笔耕不止。

她翻译的《故乡》、《明天》,在1941年第3期的《青年近卫军》上发表;

后译文《故乡》被收录进译文出版社出版的《鲁迅选集》(1945,莫斯科)上,之后又于1952年、1953年、1954年、1955年、1956年多次再版;1949年,《源自鲁迅已发表的作品》一文,刊登在《太平洋研究所学者笔记》第三卷上;1950年,她又翻译了鲁迅的《社戏》、《小说与杂文》;1951年撰写了《十月革命与鲁迅的创作道路》,发表在当年的《莫斯科大学学报》第7期上;1952年撰写了《鲁迅为中国的新民主主义而斗争》;1954年,完成了博士论文纲要《鲁迅的创作道路(1881—1936)》,同年撰写的《鲁迅》的词条被收入苏联大百科上。同时她还承担了《鲁迅全集》四卷本的三分之一的翻译工作,并撰写了"跋"。该书很快被译成日文,在日本引起了轰动。为表彰她的辛勤工作,苏联学术界给予了她很高的评价,1952年授予她M.B.罗蒙诺索夫奖金。

直到她去世的前一年即1973年,她还翻译了鲁迅先生的《闲话集》。"生活就意味着工作"这一信念一直伴随着她一生,也一直激励着她向汉学深处进军。她用一生刻苦不停的工作,为后人留下了丰富的苏联汉语教学、研究上的宝贵财富。

后来,在她逝世后,她昔日的伴侣张锡俦先生[①]说:"她的一生是在加强中苏文化交流的事业中度过的。她为研究传播中国文化事业一直勤奋工作,直至生命的最后一息。"是的,我们纪念、缅怀这位勤奋的苏联学者。

参考文献:

1. 〔俄〕波兹涅耶娃著:《鲁迅评传》,吴兴勇、颜雄译,湖南教育出版社,2000。
2. 李明滨著:《中国文学在俄苏》,花城出版社,1990。
3. "Список основных трудов доктора Филологических наук профессора Л. Д. Позднеевой"《Народы Азии и Африки》No. 3 1968。
4. "潜心研究中国文化——忆俄罗斯著名汉学家柳芭·波兹涅耶娃",刘维熙《纪念波兹涅耶娃百年诞辰座谈会》,2008年12月24日。

2008.12

---

① 张锡俦:中国共产党党员。1933年在海参崴国际师范大学任副校长时,与波兹涅耶娃相识、相知,并结婚。1948年奉命独自回国工作。1953年2月—1963年4月任北京俄文专修学校党委书记,北京俄语学院党委书记,北京外国语学院党委第一任校长、书记。1966年正式与波兹涅耶娃离婚。

附录6：

人名俄汉对照索引

А

Аблажей, Н. Н. 阿勃拉热依 Ⅲ
Аболтин(Аварин), В. Я. 阿博尔京 Ⅴ
Аджимамудова, В. С. 阿直马穆多娃 Ⅰ
Александрова, М. В. 阿列克桑德罗娃 Ⅴ
Александрова, Н. В. 阿列克桑德罗娃 Ⅲ
Алексеев, В. М. 阿列克谢耶夫 Ⅰ
Алимов, И. А. 阿里莫夫 Ⅰ
Анисимов, О. С. 阿尼西莫夫 Ⅳ
Анисимова, С. А. 阿尼西莫娃 Ⅱ
Антонов, В. И. 安东诺夫 Ⅵ
Арнольдов, Л. В. 阿尔诺利朵夫 Ⅵ
Асланов, Р. М. 阿斯拉诺夫 Ⅵ
Астафьев, Г. В. 阿斯塔菲耶夫 Ⅴ
Ахметшин, Н. Х. 阿赫麦特申 Ⅲ
Ашимбаев, М. С. 阿什穆巴耶夫 Ⅴ

Б

Бадмаев, П. А. (Жамсаран) 巴特马耶夫
Бажанов, Е. П. 巴扎诺夫 Ⅵ
Баженова, Е. С. 巴热诺娃 Ⅴ
Барышников, В. Н. 巴雷什尼科夫 Ⅵ
Басманов, М. И. 巴斯曼诺夫 Ⅰ
Белов, Е. А. 别洛夫 Ⅲ
Белоглазов, Г. П. 别洛戈拉佐夫 Ⅲ
Бергер, Я. М. 别尔格尔 Ⅴ
Беспрозванных, Е. Л. 别斯普洛兹瓦内赫 Ⅵ
Бичурин, Н. Я. 比丘林
Блюмхен, С. И. 勃柳姆亨 Ⅲ
Бокщанин, А. А. 鲍克夏宁 Ⅵ
Болотина, О. П. 鲍洛金娜（罗金兰） Ⅰ
Бородич, В. Ф. 鲍罗季奇 Ⅵ
Борох, Л. Н. 鲍罗赫 Ⅳ
Бунаков, Ю. В. 布纳科夫 Ⅱ

Бурлацкий, Ф. М. 布尔拉茨基 Ⅵ
Буров, В. Г. 布罗夫 Ⅳ

В

Васильев, Л. С. 瓦西里耶夫 Ⅲ
Васильев, В. П. 瓦西里耶夫
Вахтин, Б. Б. 瓦赫金 Ⅰ
Веселовский, Н. И. 维谢洛夫斯基
Виноградов, А. В. 维诺格拉多夫 Ⅲ
Виноградова, Н. А. 维诺格拉多娃 Ⅶ
Виногродский, Б. Б. 维诺格罗德斯基 Ⅲ
Войтинский, Г. Н. 沃伊京斯基（吴廷康） Ⅴ
Воскресенский, А. Д. 沃斯克列先斯基 Ⅵ
Воскресенский, Д. Н. 沃斯克列辛斯基（华克生） Ⅰ
Востриков, А. И. 沃斯特里科夫 Ⅲ
Вяткин, Р. В. 维亚特金 Ⅲ

Г

Галенович, Ю. М. 加列诺维奇 Ⅵ
Ганшин, В. Г. 甘申 Ⅲ
Гельбрас, В. Г. 格利布拉斯 Ⅵ
Гинс, Г. К. 金斯 Ⅵ
Гитович А. 吉托维奇 Ⅰ
Глазунов, О. Н. 格拉祖诺夫 Ⅵ
Глунин, В. И. 格卢宁 Ⅲ
Голыгина, К. И. 戈雷金娜（郭黎贞） Ⅰ
Гончаров, С. Н. 冈恰罗夫 Ⅵ
Горбунова, С. А. 戈尔布诺娃 Ⅳ
Григорьев, В. М. 格里戈里耶夫（高黎明） Ⅲ
Грицак, Е. Н. 格里查克 Ⅲ
Гудошников, Л. М. 古陀什尼科夫 Ⅵ
Гумилёв, Л. Н. 古米廖夫 Ⅲ

Гуревич, И. С. 古列维奇 Ⅱ

Д
Дацышен, В. Г. 达策申 Ⅲ
Девятов, А. П. 杰维亚托夫 Ⅲ
Дейч, Т. Л. 杰伊奇 Ⅴ
Делюсин, Л. П. 杰柳辛 Ⅵ
Дёмина, Н. А. 娇米娜 Ⅱ
Дикарёв, А. Д. 季卡廖夫 Ⅵ
Драгунов А. А. 德拉古诺夫（龙果夫）Ⅱ
Дубинский, А. М. 杜宾斯基 Ⅵ
Дубровская, Д. В. 杜勃罗夫斯卡娅 Ⅵ
Думан, Л. И. 杜曼 Ⅲ

Е
Еремеев, В. Е. 叶列麦耶夫 Ⅲ
Ермаков, М. Е. 叶尔马科夫 Ⅳ
Ермашев, И. И. 叶尔玛舍夫 Ⅲ
Ефимов, Г. В. 叶菲莫夫 Ⅲ

Ж
Жаров, П. 扎罗夫 Ⅰ
Желоховцев, А. Н. 热洛霍夫采夫 Ⅰ

З
Забровская, Л. В. 扎勃罗夫斯卡娅 Ⅵ
Завадская—Виноградова, Е. В. 扎瓦茨卡娅 Ⅶ
Задоенко, Т. П. 扎多延科 Ⅱ
Захарова, Н. В. 扎哈罗娃 Ⅰ
Зинин, С. В. 齐宁 Ⅰ
Зограф, И. Т. 左格拉弗 Ⅱ

И
Иванов, А. А. 伊万诺夫（伊文）Ⅲ
Иванов, А. И. 伊凡诺夫（伊凤阁）Ⅱ
Иванов, П. М. 伊凡诺夫 Ⅳ
Ивановский, А. О. 伊万诺夫斯基
Иванько, С. 伊凡尼科 Ⅰ
Илюшечкин, В. П. 伊柳舍奇金 Ⅳ
Иннокентий, Ф. 英诺肯提乙
Исаенко, Б. С. 伊萨延科 Ⅱ
Итс, Р. Ф. 伊茨 Ⅲ

К
Калюжная, Н. М. 卡柳日娜娅 Ⅲ

Каменнов, П. Б. 卡缅诺夫 Ⅵ
Капица, М. С. 卡皮察（贾丕才）Ⅵ
Карнеев, А. Н. 卡尔涅耶夫 Ⅵ
Каткова, З. Д. 卡特科娃 Ⅵ
Кафароф, П. И. 卡法罗夫
Кетлинская, В. К. 克特林斯卡娅 Ⅰ
Кобзев, А. И. 科勃泽夫 Ⅳ
Ковалевский, Е. К. 科瓦列夫斯基
Кожин, П. М. 科任 Ⅴ
Кокарев, К. А. 科卡列夫 Ⅵ
Колоколов, В. С. 科洛科洛夫（郭质生）Ⅱ
Кондрашевский, А. Ф. 康德拉舍夫斯基 Ⅱ
Кондрашова, Л. И. 康德拉绍娃 Ⅴ
Конрад, Н. И. 康拉德 Ⅲ
Коркунов, И. Н. 科尔库诺夫 Ⅴ
Коростовец, И. Я. 科罗斯托维茨
Котов А. В. 科托夫 Ⅱ
Кравцова, М. Е. 克拉芙佐娃 Ⅰ
Кривцов, В. Н. 克里夫佐夫（克立朝）Ⅰ
Кроль, Ю. Л. 克罗尔 Ⅲ
Крымов, А. Г. 克雷莫夫（郭绍棠）Ⅲ
Крымский, К. Г. 克雷姆斯基
Крюков, М. В. 克留科夫（刘克甫）Ⅲ
Кузнецов, А. В. 库兹涅佐夫 Ⅵ
Кузнецов, В. С. 库兹涅佐夫 Ⅳ
Кузык, Б. Н. 库兹克 Ⅵ
Кулик, Б. Т. 库里克 Ⅵ
Куликов, В. С. 库利科夫 Ⅲ
Кульпин, Э. С. 库利平 Ⅴ
Кычанов, Е. И. 克恰诺夫 Ⅲ
Кюзаджян, Л. С. 屈沙强 Ⅵ

Л
Лаптев, С. В. 拉普捷夫 Ⅲ
Ларин, А. Г. 拉林 Ⅱ
Ларин, В. Л. 拉林 Ⅲ
Ларичев, В. Е. 拉里切夫 Ⅲ
Лебедева, Н. А. 列别捷娃 Ⅰ
Ледовский, А. М. 列多夫斯基 Ⅵ
Лейтнер, М. 列伊特涅尔 Ⅵ

Лисевич, И. С. 李谢维奇 Ⅰ
Ломанов, А. В. 洛曼诺夫 Ⅳ
Лубо-Лесниченко, Е. И. 卢博—列斯尼钦科 Ⅲ
Лузянин, С. Г. 卢齐亚宁 Ⅵ
Лукин, А. В. 卢金 Ⅵ
Лукьянов, А. Е. 卢基扬诺夫 Ⅳ

М

Магарам, Э. Е. Ⅵ
Макаров, С. М. 马卡罗夫 Ⅶ
Малевич, И. А. 马列维奇 Ⅵ
Малявин, В. В. 马良文 Ⅳ
Мамаева, Н. Л. 玛玛耶娃 Ⅵ
Манухин, В. С. 马努辛 Ⅰ
Маркова, С. Д. 马尔科娃 Ⅰ
Мартенс, Ф. Ф. 马尔坚斯
Мартынов, А. С. 马尔蒂诺夫 Ⅰ
Масленников, В. А. 马斯连尼科夫 Ⅴ
Маслов, А. А. 马斯洛夫 Ⅳ
Матков, Н. Ф. 马特科夫 Ⅰ
Мелихов, Г. В. 麦里霍夫 Ⅲ
Мелналкснис, А. И. 麦尔纳尔克斯尼斯 Ⅲ
Меньшиков, Л. Н. 缅希科夫（孟列夫）Ⅰ
Милянюк, А. О. 米连纽克 Ⅲ
Минаев, И. П. 米纳耶夫
Миф, П. А. 米夫 Ⅵ
Михеев, В. В. 米赫耶夫 Ⅴ
Моисеев, В. А. 莫伊谢耶夫 Ⅵ
Молодцова, Е. Н. 莫罗德佐娃 Ⅲ
Москалев, А. А. 莫斯卡列夫 Ⅲ
Муромцева З. А. 穆罗姆采娃 Ⅴ
Мясников, В. С. 米亚斯尼科夫 Ⅲ 23

Н

Наумов, И. Н. 纳乌莫夫 Ⅴ
Непомнин, О. Е. 涅波姆宁 Ⅴ
Никифоров, В. Н. 尼基福罗夫 Ⅲ
Никифоров, Л. В. 尼基福罗夫 Ⅴ
Никольская, Л. А. 尼科里斯卡娅 Ⅰ

О

Островский, А. В. 奥斯特洛夫斯基 Ⅵ
Ошанин, И. М. 奥沙宁（鄂山荫）Ⅱ

П

Павловская, С. Ф. 巴甫洛夫斯卡娅 Ⅲ
Пан Ин 潘英 Ⅰ
Панасюк, В. А. 帕纳秀克 Ⅰ
Панцов, А. В. 潘佐夫 Ⅲ
Пахомов, Н. 帕霍莫夫 Ⅰ
Певцов, М. В 佩弗佐夫
Переломов, Л. С. 佩列洛莫夫（稽辽拉）Ⅲ
Петров, В. В. 彼得罗夫 Ⅰ
Пещуров, Дмитрий Алексеевич 佩休罗夫（孟第）
Пивоварова, Э. П. 皮沃瓦罗娃 Ⅴ
Позднеева, Л. Д. 波兹涅耶娃 Ⅰ
Поздняков, И. А. 波兹尼亚科夫 Ⅲ
Покотилов, Дмитрий Дмитриевич 波科季洛夫（璞科第）
Померанцева, Л. Е. 波梅兰采娃 Ⅳ
Попов, П. С. 波波夫（柏百福，茂陵）
Портяков, В. Я. 波尔佳科夫 Ⅴ
Прядохин, М. Г. 普里亚多欣 Ⅱ
Пясецкий, П. Я 彼亚谢茨基

Р

Рахманин, О. Б. 拉赫马宁（罗满宁）Ⅲ
Рифтин, Б. Л. 李福清 Ⅰ
Рогачёв, А. П. 罗加乔夫（罗高寿）Ⅰ
Рогачёв, И. А. 罗加乔夫 Ⅵ
Рождественский, Ю. В. 罗日杰斯特文斯基 Ⅱ
Рубин, В. А. 鲁宾 Ⅲ
Руднев, Андрей Дмитриевич 鲁德涅夫
Румянцев, Е. Н. 鲁缅采夫 Ⅵ

С

Салицкий, А. И. 萨利茨基 Ⅴ
Самосюк, К. Ф. 萨莫秀克 Ⅶ
Сапожников, Б. Г. 萨波日尼科夫 Ⅵ
Семанов, В. И. 谢曼诺夫 Ⅰ

Семененко, И. И. 谢缅年科（西门诺科）Ⅳ
Семин, А. В. 谢明 Ⅵ
Сенин, Н. Г. 谢宁 Ⅳ
Сенковский, Осип Иванович 先科夫斯基
Серебряков, Е. А. 谢列布里亚科夫 Ⅰ
Серкина, А. А. 谢尔金娜 Ⅱ
Серова, С. А. 谢罗娃 Ⅶ
Сидихменов, В. Я. 西季赫麦诺夫 Ⅵ
Симония, Н. А. 西莫尼亚 Ⅵ
Симоновская, Л. В. 西蒙诺夫斯卡娅 Ⅲ
Скачков, К. А. 斯卡奇科夫
Скачков, П. Е. 斯卡奇科夫（孔琪庭）Ⅲ
Сладковский, М. И. 斯拉德科夫斯基 Ⅴ
Смирнов, Д. А. 斯米尔诺夫 Ⅵ
Смолин, Г. Я. 斯莫林 Ⅲ
Солнцев, В. М. 宋采夫 Ⅱ
Солонин, К. Ю. 索洛宁 Ⅳ
Сорокин, В. Ф. 索罗金 Ⅰ
Спешнев, Н. А. 斯别什涅夫（司格林）Ⅱ
Спирин, В. С. 斯皮林 Ⅳ
Степанов, Е. Д. 斯捷潘诺夫 Ⅵ
Сухарчук, Г. Д. 苏哈尔丘克 Ⅲ
Сухоруков, В. Т. 苏霍鲁科夫 Ⅰ
Сыроежкин, К. Л. 瑟罗耶日金 Ⅵ
Сычёв, Л. П. 思乔夫 Ⅶ

Т

Тань Аошуан 谭傲霜 Ⅱ
Таскин, В. С. 塔斯金 Ⅲ
Титаренко, М. Л. 季塔连科（基达连克）Ⅳ
Тихвинский, С. Л. 齐赫文斯基（齐赫文）Ⅲ
Ткаченко, Г. А. 特卡琴科 Ⅰ
Торопцев, С. А. 托罗普采夫 Ⅶ
Торчинов, Е. А. 托尔琴诺夫 Ⅳ
Тужилин, А. В. 图日林 Ⅵ

Тяпкина, Н. И. 佳普金娜 Ⅱ

У

Усов, В. Н. 乌索夫 Ⅵ
Устин, П. М. 乌斯京 Ⅰ
Ушаков, И. В. 乌沙科夫 Ⅴ

Ф

Фёдоренко, Н. Т. 费德林（费多连科）Ⅰ
Феоктистов, В. Ф. 费奥克蒂斯托夫 Ⅳ
Фишман, О. Л. 费什曼 Ⅰ
Флуг, К. К. 弗卢格 Ⅲ

Х

Хацкевич, Ю. Г. 哈茨克维奇 Ⅰ
Хисамутдинов, А. А. 希萨穆特季诺夫 Ⅲ
Ходоров, А. Е. 霍多罗夫 Ⅵ

Ц

Царева, Г. И. 查列娃 Ⅲ
Цендина, А. Да. 增季纳 Ⅱ
Цыбина, Е. А. 齐宾娜 Ⅶ

Ч

Черкасский, Л. Е. 切尔卡斯基 Ⅰ
Чудодеев, Ю. В. 丘多杰耶夫 Ⅲ
Чуфрин, Г. И. 丘弗林 Ⅴ

Ш

Шабалин, В. И. 沙巴林 Ⅵ
Шилов, А. П. 什罗夫 Ⅳ
Шмидт, П. П. 施密特
Штейн, В. М. 施泰因 Ⅴ

Щ

Щуцкий, Ю. К. 休茨基 Ⅳ

Э

Эйдлин, Л. З. 艾德林 Ⅰ
Эренбург, Г. Б. 爱伦堡 Ⅵ

Ю

Юрьев, М. Ф. 尤里耶夫 Ⅲ

Я

Ян Хин-шун 杨兴顺 Ⅳ
Яхонтов, С. Е. 雅洪托夫 Ⅱ

参 考 文 献

1. 中国国家图书馆馆藏目录
2. И. Голубева, Стихи. Мелодии. Поэмы/Су Дун-по; Пер. с кит. (сост., вступ. ст. и коммент.). М.: Худож. лит., 1975.
3. Г. С. Матвеева, Отец республики: Повесть о Сунь Ят-сене /М.: Политиздат, 1975.
4. Китайские мудрости на Пути Правителя/Бронислав Виногродский. Москва: Изд-во Антона Жигульского, 2007.
5. В. Г. Ганшин, Китай: искушение либерализмом /Москва: ИДВ РАН, 2009.
6. С. М. Макаров, Китайская премудрость русского цирка: взаимовлияние китайского и русского цирка/Москва: URSS: КРАСАНД, 2009.
7. Региональная политика: опыт России и Китая
8. И. А. Поздняков, Из Китая в Америку: историко-антропологический взгляд на русскую эмиграцию (1920—1950-е гг.)/СПб: Филологический факультет СПб ГУ, 2007.
9. Проблемы трансформации политических систем России и Китая (конец XX - начало XXI вв.): опыт сравнительного анализа.
10. А. Д. Воскресенский, Китай и Россия в Евразии: Ист. динамика полит. взаимовлияний/М.
11. Политика начинается с границы: некоторые вопросы пограничной политики КНР второй половины XX в.
12. Китайская Народная Республика: путь к индустриализации нового типа
13. В. И. Шабалин, О времени и о себе/Котельнич: [б. и.], 2008.
14. А. П. Девятов, Китайская специфика: как понял ее я в разведке и бизнесе: для тех, кто принимает решения /Москва: Жигульский, 2008.
15. Тань Аошуан, Китайская картина мира: Язык, культура, ментальность /М: Языки славянской культуры, 2004.
16. Н. А. Спешнев, Китайская филология: избранные ст. /СПб.: Изд-во Санкт-Петербургского ун-та, 2006.
17. А. И. Иванов, Е. Д. Поливанов Грамматика современного китайского языка / Москва: URSS: ЛИБРОКОМ, 2010.
18. Идейно-политические аспекты модернизации КНР
19. Формирование гражданского общества в России и Китае
20. Проблемы Дальнего Востока, No. 4, 2010
21. Восток, No. 5, 2010
22. Азия и Африка сегодня No. 9, 2010

23. Востоковеды России,2008,М.
24. 李明滨:《俄罗斯汉学史》,2008年,大象出版社。
25. 李明滨:《中国文学在俄苏》,1990年,花城出版社。
26. 波兹德涅耶夫:《蒙古及蒙古人》,张梦玲等译,1983年,内蒙古人民出版社。
27. 中国现代革命史资料丛刊《米夫关于中国革命的言论》,1986年,人民出版社。
28. 李伟丽:《尼·雅·比丘林及其汉学研究》,2007年,学苑出版社。
29. 陈开科:《巴拉第的汉学研究》,2007年,学苑出版社。
30. 叶·查瓦茨卡娅:《中国古代绘画美学问题》,陈训明译,湖南美术出版社,1987。
31. 高莽:《妈妈的手》,1994年,中国华侨出版社。
32. 蔡鸿生:《俄罗斯馆纪事》,1994年,广东人民出版社。
33. 张元弛功:《简论太极拳与传统中国哲学思想的关系》,《岱宗学刊》2010年第14卷第1期。
34. 弗罗洛娃:《苏联的汉语研究与教学》,孙福译,《沈阳大学学报》1990/02。
35. 《俄罗斯学术界最近十年对新中国历史的研究》
36. www.nlc.gov.cn
37. http://www.gosarchiv-orel.ru/docs/Pavel%20Yakovlevich%20Pyasetckii.pdf
38. http://www.rulex.ru/01021326.htm
39. http://www.ifes-ras.ru/structure/71?task=view
40. http://dfgm.math.msu.su/people/tuzhilin/
41. http://www.imemo.ru/df/struct/lid/587.htm
42. http://today.hit.edu.cn/articles/2007/06-18/06172417.htm
43. http://www.14edu.com/shehuixue/lishi/0530455232010.html

后　记

　　几年前,一次我踱进常去的一家书店闲逛,无意中发现了一本译成中文的、俄国东正教驻北京宗教使团成员的作品集。因我素来对俄罗斯汉学有偏好,所以当时精神立刻为之一振。翻阅之中,"前言"中有段话令我感触极深:编者用很大的篇幅讲述了得到原著的艰辛。

　　我是从上世纪90年代起,开始关注俄罗斯汉学文献在馆里的收藏状况的。只是因为繁忙的日常工作,无暇专注于收集,但当时也已经陆续收集到了几百条相关的书目和期刊目录。当时回想了一下,在我收集的条目中,还真没有这部分的资料。难道馆里真的没有收藏?带着这个疑惑,我回馆后立即着手查找。很快,在馆藏中我见到了这个译本的原文,而且还不止一个版本。找到文献后的第一个念头是,我为什么没有早把这批文献整理出来,不然就可以省去学者们的劳顿之苦了。

　　2003年起,馆里组织人力将馆藏俄文纸本文献(图书、期刊、报纸)进行数字化处理。将全部馆藏输进Alhep 500系统,以全面实现检索、查询自动化。经过多年的努力,到2010年底已经全部完成了机读数据的编目、馆藏俄文文献挂接等项工作。现在,读者可以在世界的任何一个角落,通过网络很方便地查找到馆藏。然而将馆藏文献按需整理、收集到一起,是图书馆馆员应做的事情。因为较普通读者,馆内人员更熟悉馆藏系统的操作,更熟悉馆藏文献的布局。陈力副馆长讲过,我们每年在花重金采购缺藏文献的同时,不要忘记对已有馆藏文献的挖掘整理。

　　另外,最重要的一点,笔者极力想向世人介绍馆藏俄罗斯汉学文献,是因为许久以来人们都陷入了一个误区:年代久远的俄罗斯汉学著作国内极少收藏!所以,众多学者为了搞清楚一个历史疑问、为了解决一个学术上的问题,不辞辛苦地远渡他乡去寻觅。而实际上,我们自己图书馆里的藏书量也不少。只缘我们疏于揭示,缺乏探究,才导致诸多俄罗斯汉学的珍贵文献深藏闺中,鲜为人知。

　　感谢大连外国语学院的鼎立支持,感谢北京大学出版社张冰校友的帮助,才让这本书在交稿后的短时间内与广大读者见面。希望此书能对希望了解我国俄罗斯汉学文献收藏状况的各界读者有所帮助。衷心感谢恩师李明滨先生自始至终的关心、指导。很荣幸此书能成为"俄罗斯汉学文库"首批出版的参考书。还要感谢馆里的同仁在我收集整理馆藏文献时给予的帮助,特别要感谢馆文献提供中心的戴佩玉、石巍等同志无私的帮助。谢谢。

最后,希望有更多的人关注馆藏文献的收集、整理,加入到馆藏文献的挖掘、揭示工作中来。不要让明珠再掩没在尘埃中,要让这些瑰宝为人类的发展、进步发挥其应有的作用,以推动人类文明的前进与进步。